JEAN ZIEGLER

Die Lebenden
und der Tod

Buch

In der kapitalistischen Gesellschaft – so argumentiert Jean Ziegler – stellt der Tod eine Schwelle dar, auf die der Mensch sich beständig zubewegt, bis er dann in ein endgültiges Nichts abstürzt und nach kurzer Pflege bereits zu Abfall geworden ist. Das Sterben selbst wird in Schweigen gehüllt, der Tod damit seiner existenziellen Bedeutung und Würde beraubt – der Mensch reduziert sich auch hier auf seine Warenfunktion. Ganz anders dagegen die afrikanischen Gesellschaften, wo der Tod als bedeutsames Ereignis in einem Lebenskontinuum rituell begangen wird, als langsame, ruhige Reise, die in ein späteres Fortleben mündet. Jean Ziegler plädiert für die Reintegration des Todes in das Kollektivbewusstsein der Warengesellschaft, um so unserem kollektiven und individuellen, zeitlich so eng begrenzten Leben Verantwortung und Sinn zu geben.

Autor

Jean Ziegler, geboren 1934, lehrt Soziologie an der Universität Genf und ist Professeur associé an der Sorbonne in Paris. Bis 1999 war er gleichzeitig Nationalrat im Parlament der Schweizer Eidgenossenschaft. Er verfasste zahlreiche Bücher, die ihn weltbekannt machten. Titel wie »Die Schweiz, das Gold und die Toten« und »Die Schweiz wäscht weißer« wurden internationale Bestseller und lösten heftige Diskussionen aus.

Im Goldmann Verlag sind von Jean Ziegler bereits erschienen:

Die Schweiz, das Gold und die Toten (12783)
Wie herrlich, Schweizer zu sein (15003)
Die Barbaren kommen (15029)

Jean Ziegler

Die Lebenden und der Tod

Aus dem Französischen
von Wolfram Schäfer

Mit einem neuen Vorwort
zur Taschenbuchausgabe

GOLDMANN

Die Originalausgabe erschien unter dem Titel
»Les vivants et la mort«
1975 bei Editions du Seuil,
die deutsche Erstausgabe 1977
im Hermann Luchterhand Verlag.

Vollständige, um ein aktuelles Vorwort
erweiterte Taschenbuchausgabe Juni 2000
Wilhelm Goldmann Verlag, München,
in der Verlagsgruppe Bertelsmann GmbH
© 2000 Jean Ziegler an dieser Ausgabe
Umschlaggestaltung: Design Team München
(Foto: Artothek/Hinz)
Satz: Uhl + Massopust, Aalen
Druck: Elsnerdruck, Berlin
Verlagsnummer: 15002
AM · Herstellung: Sebastian Strohmaier
Made in Germany
ISBN 3-442-15002-7

1 3 5 7 9 10 8 6 4 2

Dieses Buch
ist dem Andenken
von Marie Lardillon
und Roger Bastide
gewidmet

Inhalt

ZWEITER TEIL
Der afrikanische Tod

DER TAMBOR DE CHORO – DIE »TROMMEL DER TRÄNEN«

DIE TOTENGEISTER VON ITAPARICA

DIE UNSTERBLICHKEIT BEI DEN YORUBA

ANHANG

Vorwort zur Taschenbuchausgabe

> Laßt euch nicht betrügen
> Daß Leben wenig ist!
> Schlürft es in vollen Zügen!
> Es kann euch nicht genügen
> Wenn ihr es lassen müßt!
>
> *Bertolt Brecht*

Die erste Ausgabe von *Die Lebenden und der Tod* erschien im Jahr 1975. In den vergangenen 24 Jahren hat das Buch Übersetzungen in fast alle wesentlichen Sprachen der Welt und eine große Anzahl von verschiedenen Neuauflagen erlebt. Geblieben ist – wie könnte es anders sein – meine Angst vor dem Tod. Auch wenn sich in den vergangenen zwei Jahrzehnten, dank der vertieften Auseinandersetzung mit dem Phänomen, in mir die Vorstellung der möglichen Überwindbarkeit des Todes durch moralische Investition, das heißt durch im Leben vollbrachte sinnvolle Taten, gefestigt hat, ist die Angst trotzdem geblieben. »Flatter la mort«*, rät Michel de Montaigne. Und: »Chaque homme porte en soi la forme entière de l'humaine condition.«** All diese Ratschläge und Evidenzen nützen nichts. Es bleibt die Unvorstellbarkeit des eigenen, persönlichen Todes.

Um die Angst vor dem eigenen Tod wenigstens teilweise zu mindern, gibt es nur einen Weg, den ich mühsam zu beschreiten versuche: Jeden Tag – durch Gedanken, Taten und Träume – so viel Glück für sich und die andern, so viel Sinn zu erschaffen, dass, am Ende des Lebens, dieses Leben seiner eigenen Negation so viel Sinn wie möglich entgegenzusetzen vermag.

Dieses durchaus rationale Unternehmen der Sinngebung wird begleitet von wiederkehrenden Intuitionen. Vernunft allein be-

---

* Den Tod bezähmen.
** Jeder Mensch trägt in sich die ganze Form der menschlichen Existenz.

stimmt nicht die Perzeption des eigenen Lebens. In seltenen, aber doch wiederkehrenden Momenten spüre ich, dass in mir eine Unendlichkeit, eine Kraft wohnt, die man Liebe nennen könnte.

Im Gefängnis schrieb der türkische Dichter Nazim Hikmet, zum Tode verurteilt und von seiner bevorstehenden Hinrichtung träumend, diese Zeilen:

»Adieu, la vie!

Et bonjour, l'univers!«

Ein Leben lebt in uns, das unsere eigene Singularität durchbricht, eine Unendlichkeit, die die Endlichkeit unserer Existenz überwindet.

»Fürchtet doch nicht so den Tod und mehr das unzulängliche Leben«, rät Bertolt Brecht in »Die Mutter«. Ich bin der andere, der andere ist Ich. Das Bewusstsein der Identität aller Menschen macht uns fähig zu Liebe, Mitleid, Solidarität. »Es gibt kein richtiges Leben im falschen«, sagt Theodor Adorno. Auf Kosten anderer zu leben – in Konkurrenzneid, Profitgier, Verachtung oder Indifferenz – versperrt den Zugang zum Leben. Jeder ist verantwortlich vor allen für alles. Ich bin frei. Der Mensch ist, was er tut. Aber gleichzeitig spüre ich eben auch, dass eine Macht mich behütet. Eine Vorsehung leitet mein Leben und eine Gewissheit wohnt in mir: Ich bin kein Produkt des Zufalls, meine so unglaublich kurze Existenz auf diesem Planeten birgt einen Horizont, einen Sinn, ein Ziel.

Dass der Tod nicht das letzte Wort des Lebens sein kann, scheint mir eine intuitiv erfahrbare Evidenz.

Im ehemaligen Steinbruch von Golgatha, heute mitten in Jerusalem liegend, geschah vor fast 2000 Jahren etwas Seltsames. Am dritten Morgen nach der Ermordung von Christus kamen drei Frauen zum Eingang der Steingrotte, wo der Tote beerdigt worden war. Das Grab war leer. Die Frauen waren verstört. Meine eigene Überzeugung ist identisch mit der Erfahrung dieser Frauen. Das Leben wird vom Tod nicht endgültig zerstört. Die singuläre Existenz des Menschen endet nicht im Grab. Was danach kommt, weiß keine Vernunft.

Was hat sich seit dem Erscheinen unseres Buches in der westlichen Warengesellschaft verändert?

I. Betrachten wir zuerst die Entwicklung des Diskurses über den Tod.

Die kapitalistische Warengesellschaft tabuisiert den Tod. Er wird aus dem Blickfeld verbannt. Denn er widerspricht in seiner Radikalität dem ungebrochenen Fortschrittsglauben, der der hoch technologisierten, kapitalistischen Warengesellschaft als ihr eigentliches Wesen innewohnt.

Der Tod ist das nicht meisterbare, absurde und daher zu verschweigende Ereignis. Kein Computer-Organigramm, keine noch so subtile Marktstrategie, kein Investitions- und Finanzierungsplan und kein Expansionsschema vermögen ihn zu domestizieren. Weil nicht vorgesehen und nicht meisterbar, wird der Tod aus der sozialen Realität gestrichen. Mit katastrophalen Folgen für die Lebenden.

Das Menschenbild der Warengesellschaft ist – so hat Horkheimer gesagt – von trostloser Primitivität: Der Mensch als Funktionsträger, reduziert auf seine Qualität als reaktive Zelle im kapitalistischen technologisierten Akkumulationsprozess. Sein wesensgegebenes Mysterium, seine irreduzible Individualität, sein freier Wille und das Rätsel seiner Fantasie? Störfaktoren bloß. Ärgerliche Fehlerquellen im geregelten, funktional durchorganisierten Warenproduktionsprozess.

Seit dem ersten Erscheinen des Buches ist der kapitalistische Produktions- und Akkumulationsprozess noch brutaler, noch gewalttätiger, seine Legitimationsideologie noch aggressiver geworden. Ein regelrechter Dschungelkapitalismus hat den ehemals wertschöpfenden Industrie- und Dienstleistungskapitalismus abgelöst. Das Finanzkapital hat sich autonomisiert. Eine virtuelle Ökonomie, genährt durch astronomische Börsenprofite, geschädigt hin und wieder durch Fehlspekulationen, ist entstanden. Im Jahre 1998 war die Summe des planetenumspannenden, mit Lichtgeschwindigkeit sich verschiebenden Finanzkapitals 16-mal größer als der Wert aller im selben Jahr produzierten Güter und Dienstleistungen. Die »neoliberale« Ideologie postuliert die Naturwüchsigkeit des wirtschaftlichen Geschehens. Nicht mehr Menschen – so minoritär, gewalttätig, profitwütig sie auch sein mögen –, sondern der anonyme, alles beherrschende Weltmarkt, die so genannte »unsichtbare Hand«, leitet die Kapitalströme.

Trotzdem beginnt der Todesdiskurs der Warengesellschaft langsam an Autorität zu verlieren. Warum? Weil sich zwischen Natur und Kultur während der letzten zwanzig Jahre in der westlichen Gedankenwelt die Beziehung grundlegend verändert hat. Die Endlichkeit der Natur, die Verletzlichkeit des Planeten sind Entdeckungen, welche – empirisch untermauert, wissenschaftlich erforscht – das abendländische Kollektivbewusstsein durcheinander gebracht haben.

Rio de Janeiro, 1992: Der *Umweltgipfel der Vereinten Nationen* erstellt zum ersten Mal das beinahe komplette Inventar all jener Gefahren, welche die Atmosphäre, die Biosphäre, die Erdoberfläche, die Weltmeere, Quellen und Flussläufe, die Luft, die wir atmen, den Boden, den wir bewohnen, das Wasser, die Nahrung, die uns am Leben erhalten, tödlich und unmittelbar bedrohen. Die Triumph-Ideologie der fortwährend und unaufhörlich fortschreitenden, grenzenlosen Dominanz hochgerüsteter Finanzimperien über die Natur, die Atmosphäre, den Planeten – und die zu Funktionsträgern degradierten Menschen aller Hautfarben, Kulturen und Kontinente – begründet das Ausblenden des Todes im Diskurs der Herrschenden.

Angesichts der langsam bewusst werdenden Endlichkeit der Natur und der mörderischen Gefahr, welche der ungehemmte, rasante Fortschritt der profitmaximierenden westlichen Warengesellschaft über den Planeten bringt, zerbröckelt die arrogante Fortschrittsideologie. Die Endlichkeit des Planeten macht die Endlichkeit der menschlichen Kollektivexistenz und damit auch jene des individuellen Lebens evident.

II. Ganz neue Entwicklungen zeichnen sich alsdann ab in der Art,
wie die Menschen um ihre Toten trauern.

Über Jahrhunderte dominierten in Europa klerikale Klassen – Priester, Pfarrer – die Todesrituale. Die Klerikal-Herrschaft entfremdete zwar den Menschen seiner eigenen Perzeption, lähmte seine Vernunft – und zwang ihm autoritär bestimmte kollektive

Verhaltensweisen auf. Aber die passive Unterwerfung unter die Todesriten der Klerikal-Funktionäre verschaffte den Trauernden, welche mit dem plötzlichen Verlust eines geliebten Menschen konfrontiert waren, ein großes Maß von Sicherheit und Beruhigung. Die weltumspannende Kommunikationsgesellschaft mit ihrer wert- und sinnentleerten Informationsflut, der Fernsehkretinismus mit seinem Flimmer-Imperialismus, die durchrationalisierte Konsumgesellschaft, welche das Individuum atomisiert und in eiskalter Einsamkeit am kärglichen Überleben erhält, zerstören immer deutlicher die familiär oder nachbarschaftlich bestimmten Traditionsgemeinschaften. Ihr allmähliches Verschwinden schwächt zusehends die Autorität der Kirchen.

Mit der Erosion des sozialen Einflusses und der ideologischen Macht der Klerikal-Funktionäre verschwinden allmählich auch die Todesriten. Der mit dem Tod eines Nächsten konfrontierte Mensch erlebt heute in den allermeisten Fällen »le vide rituel«, wie Dominique Roulet sagt* – die Absenz, die »Leere« der Riten.

Aber Todesriten braucht der Mensch.

Riten sind für jede Gesellschaft unverzichtbar. Niemand kann ohne sie den Verlust eines geliebten Menschen meistern. Der Tod schafft die radikale Unordnung. Er zerstört ein Leben. Er zerstört ein unendlich vielfältiges Netz von sozialen, affektiven Beziehungen. Er zerreißt Familien, Freundschaften und Gemeinschaften. Um diese radikale Unordnung zu überwinden und jenseits des Todes eine neue Ordnung zu schaffen, braucht es Riten.

Jeder Tod ist die Zerstörung nicht nur eines Menschen, sondern auch einer kollektiven Subjektivität. Riten sind im Wesentlichen Zeremonien. Die Gemeinschaft der Hinterbliebenen – der Freundeskreis, die Familie, die Arbeitskollegen oder die Nachbarn des Verstorbenen – finden sich zusammen und setzen ein soziales Theater in Szene. Der Tod widerspricht der Vernunft. Damit er nicht zum Terminator einer ganzen Gemeinschaft wird, muss er rituell besiegt werden. Die Todesrituale sind Rituale des Übergangs von einer Ordnung zur andern: von der Kollektiv-Existenz, in der der

---

* Dominique Roulet, Intervention beim 6. Internationalen Kongress für Palliativ-Medizin in Genf, im September 1999.

Tote als Lebendiger vorhanden war, zur Sozialformation, in der er jetzt nicht mehr präsent ist und nie mehr präsent sein wird.

Die Todesriten erfüllen noch ganz andere affektive, psychologische und soziale Aufgaben: Sie konstituieren die Trauer, den Dialog mit dem Menschen, der nicht mehr da ist. Neue affektive Bande werden gewoben. Der Tote wird integriert in das Weltbild, das Intim-Universum der Noch-Lebenden. Trauerrituale sind auch dazu geschaffen, den anscheinend unerträglichen Schmerz der Trennung erträglich zu machen, die zerrissenen Bande der Freundschaft oder der Liebe in veränderter Form neu zu knüpfen.

Es bleibt aber die Tatsache: Auch Rituale können den Tod nicht erklären, ihm Sinn geben. Jenseits des Ritus bleibt der Abgrund bestehen.

Heute sind es meistens bloß noch die öffentlichen oder privaten Bestattungsunternehmen, die in der westlichen Warengesellschaft die Zeremonien des Übergangs vom Leben zum Tod regeln. Sie allein besitzen Macht und Wissen, wenn es darum geht, einen toten Menschen aus der Gemeinschaft der Lebenden zu entfernen, die Überlebenden zu trösten, den Leichnam zu bestatten und die Grabstätte zu gestalten. Die Dienstleistungen dieser Bestattungsunternehmen, die in Inseraten unserer Zeitungen oder als Farbprospekte in unsern Briefkästen angepriesen werden, sind detailliert, präzis und dem kapitalistischen Konkurrenzdruck unterworfen. Das Bestattungsunternehmen regelt buchstäblich alles, offeriert buchstäblich alles: Es stellt den Sarg zur Verfügung, bestellt die Blumen, verschickt die Todesanzeigen, bestimmt den Redner am Grab. Es plant die Abschiedszeremonie, die Ausstattung des Grabes, das Menü des Totenschmauses, die Formulierung der Danksagungs-Karten und Ähnliches.

Für die Zeit zwischen dem Tod (im Spital meistens) und der Beerdigung stellt das Bestattungsunternehmen kleine, gekühlte Zellen zur Verfügung, in denen der Tote aufgebahrt ist und wo die Angehörigen und Freunde zu bestimmten Öffnungszeiten still Abschied von ihm nehmen können.

Das gespielte Mitgefühl, die mediokre Theatralität und die heuchlerisch getarnte Profitwut vieler Bestattungsunternehmer stoßen immer mehr Hinterbliebene ab.

In der westlichen Warengesellschaft verweigern deshalb heute immer mehr Menschen – Angehörige, Freunde und Nachbarn des Verstorbenen – die jämmerlichen, finanziell abgestuften Ritualhandlungen der Bestattungsunternehmer.

Stille Revolten finden statt. In Städten und in Dörfern gibt es da und dort bereits heute Gruppen und Personen, die neue Riten erfinden, neue Zeremonien, eine ihren eigenen Bedürfnissen entsprechende Übergangs-Theatralität, welche dem Toten einen würdigen Abgang und den Noch-Lebenden eine Zeit der Trauer und danach neue Beziehungen zum Verschwundenen und das Weiterleben in einer neu geordneten Gemeinschaft erlauben.

Ich gebe hier nur zwei Beispiele: 1998 wurde im Kanton Zürich der *Verband freischaffender Theologinnen und Theologen aller Glaubensrichtungen* gegründet. Der Verband hat gegenwärtig neun Mitglieder und gestaltet Trauerfeiern überall in der Schweiz gemäß den Wünschen der Familie oder der Freunde der oder des Verstorbenen. Die Beerdigung, welche vom Verband organisiert wird, kostet im Durchschnitt 1500,– Schweizerfranken; der Stundenlohn des Zelebrierenden beläuft sich auf 125,– SFrs. In derselben Region der Schweiz ist kürzliche ein *Netzwerk Rituale* entstanden. 25 Personen mit ganz unterschiedlicher Ausbildung gehören dem Netzwerk an. Sie sind konfessionslos und stehen den Hinterbliebenen für alle Dienstleistungen gegen Entgelt zur Verfügung.

III. Was hat sich seit dem Erscheinen des Buches in den Beziehungen zwischen den Ärzten und den zum Tode erkrankten Menschen verändert?

Im EU-Durchschnitt starben 1998 87,8 % der Menschen in einem Spital oder einem Heim; jedenfalls außerhalb ihres angestammten Domizils, in fremder Umgebung. Der sterbende Mensch ist also weitgehend fremdbestimmt. Er ist das Objekt oft widersprüchlicher medizinischer Praktiken, denen er hilf- und meist kenntnislos ausgesetzt ist. Das Bild des ausgelieferten, seines Todes beraubten Sterbenden ist im vorliegenden Buch gründlich beschrieben.

Vor noch nicht allzu langer Zeit erlebte der zum Tod Erkrankte – ohne dass er selbst irgendetwas dazu zu sagen gehabt hätte – zwei völlig widersprüchliche, aufeinander folgende Phasen der ärztlichen Behandlung. Während der ersten Phase war der Schwerkranke Objekt hektischer ärztlicher Intervention. »Am Leben erhalten«, um jeden Preis, hieß das Primat dieser ersten Phase. Dann plötzlich, wenn – in der Sicht des Thanatokraten – »nichts mehr zu machen« war, wurde der Mensch in der Endphase seiner Krankheit sich selbst, seiner Angst und seinem physischen Schmerz überlassen. Der Arzt kehrte ihm den Rücken, interessierte sich überhaupt nicht mehr für ihn. Und wenn nicht gerade eine kluge, mitfühlende Krankenschwester, besser noch, ein liebendes Mitglied der Familie, ans Bett trat, dann starb der Mensch in Einsamkeit, Isolation und häufig Verzweiflung.

Diese vor einigen Jahren noch allgemein gültigen Verhaltensweisen der Ärzte werden heute von einigen Kliniken selbst infrage gestellt. In medizinischen Fakultäten, in Spitälern und Altersheimen verschiedener Länder findet heute eine intensive Debatte statt. Mit der Betreuung todkranker Menschen beauftragte Ärzte, Krankenschwestern u. a. unterwerfen ihre eigene Praxis einer kritischen Diskussion. Aus diesen grenzüberschreitenden Debatten hat sich vor kurzem eine Theorie entwickelt, die sich selbst als *Value-based Medicine* bezeichnet.

Der 6. Internationale Kongress, Genf, September 1999, der *European Association for Palliative Care* (EPAC), gibt folgende Definition dieser neuen Wertordnung:

Der Patient ist die oberste Autorität. Kein therapeutischer Akt darf gegen seinen Willen und ohne seine Kenntnis geschehen. Der Arzt muss im Stande sein, einen Patienten sterben zu lassen, sobald klar wird, dass die ihm zur Verfügung stehenden klinischen Mittel schädliche Folgen nach sich ziehen und für den Patienten Schmerzen und Leid bringen, die bei weitem die Freuden und Perspektiven, welche eine verlängerte Lebensspanne bringen könnte, übersteigen. Es gilt also die Regel der Proportionalität.

Unerhörte neue Entwicklungen sind im Begriff, die tägliche Praxis des Arztes und die an ihn gestellten ethischen Anforderungen von Grund auf zu verändern. Die Alterspyramide der westeuropäischen Bevölkerung verschiebt sich rasant. Immer ältere Menschen in immer größerer Zahl füllen die Spitalbetten. In der Transplantations-

Medizin werden wahre Wunder möglich: Fast jedes Organ ist heute ersetzbar. Der Markt transplantationsfähiger Organe ist zu einem Weltmarkt geworden und interessiert heute sogar die Polizeibehörden: In Osteuropa wird dieser Handel von international tätigen Kartellen der organisierten Kriminalität beherrscht.

Je schneller sich die Medizin-Technologie entwickelt, je älter die Menschen sterben, je zahlreicher, komplexer, effizienter die klinischen Interventions-Instrumente werden, desto zahlreicher werden auch die am therapeutischen Prozess beteiligten Personen und desto komplizierter wird infolgedessen deren Entscheidungsprozess.

Die Theoretiker der *Value-based Medicine* identifizieren mehrere Problemfelder, in denen seit kurzem ein fundamentales Umdenken im Gang ist. Das erste Problemfeld bezeichnen wir als jenes der Irreversibilität.

Im Verlaufe jedes therapeutischen Prozesses mit schwerstkranken Menschen kommt der Moment, wo es dem Arzt nicht mehr möglich ist, die Gesundheit des Patienten, seine vitalen Funktionen und sein Bewusstsein des Wohlbefindens wiederherzustellen. Anders gesagt: Es kommt der Augenblick, wo der Weg zum Tod als irreversibel erscheint. Ein aggressiver Einsatz der medizinisch-technischen Instrumente könnte in diesem Fall die Agonie nur verlängern und den Augenblick des Todes bloß hinauszögern. In diesem Dilemma muss der Arzt zu Gunsten des Patienten – und nicht zu Gunsten seines eigenen Willens zur Lebenserhaltung um jeden Preis – entscheiden. Kein Gesetz des Staates, kein Spitalreglement, kein Vorgesetzter und keine Standesorganisation können dem Arzt in diesem Moment die Entscheidung abnehmen. Er muss dem Patienten zuhören. Er muss sein eigenes Gewissen konsultieren. Kommt er zu dem Schluss, dass keine irgendgeartete Intervention den Weg zum Tod umkehren kann, soll er – um mit Charles-Henri Rapin zu reden – den Patienten »sterben lassen«.*

---

* Ich übernehme die Terminologie zweier hervorragender Pioniere der neuen Denkschule: Charles-Henri Rapin und Martyne-Isabel Forest, Professoren an den Medizinischen Fakultäten von Genf beziehungsweise Lyon; siehe *Rapin/Forest*, Ethique et fin de vie, in der Zeitschrift *Nova*, No. 5, 1999, herausgegeben von der Association Suisse des soins en gériatrie et de réadaptation et aux maladies chroniques.

Zahlreiche Diskussionen, Publikationen, Kongresse etc. der *Value-based Medicine* sind der Befreiung von Schmerz gewidmet. Gemäß der neuen Denkschule ist es die berufliche sowie die moralische Pflicht des Arztes, proportional zur klinischen Situation alles zu unternehmen, um den kranken Menschen von Schmerzen und von den anderen Symptomen, an denen er leidet, zu befreien. Zu diesen Symptomen gehören insbesondere: extreme Müdigkeit, die Schwierigkeit zu atmen, schwere Verdauungsstörungen u.a. Die Gesamtheit der auf diese Ziele hinarbeitenden klinischen Handlungen trägt den Titel: »Non-curative treatments«.*

Das Ziel der ärztlichen Handlung muss sein, vom Patienten jenen Schmerz und jenes Ungemach fern zu halten, die sein Bewusstsein trüben und es ihm unmöglich machen, seine eigene Situation klar zu erkennen, entsprechende Entscheidungen zu treffen und sie dem Arzt mitzuteilen. Vor dem Tod ist die psychische und gedankliche Fähigkeit, seine eigene Lage zu analysieren, von entscheidender Wichtigkeit.

Der Kampf gegen den Schmerz – zum Beispiel mittels oral verabreichtem Morphin zu fixer Zeit – hat nicht zum Ziel, das Leben zu verkürzen, sondern vielmehr, es zu befreien. Der schmerzgeplagte Mensch kann keine seinem Leben konformen, von ihm genährten Gedanken mehr formulieren. Bei der Schmerz-Bekämpfung geht es daher darum, das »Leben im Menschen zu befreien«,** nicht es zu ersticken.

Praktizierte Humanität ist ein weiterer zentraler Aspekt der *Value-based Medicine.* Jeder Patient ist einzigartig, sowohl von seiner biologischen Struktur wie von seiner intellektuellen und affektiven Qualität her. Jeder Patient hat seine eigene biografische und somatische Singularität. Seine Identität zu ergründen ist Aufgabe des Arztes. Der Arzt muss alsdann in seinem Umgang mit ihm – das heißt: vor jedem klinischen Akt, bei jedem Gespräch – die psychische, physiologische und biografisch-persönliche, familiäre

---

* Für ein Inventar dieser Handlungen im Fall von schweren Krebsleiden siehe *M. L. Slide und T. Tate (Herausgeber),* Cancer: how worthwile is non-curative treatment?, New York, London 1998

** *Rapin/Forest*, op.cit.

Singularität des Patienten berücksichtigen. Die meisten Standesorganisationen der Ärzte in Europa und Nordamerika geben Verhaltenskodexe heraus, die gezielte Hinweise geben, wie diese Singularität des Patienten zu ergründen ist.*

Die wenigen Ärzte, die heute bereits die *Value-based Medicine* praktizieren, achten ganz besonders auf die Autonomie des Patienten. Das Ziel jeder klinischen Medizin ist und bleibt die Rettung von Leben. Aber diese erste Mission des Arztes muss sich im Gleichgewicht befinden mit einer anderen Mission von gleichrangiger Bedeutung: Der Arzt ist Diener des Lebensprojektes des Patienten. Er soll den Willen zur Unabhängigkeit des Patienten absolut respektieren. Genauso muss er sich an dessen Vorstellung von Menschenwürde orientieren. Die Autonomie des Patienten geht jeder Eigenentscheidung des Arztes voraus. Nur therapeutische Interventionen, denen der Patient nach genauer, detaillierter Information zugestimmt hat, dürfen vom Arzt vorgenommen werden. Pointiert ausgedrückt, heißt dies: Allein der Wille des Patienten – und nicht seine Gesundheit und nicht sein Überleben – entscheidet über Legitimität oder Illegitimität der ärztlichen Handlung.

Zur Zeit des Erscheinens der Erstausgabe dieses Buches stellte die Euthanasie ein absolutes Tabu-Thema dar. Zu nahe noch war die Erinnerung an die Nazi-Zeit, ihre eugenistischen Rassentheorien und fürchterlichen Verbrechen.

Inzwischen hat die medizinische Technik rasante Fortschritte gemacht. Der Verlängerung der physischen Existenz todkranker Menschen sind beinahe keine Grenzen mehr gesetzt. Die Euthanasie wird heute überall in Europa öffentlich diskutiert. Wissenschaftliche Kongresse debattieren ihre moralischen, sozialen und medizinischen Implikationen. In den meisten europäischen Parlamenten sind Gesetzesrevisionen anhängig oder Individualvorschläge depo-

---

* Siehe zum Beispiel: Medizinethische Direktiven zur medizinischen Begleitung von Patienten am Lebensende oder Patienten, die an extremen cerebralen Disfunktionen leiden, herausgegeben von der Schweizerischen Akademie für Medizin-Wissenschaften, in *Schweizerische Ärztezeitung*, Band 76, Heft 29/30, 1995.

niert, welche die Euthanasie legalisieren wollen. In den europäischen Gesetzgebungen müsste diese Legalisierung durch die Aufhebung des strafrechtlichen Verbotes der Aufforderung und der Beihilfe zum Selbstmord erfolgen. Beides – Beihilfe und Aufforderung – sind heute in allen Demokratien unseres Kontinentes ein mit einer schweren Strafe geahndetes Delikt. Ein Beispiel: Das Schweizerische Strafgesetzbuch Artikel 115 belegt die Aufforderung oder die Beihilfe zum Selbstmord mit einer Maximalstrafe von 5 Jahren Zuchthaus.

Als Abgeordneter im Parlament der Schweizerischen Eidgenossenschaft und als Wissenschaftler habe ich in den vergangenen Jahren mehrmals an solchen Debatten teilgenommen. Ich bin entschieden gegen jede Lockerung des Euthanasie-Verbotes.

Meine Gründe sind zahlreich: In Europa leben wir in vielschichtigen komplexen, äußerst kriminogenen und inegalitären Gesellschaften. Fernsehkretinismus und Warenrationalität verdrängen zunehmend die Werte der Aufklärung. Die Öffentlichkeit ist zerstört. Die Menschen sind oft hilf- und richtungslos. Der Rassismus grassiert. Minoritäten verlieren rasant den ihnen zustehenden Schutz. Der Neoliberalismus und die allmächtige Herrschaft der Finanzmärkte und ihrer »Werte« – Profitmaximierung, Eigenkapitalrendite, rasche Mehrwertakkumulation und Diffamierung staatlicher Normativität – leisten einer neuen, gefährlichen Sozial-Eugenik Vorschub.

Die zahlreichen Befürworter der Entkriminalisierung der Euthanasie stellen zwar Bedingungen auf: Wer vom Arzt Beihilfe zum Tod verlangt, muss das klar und bei vollem Bewusstsein ausdrücken; er muss an einer nachweisbar unheilbaren Krankheit leiden; diese Krankheit muss sich in einem Stadium befinden, wo sie dem Patienten unerträgliche physische und psychische Schmerzen bereitet; die Beihilfe zum Tod muss von einem Arzt geleistet werden.

Der Blick der Euthanasie-Befürworter ist durch eine Reihe gefährlicher Illusionen verstellt. Daran ändert auch die von ihnen verlangte Konditionalität des Tötungsaktes nichts.

Es ist eine Illusion, zu glauben, die Entkriminalisierung der Euthanasie würde die Zahl der gegen Ärzte und anderes medizinisches Personal – heute vor allem in den USA – angestrengten Verantwortlichkeits- und Schadenersatzklagen der Familien der Toten eindämmen.

Illusorisch ist auch die Annahme, der todkranke Mensch könne in voller Kenntnis der Situation und bei klarem Bewusstsein den Entschluss um Bitte zur Beihilfe zum Selbstmord treffen. Im Spitaluniversum herrschen Hierarchien. Die subtile Manipulation des leidenden Menschen durch Dritte von inner- oder außerhalb dieses Universums ist nicht auszuschließen.

Das fast unbewusste, subtile, unmerkliche Abgleiten von der in klaren Worten vom Patienten verlangten Beihilfe zum Selbstmord zur spontan vom Arzt praktizierten Euthanasie kann ebenfalls nicht ausgeschlossen werden. In völlig gutem Glauben kann ein Arzt oder ein anderes Mitglied der Therapie-Mannschaft versucht sein, das unverständliche Gestammel des Todkranken zu interpretieren und den Euthanasie-Akt autonom und ohne klare Bitte des Opfers vorzunehmen.

Natürlich kann ich nicht beweisen, dass die Entkriminalisierung der medizinischen Beihilfe zum Selbstmord zu bewusst oder unbewusst rassistisch oder sozial-eugenisch inspirierten Administrativ- oder Medizinal-Strategien führen müsste. Aber die gegenwärtige Diskussion – sie findet in ganz Europa statt – über das Thema, welche Altersgruppen, welche sozialen Kategorien in den Genuss welcher therapeutischer Strategien gelangen sollen, gibt zu großer Sorge Anlass. Gleichheit vor der Medizin gibt es schon lange nicht mehr. Nicht in Deutschland und auch nicht in der Schweiz. Alte werden diskriminiert, Asyl-Bewerber von bestimmten kostspieligen Therapien oder prophylaktischen Untersuchungen ausgeschlossen. Transplantationen werden sozialselektiv vorgenommen. Der Zugang zu Dialysen ist beschränkt.

In einer Gesellschaft wie der unsrigen, die von geheimen Dämonen heimgesucht und mit objektiven, von der Technologieexplosion selbst produzierten Widersprüchen konfrontiert wird, ist die Dekriminalisierung der Euthanasie ein äußerst gefährliches Unternehmen.

Jean Ziegler
Genf, im April 2000

EINLEITUNG

Feriant omnes – ultima necat, sie alle verletzen, aber die Letzte tötet. Die Sonnenuhr am Kloster São Francisco, die seit vier Jahrhunderten der Stadt Bahia, in Nordost-Brasilien, die Stunden diktiert, gemahnt an eine banale Gewissheit, die dennoch unser ganzes Leben bestimmt. Als schwer Verwundeter, der dem Tod entgegengeht, spreche ich in unzusammenhängenden Variationen. In meinem Buch nimmt das verschwiegen Vorhandene, das Nichtgesagte, eine Bedeutung ein, die dem dargebotenen Bericht zumindest gleich ist.

Ich bin 1961 nach Afrika gereist. Zwei Jahre habe ich mich dort aufgehalten. Zuerst in der Republik Kongo, dann in Burundi. Patrice Lumumba war am 17. Januar 1961 ermordet worden. Grausame Massaker und Hungersnöte verwüsteten damals den Kongo. In weniger als vier Jahren verlor das Land mehr als zwei von seinen vierzehn Millionen Einwohnern. Die Kinder der Vorstädte von Kinshasa, die vom Hunger gequält auf der Straße lagen und für die die Küchenabfälle der Luxusrestaurants in Kalina als Nahrung genügt hätten, werde ich bis an das Ende meiner Tage nicht vergessen; die schwarzen Kinder durften die weiße Enklave nicht betreten, selbst das Betteln war ihnen verboten. Ich habe gesehen, wie sie sich gegen das Sterben wehrten und sich auf ihre Beine stellten. Gebrechlich, mit groteskem Gang, wie riesige Spinnen, zogen die zu Skeletten abgemagerten Kinder der Vorstädte aufrecht oder auf allen vieren, sich gegenseitig stützend, die Größeren ihre kleineren Geschwister tragend oder hinter sich herziehend, auf den Stacheldrahtverhau von Kalina zu. Jenseits der Schranke bewachten die Gurkhas* das Hotel Royal und das Viertel der Weißen. Ein Gurkha richtete seine Maschinenpistole in die Luft. Eine Salve von Schüssen ging los. Die Skelette rückten weiter vor. An dem Zaun angekommen, brachen die meisten von ihnen zusammen. Sie blieben mit weit

---

* Gurkhas sind asiatische Söldner der englischen Armee. Im Kongo waren sie als Blauhelme der UNO eingesetzt.

offenen Augen liegen, in einer Agonie, die für einige von ihnen Stunden dauerte. Andere warfen sich mit einem letzten Aufflackern der Lebenskraft gegen den Stacheldraht und blieben in ihm hängen; wieder andere fielen mit ausgebreiteten Armen auf der Piste hin und starben. Ihre Augen werden mich bis ans Ende aller Zeiten anblicken.

Verhaltene Musik rieselte wie feiner Regen an der weißen Fassade des Hotels herab; im Inneren, unter den Kronleuchtern, gab irgendein Botschafter irgendeinem Geschäftsmann irgendeines europäischen Staates einen Empfang. Jener hob sein mit Champagner gefülltes Glas und ehrte mit gesetzten Worten die zivilisatorische Mission der westlichen Welt im Kongo. Mit dem Gesicht am Fenster klebend sah ich die Kinder sterben. Ungerührt standen die Gurkhas mit dem Rücken zum Gebäude; sie beschränkten sich darauf, mit dem Gewehrkolben nach den kleinen Köpfen zu schlagen, die – mit welcher Energie? – von Zeit zu Zeit am oberen Barrikadenrand erschienen. Andere Soldaten, die mit einem einfachen Dolch bewaffnet waren, lösten die Finger der sterbenden Kinder aus dem Stacheldrahtzaun, öffneten ihre Hände, indem sie mit der Messerklinge unterhalb des Zeigefingers einen Einschnitt machten, und warfen die leblosen kleinen Körper zurück auf die Straße.

Ich habe mir geschworen, nie wieder, auch nicht zufällig, auf der Seite der Henker zu stehen. Nach Europa zurückgekehrt, habe ich lange das totale Engagement gesucht, das volle Aufgehen in einer Befreiungsbewegung, die meine Revolte mit den zahllosen Revolten all derer verschmelzen würde, die verhungern oder es nicht länger ertragen können, objektiv und für immer auf der Seite der Blutsauger zu sein, und die versuchen, die Revolution der Gleichheit zum Guten zu führen. Ich habe es nicht gefunden. Einsam wie Millionen andere, habe ich mich in diese, bis ins Kleinste zerstückelte Existenz gestürzt, ohne eine andere Perspektive zu haben als die Lösung, zu der ich mich auch heute noch bekenne: zu sagen, was ist; zu sagen, dass das, was ist, falsch ist; dass ich der andere bin und dass der andere ich ist und dass zu jedem Märtyrer ein Mörder gehört. Und schließlich, wenn ich dazu die Intelligenz, die Gabe zu schreiben und die Kraft hätte, die Stimme der wortlosen Märtyrer zu werden.

In meine Heimat, nach Genf, zurückgekehrt, habe ich hier ohne übertriebene Überzeugung die Rollen angenommen, die diese Gesellschaft mir zur Verfügung gestellt hat, die des Professors und Parlamentsabgeordneten.

1968 bin ich nach Brasilien gereist. Der Schweizer Nationalfonds für wissenschaftliche Forschung hat die Finanzierung eines weit angelegten Forschungsprojekts übernommen, das die vergleichende Untersuchung bestimmter politischer Hierarchien der Gesellschaften im Kongobecken und der nicht weniger komplexen Gesellschaftsstrukturen in der Diaspora von Brasilien umfasst. Seit 1968 besuche ich zweimal im Jahr dieses lateinamerikanische Land. Doch unmerklich hat sich mein Projekt verändert. Eine Verlagerung hat sich vollzogen. Es haben sich keine umwerfenden Erkenntnisse oder plötzliche Entdeckungen eingestellt, sondern das langsame und wohltuende Eindringen in eine andersartige Gesellschaft: jene der afrikanischen Diaspora. Diese afrikanische Gesellschaft betrachte ich jetzt als meine eigene, denn ihr verdanke ich diesen Frieden, den ich vorher nicht gekannt habe, auch diese Lebenskraft und die Einsicht in das »gebrechliche Geschick des Menschen«, die seither mein Dasein nähren. [1]

»Die Yawalorixa sind Ihre Lehrerinnen geworden«, hat Roger Bastide, der Sohn von Shango, bei unserer letzten Begegnung im September 1973 zu mir gesagt. [2] Tatsächlich war das eine merkwürdige Ausbildung! Die Yawalorixa erzählten mir nur oder fast ausschließlich vom Tod. Selbst wenn sie mir die komplizierten Dramen der Orixa näher brachten, mich in die Geheimnisse der Trance und die prachtvollen Feste, die den kurzen Lauf des Menschen auf der Erde rhythmisch begleiten, einweihten, beschrieben sie lediglich die verschiedenen Masken des Todes. Orun und Aye, die beiden Hälften des Universums, die Welt der Orixa-Gottheiten und die der Menschen, ihre nächtliche Vereinigung in der Trance und ihre brüske Trennung speisen heute meine schöpferische Kraft. Mein begriffliches Denken stößt auf seine Grenzen. Mein Initiationswissen überprüft es, fordert es heraus, führt es langsam und Stück für Stück weiter. Der Sinn, der Rhythmus meines täglichen Daseins in dem »Candomblé«, in dem Haus, in dem die Feste der Orixa, der

Yoruba-Gottheiten, gefeiert werden, unter dem zerlumpten Volk des schwarzen Subproletariats von Bahia, den Bettelkönigen im Dienst der Götter, bestimmen heutzutage mein Leben. Verführung? Neurose eines abendländischen Menschen, der durch das Untertauchen in eine aufnahmebereite Gesellschaft geheilt wird, in der der Neurotiker im Trancezustand und in den »cauris«* Aufwertung erfährt? Das glaube ich nicht. Bastide ist vor mir diesen Weg gegangen. Er ist bis zum Schluss Professor an der Sorbonne geblieben. Er hat seine doppelte Identität eindeutig erklärt: »Durch einen Schritt zur Verinnerlichung, der bis zu den Wesensgründen zurückführt, bis zu der Stelle, wo das Gelebte nur noch ein Miteinander möglicher innewohnender Kräfte ist, wird die Möglichkeit gegeben, von da aus an uns selbst Haltungen zu erproben, die wir bisher nur von außen erfahren haben und die wir nun – gewissermaßen experimentell – von innen heraus kontrollieren.« [3] Im Übrigen bedeuten mir die rückblickenden Interpretationen des zurückgelegten Weges wenig. Wie Lévi-Strauss nehme ich für mich das »Recht auf freie Identifizierung« [4] in Anspruch. Von nun an betrachte ich meine ursprüngliche Kultur als feindlich; ich habe mich der afrikanischen Welt wie einer lang ersehnten Frau verbunden.

Der Tod schenkt uns das Leben. Denn der Tod macht mir die Endlichkeit meiner Existenz bewusst. Er begründet meine Freiheit. Er verleiht jeder meiner Handlungen eine unvergleichbare Würde und jedem Augenblick seine Einmaligkeit. Er hebt mich aus der verrinnenden Zeit hervor. Ohne ihn wäre ich – im präzisen Sinn des Wortes – niemand. All das haben mich die Yawalorixa durch die Geste und die Trommel in acht Jahren der Arbeit geduldig gelehrt. Mit vierzig Jahren derartige Entdeckungen zu machen, bringt einige Probleme mit sich. Als ich die Schicksalsfreiheit meiner Existenz eroberte, entdeckte ich gleichzeitig das Verbot, mit dem der Tod in der Gesellschaft meiner Herkunft belegt ist. Ich las darüber nach: »La Mort« [5], »Le retour du tragique« [6], »Essai sur l'expérience de la mort« [7], »L'Homme et la Mort« [8]. Meine in Genf verbrachten Winter füllten sich allmählich mit Büchern; denn wie jeder Lebende komme ich von dem Schrecken des Todes, von dem Schwindel, der

* Muscheln, die von den Nago-Priestern zur Wahrsagung verwendet werden.

einen packt, nicht los. Dieser Schrecken bleibt jedoch unfassbar, da mir die Gesellschaft meiner Herkunft, die jede Diskussion über das Ereignis des Sterbens verbietet, tabuisiert und mit Schweigen belegt, kein Mittel an die Hand gibt, um meinen sicheren Tod zu begreifen und die Angst, die er hervorruft, zu bekämpfen und zu lenken. Ich wurde mir, zuerst dunkel, dann immer klarer, bewusst, dass ich wie Millionen andere hinsichtlich des Todesproblems das Opfer einer gezielten sozialen Strategie war, die in allen Bereichen menschlichen Wirkens, einschließlich des Denkens, von der herrschenden kapitalistischen Klasse ins Werk gesetzt wird, um ihre Privilegien aufrechtzuerhalten. Diese Klasse verhängt über Millionen von Lebewesen ein Leiden, das aus unserem Planeten ein Massengrab macht. Ich entdeckte, dass von allen Waffen der Ausbeutung die symbolische Gewalt die wirksamste, die heimtückischste und am wenigsten erkennbare ist, d. h. die Gesamtheit der Bilder und Darstellungen, die diese Klasse zu ihren Zwecken schafft und den abhängigen Klassen aufdrängt. [9] Denn diese symbolische Gewalt, die unter dem Anschein einer unangreifbaren universellen Kultur jenen, die sie ausüben, die Beständigkeit ihrer Privilegien und ihre politische, wirtschaftliche und soziale Herrschaft über die Mehrheit zu sichern erlaubt, geht Hand in Hand mit anderen Mitteln der Ausbeutung und reduziert den Menschen in seinem Leben und angesichts des Todes auf seine schlichte Warenfunktion.

Ich fasste den Plan, eine *Soziologie des Todes* zu schreiben. Ich begriff, dass dabei dieses Projekt zwei Forderungen entsprechen musste: die einer vergleichenden Erforschung der kulturellen Behandlung des Todes in der afrikanischen Diaspora Brasiliens und im Abendland, wobei nach den strengsten Gesetzen der Empirie vorzugehen ist; aber auch der Forderung nach einer Durchleuchtung der kulturellen Mechanismen, die über das Wissen hinaus die Mittel für einen befreienden Kampf in der westlichen Welt liefert.

Ausgestattet mit dem Initiationswissen der Yawalorixa, musste ich zunächst auf erzählerische Weise und dann ins Begriffliche übertragen die Behandlung des Todes bei den afrikanischen Gesellschaften in Brasilien darstellen. Ich ging von Fallanalysen aus; die untersuchten Fälle mussten so ausgesucht werden, dass die meisten

Volksstämme und alle Regionen der brasilianischen Diaspora vertreten waren.

Der zweite Teil des Buches umfasst demnach drei Untersuchungen unterschiedlicher Fälle: die der »Trommel der Tränen von Maragnan«, einer nördlichen Region Brasiliens, wo die Völker der Fons, der Jeje und der Nago leben; die des »Totenhauses« auf der Insel Itaparica in der Bucht ›Todos los Santos‹ im Nordosten des Landes, wo die Nago beheimatet sind*. Diesen zwei Fallstudien folgt ein Bericht über die wichtigsten Gründungsmythen der Nago, die die Behandlung des Todes durch die afrikanischen Hohen Priester umfassen, bestimmen und (seherisch) »erklären«.

Mit den klassischen Methoden empirischer Soziologie hatte ich dann Bereich um Bereich den Umgang mit dem Tod, die *Thanatopraxis*** der westlichen kapitalistischen Warengesellschaften zu erforschen. Der Sitz der Weltgesundheitsorganisation in Genf mit ihrer medizinisch-soziologischen Bibliothek, die die größte in der Welt ist, hat mein Vorhaben begünstigt. Die freundliche Hilfe eines Biologen, Maurice Marois, und von Michel Gressot, einem für Probleme des Todes außerordentlich empfänglichen Psychiater, hat es mir gestattet, hunderte von Artikeln, Protokollen, Umfragen und klinischen Berichten zu sichten, einzuordnen und kritisch auszuwerten, die die WHO durch ihren Bibliothekar, Dr. Wetzel, mir zur Verfügung gestellt hat.

Wir beginnen die Analyse im ersten Teil mit den Beziehungen, die zwischen dem wirtschaftlichen und soziologischen Vorhaben des Warenkapitalismus und den Bildern vom Tod, die er hervorbringt, bestehen. Eine Klasse von Thanatokraten und Opferern hat sich in den Krankenhäusern Europas und Amerikas herangebildet; im zweiten Kapitel werden ihre Theorie und ihre Praxis untersucht;

---

* Eine dritte empirische Untersuchung, die sich im französischen Orginaltext findet, wurde in der deutschen Ausgabe aus Platzgründen weggelassen: jene Bestattungsriten des Priesters João de Gomeia, einem synkretischen Candomblé, der in dem großen Vorstadtbereich von Rio de Janeiro liegt und wo das Subproletariat der Nago, Congo und Caboclo im gemeinsamen Elend zusammenwohnt.

** Aus dem Griechischen: »*thanatos*« = Tod; *Thanatologie* = Lehre vom Sterben; *Thanatokratie* = Herrschaft über den Tod.

gegenüber den Sterbenden, Alten und Schwerkranken verfügt diese Klasse über eine nahezu totale und unbestrittene Macht; lediglich die Gruppen der Minderheiten, die Krankenschwestern, Verwandten von Sterbenden und die isolierten Kranken, versuchen heute, oft auf unartikulierte Weise, ihr gegenüber Widerstand zu leisten. Das dritte Kapitel ist der Agonie gewidmet; hier wird berichtet, wie und unter welchen medizinischen, psychologischen und soziologischen Bedingungen die Personen, die sich im Endstadium ihrer Krankheit befinden, heutzutage, in Krankenhäusern interniert, die letzten Augenblicke ihres Daseins erleben.

Kein Tod ist »natürlich«. Jeder Tod ist eine Vernichtung, ein Herausreißen, ein Bruch. Ernst Bloch drückt es aus: »Denn wenn wir sterben, bräuchten wir noch viel Leben, um mit dem Leben fertig zu werden... Im Augenblick des Sterbens müssen wir uns, ob wir es wollen oder nicht, zurückgeben, das heißt, unser Ich den anderen überantworten, den Überlebenden, denen, und es sind Milliarden, die nach uns kommen, weil sie und nur sie allein unser unvollendetes Sein vollenden können.« [10]

Im Abschluss des ersten Teils erörtern wir anhand der Theorie des eschatologischen Ich das bei jedem Menschen bestehende Auseinanderklaffen zwischen dem unendlichen Bewusstsein und dem endlichen Leben, das er verkörpert.

Nun beschränkt sich aber meine Gesellschaft nicht darauf, den Menschen seiner Agonie, seiner Trauer und seines klaren Bewusstseins von seiner Endlichkeit zu berauben; sie begnügt sich nicht damit, den Tod mit einem Tabu zu belegen, den Sterbenden einen sozialen Status zu verweigern, das Alter zu pathologisieren und die Ahnen zu verleugnen; sie stellt die Existenz des Todes selbst in Abrede. Der Tod ist das Nichts. Der Mensch ist der Produzent von Waren oder genauer: die Ware selbst. Indem sie den Tod und seine Funktion als hinderliches Ereignis verleugnet, vollbringt die Warengesellschaft eine eigentliche »Neuschaffung« des Menschen. Wie soll man gegen einen solchen Gegner ankämpfen? Wie die Undurchsichtigkeit seiner Ideologie entlarven? Die symbolische Gewalt an den Tag legen, die seine Praxis beherrscht und legitimiert? Eines ist mir jedenfalls klar geworden: um diesen Kampf zu führen, braucht es andere Waffen. Weder das Gemurmel der Yawalorixa noch die Trommel der Tränen, so kostbar mir ihre Unterweisungen waren, sind als Waffen hinreichend, um die Gewalt der Symbole anzugreifen, die den Tod negieren.

Das Tabu, mit dem die kapitalistische Warengesellschaft den Tod belegt, ist nur ein Aspekt einer viel weitergehenden Verschleierungsstrategie: einer kulturellen Strategie, die die herrschende Klasse anwendet, um das System der Ungleichheit, das sie privilegiert, zu erhalten, zu verdecken und zu verhärten. Die Gesamtheit der Symbole, die die Warengesellschaft leiten, werden damit gewissermaßen überdeterminiert. Die Wiedereinbeziehung des Todes in den Bereich der zeitgenössischen Denkweise stellt deshalb von sich aus die Totalität des Menschen noch nicht wieder her. Damit dieser Mensch, der verstümmelt, seines klaren Bewusstseins von seiner Endlichkeit, also seiner Freiheit beraubt ist, eine schicksalhafte Existenz wieder finden kann, muss das alte Realitätsfeld Stein für Stein zerstört werden, denn die totale Entfremdung der menschlichen Existenzen durch die Warengesellschaft kann nur durch eine neue Totalität alternativer Bedeutungen zunichte gemacht werden.

Allein die Revolution, d. h. die Übernahme der politischen, sozialen und wirtschaftlichen Macht durch Menschen, die entschlossen sind, sich ihre Freiheit und ihre Gleichheit zu erobern, kann dem Tod und damit dem Leben seinen ihm bestimmten Wert und seinen kollektiven Sinn zurückgeben. Die Menschen der westlichen Industriegesellschaften müssen den Tod zurückerobern, ihn wieder in ihr Leben einbeziehen. Nur im vollen Bewusstsein unserer Sterblichkeit kann angstfreies, menschenwürdiges und damit sinnerfülltes Leben möglich sein. Der Kampf für die Reintegration des Tods in das westliche Kollektiv-Bewusstsein könnte der Ausgangspunkt werden für die bedeutsamste Revolution unseres Jahrhunderts.

Wie jene Inseln aus angeschwemmtem Land, Baumstümpfen und Blumen, die sich langsam um sich selbst drehend den Kongo hinabtreiben, hat sich mein Buch unterwegs mit zahllosen Zusätzen angereichert. In Brasilien habe ich im Laufe der Jahre freundschaftliche Verbindungen angeknüpft, die keine Gegnerschaft trübt.

Es ist mir nicht möglich, allen Menschen zu danken, die mit ihrem großzügigen Verständnis, mit ihrer Gastfreundlichkeit und ihrer Freundschaft zum Entstehen dieses Buches beigetragen haben.

Ich möchte hier nur meine ältesten Freunde erwähnen: Ipiranga Monteiro, Nunez Perr̃eira, Vincente Sales und Cesar Ferreira in Para; João Robeiro Oliveira Souza in Piaui; in Maragnan die Noxe Clementina, der Babalorixa Jorgé, den Priester João de Fatima, Paulo Morais Filho, Carlos Jalès und Josué Montello; Elipido Menezès in Fortaleza; Renato Farias, René Ribeiro, Valmir Chacon und Gilberto Freyre in Recife; in Salvador die Yawalorixa Olga, den Babalão Deoscoredes dos Santos und seine Frau Juana, Orlando Castro-Lima, Pierre Verger, Renato Ferrais, Vivaldo Costa-Lima, Zaíde und Antonio Machado Neto, Julio Braga, Thalès de Azevedo, den Pater Timoteo de São – Bento, Luiz Navaro, Valdir de Oliveira, Ghuillerme Castro; in São Paulo Maria Isaura Pereira de Queiroz; in Rio de Janeiro Candido Mendès de Almeida, Italo Coelho, Helio Jaguaribe, Jacques Mercier, Carlos Chagas und Edson Carneiro, der 1972 gestorben ist. Sehr viel verdanke ich sechs europäischen Kollegen, deren grundlegend neue Werke mein Umherirren auf dem Ozean des thanatischen Nichtwissens geleitet haben. Es handelt sich um Roger Bastide, Georges Balandier, Vladimir Jankélévitch, Jean Duvignaud, Edgar Morin und Ferdinand Gonseth. Micheline Bonnet hat den aufeinander folgenden Versionen dieses Buches ihre Form gegeben. Ich bin ihr in Dankbarkeit verbunden.

ERSTER TEIL

Der Tod
im Abendland

DREI THESEN

I Die Maske des Todes

Der Schatten über dem Leben

Wie nimmt der Mensch den Tod wahr, seinen Tod, wie stellt er ihn sich vor, mithilfe welcher Bilder, welcher Symbole? Wie sieht im Abendland die Entwicklung dieser Vorstellungen aus?

Mein Bewusstsein macht nie die Erfahrung seines Todes, aber es lebt ein Leben lang mit einer empirischen Gestalt des Todes, wie sie von einer bestimmten Gesellschaft mit dem allmählichen Hinscheiden ihrer Mitglieder geprägt wird. Es ist der Mensch als soziales Wesen, der Pyramiden und Grabmäler errichtet, Bestattungsriten erfindet, über den Tod nachdenkt und ihn das ganze Leben als vom Strom der Zeit unheilbar Verwundeter in sich trägt. Es ist der Mensch als soziales Wesen, der schon vor dem Eintreten des sicheren Ereignisses, das seiner Existenz ein Ende setzt, so viel wie möglich davon wissen möchte. Wenn wir den Tod befürchten, so ist es nicht unser eigener Tod, den das Bewusstsein erfasst. Wir kennen lediglich den Tod der anderen und vom eigenen nur die Angst, ihm gegenüberzustehen.

Kann man denn sagen, dass der Tod meine Existenz auslöscht? Bedingung ist, dass ich mich als existent begreife: wenn ich spreche, esse, Kälte, Hitze oder Wärme empfinde, liebe, Verlangen habe, leide, mich bewege, denke. Was der Tod zerstört, was er mir auf radikale Weise nimmt, ist also nicht meine Existenz im eigentlichen Sinne, sondern die gewohnten, bekannten und identifizierbaren Mittel, über die ich verfüge, um meine Existenz zu überprüfen. Das nicht erfahrbare Ereignis meines Todes, das für mein Bewusstsein die äußerste Grenze meiner Existenz bedeutet, entzieht sich dagegen jeder gedanklichen und mithin soziologischen Analyse, da das Bewusstsein genau in dem Augenblick des Ereignisses (wenigstens in seiner gegenwärtigen Form) schwindet, in dem es theoretisch darüber nachzudenken gilt. Demgegenüber bewegen sich der Tod der anderen und die gedachte Gestalt des Todes, einschließlich meines eigenen, der in mir ist und mich zeitlebens verfolgt, in einer höchst praktischen Dimension. Sie sind Gegenstand der Soziologie.

Das sichere und durch keinerlei statistische Schwankungen zu erschütternde Wissen, dass mein Leben endet, dass ich sterbe und mit mir eine ganze Welt, selbst mein Bewusstsein, schwindet, bestimmt auf entscheidende Weise alle wesentlichen Handlungen meiner Existenz. Damit setzt das Bewusstsein von seinem eigenen Ende im Bereich des Gelebten und zu Lebenden genaue, notwendige und feste Grenzen. Innerhalb des so begrenzten Bereichs gibt es keine Haltung, keine Norm, keine Institution und keine individuelle oder kollektive Hervorbringung des Menschen, seines Körpers, seines Denkens oder Träumens, die nicht auf die eine oder andere Art von der Erfahrung des Todes bestimmt, geformt oder angelegt wäre. Der Tod wirft seinen Schatten auf alles und auf jeden. Keine einzige Parzelle der sozialen Landschaft entgeht ihm. Kein Projekt kommt ohne ihn zu Stande. Er lebt selbst in unseren hintersten Gedanken. So formt unser Über-Ich eine Maske für den Tod, unter der er uns gegenübertritt. Er bekommt ein Gesicht, eine Identität. Er wird angezeigt, benannt, gefürchtet, und wir denken mit unendlicher Beklommenheit an seine ständige Gegenwart, seine unmittelbare Nähe. Mit anderen Worten: Nicht unser unbefangenes Bewusstsein nimmt den Tod in sich auf*, sondern unser geprägtes Bewusstsein. Der Tod ist genau genommen das Absolute in Abhängigkeit. Absolut, weil er jenseits der Kategorien rationalen Verstehens das Subjekt vernichtet oder verwandelt, das ihn erfährt. In Abhängigkeit, weil das Subjekt die physiologische Katastrophe und die Verwandlung oder die Vernichtung seines Bewusstseins je nach Gesellschaft, Epoche, Klasse und Kultur, denen es angehört, anders erlebt.

Das Bewusstsein von seinem eigenen Tod ist eine wichtige und grundlegende Erfahrung des Menschen. Sie markiert jene entscheidende Wende in der Menschheitsgeschichte, mit der im Paläolithikum der *homo sapiens* auftritt. Die Menschen in den finsteren Höhlen des Karmel (40 000 Jahre), von La Chapelle-aux-Saints

---

* Mit Ausnahme des Kindes, das in frühen Jahren stirbt.

(45 000–35 000 Jahre) oder des Monte Circe (35 000 Jahre) gruben ihre ersten Gräber und bestatteten dort ihre Toten (Erwachsene) in Hockstellung mit zusammengebundenen Fuß- und Handgelenken wie erwartungsvolle Fötusse, die einem zweiten Leben versprochen sind. Seither haben die Menschen eine Vielzahl verschiedener Bilder von ihrem künftigen Tod geschaffen – und schaffen sie täglich –; denn der Tod hat ein Bewusstsein aufgebrochen, das bis dahin nur instrumental war. Durch diesen offenen Bruch sind neue und ungeheure Kräfte eingedrungen, die die menschliche Auffassung vom Leben, vom Tod und von der Welt verändert haben. Die Bestattung bezeugt zweifellos einen Fortschritt der objektiven Erkenntnis.

Edgar Morin schreibt dazu: »Der Tod wird nicht lediglich als Tatsache angesehen, wie ihn die Tiere kennen (die darüber hinaus bereits fähig sind, ›sich tot zu stellen‹, um den Feind zu täuschen), er wird nicht allein als Verlust, Entschwinden, unersetzlicher Schaden empfunden (wie es Affe, Elefant, Hund oder Vogel fühlen), er wird auch als Übergang von einem Zustand in einen anderen begriffen… Ob nun angesichts von Toten oder bei der Idee vom Tod unabhängig von dem unmittelbaren Ereignis, kann man schon beim Neandertaler einen Gedanken nachweisen, der nicht völlig in der augenblicklichen Handlung aufgeht, das heißt, man kann die Gegenwart der Zeit im Bewusstsein aufzeigen. Die Verbindung von Veränderungsbewusstsein, Zwangsbewusstsein und Zeitbewusstsein deuten beim Homo sapiens auf das Aufkommen eines komplexeren und qualitativ neuen Grades bewusster Erkenntnis hin.« [1]

Weiter stellt Morin fest: »Alles deutet darauf hin, dass das Bewusstsein vom Tod, das beim Homo sapiens aufkommt, durch das Ineinandergreifen von einem objektiven Bewusstsein, das die Sterblichkeit anerkennt, und einem subjektiven Bewusstsein zu Stande kommt, das, soweit es nicht von der Unsterblichkeit, zumindest doch von einer vorübergehenden Sterblichkeit ausgeht. Die Todesriten bringen ein Trauma zum Ausdruck, das Zerstörung herausfordert, und gleichzeitig resorbieren und beschwören sie es. In allen uns bekannten Gesellschaften des Homo sapiens drücken die Bestattungen zugleich eine Krise und eine Überwindung aus, auf der einen Seite Zerrissenheit und Angst, auf der anderen Hoffnung und Trost. Alles weist darauf hin, dass der Homo sapiens vom Tod wie von einer unabwendbaren Katastrophe heimgesucht wird, dass er eine spezifische Angst in sich trägt, die Angst oder den Schrecken vor dem Tod, dass die Gegenwart des Todes ein brennendes, das heißt sein Leben beherrschendes Problem wird. Alles deutet auch darauf hin, dass dieser Mensch diesen Tod nicht nur zurückweist, sondern ablehnt, ihn überwindet und ihn im Mythos und in der Magie auflöst.« [2] Und schließlich: »Zwischen der objektiven und subjektiven Sicht klafft ein Spalt, den der Tod bis zum Zerreißen öffnet und der von Mythen gefüllt ist und von Überlebensriten, die den Tod am Ende integrieren. Mit dem Homo sapiens beginnt also die Dualität von Subjekt und Objekt, ein unzerreißbares Band, ein unüberwindbarer Bruch, den in der Folge alle Religionen und Philosophien auf tausend Weisen zu überspielen oder zu vertiefen versuchen.« [3]

Das Bild vom Tod

Das Sterben vollzieht sich gleichermaßen aus der Kultur wie aus der Natur. Machen wir einen Sprung in die abendländische Gesellschaft des 18. Jahrhunderts. Obwohl der Tod zwischen all den natürlichen und biologischen Phänomenen, Ereignissen und Funktionen angesiedelt ist und seine gesellschaftliche Natur nicht ausgesucht werden kann, ist er wie jedes andere Ereignis der menschlichen Praxis Objekt von Ideologien, und auch Klassenkämpfe spiegeln sich in ihm. Die von Voltaire formulierten sterbekundlichen Analysen liefern packende Beispiele dafür. Voltaire begreift als erster rationalistischer Denker, dass das Bewusstsein von der Endlichkeit, das soziale Bild seines eigenen unausweichlichen Todes, die intime Empfindung, die unzugegebene Wurzel jeder Handlung, jedes Gedankens, jedes Projekts von Lebenden darstellt. Und besser als jeder seiner Zeitgenossen erfasst Voltaire dann den Schichtcharakter dieser Bilder, die tiefgründig soziale Vorsätzlichkeit, die den Bestattungszeremonien jeder Gesellschaft innewohnt. Der Zorn über die herrschende Ideologie des Todes, das heißt über die Funktion des Herrschens, die die Mitglieder der regierenden Klasse ihren Toten zuweisen, führte Voltaire zu Analysen von unvergleichlicher Klarheit und Ausdruckskraft. Zugegebenermaßen war der Wille zum Herrschen, der in der Thanatopraxis der französischen Aristokratie des 18. Jahrhunderts zum Ausdruck kam, besonders durchsichtig: die Behandlung, die sie in Bezug auf die Person ihrer Toten an den Tag legte, zeigte eine Arroganz und eine Verachtung gegenüber den Armen, die skandalös waren. [4] Um dieses »Hinterlassenenverfahren« kennen zu lernen, kann man zu den Bildern von Jean Dorival nach Bérain d. Ä. greifen, auf denen die Beerdigung des Grand Condé in Notre-Dame von Paris dargestellt ist. [5] Oder besser noch zu einem Brief der Frau von Sévigné vom 6. Mai 1672, in dem sie eine Beschreibung eines »Bestattungsverfahrens« der herrschenden Klasse in Frankreich liefert: [6] »Man benachrichtigte den Hof und die Stadt, in den Häusern wurden gewaltige Plakate ›in großem Stil‹ verteilt und an die Wände geklebt. War der Tag gekommen, versammelte sich die beste Gesellschaft in der Kirche; man bewunderte das Grabmal, das bis zum Gewölbe aufragte, mit großen Figuren verziert und mit tausend Kerzen geschmückt war. Man erblickte vier Skelette, die von der Würde des Verstorbenen Zeugnis ablegten: darüber die vier Künste, dann die Tugenden, und ganz oben empfangen vier Engel die Seele des Verblichenen. Es hieß, Lebrun, der den Entwurf für die Dekoration geliefert hatte, habe sich selbst überboten. Das *Miserere* von Lully war zum Weinen schön. Dann kam der Redner: man fragte sich, wie er die Schönheit des Schaustücks noch überbieten könnte. Auf der Kanzel zeigte er so treffende und so huldvolle Beispiele seiner Beredsamkeit, dass jedermann bezaubert war...«

Der Bruch Voltaires mit den Todes-Bildern seiner Klasse ist klar und hart. Der ganze erste Teil der Grabrede auf Ludwig XV. am 25. Mai 1774 stellt einen scharfen Angriff auf die Beisetzungsmethoden der herrschenden Klasse dar: »Ich stehe nicht an, mitten in die Pracht offenkundiger Trauer die Eitelkeit einer mit allen Eitelkeiten einstudierten Rede zu stellen, um unter dem Scheinvorwand des Ruhmes der Toten die Lebenden zu täuschen...« [7] Die herrschende Ideologie verlangt nach dem »Ruhm« gewisser Toter, und zwar gerade von denen, die innerhalb der machthabenden Klasse als Lebende oder Tote bestimmte Funktionen innehaben. Dazu gehören die Condé, auch Anna de Gonzague und ebenso Henriette von Frankreich. Diesen dominierenden Toten stellt Voltaire voller

Ironie die unbestreitbare, empirische Tatsache entgegen: der Tod ist das brutale, unmittelbare und unwiderrufliche Ende des Lebens. Jeder stirbt, jedes Leben endet, und wenn die Umstände des Endes je nach den Klassen, denen die Sterbenden angehören, unterschiedlich sind, bezeugen zumindest die Leichname eine erfreuliche Gleichheit der Situation! »Es braucht zwanzig Jahre, um den Menschen vom Zustand der Pflanze, in dem er sich im Mutterbauch befindet, und vom Zustand des reinen Tieres, den er von früher Jugend an teilt, dorthin zu bringen, wo die Verstandesreife zu sprossen beginnt. Es hat dreißig Jahrhunderte gedauert, um seine Struktur zu kennen. Es wird eine Ewigkeit währen, bis seine Seele erkannt wird. Es bedarf eines Augenblicks, um ihn zu töten.« [8] Und in der Eloge formulierte er großartig: »Fast alle Kindheiten ähneln einander wie alle Jahre des Verfalls. Erstere geben immer etwas Hoffnung, die Letztere uns vollkommen nehmen.« [9]

Ständig kehrt bei Voltaire die Stelle aus dem Buche Hiob wieder: »Der von der Frau geborene Mensch lebt wenig. Er steckt voller Elend. Er ist wie eine Blume, die aufblüht, welkt und ausgerissen wird. Er geht vorbei wie ein Schatten.« [10]

Ein Bruch also mit den Todesbildern seiner Klasse, aber auch, und das ist die zweite Aufgabe, die Voltaire übernimmt, der verzweifelte – und meiner Meinung nach misslungene – Versuch, eine allgemeine Erfahrung des Todes zu formulieren. Voltaire beginnt seine *Abhandlung über den Menschen* mit den Worten: »Die Gattung des Menschen ist die einzige, die weiß, dass sie sterben muss, und das weiß sie nur aus Erfahrung.« Der Erfahrung einer Gattung muss ein Bewusstsein der Gattung entsprechen. Voltaire wird sie später den Leibeigenen des Jura vermitteln. Als Schlossherr in Ferney, nahe bei Genf, wird er die Sümpfe trocken legen lassen und versuchen, die Gleichberechtigung der Erziehung zu fördern. Doch eine Klassengesellschaft duldet nicht, dass sich in ihr ein egalitäres Bewusstsein gegenüber dem Tod entwickelt. Angesichts dieser Offensichtlichkeit bleiben selbst die Intelligenz Voltaires und sein anprangernder Zorn auf die Ungleichheit machtlos. Voltaire muss sich schließlich darauf beschränken, die sozialen Erscheinungsformen der Todeserfahrung festzustellen und die antinomische Schichtung zu akzeptieren, die sich in folgendem Bild bei ihm niederschlägt: »Man betritt die gotische Kathedrale von Paris. Man geht über die hässlichen, schlecht gefügten Steine, die nicht einmal mehr niveaugleich sind. Sie wurden tausendmal herausgerissen, um unter ihnen Särge zu vergraben. Man kommt an dem Beinhaus vorbei, das den Namen des hl. Innozenz trägt. Es ist eine geräumige Einfriedung, die der Pest geweiht ist. Die Armen, die häufig an ansteckenden Krankheiten gestorben sind, liegen hier bunt durcheinander bestattet; manchmal kommen Hunde und nagen an ihren Knochen. Dichte Kadaverdämpfe steigen von dort auf. In der Sommerhitze, nach dem Regen sind sie pestartig. Und gleich neben dieser Wegstätte befindet sich die Oper, der königliche Palast, der Louvre... Paris wird noch lange ein seltsames Gemisch ausgesuchtester Großartigkeit und abscheulichster Rohheit bleiben.« [11]

Fassen wir vorläufig zusammen. Der Tod ist ein von Zweideutigkeit behaftetes Ereignis: natürlich, transklassizistisch, wie die Geburt, die Sexualität, der Hunger, der Durst oder das Lachen; sozial wie irgendeine Episode der menschlichen Praxis; aber auch kulturell, durchdrungen und belebt von einem Erscheinungsbild, das es erklären und rechtfertigen muss. Ich lege hier die Betonung auf den kulturellen Mechanismus. Dieses Ereignis widerfährt allen Menschen aller Klassen und aller Nationen, doch es widerfährt ihnen in bestimmten sozialen Situationen, es ist für jeden Einzelnen durch seine Zugehörigkeit zu einer Klasse, Familie, Nation, Kultur und Religion festgelegt. Jeder Mensch denkt an seinen Tod und an den der Seinen, jeder Mensch stirbt seinen Tod, und dieser Tod, der auf keinen anderen zurückgeführt werden kann, ist weitgehend vorbestimmt. Es wird behauptet, der Tod sei natürlich, vor ihm seien alle Menschen gleich. Damit werden dem Tod universale und in Bezug auf die wirklichen Praktiken des Todes transzendentale Bedeutungen unterlegt, die dazu dienen, den Tod als »natürlich« zu rechtfertigen und dabei die fehlende Gleichheit vor dem Tod zu maskieren, die Ungleichheit der Lebenschancen für die Menschen zu verschleiern und sie als natürlich zu akzeptieren (Fatalität), das heißt, letzten Endes ein Gesellschaftssystem als natürlich und unvermeidlich anzusehen, das auf der Ungleichheit basiert.

Es gibt keine Gleichheit vor dem Tod. Dafür ein paar Beispiele:

In Frankreich liegt die Lebenserwartung eines fünfunddreißigjährigen Handwerkers um sieben Jahre niedriger als die eines gleichaltrigen Lehrers; der Umgang mit gefährlichen chemischen Stoffen, die erschöpfenden Produktionsforderungen bewirken, dass mit fünfundvierzig Jahren zwei Facharbeiter an Krebs sterben gegenüber nur einem der höheren Angestellten. [12] Die physiologischen Leiden der Eltern bedingen häufig die Lebenschancen der Kinder. Heute in Bangladesh geboren zu werden, bedeutet die Erwartung eines frühen Todes; in Palästina geboren zu werden, heißt sich der Repression aussetzen; Europa hingegen sichert den meisten Menschen eine lange Lebenserwartung zu.

Die symbolische Gewalt

Das Bild des Todes, die Vorstellungen, die sich die Menschen von ihm machen, sind notwendigerweise sozialen Ursprungs; das heißt, sie werden von Erfahrungen des Alters, der Klasse, der Gegend, des Klimas, der Kultur, des Kampfes und der Utopie eingebracht, bearbeitet und geprägt. Die Bilder vom Tod sind im Abendland Klassenbilder. Jedenfalls versucht die herrschende kapitalistische Klasse den Klassen, die sie beherrscht, ihre eigenen Bilder von der Wirklichkeit aufzuzwingen. Diese Bilder entstammen einer bestimmten sozialen Strategie; die herrschende Klasse verwendet sie wie eine symbolische Gewalt, als Waffen der Überredung, der Beeinflussung, der Lüge, kurz: der Beherrschung. Sie verdrängt die Bilder, die dieser Strategie nicht dienlich sind und die die Gefahr mit sich brächten, das eigene Verfahren der Beherrschung infrage zu stellen. Wir werden sehen: diese verdrängten Bilder werden im kollektiven Unterbewusstsein gesammelt und tauchen dann in Form von *Ausschusskulturen* oder *Ramschkulturen* wieder auf. [13] Hier die Definition der symbolischen Gewalt: »Alle Macht symbolischer Gewalt, das heißt, alle Macht, der es gelingt, den Menschen Symbole aufzuzwingen und sie als legitim auszugeben, indem sie die Machtbeziehungen, welche die Grundlage ihrer Macht bilden, verschleiert, fügt ihre eigene Macht diesen Machtbeziehungen hinzu.« [14] Was den Tod anbelangt, ist die kulturelle Strategie der herrschenden Klasse erfolgreich: mithilfe des Bildes vom natürlichen und universalen Tod, das sie pflegt und den beherrschten Klassen aufzwingt, verbietet sie ihnen, sich ein Bild zu schaffen und als wahr zu erklären, das ihre eigene Todeserfahrung spiegelt, das ihrer Klassenerfahrung entspricht und dessen antagonistische Gestalt als Waffe des Bewusstseins und der Revolte dienen könnte. [15] Doch die herrschende Klasse bringt – ebenso wenig wie jede andere Menschengruppe – nicht fortwährend neue, zeitgemäße, angemessene und auf ihre Praxis bezogene richtige Bilder hervor. Diese Bilder, deren sie sich bedient, um zu herrschen, rühren von Vorbildern her, aus Traditionen und dem kulturellen Erbe genauso wie aus der synchronischen Schöpfung. Diese Bilder haben ihre eigene Zeit. Sie folgen einander, sie entstehen innerhalb des eigentlichen kulturellen Feldes, das zur Selbstständigkeit in Bezug auf die wirklichen Praktiken tendiert oder dessen Verbindungen mit den wirklichen Praktiken zur Auflösung neigen; das macht sie wiederum in den Händen der herrschenden Klasse sehr wirkungsvoll, da sie leicht als wahr und für alle gültig hinzustellen sind und damit verhindert werden kann, dass deutlich wird, wie sehr sie der tatsächlichen Realität widersprechen.

Anders ausgedrückt: die meisten der Symbole – einschließlich das Bild vom Tode –, die die herrschende kapitalistische Klasse verwendet, sind nicht einfach die Produkte der Praxis dieser Klasse, sondern eines unendlich komplexeren Vorgangs. Bourdieu erklärt: »Die Geschichte des geistigen und künstlerischen Lebens der europäischen Gesellschaften kann als Geschichte der Veränderung der Funktion des Produktionssystems von symbolischen Gütern und der Struktur dieser Güter selbst begriffen werden, die Korrelative der progressiven Verfassung eines geistigen und künstlerischen Feldes sind, das heißt der fortschreitenden Verselbstständigung des Bezugssystems von Produktion, Umlauf und Verbrauch der symbolischen Güter.« [16] Und weiter: »In dem Maße wie ein geistiges und künstlerisches Feld sich zu bilden versucht, indem es sich als Gegensatz zu allen Instanzen definiert, die in Anspruch nehmen können, auf dem Gebiet der symbolischen Güter im Namen einer Macht oder Autorität gesetzgebend zu wirken, die ihr Prinzip nicht im Bereich der Produktion selbst findet, tendieren die den verschiedenen intellektuellen und künstlerischen Gruppen verliehenen objektiven Funktionen in Bezug auf die Position, die sie innerhalb des relativ autonomen Systems von objektiven Verbindungen innehaben, immer mehr dazu, das einigende und treibende (somit erklärende) Prinzip ihrer Stellungnahme und damit das Prinzip der Veränderung im Verlauf dieser Stellungnahme zu werden, zunächst im ästhetischen, aber auch im politischen Raum.« [17]

Wo soll man die Anlage dieses autonomen Feldes von komplexen und komplizierten Bezeichnungen historisch ansiedeln? Dem Anschein nach baut es sich auf der Funktion einer Kategorie von Intellektuellen und Künstlern auf, die dazu neigen, keine anderen Regeln als die der geistigen und künstlerischen Tradition anzuerkennen. Diese Funktion hat in der Renaissance ihre kulturhistorische Wurzel. Seither fällt den Künstlern die Hervorbringung von Bildern als Instrumente der symbolischen Legitimierung der wirtschaftlichen und politischen Macht zu. [18]

Der erkenntnistheoretische Bruch, d. h. das Aufbrechen des mittelalterlichen philosophisch-religiösen Feldes und der Beginn der langsamen Erarbeitung der neuen humanistischen Kultur, vollzieht sich in Italien im Laufe des 15. Jahrhunderts. Im Mittelalter stellt der Tod das Ende des irdischen Lebens dar, vor allem aber den Beginn des Abenteuers, die endgültige Bestimmung zu finden. Die humanistische Auseinandersetzung, die aus den neuen Entdeckungen und Verflechtungen der Produktion erwächst und dem allmählichen Aufkommen des Kapitals als hauptsächlicher Kraft der Produktion folgt, verfolgt genau das Gegenteil. Lebend vermag der Mensch fast alles. Als Toter ist er nichts mehr; denn der Tod unterbricht den prometheischen Plan eines Menschen, der entschlossen ist, die Welt und sein eigenes Geschick zu verändern. Der Tod ist trotz des Widerstandes von Seiten der Kirche kein Sprungbrett mehr zu anderen Dingen. Das Denken wendet sich nahezu ausschließlich dem lebenden Menschen zu; vom toten oder sterbenden Menschen ist kaum noch die Rede.

Immanuel Kant läutet neun Tage vor seinem Tod, krank, fast erblindet und zitternd vor Erschöpfung nach seinem Arzt und lässt sich nach den Regeln des Anstandes betten, und das um den Preis einer ungeheuren Anstrengung. Zum Arzt sagt der sterbende Kant:

»Das Gefühl für Humanität hat mich noch nicht verlassen.« Panofsky stellt fest: mehr noch als Höflichkeit, die das Wort Humanität im 18. Jahrhundert bedeutete, drückt Kant hier noch weitaus stärker »das stolze und tragische Bewusstsein aus, das der Mensch aus dem Gegensatz zwischen Prinzipien, die er billigte und die er sich auferlegte, und der letzten Unterwerfung unter die Krankheit, den Verfall, all das Negative, das schließlich das Wort ›Sterblichkeit‹ in sich birgt, entwickelt hat«. [19]

II Der Kannibalismus der Ware

Die Zerstörung des Körpers

Der abendländische Mensch ist nunmehr Ware. Er ist in hässlichen Wohnkomplexen untergebracht, in Betonsilos eingepfercht, wie eine Ware eingelagert, klassifiziert und nummeriert. Die Satellitenstädte zerstören, was von den einst gekannten Städtebildern in Europa übrig geblieben ist. Die Rationalität des Finanzkapitals überschwemmt die Städte und verwüstet sie. Selbst die Sprache folgt dieser allgemeinen Bewegung, die zur Anonymität führt. Die symbolischen Systeme sterben ab. An ihrer Stelle entfalten sich kümmerliche Stammeleien, wie sie die in ihrer Realität erschreckend gezeigten Personen in den Filmen von Jean-Luc Godard von sich geben. Diese neuen Lautsysteme drücken im eigentlichen Sinne nichts mehr aus. Sie sind, scheint es, zu nichts nutze, als zwischen den Menschen ein unumgängliches Minimum an Zeichen zu erhalten, die für die Produktion, die Verteilung und den Verbrauch von Waren erforderlich sind. Sogar das Geld ist heutzutage anonym. Früher war das Geld das »Blut der Armen« [20]. In der klassischen kapitalistischen Gesellschaft war seine Anhäufung in den Händen einiger weniger das sichtbare Zeichen für die Ausbeutung, das Elend und die Erdrückung der Menge:

> »Als Gegenstand der Leidenschaft, als Quelle von Missheiraten, von zahllosen täglichen Dramen war das Geld damals der Träger wesentlicher Werte. Heute haben selbst die Ware und selbst das Geld, seine vollkommene Verkörperung, jede Individualität verloren. Die Ware ist zu einem reinen Bezugsobjekt in dem irrsinnigen Kreisel von Produktion, Verbrauch, Reproduktion und Wiederverbrauch von Gütern geworden, die in diesem Prozess selbst ihre Qualität als Güter verloren haben.« [21]

Man beginnt sich an die gelenkte Vermassung der vielfältigen Existenzen von Menschen zu gewöhnen. Gehirnwäsche, sei es von Seiten der staatlichen Propaganda oder der gewaltigen und debilisierenden Werbung der Privatwirtschaft, erstaunt niemanden mehr.

Diese täglichen, unheimlich geschickten Angriffe haben seit langem über die spezifische Intelligenz vieler Menschen gesiegt. Man hätte denken können, dass sich wenigstens der Körper, die letzte Bastion der konkreten Individualität, mit seinen geheimnisvollen Kreisläufen, seinen Organen und seinem geheimen Leben, diesem Warenkannibalismus entziehen würde. Irrtum. Die Nieren, das Herz, die Lunge und bald auch die Leber werden zur Ware. Die wichtigsten Organe des Menschen werden heutzutage gekauft, verkauft, transplantiert, gelagert und kommerzialisiert. Illustrierte Kataloge käuflicher Organe zirkulieren in der amerikanischen Krankenhauswelt. [22] Banken und Börsen für Organe funktionieren mit wachsendem Ertrag. Die höchste Ware, der menschliche Körper, nimmt nunmehr lebendig oder tot an dem sinnlosen Kreislauf der produzierten, verbrauchten, reproduzierten und wieder verbrauchbaren Dinge teil. Seine zunehmende Beschleunigung scheint das einzige Ziel einer Gesellschaft geworden zu sein, die des Bewusstseins ihrer eigenen Endlichkeit beraubt ist. Diese Beschleunigung selbst schafft eine völlig neue Situation. Roger Bastide definiert sie folgendermaßen: »Die Beschleunigung der Geschichte hat eine grundlegende Diskontinuität im Ablauf unseres Lebens zur Folge, sie ersetzt die langsamen Entwicklungen durch brutale Veränderungen und zwingt damit das Individuum, ständig seine Energien zu mobilisieren. Wenn es genug davon hat, gegen das Unvorhergesehene der Wandlungen oder die Vervielfältigung der Brüche anzukämpfen, sucht es bei kompensatorischen Neurosen Zuflucht.« Und weiter: »Unpersönlichkeit in den menschlichen Beziehungen, Gefühllosigkeit und Isolation in den Großstädten, auf Unzucht reduzierte Sexualität, Aufsplitterung unseres täglichen Verhaltens als Folge unserer Zugehörigkeit zu verschiedenen Gruppen, die uns oft widersprüchliche Rollen auferlegen, Verlust des Gefühls für unser Engagement im sozialen Bereich wie auch des Gefühls für die persönliche Identität, Vermännlichung der Frau, Feminisierung des Mannes, Vermassung des Individuums, Zunahme der Gesamtheit unserer Abhängigkeiten an Stelle der fortschreitenden Gewinnung unserer Autonomien…« [23] *Die Warengesellschaft prägt unsere Persönlichkeit nach dem Typus der Schizophrenie.*

Offenbar weiß die abendländische Gesellschaft nicht, was sie mit ihren Toten machen soll. Ein geheimer Schrecken kennzeichnet die Beziehungen, die sie mit diesen »Fremden« unterhält. Da sind Körper, die plötzlich aufhören zu produzieren und zu konsumieren. Da sind Masken, die keinem Aufruf antworten, allen Verführungen widerstehen, sich hartnäckig und gleichsam triumphierend den Befehlen widersetzen, die zu Schmeicheleien und subtilen Bestechungen keinen Anlass geben, deren sich die Warengesellschaft normalerweise bedient, um die Lebenden zu dirigieren. Schlimmer noch: die Toten bezeigen untereinander eine strenge *Solidarität.* Sie sind in der Tat einander vollkommen gleich. Diese eigenartigen Zeitgenossen lassen sich nirgendwo einordnen, und ihr Verhalten stört die schöne Produktionsmaschine unnützer Güter gewaltig, die die Hauptdaseinsberechtigung der monopolkapitalistischen Gesellschaft darstellt. Als gleichsam unerlaubtes Ereignis wird der Tod unserer Mitmenschen von der Gesellschaft in die hinterste Ecke der kollektiven Existenz gedrängt. In den Industriestädten sterben die Menschen verschämt, im Verborgenen. Alles wird ins Werk gesetzt, damit die Lebenden sich des Todes ihrer Mitmenschen nicht bewusst werden. In wenigen Stunden ist die Gegenwart der Toten ausgelöscht, ihr Körper weggeschafft, ihr Andenken erstarrt. Der Lärm der Stadt überlagert den Schrecken. Im Verkehrsgewühl durchquert ein Leichenzug die Stadt. Ein eingefriedetes Gelände empfängt ihn. Hinter der Hecke: ein offenes Grab. Ein paar Worte am Sarg, übrigens fast immer die Gleichen, von einer Belanglosigkeit und Banalität, die wie eine letzte Aggression wirken. Eine Eintragung im Sterberegister, die einfache oder komplizierte Verteilung der hinterlassenen Güter, das ist alles. Der Friedhof selbst stellt Probleme, der städtische Boden ist teuer, und das System der Maximierung der Grundrenten lässt kaum eine Verschwendung zu. Um Platz zu gewinnen, zieht es die Warengesellschaft auch vor, die Toten zu verbrennen. Vielleicht kommt einmal der Tag, an dem eine neue Technik erlaubt, auf die Urne zu verzichten und damit auch auf die paar Quadratzentimeter Erde, die sie braucht.*

Diese Gesellschaft, die diese »Fremden« so wirkungsvoll vertreibt, die ihr plötzlich nicht mehr gehorchen, vertraut die psychologische Behandlung von Sterbenden ihren Spezialisten an. In den amerikanischen Krankenhäusern gibt es seit kurzem den neuen Beruf des *Thanatologisten*. Dabei handelt es sich um Personen, deren Aufgabe darin besteht, den Menschen lautlos sterben zu lassen. Einer der berühmtesten von ihnen, Carl A. Nightsworth, starb seinerseits übrigens mit 39 Jahren an einem Herzanfall am 13. Mai 1972 in Chicago. Nightsworth praktizierte im Billings Hospital in Chicago. [24] Die Thanatologie-Institute schießen wie Pilze aus dem Boden. Sie bieten ihre Dienste auf dem Wege der Annonce an. Die Warengesellschaft zieht sogar noch aus dem Tod Profit. Sterben wird damit zu einem Vorgang, den die Lebenden in ihr seichtes Verbraucherbewusstsein integrieren können. [25]

Wir müssen die diachronische Entwicklung des Tabus vom Tod prüfen. Ariès schreibt: »Im letzten Drittel des Jahrhunderts (d.h. des 19. Jahrhunderts) ist etwas Ungeheures geschehen, was man erst langsam wahrzunehmen beginnt: der Tod, dieser vertraute Begleiter, ist aus der Sprache verschwunden, sein Name ist verboten worden. An die Stelle der Wörter und Zeichen, die unsere Vorfahren vervielfacht hatten, ist eine vage und anonyme Angst getreten.«... »Man ist versucht, anzunehmen, dass das Verbot, mit dem der Tod heute belegt ist, ein Strukturelement der zeitgenössischen Zivilisation sei. Die Tilgung des Todes aus den Reden und vertrauten Kommunikationsmitteln gehört, wie die Vorrangigkeit des Wohlergehens und des Verbrauchs, in das Modell der Industriegesellschaften. Sie ist in Nordeuropa und Amerika nahezu vollzogen. Widerstände würden ihr dagegen dort begegnen, wo noch archaische Formen der Mentalität weiter bestehen, also in den katholischen Ländern wie Frankreich und Italien, in den protestantischen wie im presbyterianischen Schottland oder auch noch bei den Volksmassen der technisierten Länder. Der Sieg der totalen Modernisierung hängt in der Tat ebenso von den sozialen wie von den geografischen Bedingungen ab, und in den weiterentwickelten Gebieten ist sie auf die gebildeten, agnostischen Klassen beschränkt. Dort, wo sie nicht einge-

---

* Einige Stadtverwaltungen – Beispiel: Genua – haben bereits Hochtürme zur gestapelten Aufbewahrung von Urnen gebaut.

drungen ist, bestehen die romantischen Vorstellungen vom Tod fort...« [26] Und an anderer Stelle: »Es handelt sich allerdings um Formen des Überlebens, die Illusionen erwecken, weil sie noch den größten Teil der Bevölkerung beeinflussen. Sie sind aber wie die zurückgebliebenen Mentalitäten, denen sie zugeordnet sind, zu einem unvermeidlichen Rückgang verurteilt. Ihnen wird das Modell der zukünftigen Gesellschaft aufgezwungen und damit die Ausschließung des Todes vollendet, die bereits bei den bürgerlichen Familien begonnen hat, ob sie nun progressiv oder reaktionär sind.« [27]

Dieses Schema eines Entwicklungsdeterminismus erscheint mir unvereinbar mit der diachronischen Sicht, die die generative Soziologie vorschlägt. Die Begriffe von modern und archaisch bezeichnen bei Ariès Etappen auf einer evolutionären Linie. Ariès beschränkt seine Forderungen auf abendländische Gesellschaften, insbesondere auf die französische und nordamerikanische Gesellschaft. Er spricht nicht z.B. von den Nagos. [28] Hätte er es getan, hätte er ihre Gesellschaft sicher als archaisch bezeichnet. Eine erste flüchtige Betrachtung der sozialen Landschaften Europas und der Nagos würde Ariès Recht geben. Tatsächlich stellt sich ein anderer Bezug als der des Archaischen und Modernen, des Vorher und Nachher zwischen den in der gleichen Gesamtgesellschaft nebeneinander bestehenden, aber verschiedene Teile dieser Gesellschaft bestimmenden Denkweisen her. Innerhalb des brasilianischen Gesellschaftsganzen erscheint die Denkweise der Nagos angesichts der modernen abendländischen Denkweise, die von der weißen Bourgeoisie vertreten wird, nicht als archaisch. Die beiden Denkweisen kommen nicht aus der gleichen Quelle. Ihre historischen Wurzeln sind unterschiedlich und wir können sie nicht auf die gleiche Linie zunehmender Entwicklung stellen. Der von Ariès angegebene Vektor belebt sie nicht auf die gleiche Art. Die beiden Denkweisen wirken jedoch stark aufeinander ein. Sie bestehen nicht passiv nebeneinander. Sie konkurrieren lebhaft miteinander. Sie bestreiten sich täglich den Geist der Menschen. Die weiße Denkweise drängt sich durch Polizeigewalt, sozialen Zwang und das Schulsystem auf. Die Denkweise der Nagos rächt sich heimlich, wenn die Weißen, heimgesucht von ihrer Todesangst, nachts die großen Yawalorixa aufsuchen. Georges Balandier nennt diesen Vorgang den »Rückgriff auf die Gegenmodernität«. [29] Wie können in einer solchen Situation, die, wie bereits gesagt, nicht auf das Schema der Evolutionsanalyse von Ariès zurückzuführen ist, die Beziehungen zwischen der »archaischen Gesellschaft« und der »modernen Gesellschaft«, zwischen der bevorzugten Behandlung des Todes und seinem Verbot aussehen? Balandier antwortet: »Die archaische Denkweise wird in Bezug auf die moderne Denkweise zum Mittel der Sozialkritik.« [30] Nehmen wir ein anderes Beispiel: die christliche Denkweise als der von Ariès zitierte wichtigste archaische Rückstand. Christus erscheint lebendig den Jüngern. Er zeigt sich mehrmals auch nach seinem physischen Tod. Die Fischer, die Handwerker, die Arbeiter von Galiläa sind wohlgestellt und haben den Kopf fest zwischen den Schultern. Allein die Verneinung des Todes Christi, das heißt die Rückkehr des lebendigen und dennoch vor ihren Augen gekreuzigten Christus (das gilt zumindest für Johannes) in ihre Mitte, überzeugt sie schließlich von der Auferstehung des Toten. Aber da ist noch mehr: eine ferne Erscheinung genügt ihnen nicht. Der gestorbene und zurückgekehrte Christus muss mit ihnen essen, mit ihnen trinken und am Abend an ihrer Seite den Weg nach Emmaus wandern. Thomas ist ein wunderbarer Mann, ein richtiger Rationalist. Er weigert sich sogar, seinen eigenen Augen zu trauen. Er fordert die totale Verneinung. Um sich von der tatsächlichen Gegenwart des gekreuzigten und dennoch lebendig vor ihm stehenden Christus zu überzeugen, muss er den gemarterten Körper mit den Händen berühren. Er will die Wunden betasten und mit seinen Fingern die tödlichen Verletzungen prüfen, die die römischen Henker Jesus beigebracht haben. Kein verklärter Körper, keine geheilten Wunden. Das ist wirklich die reine Negation des Todes, das heißt eine tote Person, die ins Leben zurückgekehrt ist. Wir können wetten, dass Thomas kein Wort, keine stellvertretende Erscheinung, kein Bild überzeugt hätten, wenn er nicht mit eigenen Händen die Verletzungen Christi überprüft hätte.

Damit wird deutlich, dass man diese »archaische« christliche Denkweise nicht, wie es Ariès tut, auf eine einfache Etappe in der historischen Entwicklung der Industriegesellschaft zurückweisen kann. Selbst mitten in der zeitgenössischen europäischen Gesellschaft bestehen Vorstellungen, Symbole, ein christliches Denken fort. Für hunderttausende von Männern und Frauen ist diese christliche Denkweise weder Andenken noch rückständiges Trugbild, sondern eine Waffe für den Kampf und den Lebensanspruch gegenüber dem organisierten Nichtwissen der triumphierenden Warengesellschaft.

Hertz hat als erster Soziologe die zerrissene Landschaft der verschiedensten Thatanopraxen zusammenzufassen versucht. Er wurde am 13. April 1915 in Marcheville, in der Woevre, getötet. Seit seinem Abgang von der École Normale Supérieure im Jahre 1904 hatte er begonnen, seine *Contribution à une étude sur la représentation collective de la mort* (Beitrag zur Erforschung der Gesamtdarstellung des Todes) zu verfassen. Sie erschien zuerst 1907 in *L'Année sociologique*, erste Serie, Band XV. Kurz bevor er an die Front zog, hat er sie überarbeitet. Hier – zusammenfassend – die Theorie von Hertz: Die Warengesellschaft kennt, wie viele andere Gesellschaften auch, nicht nur eine einzige Zeit. Sie lebt unter einem Regime verschiedener Zeiten und Zeitabschnitte. Trotz der einigenden Wirkung der Ware bewahrt selbst eine fortgeschritten kapitalistische Gesellschaft, wie es zum Beispiel bei der französischen Gesellschaft zu Beginn des 20. Jahrhunderts der Fall ist, noch lange ihre Schattenzonen, die sich der neuen, einigenden Rationalität entziehen. Kurz, die Verbindungen, die der Mensch mit seinem Tode unterhält, verändert sich nicht im gleichen Rhythmus, mit der gleichen Wirkung und mit der gleichen Geschwindigkeit wie die anderen Beziehungen in anderen Bereichen einer bestimmten sozialen Landschaft. Balandier glaubt, dass die Beziehungen des Menschen zu seinem Tod zu jenen Beziehungen gehören, die am längsten der Verdinglichung des Bewusstseins widerstehen. Balandier, dem die Neuentdeckung und Neuveröffentlichung der Werke von Hertz zu verdanken ist, schreibt in seinem Vorwort: »Wenn es stimmt, dass das Verbot des Inzests den Übergangspunkt von der Natur zur Kultur darstellt, haben die herrschenden Vorschriften hinsichtlich der Behandlung des Todes dazu beigetragen, den Ausgang zu blockieren, der zur totalen Entkultivierung führt.« [31]

Die abendländische Warengesellschaft hat aus der thanatischen Erfahrung ein verächtliches Überbleibsel gemacht: selbst der Tod ist auf einen einfachen Formschwindel reduziert. Im strengen Sinn des Wortes vollzieht sich nichts mehr. Der versachlichte Mensch nimmt den Tod wie den Austausch einer rechnerischen Größe in einem Bezugssystem wahr. Jeder autonome semantische Inhalt des Todes ist verschwunden. Der Tod ist kein Schicksal mehr. Er existiert nur noch in Bezug auf ein System der Produktion, des Austausches und des Verbrauchs von Waren. Der Tod ist zum Zustand des Nichtverbrauchs, der Nichtproduktion geworden. Der Tod ist das Verschwinden. Die einzige verbleibende Unbestimmtheit ist Stunde und Datum des Übergangs von einem Zustand in den anderen. Die strukturverleihende Kraft des Systems ist hier offenbar gescheitert. *Dying as a nonscheduled status passage* ist der Titel einer Studie von Glaser und Strauss. [32] Blickt man jedoch genauer hin, sieht man, dass dieses Scheitern relativ ist. Ein neuer Mechanismus und damit ein unveröffentlichtes Konzept taucht heute in der nordamerikanischen Gesellschaft auf, das Konzept des *death-control*. In fortgeschrittenen Industriegesellschaften schätzt man zum Beispiel, dass etwa hundert von einer Million Einwohnern akut an Harnvergiftung leiden. In Frankreich können mit den bestehenden Ausrüstungen, insbesondere mit künstlichen Nieren, ca. 30 % der Kranken gerettet werden. In den Vereinigten Staaten liegt der Prozentsatz bei 36 %. In den meisten der Fälle kann der Patient nach wiederholter Blutübertragung mithilfe von Dialysatoren nach der Behandlung sein normales Berufs- und Familienleben wieder aufnehmen. [33] Das Beispiel von der künstlichen Niere ist nur eines von vielen des *death-control*. [34] In zahlreichen Bereichen hat die tägliche Praxis der Medizin zu ähnlichen Ergebnissen geführt. Die Warengesellschaft trifft eine ständige Auswahl aus den verschiedenen Investitionen, die ihr möglich sind. Es ist anzunehmen, dass die künstliche Niere, die eiserne Lunge oder zahllose andere Anlagen gegenwärtig nicht zu den Investitionen höherer Rentabilität gehören. Wäre es anders, könnte man die medizinische Unter-Ausstattung nicht verstehen, unter der die meisten der Kliniken und Krankenhäuser in Frankreich und anderswo leiden. Nach dieser ersten wirtschaftlichen Auswahl, die alle weiteren Entscheidungen, wie gesagt, bedingt, sucht der Arzt unter den Patienten seiner Klinik diejenigen heraus, die sterben werden, und diejenigen, die leben werden. Wie vollzieht sich diese Auswahl? Ärztliches Geheimnis. Bequeme Antwort. Pierre Chaunu, der in Paris ähnliche Untersuchungen durchführt wie Glaser und Strauss in den Vereinigten Staaten, gibt eine genauere Antwort: »Die Gleichheit vor dem Tod ist ein Mythos. Der Tag der Entscheidung rückt näher oder verzögert sich je nach den Uhren, die sich soziale, wirtschaftliche und politische Bedingungen nennen.« [35] Philippe Simonot ist noch deutlicher: »In immer größer werdenden Bereichen praktiziert die Gesellschaft bereits eine Art kollektiver und geheimer Euthanasie, die umso ungerechter ist, weil oft bei der Wahl der Überlebenden das Kriterium des Geldes eine übermäßige Rolle spielt.« [36] Durch das *death-control* offenbart die kapitalistische Warengesellschaft zum ersten Mal mit aller Deutlichkeit die wahren Konstanten ihrer Praxis.* Es handelt sich hier um ein eindeutiges *death-control*. Das stillschweigende *death-control* wurde und wird zu allen Zeiten von den herrschenden Klassen der verschiedensten Regime prakiziert. Pizarro legt eine Arbeitsregelung für den Bergmann in Peru vor, in der die Lebensdauer des Arbeiters auf fünf Jahre geschätzt wird. Verger gibt eine mittlere Lebensdauer von sieben Jahren für jeden nach Bahia deportierten Landarbeitersklaven an. Pinochet schaffte in Chile 1973 die Gewerkschaften ab und führte die Lebensmittelrationierung für die Klassen der Armen ein und senkte damit wissentlich die mittlere Lebensdauer der Arbeiter und der Kinder der Armen: Eine Million Kinder unter 15 Jahren sind 1976 hirngeschädigt (*Der Spiegel* Nr. 23, 1976).

Die erste unserer Thesen zeigte den sozialen Charakter jeder Todeserfahrung auf. Die zweite vertritt die Verallgemeinerung des thanatischen Bildes der Warengesellschaft und dessen »Sinnentleerung« durch die fortschreitende Verdinglichung der Produktionsbeziehungen und des Sozialisationsprozesses. Doch so künstlich

---

* Selbsthilfegesellschaften entstehen. Beispiel: Am 8. Juni 1975 hat sich in Bern die Société d'insuffisance rénale suisse konstituiert. Sie hat es sich zur Aufgabe gemacht, die Interessen der Nierenkranken und der Transplantationspatienten zu vertreten.

eine Gesellschaft zusammengefügt und so verdinglicht die Beziehungen zwischen den Menschen sind, von denen sie gebildet wird, diese Menschen sterben weiterhin. Selbst ohne ein klares Bewusstsein von ihrem Tod fahren sie fort, verschwommen an ihr sicheres Ende zu denken, von ihm zu träumen und es zu fürchten. Sie sträuben sich dagegen, sie lehnen sich dagegen auf, sie bekämpfen es. An späterer Stelle analysiere ich das Geschehen in amerikanischen Krankenhäusern: Wir sehen dort, dass trotz einer nahezu vollkommenen Strategie der Todesverdunkelung fast alle Sterbenden in einem bestimmten Augenblick der Agonie, in einem äußersten Moment stummer Gewalttätigkeit die Schläuche herauszureißen versuchen, durch die sie mit den Überlebensapparaten verbunden sind, um das Recht wiederzuerlangen, das die Gesellschaft ihnen verweigert, nämlich ihren eigenen Tod zu erleben.

Kulturen der Nacht

Am Rande dieses geschlossenen Feldes, jenseits des neu geschaffenen Bildes, an der Grenze zum Symbol lagert ein verdrängtes Bewusstsein. Dieses Bewusstsein teilt sich ständig mit, auf wilde, chaotische, gewaltsame Weise. Um zu Wort zu kommen, bedient es sich aller Listen, aller Revolten und aller Waffen, die ihm eine Gesellschaft, die von der Besessenheit nach der Ware beseelt ist, unaufhörlich zu bestreiten sucht. In unserer westlichen Gesellschaft drückt sich die Realität des verdrängten Bewusstseins am klarsten durch den Interpreten der pathologischen Trauer, die nicht sozialisierte Angst und den Wahnsinn aus. Je schwächer das Symbol ist, je mehr das Bild, das in der Gesellschaft überwiegt, von seinem ursprünglichen Sinn entleert ist, desto mehr sehen sich beide von dem verdrängten Bewusstsein des Menschen angegriffen. Dylan Thomas rief am Sterbebett seines Vaters aus:

> *Do not go gentle in that good night*
> *Old age should burn and rave at close of day,*
> *Rage, rage against the dying of the light…* *

* *Geh nicht so gehorsam in diese gute Nacht/Hohes Alter muss brennen und gegen den sterbenden Tag ankämpfen/Lehne dich auf, lehne dich auf gegen das Verlöschen des Lichts…*

Jedes Schweigen wird von einem Murmeln begleitet; so zerstörerisch und offenbar unwiderstehlich seine technische Auswirkung auch sei, kein Denken kann jemals alle Ereignisse, die im Widerspruch zu seinem beherrschenden und erklärten Ziel stehen, völlig aus dem Wege räumen. Der Tod ist dafür das krasseste Beispiel. Subkulturen erwachsen im Untergrund der Warengesellschaft. Sie weisen dem thanatischen Phänomen eine Sonderbehandlung zu. An der Westküste des rationalisiertesten, elektronisiertesten und großmächtigsten Industrielandes der Erde treten heute komplizierte Todeskulte in Erscheinung. [37] Die Pariser Nacht ist von Geistern bevölkert. Mitten in Paris stehen nachts die Verstorbenen auf. Sie führen bis zu Morgengrauen merkwürdige Dialoge mit den Lebenden, wenn sie sich in gewissen Ladenstuben am Montmartre versammeln. Von nächtlichen Propheten und ihren ergebenen Schülern werden die Toten auf den meisten Friedhöfen der westlichen Großstädte gefeiert. Der Friedhof Père-Lachaise verwandelt sich beim Einbruch der Nacht in eine gespenstische Welt, in der alle sexuellen Perversitäten und alle Praktiken okkulter Bräuche betrieben werden. [38]

Eine Einschränkung ist zu machen. Die von Dansel auf dem Père-Lachaise beobachteten nächtlichen Rituale oder die thanatischen Zeremonien, die einige kalifornische Gemeinden vollziehen, gewinnen insgesamt die »Wahrheit« vom Tod nicht zurück, die das offizielle Denken unterdrückt. Die Subkulturen, die Ereignisse verarbeiten, die aus dem Denken der offiziellen Gesellschaft verbannt sind, stellen dürftige Kulturen dar, Elendskulturen niedrig denkender und kurzsichtiger Menschen. Diese Nachtkulturen sind nicht nur rückständig hinsichtlich der Elemente, die sie verarbeiten, sondern auch in Bezug auf die analytische Unerbittlichkeit, die die offizielle Denkweise auferlegt. Die Zurückweisung der Lüge genügt nicht, um die Wahrheit zu erlangen. Inmitten jedes kollektiven Bewusstseins gibt es einen Bereich virtueller Unreife. Die unterirdischen Gänge unserer Gesellschaft der verdinglichten Menschen und der Ungleichheit werden von den Soziologen selten begangen. Dagegen tummeln sich dort viele Schriftsteller und Maler. Einer der scharfsinnigsten ist heute Witold Gombrowicz. Bei der Beschreibung der kausalen Mechanismen des Kollektivbewusstseins sagt

Gombrowicz: »Die Unreife ist nicht immer angeboren oder von den anderen aufgezwungen. Es gibt auch eine Unreife, auf die uns die Kultur zutreibt. Wenn sie über uns zusammenschlägt, wenn es uns nicht gelingt, uns auf ihre Höhe zu schwingen... Der unter seiner Maske leidende Mensch schafft sich insgeheim und zu seinem eigenen Bedarf eine Art Subkultur. Eine Welt, die sich aus den Abfällen der höheren Kulturwelt zusammensetzt.« Und Gombrowicz fügt hinzu: »Eine Ramschwelt.« [39]

Anstatt eine Kollektivhandlung vorzuschreiben, die die Katharsis der Konflikte, der Besessenheiten und der Ängste darstellen würde, die in uns wohnen, weist die kapitalistische Warengesellschaft die thanatische Katastrophe zurück und zieht damit, wie es neuerliche psychiatrische Untersuchungen zeigen, im Alltagsleben der Menschen verhängnisvolle neurotische Wirkungen nach sich. [40] Diese Untersuchungen weisen gleichzeitig auf die besseren Lebenschancen hin, die die meisten afrikanischen Gesellschaften ihren Mitgliedern bieten, und zwar sicherlich dank ihrer sozialen und existenziellen Anerkennung des Todes. René Ribeiro, Anthropologe und Psychoanalytiker in Recife, stellt fest, dass es die Mehrheit der Neurosen, Geisteskrankheiten und psycho-nervösen Störungen seiner weißen Patienten bei den Xangos [41]* nicht gibt. Roger Bastide zeigt auf, dass es zuweilen genügt, einen afrikanischen Studenten oder Arbeiter aus Paris in seine heimische Gesellschaft zurückzuschicken, um ihn von einer Geisteskrankheit zu befreien, die die europäischen Ärzte für unheilbar erklärt hatten. [42]

Der Kannibalismus der Ware tötet den Tod

Doch seine Verheerungen wirken sich nicht mit der gleichen Kraft auf alle Teile der Gesellschaft aus, die er beherrscht.

Da es sich um eine zentrale These des Buches handelt, will ich hier zwei Beispiele geben. Die Auswahl fällt auf zwei Personengruppen, die Gruppe von Manuel Teles am oberen Purus** im Norden Brasi-

---

* Xango ist die Bezeichnung für die afrikanische Theokratie in Recife.
** Nebenfluss des Amazonas.

liens und die Gruppe der Afrikaner in der Diaspora am Amazonas, die unter vergleichbaren klimatischen und milieuhaften Umständen, unter ähnlichen wirtschaftlichen Bedingungen und unter dem gleichen System der Unterdrückung zwei entgegengesetzte Vorstellungen vom Tod haben. Die gleichen verlassenen Gegenden, die gleiche Epoche, das gleiche körperliche Elend und doch zwei verschiedene Betrachtungsweisen des Todes, zwei Bilder, zwei entgegengesetzte thanatische Masken. Denn die kapitalistische Wirtschaftsmacht sieht sich hier zwei Gesellschaften gegenüber – die eine mestizisch [43], die andere afrikanisch –, die sich auf völlig verschiedenem historischem und kulturellem Hintergrund entwickelt haben.

Beispiel 1: Der Tod in der Familie von Manuel Teles

Manuel Teles, 56 Jahre, lebt mit seiner Familie am Ufer des Rio Purus, eines Nebenflusses des oberen Amazonas. [44] Er arbeitet in einem Produktionssystem mit qualitativ unterschiedlichen Phasen. Zu bestimmten Zeiten des Jahres schafft Manuel Teles für eine kapitalistische Markwirtschaft und ist dem Geldumlauf angeschlossen. Zu anderen Zeiten lebt er in einem abgeschlossenen Kreis der Verbrauchswirtschaft und hat keinerlei bedeutenden Kontakt mit dem Geldmarkt. Die erste Periode dauert, mit saisonbedingten Schwankungen, von Mai bis Oktober jeden Jahres. Manuel Teles arbeitet dann im Wald. Er macht Kerben in die Rinde von tausenden von Gummibäumen. Und an jedem Baumstamm befestigt er einen kleinen Metalltopf. Nach ein paar Tagen kehrt er zurück und leert die in dem Topf angesammelte Kautschukmilch in einen größeren Behälter. Dann transportiert er die Flüssigkeit ans Ufer des Rio Purus und verkauft sie dem Angestellten der Zentralgesellschaft von Manaus, der seinerseits während einer mehrwöchigen Reise die Arbeitsprodukte von mehreren hundert *serengeiros* (Kautschukarbeiter) in seinem Boot sammelt.

Die zweite Phase im wirtschaftlichen Zyklus von Manuel Teles beginnt im Allgemeinen gegen Ende Oktober. Sie dauert bis zum Mai. Diese zweite Periode setzt sich übrigens aus zwei streng getrennten Zeitabschnitten zusammen: die eine ist eine Phase intensiver Aktivität, die andere ist fast durchweg passiv. Während der ersten Phase geht Teles bei Morgengrauen in den Wald, um Leoparden, Affen und Papageien zu jagen. Abends angelt er in unmittelbarer Nähe seiner Hütte. Im Dezember jedoch bedeckt sich der Himmel, dunkle Wolken senken sich bis auf die Baumgipfel herab, und bald kommt der Regen mit seiner täglichen Sintflut. Tag für Tag, Nacht für Nacht fällt er wie ein dichter Vorhang, ein beängstigender monotoner Regen, der den Blick des Menschen verschleiert. In dem gesamten gewaltigen Amazonas-Gebiet, von der Mündung bei Belem bis zu den peruanischen Häfen, von Laetitia und den Dschungeln von Kolumbien bis zu den Grenzen Venezuelas steigt das Wasser unaufhörlich. Von den acht Millionen Quadratkilometer fruchtbaren Landes, die das Amazonas-Gebiet umfasst, verwandelt sich der größte Teil in Seen, Sümpfe und Lagunen. Während der Trockenzeit verbinden an die fünfzigtausend Kilometer schiffbarer Flüsse die Not leidenden Menschen des Waldes miteinander. Jetzt treten die Flüsse über ihre Ufer, überschwemmen das Land und verlieren sich im Dschungel. Manuel Teles flüchtet mit den Seinen zu den höher gelegenen Landstrichen flussaufwärts. Es beginnt die Zeit des Hungers, des Fiebers und des langen Wartens. Manuel Teles kann nun nicht mehr fischen. Millionen von Fischen sind in die Regenlagunen ausgewichen. Der Fluss ist unwegsam geworden und für die Kanus tödlich. Die Wälder sind nicht zu durchdringen, man kann nicht mehr jagen. Das Aussehen des Dschungels verändert sich, der Mensch findet sich in ihm nicht mehr zurecht. Die Saison der Sintflut ist die Zeit des Todes.

Dieses System der wechselnden Produktion und des ungewissen Wartens ist jedoch nicht allein für das äußere Elend der Familie Manuel Teles' verantwortlich. Die Organisation des Kautschukmarktes trägt dazu bei. Dank einer schlauen Ausbeutungsmethode gegenüber der Arbeitskraft, die von den multinationalen Gesellschaften in Belem und Manaus angewendet wird, hat das Jahreseinkommen von Manuel Teles 750 cruzeiros novos, das sind etwa knapp 200 Deutsche Mark, nicht überschritten.* Die wenigen Verbrauchs-

---

* Der Kautschukarbeiter muss zum Beispiel den Transport der Ware bis zum Sitz der Gesellschaft in Manaus bezahlen, obwohl der Verkauf an den Ufern des Purus stattfindet.

güter (Milch, Textilien, Gemüse usw.), die es in dieser Gegend gibt, kommen aus der nächstgelegenen Stadt Labrea. Wenn die Barke des syrischen Händlers an dem *tapiri** der Familie Teles anlegt, ist der Preis der Waren um etwa 1000% gestiegen, eine Erhöhung, die durch die vielen Zwischenstationen bedingt ist, die sie durchlaufen.

Ein Wort noch über die soziale Geschichte dieser Familie. Die Gruppe ist 1941 in dieses Gebiet gekommen. Teles und seine Frau stammen aus dem Nordosten Brasiliens, aus dem Staat Ceara. Die beiden Gatten sind aus Landarbeiterfamilien hervorgegangen. Zu Beginn des Zweiten Weltkriegs sind sie dem Aufruf des Präsidenten Gentulio Vargas gefolgt und haben sich dem *exercito da borracha,* der *Kautschukarmee*, angeschlossen. Japanische Truppen hatten sich der Plantagen von Malaisien bemächtigt. Die alliierten, gegen die Achsenmächte Krieg führenden Nationen waren von ihrer Hauptversorgungsquelle abgeschnitten. Man musste dringend die Kautschukproduktion der westlichen Welt erhöhen. Mit 35 000 Unglücksgefährten, die aus den großen Latifundien der nordöstlichen Staaten kamen, hat sich Teles auf den Weg gemacht. Zusammmen durchquerten sie die »sertãos« im Norden, erreichten den Fluss und wanderten seine Nebenflüsse stromaufwärts. Für Manuel und seine Begleiter hat das Drama des Zweiten Weltkrieges nie die geringste Bedeutung erlangt. Sie tauschten das eine Elend gegen das andere ein. Die unterernährten Landarbeiter aus Ceara oder Bahia wurden zu den hungernden *serengeiros* der Wälder. Wie durch ein Wunder überlebte Manuel Teles fünfundzwanzig Regenzeiten ohne ernsthafte Krankheit. Seine Kinder hatten weniger Glück, sieben von ihnen starben in dem Zeitraum vom Januar bis zum Juli 1965 am Schwarzen Fieber. Zwei starben am gleichen Tag. Ein achtes begann die schwarze Flüssigkeit zu Beginn der Regenzeit von 1966 zu erbrechen. Es starb bald darauf. Manuel erinnert sich nicht mehr so genau. Er entschuldigt sich dafür bei seinem Befrager. Seine Frau dagegen, Donna Maria, erinnert sich sehr wohl. Sie schildert mit folgenden Worten den Tod ihrer Kinder: »José war 17 Jahre alt, Francisco 11, Antonio 10, Maria 8, Carlos 5, Adalberto 4. Luis war erst anderthalb Jahre, er war der Jüngste. Jorge war 2 Jahre, als er im ver-

---

* Von den Mestizen auf Pfählen errichtete Hütten am Purus.

gangenen Jahr starb.« Nach dem Todestag jedes Kindes befragt, antwortet Donna Maria: *»Num guardo data nem lembranca para não querer chamar a morte novamente.«* (Ich behalte weder das Datum noch die Erinnerung daran, weil ich den Tod nicht von neuem herbeirufen will.) Ein wenig später sagt sie: »Es war eine sehr schwache Generation; wenn sie sich aufs Krankenbett legte, dann um zu sterben.« Um ihr Urteil zu bestätigen, zitiert sie den Fall einiger Nachbarn: »Vom *compadre* Agostinho ist auch ein Kind gestorben. Von Raymundo Vital sind zwei Kinder tot.«

Ein Loch vor dem *tapiri*, ein Häufchen Erde, ein ungeschicktes Kreuz. Wer den Solimoes, den Rio Negro und den Purus entlangreist, begegnet hunderten solcher Gräber. Die Grabstätten der Kinder Manuels sind dagegen seit langem verschwunden. In jeder Regenzeit verlassen Manuel und Maria ihre Hütte und suchen in den höher gelegenen Gebieten Zuflucht. Wenn sie mit ihren überlebenden Kindern ans Ufer des Purus zurückkehren (Anfang Mai), bauen sie sich woanders eine Bleibe.

Manuel Teres gehört mit den Seinen zu jenem Nachtvolk, den *caboclos*, die nie ein menschenwürdiges Leben geführt haben und wie Sandkörner im Wind durch ganz Brasilien getrieben werden. Gilberto Freyre schreibt über sein Vaterland: »Brasilien ist ein Land ohne Volk«. [45] Dieses riesige Volk, das den Ruf der Geschichte nicht kennt, das schweigt und der willkürlichen Fron der Herren ausgesetzt ist, ist das Volk der *caboclos*. Michelet sagt von den europäischen Leibeigenen des Mittelalters, dass zwei Horizonte ihren Blick versperrten: der erste hieß »immer«, der zweite »niemals«. Zunächst waren sie menschliche Objekte, die sich ihrer unveränderlichen Lage bewusst und sicher waren, Leibeigene zu sein. Märtyrer der Willkür und der Gewalt. Hoben sie die Augen zum Schloss und zum Himmel, stießen sie an den Horizont des »niemals«. Die Analysen der Menschen, die Michelet in seinem Buch *Die Hexe* beschreibt [46], können fast durchweg auf die elende Lage des *caboclo* im Sertão oder in den Wäldern am Amazonas übertragen und angewendet werden. Es genügt, »leibeigener Bauer« durch *serengeiro* oder *vaqueiro* zu ersetzen und »Feudalschloss« durch *casa grande* und den Himmel Frankreichs durch die treibenden Wolken Nordbrasiliens. Niedergehalten, auf seine Einsamkeit verwiesen, ausgeschlossen und beraubt von jeder praktischen Möglichkeit sozialen Schaffens, begegnet der »caboclo« dem Tod in seiner armseligsten Form. Er weiß nichts von dem Schicksal seines leblosen Körpers. Er kennt weder Bestattungszeremonien noch einen festen Friedhof. In seinem Bewusstsein scheint keinerlei Bild von seinem eigenen Tod lebendig zu sein, nicht einmal ein genaues Andenken an die ihm nahe stehenden Toten. In Bezug auf die Thanatopraxis und die Totenbilder der Neandertaler hat sich ein Rückschritt vollzogen.

Beispiel 2: Der Tod in den Quilombos

Neben dem *caboclo* leben afrikanische Gemeinschaften, die seine tägliche Demütigung und seinen Hunger teilen. Seit mehr als einem Jahrhundert wird der Wald am Amazonas von den *quilombos* bewohnt. Die Quilombos bilden eine afrikanische Gesellschaft, die ihre eigene theokratische Hierarchie hat, ihre Priester, ihre Könige, ihren Produktionsapparat, ihr System der Selbstdarstellung und natürlich auch ihr Volk. Die Quilombos am Amazonas sind aus großen Sklavenaufständen in den Zuckerplantagen im 16., 17. und 18. Jahrhundert hervorgegangen. Zu diesen aufständischen Völkern kamen die Flüchtlinge von den nördlichen Waldgrenzen, die aus den Plantagen Venezuelas geflohenen Afrikaner, die Buschneger aus Guyana und die Überlebenden der großen Aufstände der Karibik. [47]

In den Quilombos am Amazonas gibt es die verschiedensten afrikanischen Volksstämme. Männer, Frauen und Kinder, den britischen Pflanzungen auf Barbados oder Trinidad entflohen, stoßen im Wald auf Buschneger aus Holländisch Guyana. Ganze Kolonnen afrikanischer Familien sind von Französisch Guyana durch den Wald bis zum *Rio-Mar*, dem Meeresstrom, gekommen, wie die Afrikaner den Amazonas nennen. [48]

Mit diesen zerlumpten Wesen zogen revolutionäre Ideen und erstaunliche Neuigkeiten mit. Die geflohenen Sklaven der französischen Antillen und Guyanas trugen in ihren Herzen die Nachricht von der Französischen Revolution, von der Abschaffung der Sklaverei und den Rechten aller Menschen auf die Freiheit des Denkens und Handelns in die undurchdringlichsten Wälder der Erde. Und die kreolischen Sklaven an den Ufern des »Rio-Mar« erzählten die blutige Geschichte vom Aufstand in Haiti. Vincente Salles legt anhand von zeitgenössischen Dokumenten aus den Staatsarchiven von Pará dar, wie die Legba-Voudoun und ihre menschlichen Diener, die Neger der Antillen, am Ende des lusitanischen Reiches den Volksaufstand von 1830 auslösten, der unter dem Namen *Cabagem* bekannt ist. [49]

Auf die Soziographie der Quilombos braucht an dieser Stelle nicht eingegangen zu werden. Diese Arbeit ist von Edson Carneiro meisterhaft vollbracht worden. Über den Versuch einer globalen Darstellung hinaus, legt Carneiro eine Reihe von empirischen Monografien vor, deren bedeutendste Palmares gewidmet ist, dem schwarzen Königreich im unteren Tal des São Francisco; fast hundert Jahre widerstand Palmares den Angriffen der portugiesischen und holländischen Truppen wie auch der weißen Siedler. [50] Die Quilombos am Amazonas sind seit geraumer Zeit Gegenstand interessanter empirischer Untersuchungen. Das Institut für Amazonas-Forschungen der Bundesuniversität von Manaus bereitet mehrere Monografien über die Quilombos im Urwald vor, die aus der zweiten Deportation hervorgegangen sind. [51] Artur Cezar Ferreira Reis analysiert das komplexe Gewebe sozialer Konfliktbeziehungen, das sich zwischen den schwarzen Flüchtlingen und den überlebenden Indianergesellschaften im Gebiet des Solimoes bildete. Es sind übrigens schwache Verbindungen, da zur Zeit der großen afrikanischen Völkerwanderung stromaufwärts eine beachtliche Zahl der wichtigsten indianischen Gesellschaften bereits von den Kolonisatoren vernichtet waren. Im 17. Jahrhundert weist der jesuitische Prediger und Schützer der afrikanischen Sklaven, Antonio Vieyra de Bahia, allein in den »Kapitänerien« von Groß-Pará und Maragnan auf das Blutbad von mehr als vierhundert indianischer Gemeinschaften hin. [52]

Die widerstandsfähige afrikanische Kultur überstand den doppelten Ansturm von portugiesischem Kolonialfeudalismus und dem mörderischen Klima im Amazonas-Gebiet. Sie integrierte allmählich die Überlebenden der vernichteten Indianergesellschaften. Die erste Zahl, die wir in Bezug auf die geflohenen Sklaven in dieser Region haben, stammt aus dem Jahre 1856. Sie beschränkt sich auf den Staat Pará und markiert eine Bevölkerung von rund 85 000 Männern, Frauen und Kindern. Eine schwarze Diaspora mit erstaunlicher Vitalität entfaltet sich heute im Dschungel am Lauf der Flüsse. Bei diesen Gemeinschaften spielen die Kosmogonie des Todes und die Riten und Institutionen der Bestattung eine tägliche und gewichtige Rolle. Der Ahnenbaum erhebt sich im Herzen des »terreiro« selbst. Im dichten Wald des Amazonas-Gebietes besteht somit eine der gewaltigsten Todeskulturen der Welt unmittelbar neben dem armseligen sinnentleerten Universum des Manuel Teles.

Fassen wir zusammen: Die Maske, die der Tod trägt, beruht auf einer komplexen Ereigniskette. Um sie zu begreifen, muss man einerseits die Herrschaftsstrategien, die jeder betreffenden Globalgesellschaft eigen sind, in Betracht ziehen; die kapitalistische Klasse, die eine bestimmte Globalgesellschaft beherrscht – vergleichsweise Brasilien – neigt immer dazu, ihre eigenen Symbole den abhängigen Klassen, Gruppen und Teilen aufzuzwängen. [53] Aber andererseits rührt jedes dieser Segmente – das Segment »caboclo«, das afrikanische Segment, wie auch die weiße herrschende Kapitalistenklasse selbst – historisch von eigenen Feldern mit noch weiterreichenden Bezügen her. Es ist wichtig, festzustellen, *dass die von der kapitalistischen Herrschaftsklasse angerichteten Verheerungen nicht in der gleichen Weise auf alle Regionen und alle Gesellschaftssegmente einwirken, die sich diese Klasse politisch, wirtschaftlich und symbolisch unterworfen hat.* Unter dem Schock des Angriffs hat sich die »caboclo«-Gesellschaft aufgelöst und desintegriert. Die afrikanische Gesellschaft dagegen hat dem Angriff triumphierend widerstanden.

III   Die Gleichheit durch den Tod

Schicht auf Schicht: Die soziale Hierarchie der Toten

Die Denkweise der herrschenden kapitalistischen Klasse bewegt ein Generalprinzip: das Prinzip, »den Tod verschweigen«, auf organisierte Art sein Herannahen, seine gelebte und zu lebende Wirklichkeit zu verneinen, findet sich insgeheim in allen anderen abendländischen Denkbereichen wieder, ob es sich nun um die Psychoanalyse, die Medizin, die Wirtschaftswissenschaft oder die Biologie handelt. Mit anderen Worten, wir stellen einen *Zivilisationsbruch* fest, der in der menschlichen Geschichte wahrscheinlich ohnegleichen ist. Da wir auf einem teilweise von Napalm verwüsteten Planeten leben, der von Völkern bewohnt wird, die von Hunger geschwächt oder von der törichten Ideologie des Profits befallen sind, wissen wir besser als die Generationen vor uns, *dass die Ungleichheit in den Bedingungen menschlichen Lebens unerträglich ist.* Suchen wir unter tausend möglichen Belegen ein Beispiel heraus, das ein klinisches Licht auf diese Situation der Ungleichheit wirft: es handelt sich um das Protokoll einer Arbeitsgruppe der WHO (Weltgesundheitsorganisation), die mit der Untersuchung von Geisteskrankheiten auf biochemischer Basis beauftragt war. Die WHO stellt fest: »Mehr als 60 % der Weltbevölkerung leben in einem Entwicklungsland, und die Mehrzahl dieser Individuen leidet in unterschiedlichem Grade an Unterernährung, schlechter Ernährung oder beidem zugleich: Mangelnde Ernährung gibt es auch in geringerem Maße in den reichen Ländern. Die psychische Entwicklung hängt von der Vererbung, von der chemischen Umgebung des Nervensystems sowie von den Sinnes-, Wahrnehmungs- und Gefühlserfahrungen des Kindes ab. Die Verwirklichung der Erbanlagen und die Fähigkeit, aus den psychologischen Anregungen Nutzen zu ziehen, werden vom Ernährungszustand beeinflusst.« Und weiter: »Das Gehirn ist der Sitz einer starken Stoffwechselaktivität im Hinblick auf die anderen inneren Organe. Die erhöhte Geschwindigkeit der Erneuerung der Gehirnproteine und die aktive Synthese zahlreicher Substanzen, die sich örtlich auf der Höhe des Gehirns vollzieht, könnte die Empfindlichkeit dieses Organs auf die Einwirkungen schlechter Ernährung erklären.« Und schließlich: »Die Haupternährungsmängel der Armen beziehen sich auf die Kalorien, die Proteine, die Vitamine und mineralischen Elemente. All diese Mängel drücken sich in klinischen Symptomen aus, die Störungen im Zentralnervensystem hervorrufen. In einigen Fällen hat man elektrophysische und gewebliche Veränderungen feststellen können. Es ist daher wahrscheinlich, dass bei geistigem Zurückbleiben, das beim Kind die Folge ist, und bei der Nichtentfaltung der geistigen Fähigkeiten, die sie beim Erwachsenen mit sich bringen, schlechte Verpflegung und Unterernährung häufiger für eine große Zahl an Störungen verantwortlich zu machen sind als alle anderen Gründe zusammen.« [54] 200 Millionen Kinder unter 15 Jahren leiden heute an Hunger: die meisten von ihnen werden in Kürze sterben. Was die Überlebenden anbelangt, so gibt es für sie keine andere Aussicht als den endlosen Leidensweg der Behinderten: Jahr für Jahr erblinden 20 000 Kinder infolge von Vitaminmangel. An Hunger sterben auf unserer Erde jeden Tag 12 000 Menschen. [55]

Die Privilegien verleihen denen, die sie genießen, den positiven und starken Willen, die Ungleichheit zu wahren und zu festigen. Um sie zu verteidigen, kämpfen ihre Besitzer mit letzter Energie. Die Gewalt der Privilegierten wird aber heute nicht mehr von einer vereinigenden Überstruktur maskiert. Sie liegt klar auf der Hand, ist sichtbar. Ariès analysiert die Zeit, in der Frankreich unter der beherrschenden homogenen Denkweise lebte: das institutionalisierte Christentum, das seine eigenen Gründungsprinzipien verraten hatte, verschleierte damals durch eine subtile Schichtung der Unsterblichkeit von Verstorbenen die offenbare präsoziale Gleichheit der Menschen vor dem Tod. In der Nähe der heiligen Reliquien begraben zu sein, seinen Leichnam unter den Fliesen des Kirchenschiffs bestattet zu wissen oder im Innenhof des Klosters beerdigt zu sein, all diese Dinge, die man mit Geld erreichen konnte, garantierten dem Verstorbenen eine bevorzugte Fürsprache der Heiligen und führten ohne Umwege zur Unsterblichkeit. Den Grabplatz festzulegen, war eine der Hauptfunktionen des Testaments. Es regelt auch den Preis und die verschiedenen Transaktionen, die den Gegenwert zu einem günstigen Bestattungsort darstellten. Der Klerus, Bischöfe, Mönche usw. kassierten auf diese Weise bei jedem privilegierten Toten beachtliche Summen. Erst später, im Wesentlichen im 19. Jahrhundert, ändert sich die Funktion des Testaments. Sein Hauptgegenstand ist danach nicht mehr die Bestimmung der Grabstätte und der damit verbundenen Transaktionen, sondern die Verteilung der frei gewordenen Güter unter den Überlebenden. Die Armen hingegen wurden in Gemeinschaftsgruben außerhalb der privilegierten Zonen geworfen, wo die magische Vermittlung der Heiligen, Reliquien oder irgendwelcher klerikaler Gesten nicht mehr in gleichem Maße wirksam war. Ariès beschreibt ihre Lage im Todesfall folgendermaßen: »Das einfache Volk wurde aus der Kirche verwiesen, blieb jedoch in dem geweihten Bereich, also in dem, was später der Friedhof wird: ein großes Gemeinschaftsgrab von mehreren Metern Länge, Breite und Tiefe, in dem die Leichname, in ein Tuch genäht und meist ohne Bahre, aufgestapelt wurden. Die Grube wurde erst zugeschüttet, wenn sie voll war. Dann hob man daneben eine neue aus. Nach einigen Jahren grub man die erhaltenen Knochen wieder aus, um Platz zu schaffen, und legte sie in die Speicher der Klosterumgänge; daher die Bezeichnung Beinhaus für unsere alten Friedhöfe. Es ist verständlich, dass Hamlet dank dieser Behandlung der Leichname im Vorbeigehen einen Schädel aufsammeln konnte, ohne Erstaunen zu erregen.« [56] Die Begräbnisstätten waren also, wie einst die Kathedralen, das *einigende, aber stratifizierte Über-Ich*. Als Tote wurden die Menschen nach Klassen beerdigt; als Lebende nahmen sie die für sie vorgesehenen Bänke ihrer Klasse in der Kirche ein. Sie lebten und starben unter der Herrschaft eines Denkens, dessen erstes Ziel es war, ihre vorsoziale Gleichheit zu verschleiern. Natürlich haben das Zerbröckeln des klerikalen institutionellen Christentums und die Abschaffung seiner ungeteilten Herrschaft die Klassenhierarchie in den Bestattungsverfahren weder in Frankreich noch anderswo radikal beseitigt. Ein Besuch auf dem Friedhof von Palermo genügt, um gewahr zu werden, mit welchem törichten Eifer die sizilianische Oligarchie noch heute bemüht ist, die eindeutige vorsoziale Gleichheit der Menschen vor dem Tode zu verdecken. Die Grabstätten sind Marmortempel, komplizierte Gebäude, wahre kleine, raffinierte Luxuswohnungen aus Beton, Eisen und buntem Glas. Auch die Beerdigung ist das Ergebnis hoher Investitionen. Priester und Diakone drängen sich gestikulierend um das Grab des Reichen. Das gleiche Phänomen habe ich in Brasilien, zumindest in den Gebieten, in denen der Kolonialkatholizismus noch an der Macht ist, gesehen. Clarival Valadarès hat zwei Bände über die Grabkunstwerke in Brasilien veröffentlicht. [57] Ein Besuch des *campo santo*, des Friedhofs der Reichen in Botafogo (Rio de Janeiro), und dann irgendeines Armenfriedhofs im Norden der Stadt, das sind zwei gegensätzliche Erfahrungen, die es sich an einem einzigen Tag zu machen lohnt. Man erfährt dabei den doppelten Schock der verneinenden Darstellung des Todes durch die herrschenden Familien und der Armseligkeit der anonymen Herde der Armen, deren Körper, ob tot oder lebendig, gleichermaßen gedemütigt werden. In Bahia schließlich erstreckt sich der Friedhof über einen herrlichen Hügel im Viertel von Libertade. Das Meer ist nicht weit und ein frischer Wind umspielt unablässig die Dachziegel der Kapelle. Dieser »campo santo« bietet ein noch klareres Bild von der unsterblichen Hierarchie der Toten. Er ist etagenförmig angelegt. Auf dem aufgefüllten Gelände und den oberen Terrassen erheben sich die prunkvollen, aus schwarzem und rosa Marmor errichteten Monumente der Verstorbenen der Oligarchie. Sie bergen die Leichname der Zuckerbarone, mondäner Ärzte, Viehzüchter und Händler. Ihre Gattinnen, selbst im Tode untergeordnet, ruhen im Allgemeinen in einem Anbau des Mausoleums. Fremde Plantagenbesitzer, die deutschen und Schweizer Herren über den Kakao in Ilhéus und über den Tabak im Tal von Paraguaçu, haben dieser hierarchisierten Todesgesellschaft noch eine Raffinesse hinzugefügt. Um deutlich zu zeigen, dass nie ein Tropfen afrikanisches oder indianisches Blut durch ihre Adern geflossen ist, errichten sie ihre Tempel abseits vom Hügel der heimischen Oligarchie im Schatten riesiger Bäume. Eine Straße, eine Treppe, eine Mauer und ein Portal trennen diese beiden Klassen, die Komplizen der gleichen Unterdrückung sind.

In der Mitte des Hügels liegen die Gräber des Mittelstandes und darunter die der kleinen und ganz kleinen Händler, der Beamten und Angestellten. Hier sind die Inschriften zurückhaltender. Die wahren oder eingebildeten Genealogien reichen nicht so weit zurück, die »Paläste« sind weniger zahlreich. Eine einfache, aber sehr große Grabplatte bedeckt im Allgemeinen die Grabstätte dieser Leute. Die weißen, aufwendigen Engelsstatuen sowie die Bronzebüsten der Verstorbenen sind hier durch bunte Plastikblumen ersetzt.

Die Herren über das Vieh von Sertão, die *coronels* der Tierra de Sant'-Anna und die Zuckerrohrplantagenbesitzer vom Reconcavo, die auf ihren Ländereien sterben, lassen sich auf testamentarische Anordnung in ihr das Meer überragende Familienmausoleum überführen. Die Leichname der mittleren oder unteren Bürgerschicht machen selten Reisen. Libanesische Händler, mestizische Vorarbeiter, Beamte, Polizisten oder Transportunternehmer, kurz, der Bürger wird dort begraben, wo er gelebt hat, in respektvollem Abstand zu den Mächtigen. Ein Weg und schließlich eine Mauer trennen den oberen Teil des Hügels von den Terrassen, die sich an dem Abhang entlangziehen, der zum Meer abfällt. Im Gestrüpp schließlich, im Grenzbereich der kleinen Schluchten, auf dürrem, rotem Boden ruht, ohne Einfriedung und bar jeden Schmucks, die riesige und anonyme Masse des Volks. Eine unsichere Ruhe, wenn es überhaupt eine ist. Bei jedem meiner Besuche stocherten schwarze Arbeiter in diesem Bereich herum. Ich habe gesehen, wie sie die Schlangen verjagen, Gräser ausreißen und dann die Erde aufgraben. Schädel, Arm- und Beinknochen von Personen, die vor einigen Jahren oder auch nur einigen Monaten beerdigt worden sind, werden herausgezogen, mit der Schippe zerteilt und in einem Karren aufgestapelt. Man bringt sie in die südwestliche Ecke des Totenfelds, wo ein Ofen aufgestellt ist, um sie zu verbrennen. Ihre Asche verstreut man im Wind.

Im 16. Jahrhundert behaupteten in Paris, auf dem Friedhof »des Innocents«, in den Kirchen und Klöstern, alle jene, die sich auf Grund ihres Geldes und ihrer Beziehungen eine Grabstätte in der Nähe des Hochaltars (ein Grab ad sanctos) leisten konnten, schneller und mit größerer Sicherheit wieder aufzuerstehen als diejenigen, die in den Gemeinschaftsgräbern verfaulten. Heutzutage glaubt niemand mehr an eine solche Vorstellung. Heute ist es gewissermaßen die nackte Gewalt, die nicht mediatisierte Tatkraft des Kapitals, die die zeitgenössischen Friedhöfe schichtet.

Der Begriff der Gleichheit bewegt eine Absicht, die dem Allgemeinverständnis unmittelbar zugänglich ist. Man braucht nur irgendeinem Kind ins Gesicht zu schauen. Das Gesicht eines reichen oder armen Kindes, ein schwarzes oder ein weißes Gesicht, ein vom Hunger oder von Verzweiflung geprägtes Gesicht oder ein Gesicht, das vor Freude strahlt: jedes Kindergesicht weist mit aller Deutlichkeit auf die verlorene Gleichheit der menschlichen Wesen hin. Nichts, wenn nicht die eindeutige Dummheit einer sozialen Schichtung, von diskriminierenden Ideologien oder Privilegien, die die Gewalt verteidigt, rechtfertigt die gelebte Ungleichheit der Menschen. Ein gleichheitliches Kollektivbewusstsein zu schaffen, es mit den konkreten Waffen und Mitteln für seine Verwirklichung auszustatten, ist daher das dringlichste Ziel der generativen Soziologie. Allerdings darf der Soziologe, wie schon gesagt, diesen Forderungen keinen metasozialen Bezug zuordnen, wenn er die unmittelbare Einsicht in ihre gemeinsamen Grundlagen verstehen will. Wie soll man ihre Explosivkraft und ihre unbestreitbare Gültigkeit begründen? Durch Berufung auf die biologische, vorsoziale Identität aller Menschen. Die biologische Anlage des Menschen offenbart seine uneingeschränkte Gleichheit mit seinen Artgenossen in Vergangenheit, Gegenwart und Zukunft. Diese Gleichheit besteht vor jedem Prozess unterschiedlicher Sozialisation. Sie wird von ihm nicht ontologisch verändert, sondern einfach existenziell geprägt. Keine Theorie der Ungleichheit, keine rassistische oder imperialistische Perversion, und sei sie noch so subtil, hält vor der Eindeutigkeit des Todes und gegenüber der Angst vor dem Tode stand. Eine der vornehmlichen Aufgaben der generativen Soziologie stellt sich daher mit bemerkenswerter Klarheit: Wir müssen den Tod wieder in unser Denken integrieren und ihn zur dynamischen Grundlage in unserem Kampf um die Gleichheit machen.

Unser Tod findet nicht statt

Im zweiten Band seiner *Kritischen Theorie* liefert Horkheimer zunächst eine klare Definition für den Vorgang des so genannten »wirklichen Erkennens des Objekts«: »Was wir jedoch unter Kritik verstehen, ist jene intellektuelle und schließlich praktische Anstrengung, die herrschenden Ideen, Handlungsweisen und gesellschaftlichen Verhältnisse nicht unreflektiert, rein gewohnheitsmäßig hinzunehmen; die Anstrengung, die einzelnen Seiten des gesellschaftlichen Lebens miteinander und mit den allgemeinen Ideen und Zielen der Epoche in Einklang zu bringen, sie genetisch abzuleiten, Erscheinung und Wesen voneinander zu trennen, die Grundlagen der Dinge zu untersuchen, sie also, kurz gesagt, wirklich zu erkennen.« [58] Dieses »wirkliche Erkennen« des Objekts ist ein in sich subversiver Akt. Horkheimer zitiert das Beispiel von Hegel: »Der König von Preußen berief Hegel nach Berlin, damit er den Studenten die gebührende Loyalität einschärfe und sie gegen politische Opposition immunisiere. Hegel tat sein Bestes in dieser Richtung und erklärte den preußischen Staat für die *Wirklichkeit der sittlichen Idee* auf Erden. Aber das Denken ist eine eigentümliche Sache. Um den preußischen Staat zu rechtfertigen, musste Hegel seine Studenten zur Überwindung der Einseitigkeit und der Beschränkungen des gewöhnlichen Menschenverstandes erziehen und zur Einsicht in den wechselseitigen Zusammenhang zwischen allen begrifflichen und realen Verhältnissen bringen. Überdies musste er sie lehren, die menschliche Geschichte in ihrer komplexen und widersprüchlichen Struktur zu erfassen, den Ideen von Freiheit und Gerechtigkeit im Leben der Völker nachzugeben und zu erkennen, dass diese untergehen, wenn ihr Prinzip sich als unangemessen erweist und die Zeit für neue soziale Formen reif ist. Die Tatsache, dass Hegel seine Studenten im theoretischen Denken unterweisen musste, hatte für den preußischen Staat durchaus zweideutige Folgen. Auf die Dauer wurde dieser reaktionären Institution dadurch mehr Schaden zugefügt, als sie Nutzen aus ihrer formalen Glorifizierung bezog. *Die Vernunft ist ein schwacher Bundesgenosse der Reaktion.* Noch nicht zehn Jahre nach Hegels Tod (sein Lehrstuhl war während dieser Zeit unbesetzt) berief der König einen Nachfolger, der gegen die ›Drachensaat des Hegelschen Pantheismus‹ und gegen die ›Anmaßung und den Fanatismus seiner Schule‹ kämpfen sollte.« [59]

Horkheimer sagt: »*Alle Geschichte ist Warengeschichte.*« [60] Diese Veränderung der Geschichte, die wir erleben, erklärt sich nicht durch die grundsätzliche Unfähigkeit des Menschen, seine eigene Endlichkeit zu begreifen, und auch nicht durch die Zerstörung alter totalitärer Denkweisen und alter aus der Negation des Todes herausgearbeiteter Systeme. Selbst ohne Denkkanon kann der Mensch noch seinen Tod wahrnehmen, und zwar auf eine fast unreflektierte Art. »Ohne etwas vom Unendlichen zu wissen, können wir sehr wohl unsere eigene Endlichkeit erkennen. Erfahren wir nicht Leid und Tod als Markierungen einer Grenze, als Zeichen unserer Beschränktheit, erleben wir nicht tagtäglich, dass wir so geworden sind, wie wir sind, geworden sind durch Vorgänge, für die wir gar nichts können?« [61] Ich wiederhole, es ist nicht die grundsätzliche Unfähigkeit des Menschen, seine eigene Endlichkeit positiv zu erfassen, die ihn seines Todes beraubt und die empirische Wirklichkeit seines sicheren Endes in Dunkel hüllt. Das Problem liegt woanders. Es ist in der erklärten Absicht der Warengesellschaft angesiedelt, wie der westliche Kapitalismus sie begreift und bei den Menschen in Europa realisiert; sie nimmt den Menschen ihren Tod. Die herrschende Ideologie, vornehmlich konkretisiert durch ein repressives Schulsystem, durch den offiziellen politischen Diskurs und durch eine absichtlich verdummende Konsumwerbung, übernimmt diese Aufgabe. Jede Spur von Gewissheit über diesen nahenden Tod, jede Sozialisierung dieses Todes, jedes erarbeitete System seiner erdachten Überwindung sind absichtlich aus dem Bereich des Bewusstseins verbannt.

Die Verbannung geschieht systematisch. Die unbestimmte und anonyme Angst besteht. Sie lebt in den Praxen der Psychiater wieder auf. Das Bewusstsein des Menschen wird regelmäßig mit billigen Mitteln gereinigt, damit die verdummende Botschaft des Warenhedonismus wirksam in ihm umgehen kann. [62] Der Tod wird verneint. Er wird verdunkelt. An die Stelle der erarbeitenden Systeme der Überwindung tritt das organisierte Nichtwissen. Der Tod findet einfach nicht mehr statt. Seine Wirklichkeit ist ausgeklammert, der Warenhedonismus nimmt seinen Platz ein. *Seiner Endlichkeit beraubt, hört der Mensch jedoch gleichzeitig auf, Subjekt jeder Art von Geschichte zu sein.* Der Tod tritt den Menschen nunmehr in derselben Weise wie den Tieren entgegen: im Nichtwissen.

Was wird aus einer Person, die das Bewusstsein ihrer Endlichkeit verloren hat? »Die Maschine hat den Piloten abgeworfen; sie rast blind durch den Raum. Im Augenblick ihrer Vollendung ist die Vernunft irrational und dumm geworden. Das Thema dieser Zeit ist Selbsterhaltung, während es gar kein Selbst zu erhalten gibt ... Wenn wir vom Individuum als einer historischen Kategorie sprechen, meinen wir nicht nur die raum-zeitliche und sinnliche Existenz eines besonderen Gliedes der menschlichen Gattung, sondern darüber hinaus, dass es seiner eigenen Individualität als eines bewussten menschlichen Wesens innewird, wozu die Erkenntnis seiner Identität gehört.« [63] Und weiter: »Individualität setzt das freiwillige Opfer unmittelbarer Befriedigung voraus zu Gunsten von Sicherheit, materieller und geistiger Erhaltung der eigenen Existenz. Sind die Wege zu einem solchen Leben versperrt, so hat einer wenig Anreiz, sich momentane Freuden zu versagen ... Gesellschaftliche Macht ist heute mehr denn je durch Macht über Dinge vermittelt. Je intensiver das Interesse eines Individuums an der Macht über Dinge ist, desto mehr werden die Dinge es beherrschen, desto mehr werden ihm wirklich individuelle Züge fehlen, desto mehr wird sein Geist sich in einen Automaten der formalisierten Vernunft verwandeln.« [64]

Diese »formalisierte Vernunft« bemächtigt sich des schwer beschädigten Individuums und behauptet sich in ihm mithilfe der verschiedensten Tricks: »Die Muster des Denkens und Handelns, die die Menschen gebrauchsfertig von den Agenturen der Massenkultur beziehen, wirken wiederum so, dass sie die Massenkultur beeinflussen, als wären sie die Ideen der Menschen selbst [...] Jedes Mittel der Massenkultur dient dazu, die auf der Individualität lastenden sozialen Zwänge zu verstärken, indem es jede Möglichkeit ausschließt, dass das Individuum sich angesichts der ganzen atomisierenden Maschinerie der modernen Gesellschaft irgendwie erhält.« [65] Und etwas weiter: Die »Einmaligkeit« des Individuums besteht von nun an »darin, typisch zu sein«. Das Individuum verkümmert und wird zu einer »bloßen Zelle funktionalen Reagierens«. »Es hat keine persönliche Geschichte mehr. Sein Leben verschwindet in den neuen unpersönlichen Institutionen der modernen Gesellschaft, wird zum einfachen Reflex einer mechanischen Wiederholung.« [66] Kurz, ohne das klare Bewusstsein seiner Endlichkeit hütet der Mensch »ein Überleben, das durch das älteste biologische Mittel des Überlebens zu Stande kommt, nämlich durch Mimikry«. [67]

Diese Analyse vom Verfall des Individuums führt zu einer neuen Revolutionstheorie:

Die Arbeiterbewegung als solche genügt nicht, um die revolutionäre Kraft zu bilden, die fähig ist, die Ordnung der Warengesellschaft zu stürzen. Warum? »Die Arbeiter, zumindest jene, die nicht durch die Hölle des Faschismus gegangen sind, werden sich jeder Verfolgung eines Kapitalisten oder Politikers anschließen, der angeprangert wird, weil er die Spielregeln verletzt hat; aber sie stellen die Regeln als solche nicht infrage. Sie haben es gelernt, gesellschaftliche Ungerechtigkeit – selbst Ungleichheit innerhalb ihrer eigenen Gruppe – als mächtige Tatsache hinzunehmen und mächtige Tatsachen als das Einzige anzusehen, was zu respektieren ist. Ihr Bewusstsein ist Träumen von einer grundlegend anderen Welt ebenso verschlossen wie Begriffen, die, anstatt eine bloße Klassifikation von Tatsachen zu sein, an einer realen Erfüllung dieser Träume orientiert sind. Die modernen ökonomischen Verhältnisse bewirken sowohl in den Mitgliedern als auch in den Führern der Gewerkschaften eine positivistische Haltung...« [68] Dieser Text stammt aus dem Jahre 1944. Er ist in den Vereinigten Staaten geschrieben worden. Er basiert auf der täglichen Erfahrung mit amerikanischen Gewerkschaftsbürokratien. Ein zeitgenössischer französischer Text bildet ein Pendant dazu; in ihm wird aufgezeigt, dass die von Horkheimer geschilderte Zukunft das allgemeine Schicksal des Menschen ist, der von der Warengesellschaft vernichtet wurde. Duvignaud schreibt: »Wenn man die armseligen und wirren Ideen, die der Terminus Revolution wachruft, an sich vorüberziehen lässt, muss man zugeben, dass dieses Wort nichts anderes nach sich zieht als den Wunsch nach dem vernünftigen Ausbau des unvermeidlichen Wachstums; die fröstelnde Sicherheit verlangt diesen Preis.« Früher »erwuchs die Revolutionsidee dem Denken eines Wesens, das die volle menschliche Substanz in einer triumphierenden subversiven Verkörperung anstelle der hierarchisierten Ordnung forderte. Sie stellte nicht nur dieses konkrete Universum der Philosophen dar, sondern den stets wachsenden Besitz all dessen, was der Mensch aus der Welt und den Mitmenschen herausholen kann. Es ist möglich, dass die starke Frustration, die die Utopie des letzten Jahrhunderts trug, nachgelassen hat. Heute begreift niemand mehr die Revolution, weil sich niemand der Welt mit dem doppelten Spiel des Respekts vor einer Ordnung und der konzertierten Opposition entziehen kann. Die politischen Gegner ziehen die Erhaltung der Gesellschaft und dieser Art Logik, die die Widersprechenden in einer gemeinsamen, Sicherheit versprechenden Synthese verschmilzt, nicht in Zweifel«. [69]

Wenn nun aber der Verlust vom Bewusstsein seiner Endlichkeit das Individuum vernichtet, seinen historischen Ausdruck, das heißt das klare Klassenbewusstsein, zerstört, wird dann die Warengesellschaft auf ewig triumphieren? Die gegenwärtige Situation wird von einem Paradoxon bestimmt: *eine ungeheure Hoffnung erwächst aus unserem Verfall*. Jeder neue Sieg, den die Warengesellschaft über das Individuum erringt, bringt uns dialektisch der *revolutionären Apokalypse* näher. [70] Horkheimer schreibt:

»Obleich unter dem Zwang der pragmatischen Wirklichkeit von heute das Selbstbewusstein des Menschen mit seiner Funktion im herrschenden System identisch geworden ist, obgleich er verzweifelt jeden anderen Impuls in sich selbst wie in anderen unterdrückt, ist die Wut, die ihn ergreift, wann immer er eines nicht integrierten Verlangens innewird, das nicht ins bestehende Muster passt, ein Zeichen eines schwelenden Ressentiments. Wäre die Unterdrückung abgeschafft, so würde sich dieses Ressentiment gegen die gesamte Gesellschaftsordnung kehren, die eine innere Tendenz hat, ihre Mitglieder von der Einsicht in die Mechanismen ihrer eigenen Repression abzuhalten.« [71]

Die Hoffnung: »Jedoch nimmt das Bewusstsein davon zu, dass der auf dem Individuum lastende unerträgliche Druck nicht unvermeidlich ist. Es ist zu hoffen, dass die Menschen zu der Einsicht kommen, dass er nicht unmittelbar den rein technischen Erfordernissen der Produktion entspringt, sondern der gesellschaftlichen Struktur. In der Tat bezeugt eigentlich schon die wachsende Unterdrückung in vielen Teilen der Welt die Angst vor der drohenden

Möglichkeit einer Veränderung auf der Basis der gegenwärtigen Entwicklung der Produktivkräfte.« [72]

Die Revolution führt über die Wiederentdeckung des Todes

Dieser letzte Absatz ist am schwersten zu erfassen, begrifflich zu analysieren und zu verstehen: Horkheimer ist dazu in einem Dialog gekommen, den er mit einem faszinierenden Mann geführt hat, der wie ein schnell vergessener Schatten über die französische und deutsche Soziologie gezogen ist. Jean Lacroix und Jean-Marie Domenach in Frankreich und Max Horkheimer in Deutschland haben dank ihres sicheren Gespürs für die einsame Größe seines fragmentarischen Werkes die Bedeutung von Landsberg erkannt. [73]

Paul Ludwig Landsberg, ein militanter Antifaschist, war Professor an der Bonner Universität. Nach Frankreich geflohen, wurde er von der Gestapo gefangen genommen, gefoltert, deportiert und schließlich am 2. April 1944 in Oranienburg ermordet. In Frankfurt veröffentlichte er bei Klostermann seine *Einführung in die philosophische Anthropologie*. [74] Horkheimer widmete ihm eine wichtige kritische Betrachtung im ersten Heft der *Zeitschrift für Sozialforschung*, die in der École Normale Supérieure während seines Exils in Paris erschien. [75] In Frankreich bemühten sich Jean Lacroix und Jean-Marie Domenach um Landsbergs Werk, veröffentlichten den wichtigen *Essay über die Todeserfahrung* und den Text über das *Moralische Problem des Selbstmordes*, die Landsberg beide während der Verfolgung und ständigen Haftbedrohung durch die Gestapo geschrieben hat. Diese Texte offenbaren eine bis dahin völlig unbekannte Dimension des Bewusstseins von der Endlichkeit: Der Mensch, der des Bewusstseins seiner Endlichkeit beraubt ist – der seines Todes beraubte Mensch – ist gleichzeitig seiner »Sicherheit« beraubt, »die das Wagnis möglich macht und zum Wagnis drängt… Diese Gelähmtheit selber aber ist eine Folge dessen, dass dieser Mensch nicht mehr im Stande ist, sich selbst zu begreifen. Er erkennt nicht mehr den kohärenten Sinn seines Lebens, weil er kein Kollektivschicksal mehr erkennt, dem gegenüber er Risiken eingehen könnte.« [76]

Da er nichts mehr riskiert und so auf seine Eigenschaft als autonomer Akteur der Geschichte verzichtet, entwertet sich der Mensch und entartet zur einfachen Zelle des neu geschaffenen Reaktions- und Funktionsprozesses. Die Verbindungen, die ein Mensch mit anderen eingeht, sind allerdings nicht nur grundlegend für eine menschliche Gesellschaft, die in der Lage ist, der Herrschaft der Ware zu widerstehen: sie allein sind geeignet, die Zerstörung der Person aufzuhalten. Diese menschlichen Beziehungen, Gefühlsbindungen, Gedankenaustausche, gemeinsamen Werke sowie die schöpferische Sprache symbolhafter Realitäten sind Grundbedingungen für den Menschen selbst. Henri Friedel, ein geistiger Verwandter von Landsberg, erhellt meine Darlegung: »Der Tod einer Einzelperson ist nicht nur ein vereinzeltes Ereignis, er schließt so viele Ereignisse ein, wie der Verstorbene Verbindungen hatte: seinen Gatten, seine Eltern, jedes einzelne seiner Kinder, jeden seiner Freunde, vielleicht seine Feinde, so viele ursprüngliche und einzigartige Bande, die gleichzeitig zerrissen sind... Das Geheimnis der Beziehung zwischen zwei Menschen überschreitet bei weitem das Geheimnis des Seins...« Als Zelle im Reaktions- und Funktionsprozess nimmt der heutige Mensch an der allgemeinen Verbreitung der Ramschsymbole teil, jener Ramschsymbole, die die Warengesellschaft aufzwingt. Seiner Individualität und seines Schicksals beraubt, ist er gleichzeitig des klaren Bewusstseins einer Endlichkeit beraubt. Oder umgekehrt: Die Überwindung der Warengesellschaft führt über die Wiederentdeckung des Todes.

Der Mensch besteht nur in der Beziehung zu anderen Menschen. Die Erkenntnis der vorsozialen Gleichheit aller Menschen ist unumgänglich, damit neue auf Gegenseitigkeit beruhende, grundlegende Beziehungen für die künftige gleichheitliche Gesellschaft entstehen.

Die Herren des Todes

I   Der Augenblick des Sterbens

Die Definition des Hippokrates

Zwischen der Thanatopraxis der Warengesellschaft und der der afrikanischen Welt besteht ein fundamentaler Unterschied. Der Nago-Tod* ist eine langsame Reise, ein stiller Fluss, der das Bewusstsein des Kindes und dann das Bewusstsein des Erwachsenen zur ruhigen Dauer des Orun trägt. Keinerlei Bruch tritt je in diesen Verlauf: Der Mensch hört nie auf zu sein. Lebendig tanzt er den Reigen der Orixa; tot vollendet er den nächtlichen Rundgang der Egun. Diesseits des Todes empfängt er die Orixa in seiner Transe. Im Jenseits lebt er fort; hin und wieder kehrt er zu denen zurück, die er verlassen hat, bemächtigt sich eines Menschen, der in Transe ist, und spricht durch dessen Mund zu seinen Nachkommen.

Der Mensch der Warengesellschaft erlebt ein ganz anderes und unendlich viel unsichereres Abenteuer: Er lebt bis zu einem bestimmten Augenblick. Er bewegt sich auf eine Schwelle zu, dann stürzt er ins Nichts. Das soziale Denken behandelt ihn als Lebenden, niemals als Toten. Als Abfall der Warengesellschaft wird seinem Leichnam eine kurze Pflege zuteil, deren merkwürdige Intentionen wir später untersuchen. Um sein Bewusstsein kümmert sich niemand mehr, weil man es dem Schicksal der Zellenstruktur unterworfen glaubt. Den Begriff vom »Augenblick des Sterbens« [1] kennt man in der Nago-Thanatopraxis nicht. Dagegen steht er im Zentrum des Selbstinterpretationssystems der Warengesellschaft, die sich wie auf den Hebel beim archimedischen Punkt auf ihn stützt, um das Ganze ihres sozialen Universums in Bewegung zu halten.

Wie definieren die Mediziner des Abendlandes den »Augenblick des Sterbens«?

---

* Siehe hierzu den zweiten Teil, *Der afrikanische Tod.*

Die klassische Definition vom Augenblick des Sterbens wurde rund 500 Jahre vor Christi Geburt von Hippokrates formuliert. Sie steht im 2. Buch, 5. Abteilung, von *De morbis:* »Stirn faltig und trocken, Augen eingefallen, Nase spitz, mit einem schwärzlichen Rand umgeben, Schläfen eingesunken, hohl und faltig. Kinn faltig und verhärtet, Haut trocken, fahl und bleifarben, Haare der Nasenhöhlen und Wimpern von einer Art mattweißem Staub überzogen, Gesicht übrigens scharf konturiert und unverkennbar.« [2]

Der *Dictionnaire français de médecine et de biologie* übernimmt nahezu unverändert die grundlegenden Elemente der hippokratischen Definition. Der Augenblick des Sterbens wird charakterisiert durch den »vollständigen und endgültigen Stillstand der Lebensfunktionen eines lebenden Organismus mit dem Schwinden seines Funktionszusammenhangs und der allmählichen Zersetzung seiner Gewebe- und Zelleinheiten«. Es folgt ein Dutzend ergänzender Definitionen, die vom Augenblick des »offensichtlichen Todes« über den »genetischen Tod«, den »zwischenphasigen Tod« und den »interkinetischen Tod« bis zum »neonatalen Tod« führen. [3]

Dieser hippokratische Begriff vom Augenblick des Sterbens hat sich bemerkenswert lange gehalten. Die heutige Kritik daran bezieht sich nicht auf die grundlegenden Elemente, sondern einfach auf die theoretische Behandlung der aufgeführten Symptome. [4] Gavin Thurston sagt: »Was wir zu bestimmen suchen, ist der Augenblick des somatischen Todes, wenn die Funktionen eines lebenden Wesens aufgehört haben und keine Umkehrbarkeit mehr möglich ist. Der endgültige Tod der Zellen ist als zytologischer oder molekularer Tod bekannt, als Moment, in dem der Verfall beginnt und die Zeit der Organverpflanzung längst vorbei ist. Es gibt keine Unterscheidung zwischen gesetzlichem und medizinischem Tod, denn nur ein Arzt kann den Todeszustand feststellen, indem er dank seiner Kenntnis von den Auswirkungen, die Krankheiten oder Verwundungen mit sich bringen, ein Zusammentreffen physischer Anzeichen diagnostiziert. Die Begriffe von der Atmungsunterbrechung, der Schwächung der Herz- und Nervenzentren sind künstlich, da die drei Lebenssysteme voneinander abhängen. Wenn die Sauerstoffaufnahme nicht funktioniert, bleibt das Herz stehen, und ohne hinreichenden Blutzufluss stirbt das Gehirn ab.« [5]

Für Hippokrates ist der Tod das zerstörerische, unvorhersehbare, unerwartete Ereignis, der Feind, der brutal über einen herfällt. Zwischen dem Begriff und dem Faktum besteht eine Antinomie. Der Tod ist ein langsamer Prozess, eine »Chronologie«, wie Bichat sagt, nicht ein Ereignis »ohne Dauer«. Die anatomische Pathologie liefert eine einzige Gewissheit: der Tod stellt eine physiologische Katastrophe dar. Der physiologische Organismus und das psychische Nervensystem, die bisher die physische Stütze meines Bewusstseins bildeten oder, genauer, die mir die genauen Mittel für die Überprüfung meiner Existenz lieferten, zersetzen sich. Das Bewusstsein beherrscht, lenkt, regiert den Körper in weitem Maße. Es kann sich jedoch nicht selbst verwirklichen, also ohne ihn existieren: der Mensch ist sein Körper. Ohne ihn verliert er seine substanzielle Vollständigkeit. Die Zusammensetzung des Menschen bleibt außerhalb dieser »Kosubstanzialität« unverständlich.

Bis zu dem Augenblick, in dem sich die unkontrollierbare Katastrophe des Verfalls des biophysiologischen Organismus und des psychischen Nervensystems vollzieht, scheinen die Schicksale von Bewusstsein und Körper unlösbar miteinander verbunden zu sein. Der Organismus, den mein Bewusstsein bewohnt, wird durch den Tod vernichtet. Genauer: Er wird nicht vernichtet, sondern zerfällt, und seine Teile verändern ihre Funktionen. Bis zum Augenblick der physiologischen Katastrophe funktionierte der Organismus nach einem genauen Organisationsplan. Mit dem Zeitpunkt des Eintritts der thanatischen Verwandlungen, die heute unzureichend kontrolliert werden und vielleicht immer unkontrollierbar bleiben, beginnt dieser Körper zu verfallen (künstlich durch die Verbrennung oder natürlich infolge des Entweichens von Sauerstoff, den er enthält). Seine Grundelemente durchlaufen dann einen Prozess biochemischer Umwandlung, deren wesentliche Etappen von der herrschenden Denkart formalisiert worden sind. Die europäische Thanatopraxis umfasst als einen ihrer grundlegenden Schritte eine Technik des Leichnams. Doch paradoxerweise verschärft diese Technik in dem Maße, wie sie sich entwickelt hat, die Doppeldeutigkeit des Begriffs vom Augenblick des Sterbens auch noch. Michel Foucault stellt fest:

»Wenn die Krankheit mit dem Tod ans Ende ihres Verlaufs gekommen ist, schweigt sie und wird zum Andenken. Aber wenn die Spuren der Krankheit am Leichnam nagen sollten, dann kann nicht mehr eindeutig unterschieden werden, was von ihr oder was vom Tod kommt; ihre Anzeichen vermischen sich in einem unentzifferbaren Durcheinander.« [6] Doch die klinische Erfahrung zog in ihrer ersten Form diesen doppeldeutigen Begriff vom Tod nicht in Zweifel. [7] Vielmehr »kann der Augenblick des Sterbens die Rolle eines körperlosen Prüfgeräts spielen, das den Zeitpunkt der Krankheit aufspürt wie das Skalpell den organischen Raum. Der Tod ist nur noch die vertikale hauchdünne Linie, die die Reihe der Symptome und der Verletzungen trennt, sie aber auch aufeinander zu beziehen erlaubt.« [8]

Das französische wie das deutsche Recht legen fest, dass der Augenblick des Sterbens eine *Frage der Tatsache* und *keine Frage des Rechts* ist. Mit anderen Worten: Allein der Arzt bestimmt den Zeitpunkt des Todes, die Umstände, unter denen er eingetreten ist, und die Gründe, die zu ihm geführt haben. Die französische Gesetzgebung stellt eine klare Hierarchie bezüglich der medizinischen Sterbeakte auf, die unmittelbar dem Stillstand der therapeutischen Handlungen folgt und den ersten Abänderungsakten der bürgerlichen Identität des Verstorbenen vorhergeht. Letztere werden von dem Zivilstands-Beamten oder im Streitfall vom Richter vollzogen. In Frankreich regeln im Wesentlichen die Erlasse vom 27. April 1899 und vom 31. Dezember 1941 die thanatischen Tätigkeiten des Arztes. [9] In einem Todesfall ist der französische Arzt angehalten, zwei von der Natur her unterschiedliche Handlungen vorzunehmen:

1. Er stellt den Tod fest, versichert sich, dass der Tod »wirklich und dauerhaft« eingetreten ist, wie der feststehende Terminus lautet, und bescheinigt ihn auf einem förmlichen Zeugnis, das heißt auf dem ersten Blatt des Vordrucks (blau), über den er verfügt; diese Bescheinigung braucht der Beamte für die Freigabe zur Bestattung, sie wird dann beim Bürgermeisteramt im Ort des Verstorbenen aufbewahrt.

2. Er gibt die Todesursache an, das heißt, er trägt auf dem zweiten Blatt des Vordrucks (blau) anonym je nach Fall eine oder mehrere Diagnosen ein; dieses Dokument behält er selbst.

So gibt es auf der einen Seite eine Bescheinigung über die Feststellung des Todes und andererseits eine Bescheinigung über den Grund, die Krankheit oder das Trauma, die den Tod nach sich gezogen haben. Für die erste Handlung ist die Hinzuziehung des Arztes Pflicht, für die zweite gibt es keine gesetzliche Verpflichtung für den Arzt, die Diagnose auf dem Zeugnis festzuhalten.

Die Erklärung von Harvard

Erinnern wir uns: diese »unsichtbare Linie« [10], dieses »zweideutige Ereignis« [11], der Augenblick des Sterbens, ist nicht, wie Thurston behauptet, *self-evident.* [12] Der Astronom sieht durch sein Teleskop einen Stern mit einem Schweif vorbeiziehen. Er hält diese Tatsache fest, analysiert sie und bestimmt ihre Gründe. Keinerlei soziale Vorherbestimmung, keinerlei Bezug auf seine eigene Sozialisation oder auch auf das Wertsystem, das die Gesellschaft beherrscht, in der er lebt, beeinflusst diesen Vorgang. Das gilt jedoch nicht für den Arzt, der den Augenblick des Todes festlegt. Seine Feststellung ist das Ergebnis einer Diagnose. Jede Diagnose ist ein sozialer Akt, das heißt, die Handlung eines sozialisierten Menschen, der in Funktion des Bezugrahmens der Gesellschaft handelt, in der er lebt. Mit anderen Worten, zu sagen, ein Mensch sei tot, heißt, eine zutiefst soziale Handlung vornehmen. [13]

Überall auf der westlichen Welt werden ähnliche Systeme der Todesbescheinigung angewandt. Überall hält der Arzt, und er allein, den Augenblick des Sterbens fest, identifiziert er, und er allein, diese »unsichtbare Linie«, die einen lebenden Körper von einem Leichnam trennt. Denn überall in der westlichen Welt überwiegt die alte und sehr bequeme Vorstellung: Der Eintritt des Todes ist ein »natürliches Ereignis« und der Arzt »bestätigt« es lediglich. [14]

Diese Fiktion ist am 3. Dezember 1967 in Scherben zerbrochen. An jenem Tage ist wahrscheinlich zum ersten Mal in der menschlichen Geschichte ein Menschenherz mit Erfolg in den Körper eines Empfängers verpflanzt worden. Loren F. Taylor von der medizinischen Fakultät der Universität in Kansas erklärt in seinem seither berühmt gewordenen Brief nicht ohne Humor die praktischen Folgen dieses Ereignisses: »Solange die hippokratische Definition vom Tode nicht geändert wird und die Rechtsprechung der amerikanischen Gerichte sich an der gleichen Definition des somatischen Todes orientiert, muss jeder Chirurg, der eine Herztransplantation vornimmt, mit der Anschuldigung des Mordes, dem Verlust der beruflichen Haftpflichtversicherung und dem Entzug der Lizenz für die ärztliche Praxis rechnen!« [15] Wie reagierte die Ärzteschaft auf diese neue Situation? Die Mehrheit zog sich in einen bequemen Agnostizismus zurück. Die Weltgesundheitsorganisation weigert sich, zu einer Neudefinition des Todes Stellung zu beziehen; sie verweist auf das *Manuel des Nations unies des statistiques de l'état civil.* [16] Dieses Dokument enthält auf Seite 64 eine Definition des Begriffs »Tod«, die ihrerseits auf die nationalen Definitionen dieses Begriffs zurückverweist. Die nationalen Definitionen sind jedoch die, die die einzelnen Bestattungsgesetze, die von den gegenwärtigen biologischen Erkenntnissen überholt sind, liefern! Der gleiche Agnostizismus herrscht in den Debatten der internationalen Transplantationsgesellschaft. Die Beschlüsse seines *Committee on Morals and Ethics* offenbaren eine beunruhigende Unbestimmtheit: »... Aus den heftigen Diskussionen, insbesondere hinsichtlich der Definition des Todes, folgt: Die meisten der anwesenden Mitglieder meinen, dass die einfache Streichung dieses Paragrafen, abgesehen davon, dass sie Unannehmlichkeiten mit sich bringt, der Ignorierung einer Finalität gleichkommt, der sich die Gesellschaft für Transplantation innig verpflichtet fühlte. Das Dokument wurde als Ganzes schließlich mit zwei Stimmen gegen eine von den anwesenden Mitgliedern beantworten. Trotz der mangelnden Einstimmigkeit stellt dieses Resultat das Ergebnis einer großen Zahl von Diskussionen und Überlegungen dar und spiegelt die Meinungsverschiedenheit unter einigen angesehenen Mitgliedern der Gesellschaft. Es greift zusammenfassend, ohne sie zu beantworten, Fragen der Moral und der Ethik auf, die sich durch die Verpflanzung von Organen und Geweben stellen.« [17]

Angesichts der offenbaren Unfähigkeit der internationalen medizinischen Gesellschaften, insbesondere der Weltgesundheitsorganisation, sich über eine genaue Definition der neuen Kriterien in Bezug auf die Festlegung des Todeseintritts zu einigen, vollbrachte die *Harvard Medical School* eine Pioniertat. Sie brach radikal mit den überkommenen Ideen. Wenige Monate nach der ersten Herztransplantation schuf sie ein »Ad hoc Committee to examine the definition of brain death«. Am 5. August 1968 gab dieses Komitee eine »Sondermitteilung« heraus, die vom *Journal of the American Medical Association* veröffentlicht wurde. [18] Die Vorbemerkungen der Erklärungen zeigen die Komplexität des klinischen Problems:

»Die in den Überlebensmethoden erreichten Verbesserungen haben dazu geführt, die Anstrengungen zur Rettung Schwerverwundeter, deren Zustand verzweifelt ist, zu vermehren; diese Anstrengungen sind zuweilen nur von Teilerfolgen gekrönt, denn das Herz schlägt weiter, während das Gehirn unheilbar verloren ist; die Last, die diese Personen darstellen, ist schwer für ihre Familien wie auch für die Krankenhäuser; diese bewusstlosen Menschen belegen die Betten und erhalten die Pflege, der andere Kranke bedürften. Die überholten Kriterien der Definition des Todes führen zu einer Kontroverse hinsichtlich der Frage nach der Entfernung der Organe, die zur Verpflanzung bestimmt sind; wir sprechen hier nur von dem Fall der im Koma Liegenden, die nachweisbar keine Aktivität des zentralen Nervensystems mehr zeigen. Wenn die Kennzeichen dieses Zustandes zufrieden stellend definiert werden könnten, würden sich mehrere Probleme von selbst klären oder in kurzer Frist gelöst werden können.«

Hier nun die neuen Kriterien, die nunmehr das irreversible Koma bestimmen, das heißt den »Augenblick des Sterbens«; es sind vier:

1. Nicht-Aufnahmefähigkeit und Nicht-Antwort: Totales Aussetzen von Reaktionen auf innere und äußere Reize sowie völlige Antwortlosigkeit; selbst die schmerzhaftesten Reizmittel rufen keine lautliche oder eine andere Reaktion hervor, nicht einmal ein Murren, Gliederzucken oder eine Atembeschleunigung.

2. Fehlen von Atembewegung: Die Beobachtungen der Ärzte, die sich über einen Zeitraum von mindestens einer Stunde erstrecken, reichen hin für das Kriterium des Aussetzens von spontanen Muskelbewegungen, spontanen Atmens oder jeder anderen Antwort auf Reize wie Schmerz, Berührung, Laute oder Licht; nachdem man den Patienten an ein Beatmungsgerät angeschlossen hat, kann man nach dem Ausschalten des Geräts das Aussetzen der spontanen Atmung feststellen, wenn man drei Minuten lang beobachtet, ob der Patient spontan zu atmen versucht.

3. Fehlen von Reflexen: Das irreversible Koma mit der Aufhebung der Aktivität des zentralen Nervensystems wird teilweise durch das Fehlen angereizter Reflexe bekräftigt; die Pupille bleibt starr und erweitert und antwortet auf keine bewegliche Lichtquelle; der Kliniker nimmt einen Einschnitt an der geöffneten starren Pupille vor; er dreht den Kopf des Patienten zur Seite und gießt eiskaltes Wasser in seine Ohren; die Augenlider bewegen sich nicht. Versuche, bei geöffnetem Mund zu schlucken, zeigen kein Ergebnis; keine Reflexe der Hornhaut des Auges und des Kehlkopfes; Vergeblichkeit, die Stimmbänder anzureizen; vergebens auch, mithilfe eines Hammers eine Kontraktion der Muskeln zu erreichen. Ein Kitzeln der Fußsohlen zeigt keine Reaktion.

4. Flaches Enzephalogramm: Das isoelektrische oder flache Enzephalogramm bekräftigt den Diagnosewert, sofern die Elektroden richtig angesetzt sind, der Apparat normal funktioniert und das Bedienungspersonal kompetent ist. Es darf keine enzephalographischen Reaktionen auf Geräusche oder Kniffe geben. Diese Indikationen, die dazu dienen, die irreversible Zerstörung des Gehirns zu erweisen, gelten bis auf zwei Fälle: erstens, wenn Untertemperatur herrscht, das heißt, wenn die Körpertemperatur unter 32,2 Grad liegt, und zweitens, wenn Einflüsse von Schlafmitteln wie Barbitursäure auf das zentrale Nervensystem vorliegen. [19]

Die gesetzlichen Folgen der neuen Definition des Todes durch die Erklärung von Harvard liegen auf der Hand. Die meisten Mitgliedsstaaten der USA haben eine grundlegende Revision ihrer Sterbegesetze in Angriff genommen. Ich greife nur ein Beispiel heraus, und zwar das neue Gesetz des Staates Kansas, das unter der Ziffer KSA 77–202 in der Gesetzessammlung der Bibliothek des amerikanischen Kongresses verzeichnet ist. Drei Artikel interessieren mich besonders:

a) Eine Person wird medizinisch und gesetzlich als tot betrachtet, wenn nach Feststellung des Arztes, der von den Normen der medizinischen Praxis ausgeht, spontane Atmung und Herzkontraktion fehlen; wenn diese Funktionen direkt oder indirekt aufgrund der Krankheit oder aus einem anderen Grund ausgesetzt haben; wenn die seit dem Stillstand verflossene Zeit keine Hoffnung zulässt, dass sie wieder aufleben, und eventuell, wenn der Tod gleichzeitig mit dem Aufhören der Funktionen eingetreten ist.

b) Eine Person wird medizinisch und gesetzlich als tot betrachtet, wenn nach Feststellung eines Arztes, der von den Normen der medizinischen Praxis ausgeht, die spontanen Gehirnfunktionen ausgesetzt haben und wenn, immer nach den üblichen Kriterien der Medizin, versucht worden ist, die Kreislauffunktionen aufrechtzuerhalten oder zu beleben, diese Anstrengungen sich jedoch als vergeblich erwiesen haben und der Tod tatsächlich gleichzeitig mit dem Aufhören der genannten Funktionen eingetreten ist; der Tod muss erklärt werden, bevor die angewendeten künstlichen Hilfsmittel für Beatmung und Kreislaufbewegung ausgeschaltet sind und bevor lebende Organe zum Zweck der Transplantation entfernt worden sind.

c) Die einzelnen Definitionen des Todes müssen zu jedem nützlichen Zweck in diesem Staat Anwendung finden, einschließlich der Zivilprozesse, der Kriminalfälle und aller entsprechenden Gesetze. [20]

Das französische Gesetz ist dagegen nicht abgeändert worden. Meines Wissens ist auch keine Revision in Sicht. Dasselbe gilt für das deutsche Recht.

Ich fasse zusammen: Die Erklärung von Harvard leitet eine *begriffliche Revolution* ein: [21] Die Institutionen der herrschenden kapitalistischen Klasse, der Ärztebund, die staatliche Gesetzgebung, die Krankenhäuser greifen das thanatische Problem in dem Augenblick auf, in dem der »gewohnte« (d. h. allgemein im öffentlichen Konsensus akzeptierte) Begriff vom Tod unter dem Schock der neuen biologischen Entdeckungen zerbricht. Die Erklärung von Harvard bedeutet einen historischen Bruch; es entsteht eine neue Transparenz.

Von nun an ist der Sterbende aus dem Drama ausgeschlossen, das er erlebt; nie wieder werden seine intimen Bedürfnisse (oder die seiner Verwandten und Freunde), seine Ansprüche, sein Wille in Rechnung gestellt. Allein die technischen Parameter des Verhaltens derer zählen, die den Auftrag haben, den Tod anderer zu verwalten. Der neue medizinische Imperialismus führt sich mit Gewalt ein. Eine Klasse der Thanatokraten entsteht, die den Tod nach den technischen Normen behandelt, die sie selbst definiert und kontrolliert.

II   Die Herrschaft über die Sterbenden (die Thanatokraten)*

Anstaltsrepression

Bis zu der in der Erklärung von Harvard erarbeiteten neuen Definition des Sterbeaugenblicks beherrschte eine Fiktion das thanatische Verhalten des Arztes. Der Arzt »stellte« den Tod »fest«, er diagnostizierte ein indiskutables Naturereignis. Er war Zeuge, nicht Handelnder. Nunmehr stellt der Arzt den Tod nicht mehr fest, er stellt ihn her. *Er ist Herr über den Tod. Er registriert nicht mehr den Zeitpunkt eines Lebensendes, sondern setzt ihn nach eigener Wahl fest.* Als unparteilicher und unanfechtbarer Beobachter des Naturgeschehens, als uninteressierter Überprüfer und Veränderer von biologischen Zyklen erweist sich der Arzt als das, was er tatsächlich immer gewesen ist: als unentbehrlicher Handlanger einer bestimmten Gesellschaft, als Manipulator kollektiver Subjektivitäten, als Statthalter über eine Körperbehandlung, die ihm intellektuelles Ansehen und einen sozialen Status ohnegleichen sichert. Seine Maske fällt. Sein Gesicht tritt hervor. Es drückt den zweideutigen Kampf

* Ich spreche im Wesentlichen vom Thanatokraten im Krankenhaus, da die überwiegende Mehrheit der Sterbenden in der Warengesellschaft ihr Leben in der Krankenhausumgebung verlieren.

zwischen dem Wunsch nach Erkenntnis, einer ansatzweisen Liebe zu den Menschen und dem natürlichen Willen aus, sie zu beherrschen. Der Thanatokrat, und zwar er allein, der Herr über den therapeutischen Apparat, also der Verwalter der unbeschnittenen Macht der Warengesellschaft, der Vertreter dieser Gesellschaft, der ihre Rationalität umsetzt, entscheidet über die Fortführung eines eingeschränkten Lebens oder den augenblicklichen Tod des Kranken. Wie der Torero in der Arena bestimmt er im Angesicht des verwundeten Wesens den Moment der Tötung. Die amerikanische medizinische Literatur verwendet ein erstaunliches Vokabular für die Bezeichnung der Tötung des Patienten. Sie sagt: »*The respirator is turned off*« (Das Atemgerät ist abgestellt). Diese bewunderungswürdige Formulierung, eines dieser durchsichtigen Worte der Warengesellschafts-Ontologie, fasst auf vollkommene Weise den Vorgang zusammen, der ein Leben beendet, ohne dass jemals der Begriff »Mensch«, der Begriff »Leben« oder der ach so unangenehme Begriff »Tod« fällt! Ich erinnere daran, wie die neuen Herren des Todes ihre alltägliche und gleichsam allmächtige Praxis ausüben:

»Der zuständige Arzt (des Patienten) sollte einen oder mehrere andere Ärzte hinzuziehen, die direkt mit dem Fall befasst sind, und zwar bevor der Kranke auf der Grundlage der erwähnten Kriterien für tot erklärt wird. Auf diese Weise wird die Verantwortung auf eine breitere Skala medizinischer Meinungen verteilt, wodurch ein höherer Grad an Schutz gegenüber eventuellen Einwänden gewährleistet ist, die später von Dritten erhoben werden können. Wir legen nahe, dass die Entscheidung, den Patienten für tot zu erklären, und das Ausschalten des Atemgeräts von Ärzten vorgenommen wird, die nicht an der Transplantation von Organen oder Geweben, die von dem Verstorbenen stammen, teilnehmen; und zwar um zu vermeiden, dass die transplantierenden Ärzte in ihrer Entscheidung beeinflusst werden. Wir empfehlen, dass der Patient für tot erklärt wird, bevor es darum geht, ihn von dem Gerät zu trennen, und nachdem alle Versuche, ihn wieder zu beleben, unternommen und für vergeblich erklärt worden sind. Der Grund für diese Empfehlungen ist folgender: Die verantwortlichen Ärzte werden gesetzlich besser geschützt sein, denn im entgegengesetzten Fall und nach strikter Anwendung des Gesetzes könnten die transplantierenden Ärzte angeklagt werden, das Atemgerät abgeschaltet zu haben, als der Patient noch lebte.« [22]

Nachdem die arrogante Forderung nach dem Vorrang des diskursiven Wissen des Arztes gegenüber dem existenziellen Bewusstsein des Kranken von sich selbst hier bekräftigt wird, bedroht den triumphierenden Thanatokraten eine letzte Gefahr. Selbst wenn er auf die Stufe eines einfachen Objekts der allmächtigen Thanatopraxis zurückgedrängt wird, hat der Kranke in einigen Fällen noch Eltern, einen Sohn, Brüder oder einen beherzten Freund. Diese Leute könnten versucht sein, die existenziellen Interessen des an das Gerät geketteten und wortlosen Objekt-Menschen wahrzunehmen und seinen stummen Willen zum Ausdruck zu bringen. Die Thanatokraten sagen klar, welche Antwort solchen Unverschämten ziemt: »Die Verfassung eines Patienten kann nur von einem Arzt bestimmt werden. Wenn der Zustand eines Patienten nach den definierten Kriterien hoffnungslos ist, müssen seine Familie wie auch alle betroffenen Personen, die in Bezug auf ihn Entscheidungen gefällt haben, und die Krankenpfleger davon unterrichtet werden. Daraufhin muss der Tod erklärt werden, und erst in diesem Augenblick kann man ihn vom Atemgerät trennen. Die Entscheidung, es zu tun, und die Verantwortung, die sich damit verbindet, werden von dem zuständigen Arzt nach Rücksprache mit einem oder mehreren Kollegen getragen, die direkt mit dem Fall befasst sind. Es ist ungesund, also unerwünscht, die Familie in diese Entscheidung einzubeziehen.« [23]

Wie allmächtig die Thanatokraten bereits heute sind und wie wenig Einfluss der Sterbende (oder dessen engste Familienangehörige) heute noch auf seinen eigenen Tod hat, beweist – a contrario – der traurige Fall der Karen Ann Quinlan. Das Mädchen ist heute 23 Jahre alt. Bis auf die Knochen abgemagert, liegt es, wie ein Fötus zusammengekrümmt, auf einem Bett in einer amerikanischen Pflegeanstalt. Seit zwei Jahren liegt es im Koma-Schlaf. Die Atemgeräte sind abgeschaltet. Im Mai 1975 ist Karen Ann Quinlan nach einer

Nacht intensiven Drogen- und Alkoholkonsums in tiefste Bewusstlosigkeit gefallen und seither nicht mehr erwacht. Ihre Eltern haben das Menschenmögliche versucht, um ihr Kind sterben zu lassen. Sie haben nach der Rückweisung ihres Begehrens durch die Ärzte drei verschiedene gerichtliche Instanzen durchlaufen. Vergangenes Jahr hat die höchste Instanz, das Bundesgericht, ihr Begehren abgelehnt. Karen liegt weiter auf ihrem Lager. Sie darf nicht sterben, obschon sie längst nicht mehr lebt.

Die Erklärung von Harvard geht von der Hypothese aus, dass das Kollegium der Ärzte oder der hinzugezogene Arzt (dessen Rolle wir noch kennen lernen werden) sich in dem Augenblick, in dem die Entscheidung getroffen wird, »die Verbindung zu unterbrechen«, vor einem Menschen steht, der bewusstlos, ohne Kommunikationsmöglichkeit und ohne erkennbaren Willen ist. Eine Art höhere Gewalt würde somit den Thanatokraten in eine absolute Einsamkeit zurückwerfen, aus der er heroisch und quasi gegen seinen Willen alle praktischen Konsequenzen auf sich nimmt. Die vom Harvard-Komitee geschaffene Fiktion, die von einer ständig wachsenden Zahl von Thanatokraten in Krankenhäusern übernommen wird, ist die von einem vollbewussten Arzt, der einem bewusstlosen Kranken gegenüber eine Entscheidung fällt, die nicht anders als einsam sein kann. Diese Fiktion hält jedoch der Prüfung nicht stand: zunächst, weil die vom Harvard-Komitee zitierten Texte aufzeigen, dass die Entscheidung über Leben und Tod von den Thanatokraten selbst angesichts eines Patienten gefordert wird, der Laute oder Zeichen von sich geben kann und damit seinen Einspruch erhebt. Sodann, weil eine totale Unterbrechung der Kommunikation zwischen den Thanatokraten und dem Kranken nur sehr selten eintritt. Selbst ein stummer Patient hat fast immer einen entfernten Verwandten, einen Freund oder einfach jemanden vom Spitalpersonal, der mit ihm engere Verbindungen unterhält und sich um seine Existenz kümmert. Eine Person, die weder Eltern noch Freunde oder Bekannte, noch irgendeine außeranstaltliche Verbindung hat, wird als *staff patient* bezeichnet. Zwischen dem *staff*, dem Krankenhauspersonal, und dem leidenden Menschen entwickeln sich, und sei es auch nur in Ansätzen, menschliche Beziehungen. [24] Selbst in dieser Umgebung, die in der Anstaltsterminologie die »menschliche

Umwelt« des Kranken darstellt, ist der Thanatokrat erbarmungslos. Ich fasse zusammen: Der Thanatokrat meint, er brauche weder die Eltern noch die Freunde oder Bekannten des Kranken anzuhören, denn sie wissen nicht, was sie sagen. Sie lassen sich von gefühls-mäßigen, sentimentalen Auffassungen des Lebens leiten, während der von einer geheiligten Mission eingesetzte Arzt ein Urteil über Tod und Leben fällen muss, das a) den wohlverstandenen Interes-sen der Gesellschaft Rechnung trägt und b) der Frage nach dem Wissen, ob das Leben des Kranken, sofern es verlängert wird, ein nützliches Leben – also würdig gerettet zu werden – sein wird, oder ob dieses Leben nicht wert ist, gelebt zu werden, und auf der Stelle beendet werden muss.

Es gibt allerdings noch eine dritte Gruppe von Patienten. Das sind diejenigen, die die Anstaltsthanatokraten die DOA-Patienten *(Death on arrival)* nennen. Etwa 30 % der Menschen, die monatlich in einem städtischen Krankenhaus einer Großstadt der Vereinigten Staaten sterben, gehören dieser Kategorie an. [25]

Der Terminus *patient* DOA ist übrigens ungenau. Er bezeichnet im Wesentlichen die Patienten, Opfer von Verkehrsunfällen oder Selbstmörder, die im Krankenhaus ableben, ohne dass das behan-delnde Kollegium der Ärzte dieser Anstalt sie vorher gepflegt hat. Die Bezeichnung DOA bedeutet also nicht notwendigerweise, dass diese Patienten in einem Zustand der Bewusstlosigkeit in das Kran-kenhaus gebracht werden oder dass kein vorhergegangener Dialog zwischen ihnen und den Ärzten stattgefunden hat. Dennoch stel-len sie für meine Untersuchung eine Nebenkategorie dar, weil sie sich in einem wesentlichen Punkt von den *staff patients*, den ein-samen Kranken, die keinerlei außeranstaltlichen Beistand mehr haben (identifizierbare Familie, Freunde, Bekannte usw.), unter-scheiden. Wir haben gesehen: jeder Mensch, auch wenn er keine Verbindungen außerhalb des Krankenhauses hat, knüpft mit ir-gendeiner Person, einer Krankenschwester, einem Zimmernach-barn, dem Anstaltsgeistlichen, der Raumpflegerin, der Hilfspflege-rin usw., menschliche Beziehungen an, wenn er eine gewisse Zeit in einem Spital verbringt. Der DOA dagegen hat im Allgemeinen nicht die Zeit, solche Beziehungen herzustellen. Wir müssen also einen Augenblick den Fall untersuchen, in dem ein DOA-Patient in einem Zustand der Kommunikationslosigkeit ins Krankenhaus eingeliefert wird. Er ist dann entweder bewusstlos oder bei Bewusstsein, aber unfähig, irgendeine fassbare Mitteilung zu artikulieren. Doch auch in diesem Fall erweist sich die von den Harvard-Thanatokraten so sorgsam gepflegte Fiktion als nicht stichhaltig: Der Arzt steht nie allein einem stummen Körper gegenüber. Selbst wenn der psychonervöse Mechanismus des Patienten keine artikulierte Kommunikation mehr zulässt, ist er noch beseelt von der Zurückweisung des Todes oder – genauer – von einer theoretischen Möglichkeit, den Tod zurückzuweisen.

Im Unterbewusstsein des Patienten lebt – bis zu einem bestimmten Stadium der Agonie – eine tiefe, absolute, unerbittliche Ablehnung seines eigenen Todes.* Die Tatsache, dass diese Ablehnung sich umkehren und in gewissen klinischen Situationen zu einem Todestrieb werden kann, widerspricht keineswegs der Behauptung, dass es ein Unterbewusstsein gibt, das kraftvoll seine Unsterblichkeit fordert. [26] Freud schreibt dieser Ablehnung Ursprünge in der Kultur zu. Der Patient habe lediglich die grundlegenden Elemente eines der zahlreichen Systeme des negativ vorgestellten Todes verinnerlicht, die die verschiedenen Gesellschaften auf Erden hervorgebracht haben.

Wir haben gesehen, dass unter allen Gesellschaftsformen allein die Warengesellschaft nicht imstande ist, ein System der Unsterblichkeit der Menschen zu erarbeiten, dass sie den Toten jede Satzung verweigert und den Augenblick des Sterbens, die Beendigung des irdischen Lebens mit allen abwertenden Worten ihres Vokabulars belastet. Sie sinnentleert, verdunkelt und verneint den Tod. Die Negation des Todes durch die Warengesellschaft stellt ein System der gedachten Negativität des Todes dar, jedoch ein Grundsystem, das dem Men-

---

* Im Geist des Menschen existiert der Tod phänomenologisch nur in seiner negativen Form. Es gibt jedoch eine mögliche Ausnahme, wie mir *Dr. Gressot* sagt. Einige schwer deprimierte Melancholiker denken gelegentlich das Positive vom Tod. Für alle anderen Menschen dagegen scheint das oben dargelegte Prinzip evident zu sein: Der Tod kann nur in seiner negativen Form gedacht werden. *Dr. Gressot*, Präsident der Schweizer Gesellschaft für Psychoanalyse, hat sich für meine Untersuchungen interessiert. Er ist einige Wochen nach der Fertigstellung dieses Kapitels im Jahre 1974 gestorben. Ich schulde ihm aufrichtige Dankbarkeit.

schen keine Rechnung trägt. Dieses System verfremdet den sterbenden Menschen, es nimmt ihm den Gedanken an seinen Tod, ja sogar jeden Gedanken an die Verneinung seines Todes. Die Warengesellschaft geht so weit, dem Menschen zu verbieten, dass er es ablehnt zu sterben. Sie sagt ihm nicht, dass er stirbt. Sie befindet ohne ihn über seinen Tod oder über sein Überleben. Die Theorie Freuds wäre demnach nur für Systeme der Negativität des Todes gültig, die vor langen Zeiten erarbeitet worden sind und die der Mensch verinnerlicht hat. Aber angewandt auf die Warengesellschaft, erklärt sie nichts mehr. Im methodologischen Arsenal der amerikanischen Anstaltspsychiater ist sie durch eine neue Theorie ersetzt worden, und zwar durch die, die Kurt Eissler 1955 in seinem Werk *The Psychiatrist and the Dying Patient* formuliert hat. [27]

Eissler macht aus der Ablehnung des Todes eine der aufbauenden Strukturen des Unterbewusstseins, eines Unterbewusstseins, das seine eigene Ontologie haben und nur noch begrenzt dem sozialen und kulturellen System, in dem sie sich entfaltet, Tribut zahlen soll. Die Hypothese Eisslers ist von zahlreichen Krankenhauspsychiatern geprüft worden, deren Tätigkeit sich auf die im Sterbeprozess befindlichen Menschen auswirkt. Im Licht der verfügbaren klinischen Berichte muss zugestanden werden, dass sich die Hypothese Eisslers als plausibel erweist: nicht sterben zu wollen ist »natürlich«. Bis zu einem bestimmten Stadium der Agonie lehnt das Unterbewusstsein die Vorstellung vom eigenen Tod energisch, grundsätzlich und unwiderruflich ab. [28]

Man muss hier zwischen allen Formen des vom Menschen gewollten Todes und dem Tod unterscheiden, der dem kommunikationsunfähigen Menschen von einem Thanatokraten auferlegt wird, der sich zum Herrn über die Sterbenden aufwirft. Der freiwillige Tod nimmt viele Gesichter an: Es gibt Menschen, die sich selbst das Leben nehmen. Es gibt Menschen, die ihr Leben für eine Sache hingeben, die sie für kostbarer halten als ihr eigenes Weiterleben. Und schließlich gibt es eine Anzahl von Menschen, die in der letzten Phase ihres Lebens in Übereinstimmung mit ihrem behandelnden Arzt die Stunde ihren Todes selber wählen. Dieses Handeln zeigt eine außerordentliche und wohltuende Würde.

Der Selbstmörder ist, wie jede andere Person, die vom Todestrieb beseelt ist, in seiner psychischen Integrität angegriffen. Der Todeswunsch kann von der Tatsache herrühren, dass eine geistige Krankheit den normalen Lebenswillen tief und manchmal unheilbar stört. Mitscherlich liefert dafür in seinem zitierten Werk überzeugende Beispiele. Schließlich gibt es Menschen, deren seelische Struktur bereits gebrechlich ist und nun durch ein traumatisches Erlebnis gestört wird.*

Der Unterschied zwischen dem freiwilligen und dem auferlegten Tod ist fundamental: Es gibt Situationen, in denen die Menschen aus den verschiedensten Gründen ihren Tod fordern; wenn jemand seinen Tod akzeptiert (oder sogar erbittet), so tut er das auf der Basis einer analytischen Erarbeitung seiner Lage, nach eigener Wahl, kurz, durch einen Akt bewussten Wollens. [29] Angesichts eines kommunikationsunfähigen Kranken kann der Arzt also niemals behaupten, jemandem einen erwünschten Tod zu geben. Unter keinem vorstellbaren Umstand kann der Arzt in Anspruch nehmen, gegenüber einem stummen Kranken der ausschließliche Verwalter des Todes zu sein. *Selbst bewusstlos bleibt der Kranke erkenntnistheoretisch das Subjekt seines eigenen Verscheidens.*

Widerstandsbewegungen

Die Allmacht des Thanatokraten schafft eine Krankenhausorganisation, eine Rationalität der hierarchischen Beziehungen zwischen allen Beteiligten (Krankenschwestern, Saalpersonal, Sterbenden, ihren Familien u. a.), die jener einer totalitären Diktatur gleichen. Jedoch: Es geschieht etwas Merkwürdiges. Es regt sich Widerstand. Dieser Widerstand aber nährt eine irrationale Haltung – irrational, weil das entfremdete Bewusstsein des verdinglichten Menschen gegen die Warendiktatur, deren Agent hier der Thanatokrat ist, keine einer autonomen Rationalität entstammenden Waffen mehr besitzt. Seine existenziellen Ansprüche, seinen Widerstand formuliert der verdinglichte, unterworfene Mensch daher mithilfe mythischer, irrationaler, jenseits der Vernunft angesiedelter Argumente.

* Das Selbstmordthema geht über die in diesem Buch gestellten Fragen hinaus.

Es scheint tatsächlich *eine umgekehrte Beziehung zwischen dem technologischen Fortschritt der Medizin und dem Wiederaufkommen altüberlieferter Bewegungen* zu geben, die die Angst vor dem Tod vermitteln und die das Kollektivbewusstsein nicht beseitigt hat. Gavin Thurston beendet seinen klassischen Aufsatz über »Die Stunde des Todes« mit einer Art Zauberspruch, einem gleichzeitig fast verzweifelten Appell der Lebenden an die unfehlbare Wissenschaft der Thanatokraten:

»Die Furcht, lebend begraben oder verstümmelt zu werden, bevor man tot ist, ist tief im Bewusstsein des Menschen verwurzelt. Die Artikel über Organverpflanzungen, die in der Presse erscheinen, erhöhen nur noch die Besorgnis der breiten Öffentlichkeit. Nach der ersten öffentlichen Diskussion über die Herzverpflanzung wurden in London zahlreiche Artikel publiziert, in denen versucht wird, den Tod zu definieren. Die Chirurgen, die Spezialisten für Nierentransplantationen, stellten damals einen empfindlichen Rückgang der Einwilligungen fest, die die Angehörigen von Verstorbenen gegeben hatten und aufgrund deren man beabsichtigte, eine Niere zu Verpflanzungszwecken zu entfernen. Diese Art der Operation wird von der breiten Öffentlichkeit nicht gebilligt; sie fürchtet, dass die Chirurgen ihre Macht missbrauchen und den wahren Augenblick des Todes »vorwegnehmen«, wenn man so sagen darf. All diese Zweifel können sich nur nachteilig auf eine ansonsten bewunderte Technik auswirken. Die Feststellung des Todes muss das alleinige Vorrecht des Arztes bleiben und die Öffentlichkeit muss den Repräsentanten der Medizin vertrauen. [...] Der Glaube an die Geschicklichkeit und Integrität der Ärzte, deren Aufgabe es ist, den Tod festzustellen, ist von vorrangiger Bedeutung.« [30]

Jedoch nichts dergleichen! Anstatt den Ärzten zu glauben, schenken die Kranken und ihre Familien den Thanatokraten immer weniger Vertrauen. Die Angst, von Sterbebürokraten für tot erklärt zu werden, die den ihrer Klasse eigenen Kriterien und der sozialen Strategie folgen, die sie steuert, wird aus einer uralten Quelle genährt: Es ist der Angststrom, der durch jahrhundertealte Erfahrung erwachsen ist. Seit es die ersten organisierten Gesellschaften gibt, fürchten die Menschen, lebend begraben, lebendig verbrannt, für tot erklärt, vernichtet oder von ihren Zeitgenossen verlassen zu werden, wenn sie gerade nur eingeschlafen, in einem Schockzustand oder unter Drogeneinfluss sind. Jean Roger weist auf die uralte Einrichtung der Totenhäuser, der Sterbekammern hin. In Paris hat man dort jahrhundertelang Männer, Frauen und Kinder hingebracht, deren Motorik, Atmung und Herz stillgestanden haben. Diese anscheinend Toten wurden von einem Wächter dieses Wartezimmers beobachtet und erst beerdigt, wenn keine Bewegung, kein Geräusch und keine Atmung »auch nicht in Andeutungen« mehr zu erkennen war. [31]

In Deutschland wurde zu Beginn des 19. Jahrhunderts eine andere Methode angewendet: Die Toten wurden in einen Raum gelegt, in dem eine Maschine stand, die beim geringsten Lebenszeichen des vermutlichen Toten eine Glocke anschlug.

Die Praxis der Leichenhalle taucht heute wieder auf: Die Einnahme von »harten« Drogen richtet immer schrecklichere Verwüstungen unter den Menschen der Warengesellschaft an. Diese Drogen rufen zunehmend komaähnliche oder auch über das tiefe Koma hinausgehende Zustände hervor. Ein im *Manchester Guardian* erschienener Artikel mit dem Titel »Machine to catch a Flicker of Life« informiert das Publikum von Sheffield darüber, welchen Weg die Stadtverwaltung gefunden hat, um die Bewohner dieser Industriegroßstadt im Zentrum Englands in ihren Ängsten zu beruhigen. In diesem Gebiet sind in der Tat viele junge Leute drogenabhängig und viele von ihnen sterben daran. Eines der Sterbezimmer des Krankenhauses ist mit einem Apparat ausgestattet, der über dem Körper des vermeintlichen Toten bei der geringsten Bewegung des Herzmuskels eine Kontrolllampe aufleuchten lässt. [32]

Ein geläufiges Verfahren war auch die *Befragung des Leichnams.* Sie wird in bestimmten Tälern der Schweizer Alpen praktiziert. Es gibt sie darüber hinaus in der westafrikanischen Gesellschaft der Diola. [33] Sie steht auch im Mittelpunkt des Rituals, mit dem die Wahl des neuen Papstes eröffnet wird: Ist der Papst verschieden, vollendet der Kardinal-Kämmerer, das Haupt der Exekutive während der päpstlichen Vakanz, die Feststellung des Todes. Zu diesem Zweck wird er im vollen Ornat, begleitet von den Geistlichen des päpstlichen Palasts und ihrem Gefolge, vom obersten

Kammerherrn in das Zimmer des Papstes geleitet. Nachdem der Kämmerer einige Gebete gesprochen und auf einem violetten Kissen gekniet hat, erhebt er sich, tritt an das Bett, deckt das Antlitz des Papstes auf und klopft ihm mit einem silbernen Hämmerchen dreimal gegen die Stirn, wobei er ihn mit seinem Taufnamen anredet. Erfolgt keine Antwort, so wendet er sich zu den Versammelten um und sagt: »Der Papst ist tot.« [34]

Im Jahre 1705 ereignete sich in Rom eine beachtliche Zahl von unbegreiflichen und unerwarteten Todesfällen. Papst Clemens XI. beauftragte seinen Leibarzt, Giovanni Maria Lancisi, eine Reihe von sicheren und endgültigen Kriterien für den Tod zusammenzustellen. 1707 veröffentlichte Lancisi seine Abhandlung *De subitaneis mortibus*, die für Generationen zum klassischen Werk für den Kampf gegen den Scheintod wurde. Ungefähr in der gleichen Epoche führte Frederick Hoffmann, Mediziner in Halle, ähnliche Untersuchungen durch, die für die deutschen Ärzte die gleiche Rolle spielen sollten wie Lancisis Abhandlung für die Italiener. In Frankreich schließlich ist es das Werk von Winslow, das 1740 eine wahre Volksbewegung gegen den »verfrühten Tod« auslöste. Fast überall in Europa zirkulierten damals Erfahrungsberichte wie der von William Tossach, eines Chirurgen aus Alloa, der zum ersten Mal 1744 veröffentlicht wurde:

»Das Herz, der Blutkreislauf, die Atmung des Patienten standen still. Der Mann schien tot zu sein. Ich blies ihm, so fest ich konnte, Luft in den Mund, aber da ich vergessen hatte, ihm die Nase zuzuklemmen, entwich die ganze Luft wieder. Mit der einen Hand hielt ich ihm die Nase zu, mit der anderen übte ich Druckbewegungen auf seine Brust aus, während ich erneut begann, ihm Luft in die Lungen zu pusten. Auf der Stelle nahm ich sechs oder sieben sehr schnelle Herzstöße wahr. Seine Brust hob sich, einen Augenblick später konnte ich seinen Puls fühlen. Ich öffnete daraufhin eine Ader am Arm, aus der zunächst das Blut herausspritzte, dann eine Viertelstunde lang tropfenweise hervortrat, bis das Blut wieder normal floss. Währenddessen rieb ich ihn ab und massierte ihn kräftig, um so den Blutkreislauf zu stabilisieren. Ich wusch ihm Gesicht und Schläfen und gab ihm Riechsalz in die Nase und in den Mund. Die Lungen fuhren fort, sich zu füllen und wieder zu leeren, nachdem ich ihre Funktion wiederhergestellt hatte; eine halbe Stunde lang arbeiteten sie wie ein Blasebalg, mehr nicht. Der Mann stöhnte nicht, Augen und Mund waren weit geöffnet. Nach einer Stunde etwa begann er zu gähnen, die Augenlider, Hände und Füße zu bewegen ...« [35]

Diese alte Mitteilung findet heute ein vielfältiges Echo in unseren Kliniken. Hier ein von Kvittinger und Arne Naes berichtetes Beispiel:

»Ein fünfjähriges Kind fiel in Norwegen in einen zugefrorenen Bach und blieb 22 Minuten unter Wasser, ehe es herausgezogen und an der Böschung untersucht wurde. Die Pupillen waren weit geöffnet, es hatte keinen Puls. Es war anscheinend tot. Man schloss es an ein Atemgerät an und nahm eine Herzmassage vor. Nach einer halben Stunde verzeichnete das Elektrokardiogramm 30 Schläge pro Minute, aber sechs Stunden, nachdem es ins Wasser gefallen war, hatte das Kind nur 24 Zentigrad Körpertemperatur. Nach zehn Tagen erkannte es seine Mutter, blieb jedoch fast einen Monat lang in einem Zustand des Halbbewusstseins. Sechs Monate nach dem Unfall war es geistig wieder normal.« [36]

Die Autoren dieses Artikels nehmen an, dass die Unterkühlung und das Alter des Kindes bewirkt haben, dass das Gehirn und der Herzmuskel diesen langen Sauerstoffmangel ausgehalten haben.

Vorläufige Schlussfolgerung: Die europäische Bewegung, die den »vorzeitigen Tod« bekämpft, erfreut sich gegenwärtig vor allem in England und Amerika einer erstaunlichen Erneuerung. Aber im Gegensatz zu dem, was im 18. Jahrhundert geschah, sind es weniger die widersprüchlichen und unzulänglichen Methoden, die die Thanatokraten zur Bestimmung des Todes haben, als der Anspruch des Thanatokraten selbst, frei und souverän den Tod des Patienten herbeizuführen, der heute den Kern des Problems bildet. Die gegenwärtige Situation scheint also völlig widersprüchlich zu sein: Eine neue medizinische Technologie erteilt dem Thanatokraten die volle und unkontrollierte Macht, frei und willkürlich, das heißt in Übereinstimmung mit der eigenen Sozialstrategie, den Augenblick des Sterbens festzulegen; ihre Anwendung wird durch Berufsvorschriften geregelt, die vom Stand der Mediziner selbst aufgestellt wurden.

Dieser Macht stellt sich eine wachsende Bewegung entgegen, die ihre Wurzeln in fernster Vergangenheit hat. Sie nährt sich aus der uralten Angst des Menschen, des eigenen Todeskampfes beraubt zu werden, und aus dem tiefen Misstrauen, das der Kranke bewusst oder unbewusst der ärztlichen Handhabung entgegenbringt. Doch diese Bewegung, die zurzeit noch lediglich aus vagen Befürchtungen und mythischen Bildern besteht, wird gegen die herrschende Rationalität, die totalitäre Diktatur der Thanatokraten nicht ernsthaft ankommen.

III   Die Krankenhausdebatte: Die Mitbetroffenen

Die Guerilla der Krankenschwestern

Um die überlegene Rationalität des sterbebürokratischen Denkens bloßzulegen, gilt es nun, die anderen Betroffenen der Krankenhausdebatte festzustellen. Drei miteinander wetteifernde und sich gelegentlich ergänzende Denkweisen beherrschen die Krankenhauswelt.

An erster Stelle steht die gleichsam allmächtige Rationalität des Thanatokraten. Sie ist im vorangehenden Kapitel analysiert worden.

Die zweite Denkweise, die der Schwestern und Pfleger, ist zurückhaltend, aber wichtig. Sie hat bisher nicht die Aufmerksamkeit der wenigen Soziologen gefunden, die sich für den Tod interessieren. Für dieses mangelnde Interesse sehe ich einen klaren Grund. In der Organisation eines Krankenhauses, einer Klinik, eines Erholungsheims ist die Entscheidungsbefugnis der Krankenschwester begrenzt. Sie kann den Arzt rufen, wenn eine Reaktion des Patienten ihr mit der vom Kliniker gestellten Diagnose nicht übereinzustimmen scheint. Doch sie hat diese Diagnose ja nicht getroffen; und sie hat nur eine winzige Chance, die von dem Ärztekollegium aufgestellte Diagnose zu verändern. Sie führt die laufenden Behandlungen aus. Aber auch da noch legt das Ärztekollegium die Behandlungsart fest, die über die Anwendungsweise des eingeschlagenen Verfahrens entscheidet und die Auswirkungen abschätzt. Schließlich sind es die Ärzte, die die Behandlung ändern und die Strategie modifizieren. Auf den ersten Blick also ist die Krankenschwester als einfache Befehlsempfängerin auf den Rang einer Hilfskraft herabgesetzt. In den Vereinigten Staaten wie auch in Frankreich scheint die Krankenhaushierarchie streng zu sein. Sie ist am rigidesten in Westdeutschland. Früher stützte sie sich auf Klassenvorurteile, auf Prestigefragen, auf oft dumme Willkürherrschaft. Die weltweite Anfechtung der Hierarchie aller Abhängigkeitsbeziehungen zwischen Menschen erreicht auf Umwegen auch die Krankenhäuser. Eine tief greifende Verwandlung dieser Pyramide aus Ansehen und abgestuftem Wissen beginnt sich zu vollziehen. Paradoxerweise wird die Starrheit dieses hierarchischen Aufbaus in der Krankenhausarbeit aber heute noch deutlich. Der wesentliche Grund dafür liegt in der Bedeutung, die die medizinische Technologie im Krankenhausbereich einnimmt. Die Krankenhauswelt, ihre Prestigepyramide, ihre Schichtung und ihre Befehlsorganisation drücken sich heutzutage nicht mehr in der Funktion des sozialen Ansehens ihrer Mitarbeiter aus, sondern in neuen Hierarchien, die durch die Beziehung entstehen, die jeder Mitspieler des Krankenhausdramas mit der Maschine, den Arzneimitteln, der Operationstechnik oder der Diagnose unterhält, die ihm anvertraut sind und über die er oft uneingeschränkt verfügt. Wenn das komplizierte Gebäude der Funktionshierarchie die Krankenschwester ganz unten ansiedelt, so steht sie dennoch an einer maßgeblichen und lebenswichtigen Verbindungsstelle, nämlich dort, wo der Kranke, Verunglückte, der Greis oder der Sterbende der ärztlichen Geste begegnen. Aus dieser Begegnung leitet die Krankenschwester ihr eigenes, ganz spezifisches Bewusstsein ab. Es gibt eine breite, von Krankenschwestern verfasste Literatur. Daraus geht ein erster tragender Hinweis hervor: Die Krankenschwestern machen sich heute auf den Weg zur Eroberung ihrer Identität; anspruchsvoll, gewaltsam, aggressiv und oft polemisch in den Vereinigten Staaten, schüchtern, heimlich und still in Frankreich und der Bundesrepublik. Der Bruch mit dem früheren Bild der Krankenschwester, der Ersatzmutter (daher die Zurückführung des Kranken zum Kind), wird exemplarisch durch den Text von Grace Mahlum Sarosi dokumentiert:

»Der Anspruch der Krankenschwester, die sich als Mutterersatz ihres Kranken sieht, den sie deshalb wie ein Kind behandelt, schließt tragische Illusionen in sich. Der Kranke wird wie ein sich zurückbildendes, abhängiges, egozentrisches und ängstliches Wesen behandelt, das nichts versteht und den Wunsch aufgegeben hat, wirklich gesund zu sein. Man entzieht ihm seine Verantwortung als Erwachsener, er wird unfähig, Entscheidungen zu treffen, und beschäftigt sich ausschließlich mit den Symptomen seiner Krankheit. Eine Schwester sagte mir eines Tages, dass ihr Patient, wenn sie ihm nicht genug Aufmerksamkeit zuwendet, den Begriff von seinem eigenen Ich verlieren und daraus eine negative Haltung entwickeln würde... Das ist ein Fall, bei dem der Mutterersatz eine bösartige Form von Ichbezogenheit angenommen hat.«

Und etwas weiter:

»Die Tatsache, dass der Kranke machtlos, gebrechlich, passiv ist, hat ihre nützliche Seite: Er schafft für die Krankenschwester eine Rolle, und zwar die der Mutter in dem Sinne, in dem die vermeintliche Mutter eine vorrangige Rolle in der Welt des Kindes spielt. Das erleichtert ihr die Kontrolle und die Manipulation des Patienten, der dadurch gehindert wird, das Funktionieren des Anstaltssystems zu durchschauen, das mehr für das Personal als für die Kranken eingerichtet zu sein scheint... Die Art, wie hier die Relationen begriffen werden, hat zur Auslöschung des menschlichen Wesens in der Person des Kranken geführt.«

Grace Mahlum Sarosi stellt die Frage: »Wie ist das geschehen?« Sie antwortet:

»Die Charakterisierungen gut und schlecht sind dem Wortschatz vieler Krankenschwestern nicht fremd. Der gute Kranke ist vom Gefühl her stabil, er ist heiter, wenig ängstlich und Herr seiner Empfindungen. Er kommuniziert leicht mit den Schwestern, er ist kooperativ, passt sich sogleich den Anordnungen des Krankenhauses und seiner Routine an, ist rücksichtsvoll gegenüber den Schwestern. Der schlechte Kranke ist vom Gefühl her unstet. Er ist ängstlich, depressiv, feindselig. Er isoliert sich und vermeidet jede Kommunikation. Er ist kritisch und stellt zu viele Fragen. Seine Neigung zu übertriebener Unabhängigkeit, zur Aggression und Ungeduld macht aus ihm ein Wesen, das wenig Verständnis gegenüber den Schwestern zeigt. Man kann zwei Schlüsse aus der Tatsache ziehen, dass die Krankenschwestern durch kleine, ihnen eigene Mittel die Kranken merken lassen, dass sie gute oder schlechte Kranke sind.

Der erste ist, dass die Krankenschwester das Ziel verfolgt, *eher den Kranken als seine Gesundheit zu kontrollieren.* Der zweite ist, dass der Kranke, der eine Krise durchmacht, sich gegen sie, wenn er glaubwürdig sein soll, nicht wehren und die Anerkennung des Pflegepersonals nicht finden kann, indem er versucht, ein guter Kranker zu sein. Den Status der Mutter, den sie sich verleiht, verstellt ihr den Zugang zu dem in einer Krise befindlichen Menschen. In diesem Sinne sind die Krankenschwestern unfähig gewesen, einen nützlichen Beitrag zur menschlichen Gesundheit zu leisten.« [37]

Der Kampf der Krankenschwester um eine eigene Identität führt geradewegs zum Konflikt mit der ärztlichen Klasse. Jeanne Quint Benoliel sagt dazu Folgendes:

»In der Lage zu sein, den Kranken anzuhören, verpflichtet die Krankenschwester, ihre Arbeitsbeziehungen zu den Ärzten zu ändern. Ihr Problem wird durch folgenden Kommentar vermittelt:

Ich kann mich nicht hinsetzen und mit Frau Smith sprechen, denn sie darf ihre Diagnose nicht kennen.

Ich gehe von dem Grundsatz aus, dass mit einer Person sprechen, um ihr zu helfen, sich über etwas klar zu werden, um zu versuchen, ihre Beunruhigung zu verstehen, nicht heißen kann, ihr unbedingt ihren Krankheitszustand zu offenbaren. Es kann sein, dass sie bereits weiß, woran sie leidet, aber dass sie der Tatsache vertraut, dass ihre Familie und die Ärzte die Rolle derer spielen müssen, ›die nichts wissen‹. Es kann auch sein, dass sie verzweifelt versucht, mit dem Arzt zu sprechen. Wenn die Schwester das weiß, kann sie zum Arzt gehen und ihm den Fall vortragen. Den Kranken isoliert zu halten und das ganze Bündel der Verantwortungen dem Doktor zu überlassen, heißt, diesem Kranken die Gelegenheit zu verweigern, seine Wünsche kennen zu lernen und an den letzten Entscheidungen in Bezug auf sein Leben teilzunehmen.«

Aber das Problem ist noch umfassender, das gesamte Krankenhaussystem steht infrage:
»Gegenseitige Hilfsmittel bereitzustellen, ist im ganzen Krankenhaussystem notwendig, das ist ein Schritt, den das Pflegepersonal unternehmen muss, indem es den Kranken personenbezogenen Beistand anbietet. Unterhaltungen, in denen das Problem des Todes offen angesprochen wird, erschrecken die Ärzte, deren wesentliches Ziel es ist, das Leben zu verlängern. Die meiste Zeit sind die Krankenschwestern, die sich veranlasst sehen, aus dem Tod eine personalisierte Erfahrung für den Kranken zu machen, der Gefahr ausgesetzt, sich eines Tages im Konflikt mit dem System zu sehen.«

Quint Benoliel schließt daraus:
»Jede Krankenschwester, die sich die Interessen ihres Kranken zu Herzen nimmt, muss bereit sein,
– zu arbeiten, ohne von denen, die den Status quo aufrechterhalten wollen, belohnt oder gelobt zu werden;
– Verantwortungen zu übernehmen, um die psychologische Umwelt im Hinblick auf ein zunehmendes Wohlbefinden des Kranken zu verändern;
– die traditionellen Schemata (Autorität, Verantwortung) der Beziehungen zwischen Ärzten und Krankenschwestern in ein neues Schema umzuformen, das zu einer besseren Arbeitsteilung führt und den betroffenen Personen eine angemessene Pflege sicherstellt. Eine solche Entscheidung ist nicht leicht zu treffen, aber sie zahlt sich aus. An Gelegenheiten dazu fehlt es nicht. Wir Krankenschwestern haben die Macht, für oder gegen das Wohl des Kranken zu arbeiten. An uns ist es, diese Entscheidung zu treffen, und nicht an den Ärzten.« [38]

Die Krankenschwester kann jedoch die Hierarchie des Wissens nicht abschaffen. In ihrem Kampf um die Eroberung der eigenen

Identität, in ihrem praktischen, bestimmten täglichen Ringen mit dem Thanatokraten beansprucht sie eine Art *Vorrang des existenziellen Wissens vor dem kognitiven medizinischen Wissen.*

Der tägliche Kleinkrieg, den die Krankenschwester gegen die ärztliche Todesbürokratie führt, bringt ein neues Bewusstsein hervor: Die Schwester steht dem Patienten so nahe, dass in einem bestimmten Moment ihre beiden Stratgien in dem einen und gemeinsamen Kampf um eine würdige und frei gelebte Agonie miteinander verschmelzen. Cathryn Kurtagh fasst das Wesentliche dieses Kampfes zusammen:

> »Warum fällt es uns so schwer, in die Praxis umzusetzen, was wir für das Wohl des Kranken erkannt haben? Etwa deshalb, weil wir unsere Energie damit vergeuden, uns selbst zu suchen und uns als Individuen zu erkennen inmitten dieser Medizinermannschaft, der wir angehören?« [39]

Ruth Assel definiert die grundlegenden Schritte dieser neuen Praxis:

> »Das Problem muss in aller Ehrlichkeit und bei Anerkennung des Gedankens angegangen werden, dass der Sterbende das Leben gelebt hat, das er gewählt hat. Wenn die Krankenschwester dazu im Stande ist, bestehen große Chancen, dass ihr ganzes Verhalten ehrbar und echt ist. Die wenigen Empfehlungen, die dem Sterbenden wirksam helfen können, sind folgende:
>
> 1) Bei ihm bleiben, ihm das Verlangen nach menschlichen Kontakten von den Augen ablesen.
>
> 2) Den Personen, die einen wichtigen Platz in seinem Leben innehaben, erlauben, mit ihm zusammen zu sein, insbesondere den Kindern, die oft genug nicht da sind, die aber dem Kranken eine große Erleichterung bedeuten können.
>
> 3) Ihm das geben, was er liebt und was er gewohnt ist, zum Beispiel seine Nahrung, seine Lieblingsgetränke, seine Kleidung. Alle Bedürfnisse befriedigen, nicht nur den Bedarf an Medikamenten.
>
> 4) Ihm Gelegenheit geben, seine Angelegenheiten zu ordnen, ein Testament zu machen, seine Schulden zu bezahlen und ihn des geistlichen Beistands versichern, den er nötig hat.
>
> 5) Sich sein Bedürfnis klar machen, über seinen Tod zu sprechen;

zu schweigen wissen, wenn es nötig ist; über ›andere Dinge‹ reden können. Die gläubige Schwester sollte den Problemen, Fragen, Zweifeln des Kranken in geistlicher Hinsicht offen sein. Ihre Rolle besteht nicht darin, ihn zu bekehren, sondern verfügbar zu sein, um auf seine Fragen in Bezug auf Gott zu antworten. Wenn sie ihm zuhört, wie er über sein Leben spricht, indem sie ihm bestätigt, dass er richtig gelebt und seine Aufgabe erfüllt hat, hilft sie ihm. Es ist wahr, dass für Menschen, die jung sterben, dieser letzte Punkt keine große Bedeutung trägt. Es gibt wahrhaftig nicht viel über das ›Warum‹ des Todes zu sagen.« [40]

In vielen Fällen ist die Krankenschwester gegenüber der herrschenden Denkweise der Thanatokraten das wahrhaft kritische Gewissen. Das ist übrigens leicht zu erklären. Die Krankenschwester gehört im Allgemeinen nicht den gleichen sozialen Schichten an wie der Arzt. Sie macht in ihrer Kindheit, ihrer Jugend und in der beruflichen Ausbildung einen anderen Sozialisationsprozess durch als der Mediziner. Sie ist in einer anderen Gehaltsstufe und nimmt eine andere Position in der Funktionshierarchie des Krankenhauses ein.

In der amerikanischen Krankenhausliteratur der Jahre 1967 bis 1972 finde ich noch eine andere Denkweise, die sich zuweilen ebenfalls von der des Thanatokraten unterscheidet. Es ist das Denken, das die Krankenhausverwaltung vertritt. Das amerikanische Krankenhausmanagement verfügt über seine eigenen, oft sehr luxuriös aufgemachten Zeitschriften, in denen alle potenziellen Krankenhauslieferanten ihre Anzeigen unterzubringen bemüht sind: Baufirmen, Fabrikanten von Elektrorechnern und therapeutischen Apparaten, Lieferanten von Forschungslaboratorien, pharmazeutischen Konzerne usw. Die Verwalter von Materialien, Gebäuden und des Budgets versammeln sich zu Kongressen. Das sind entweder ungeheure jährliche Happenings, bei denen mehrere tausend Personen zusammentreffen wie beim *American Congress for Hospital Management*, ein wahrer Jahrmarkt der höchsten Konsumgesellschaft mit Standardgesundheit, oder seriösere Treffen von Spezialisten, wo Buchhalter, Techniker, Analytiker der Marktpreise und Diätetiker zusammenkommen, um ihre entsprechenden Techniken auf den neuesten Stand zu bringen. Wenn das Denken der Krankenschwestern gegenüber der Theorie und der Praxis der Ärzteschicht ein kritisches Bewusstsein formuliert, das für den Soziologen interessant ist, so artikuliert auf der anderen Seite das *Hospital Management* gegenüber den Medizinern keinerlei selbstständiges und streitbares Bewusstsein. Es formuliert ein technokratisches Denken, das ihm eigen ist und das die Theorie seiner begrenzten Praxis in der Verwaltung darstellt. In keinem Augenblick zieht das *Hospital Management* die grundlegenden Richtlinien, die von der Ärzteschaft entschieden werden, noch irgendeine der bestimmenden Definitionen (die der »Gesundheit«, des »Lebens, das es wert ist, erhalten zu werden« usw.), die die Grundlage für die Strategie dieser Klasse bilden, in Zweifel. Es begreift sich lediglich als zusätzliche Klasse, als verbündete Hilfsklasse der Mediziner. Sein Klassenwille ist ein Wille ständiger Unterordnung oder in einigen besonders fortgeschrittenen Fällen ein Identifizierungswille mit den Projekten und dem System der Selbstinterpretation der Ärzteschaft. [41] Ich sehe für diese Unterordnung nur einen zwingenden Grund: Die Verwaltungsbeamten, so informiert sie auch sein mögen über das, was in ihrem Krankenhaus geschieht, begegnen niemals dem Kranken. Nie sind sie zugegen, wenn der leidende Mensch mit der ärztlichen Geste konfrontiert wird. Nun, wir haben es gesehen, an diesem Schnittpunkt setzt die Anfechtung von Praxis und Theorie der Thanatokraten an.

Der Sterbende und seine Angehörigen*

Es bleibt uns noch die letzte der thanatischen Denkweisen zu verstehen, diejenige, die der in den Sterbeprozess verwickelte Mensch wie auch seine Angehörigen und Freunde ausdrücken. Dieses Denken der Sterbenden und ihrer Verwandten vollzieht sich insgeheim, schlimmer noch, es bleibt oft unartikuliert. Es kennt keinen sozialen Status, entwickelt keine genauen Vorstellungen und auch keine innere Logik. In den meisten Fällen ist es auf nicht verbaler Ebene

* Siehe auch das Kapitel *Die Agonie*. Das vorliegende Kapitel hat also nur ein begrenztes Ziel, nämlich die Denkweise des Sterbenden und seiner Verwandten in die umfassende Dialektik der Krankenhausdebatte einzugliedern.

angesiedelt. Die Krankenhausdebatte offenbart wie keine andere die Not des Sterbenden, weil er als sprechendes Subjekt nicht daran teilnimmt. Andere sprechen für ihn. Sie interpretieren seinen unformulierten Gedanken, wägen seine unartikulierten Wünsche ab, entscheiden darüber, was für ihn ein Leben wäre, das »wert ist, gelebt zu werden«, und darüber, was für seine Familie ein »unerträgliches« Leben wäre. Der Mensch, der zum Teil noch Subjekt seines Geschicks ist, bevor er die Schwelle des Krankenhauses überschreitet, gleitet unversehens in den Zustand des Objekt-Menschen. Anders ausgedrückt: Er wird zum Objekt einer Praxis und einer Rationalität, die ihm völlig fremd sind. Melvin J. Crant definiert mit aller Klarheit die Beziehung zwischen den Machthabern (Spezialisten, Techniker, Verwalter, Pfleger) und dem leidenden Menschen: »Die Kliniker behandeln den Schwerkranken, als sei er aus seiner menschlichen Umwelt vollkommen herausgelöst.

Die immer weitergeführte, wunderbare Vertiefung biologischer Erkenntnis verhindert beim Kliniker grundsätzlich die Erforschung eines existenziellen oder symbolischen Wissens. Der Patient ist von nun an seiner einmaligen Menschlichkeit beraubt. *Die schicksalhafte Schwelle eines Krankenhauses zu überschreiten, bedeutet alles in allem in den meisten Fällen: seine eigene Identität zu verlieren oder zu verändern.*« [42]

Die Institution weist dem Kranken eine neue Identität zu, die nichts mehr von seiner eigenen Geschichte, seinem persönlichen Schicksal und seiner ihm eigenen menschlichen Umwelt aufweist, dafür aber viel von seiner Position im Bezugsnetz der Krankenhauswelt. Eine neue Rationalität, die nicht die seines eigenen Lebens und der Entscheidungen ist, die es ausmachen, bemächtigt sich seiner und weist ihm einen noch unbekannten Verhaltenskodex zu. Um die Aufmerksamkeit des Arztes zu erregen, um die Pflege der Krankenhausschwestern zu erhalten, kurz, um zu überleben, muss sich der Kranke, so sehr er sich auch dagegen auflehnt, dem herrschenden Denken im Krankenhaus anpassen. Wenn er das nicht tut, wird sein Fall für pathologisch erklärt, die Pflege verändert sich entsprechend. Die Behandlung wird zur Bestrafung des Delikts Widerstand gegen den Arzt. [43]

Auf diese Vernichtung seiner Identität reagieren der Kranke, der

Sterbende oder die Anverwandten mit einer begrifflich nicht fassbaren Auflehnung, mit der nicht formulierten Ablehnung jenes Denkens, dessen Objekt er ist. Seine Not drückt sich auf krampfartige, unorganisierte und unartikulierte Weise aus. Diese Tragödie wird täglich von tausenden von sterbenden und anderen Menschen, ihren Eltern, ihren Kindern oder ihren Freunden erlebt. Im zerstörten Kollektivbewusstsein finden die ihres Todes beraubten Menschen keinerlei Halt. Gegenwärtig wird die Auflehnung durch keine Gegengesellschaft, durch kein Gegensystem aufgefangen.

Ich führe im Folgenden drei Berichte an. Zwei davon sind vermittelt. Der erste, der von einer Verwandten der Verstorbenen überliefert wird, stammt aus einem französischen Krankenhausmilieu. Der zweite, das Zeugnis einer Freundin des Verstorbenen, beschreibt die erlebte Situation in der amerikanischen Krankenhauswelt. Der dritte schließlich ist das direkte Zeugnis einer jungen Krankenschwester, die zuletzt noch einmal, aber radikal kritisch das Krankenhausdrama deutlich macht, in dem sie bis dahin mitgespielt hatte und dessen Objekt sie plötzlich geworden ist.

Hier ist zunächst die französische Aussage:

»Eine neuerliche und besonders schmerzliche Erfahrung, das Ableben unserer 78 Jahre alten Mutter im Sankt Josephs Hospital, hat es uns zu einer Gewissenspflicht gemacht, Ihnen eine Reihe von Überlegungen wie auch von Protesten vorzutragen. Wir sind nicht auf die Ärzte wegen ihrer Irrtümer oder Ungeschicklichkeiten böse, so bedauerlich sie auch sind. Nun, sie sind menschlich und wir verkennen nicht die Risiken dieses Berufs. Aber wir können nicht zulassen, dass unter dem Vorwand des Respekts vor dem Leben die Tage eines Sterbenden aus Prinzip und systematisch verlängert werden, wenn es auf Kosten zusätzlicher Leiden, ohne Hoffnung auf ein Wunder und gegen den normalen Wunsch der daran Interessierten geschieht. Tatsächlich hatte unsere Mutter schon mehrmals den Tod gestreift, sie akzeptierte diese Möglichkeit und hat noch in diesem Sommer mit Nachdruck zu uns gesagt: ›Ich habe keine Angst vor dem natürlichen Tod, aber ich will nicht, dass man mich mit Apparaten am Leben erhält, die einen zu atmen zwingen und die Organe bis zum Letzten strapazieren.‹ Wir haben sie buchstäblich betteln sehen – sie konnte nicht mehr sprechen, war angebunden, aber trotz 40° Fieber und einer unbeschreiblichen Leidensmine bei Bewusstsein –: ›Nehmt das alles weg und lasst mich in Frieden sterben!‹ Wir konnten nur hinnehmen, dass in einem Krankenhaus ein Kranker die Angelegenheit von mehr oder weniger anonymen Bediensteten mit vager Verantwortung ist, dass die Familie nur geduldet wird und dass die Erhaltung des Lebens von allen, von den Ärzten, Krankenschwestern und Nonnen, als Pflicht angesehen wird. Wenn das französische Gesetz das Testament einer Person hinsichtlich seines Besitzes respektiert, hat dann die ärztliche Moral das Recht, den Willen eines sterbenden Kranken zu ignorieren, mit einem Wort: einer Sterbenden Gewalt anzutun? Wenn es darum geht, eine Sterbende am Leben zu erhalten, insbesondere eine Greisin mit schwachem Herz, wäre es da nicht normal, anständigerweise und eindeutig die Familie zu befragen? Wirklich, das technische Vokabular darf nicht die konkrete Wirklichkeit der Dinge verschleiern.« [44]

Und hier die amerikanische Erfahrung:
»Meine Mutter war 80 Jahre alt, als sie allein, ohne ein Familienmitglied in ihrer Nähe zu haben, starb. So will es die Vorschrift. Wir hatten wie alle anderen Besucher das Recht, fünf Minuten bei ihr zu sein, aber wir, ihre Familie, fühlten uns nicht als ›Besucher‹, wir waren ein Teil der Welt unserer Mutter. Es war nicht so, dass meine Mutter vernachlässigt wurde. In diesem neuen und modernen Krankenhaus war für alles vorgesorgt, um den Schwerkranken beizustehen. Sie hatte einen Anspruch auf sorgfältigste Pflege. Für die ängstlichen Verwandten war der ganze Rahmen eindrucksvoll. Ein weicher, pastellgrüner Teppich bedeckte den Boden. Überall lindernde Farben. Gedämpfte Lampen vervollständigten diese Welt, deren Personal erfolgreich und gut geschult war. Man hatte den Eindruck, dass einem hier jederzeit geholfen werden konnte. Die Diagramme wurden ständig von geschäftigen Krankenschwestern überprüft, die sich aufmerksam mit ihren Kranken beschäftigten, die isoliert in ihren Zimmern lagen, die um ein großes, zentrales Schaltpult angelegt waren. Die Betten waren alle aus modernstem Material (Perfusions- und

Sauerstoffgeräte) und übertrugen ununterbrochen die Herzschläge der Kranken auf das Schaltpult, wo sie aufgezeichnet wurden. Damit die Patienten und, wie ich vermute, auch das Personal nicht gestört wurden, war die Zahl der Besuche begrenzt. Das ist sicher für diejenigen von Vorteil, die eine Chance haben, wieder gesund zu werden, sie sind auf diese Weise vor Lärm und ermüdenden Besuchen geschützt.

Ich hatte irgendwo gelesen, dass das Wichtigste für die Genesung die Ruhe ist. Das trifft tatsächlich für die Kranken zu, aber nicht für die Sterbenden.

Meine Mutter hatte verzweifelt um ihr Leben gekämpft, aber nun war sie erschöpft. All diese Fläschchen, Diagramme, Arzneien, Operationen, der Sauerstoff und was weiß ich, würden es nie zu Wege bringen, diese fortgeschrittene Angina zu heilen und die erschwerte Atmung zu erleichtern. Das einzige Ziel bestand jetzt darin, mit Würde zu sterben. Ich trat auf Zehenspitzen zum Bett und blieb die paar Minuten dort, die mir zugebilligt worden waren. Als meine Mutter die Augen öffnete und mich sah, huschte ein Lächeln über ihr Gesicht. Klar, bewusst und ohne Klagen sprach sie einen Augenblick mit mir, bevor sie in den Schlaf zurückfiel. Sie starb, wie sie gelebt hatte: in der Freude. Aber ich werde nie wissen, ob sie die Augen in der Hoffnung öffnete, mich zu erblicken, und ob sie nach mir verlangt hat. Ich werde das nie erfahren und das verfolgt mich. Denn es liegt auf der Hand, dass in einer so großartig organisierten Welt der Tod nicht als eine Sache der Familie angesehen wird, sondern nur als ein medizinisches Problem. Die stille Gegenwart eines Gatten, einer Tochter oder einer Schwester wird nur fünf Minuten pro Tag geduldet. Die lebenslange Liebe einer Familie hätte meine Mutter in ihren letzten Augenblicken umgeben müssen, um sie und uns zu trösten. Aber die Vorschriften entscheiden da anders. Es war verboten, lautlos sitzen zu bleiben, strickend oder lesend an ihrem Totenbett zu sitzen, um in dem Moment verfügbar zu sein, in dem sie uns gebraucht hätte. Keine Ausnahmen bei den Regeln, die den Tod beherrschen! Wie starb sie? Ich werde es niemals wissen. Man teilte uns mit, dass sie tot sei. Es ist einfach unmenschlich, dass solche Dinge auf diese Weise heute vor sich gehen; dennoch ist es so.« [45]

Und hier das Zeugnis der jungen Krankenschwester, die von der Pflegerin zur Sterbenden wurde:

»Ich bin Studienschwester und ich liege im Sterben. Ich richte diese Worte an euch, die ihr Krankenschwestern seid oder werden wollt, und zwar in der Hoffnung, dass ihr jenen, die mein Los teilen werden, besser helfen könnt, wenn ihr teilt, was ich jetzt empfinde. Das ›nursing‹ [die von den Krankenschwestern erteilte Pflege] muss verändert werden; ich wünschte, es ginge schnell. Man hat uns gelehrt, nicht zu begeistert zu sein und nicht die Routine zu vergessen. Wir haben gehorcht, und wir befinden uns heute, nachdem die Illusionen weg sind, in einer Art Leere aus Verletzbarkeit und Angst. Der Sterbende wird noch nicht als Person angesehen und kann also nicht als solche behandelt werden. Er ist das Symbol für das, war wir als Angst vor unserem eigenen Tod kennen. Es braucht lange, um seine eigenen Gefühle zu entdecken, bevor man einem anderen helfen kann, die seinen zu erkennen. Was mich anbelangt, ist die Angst da und ich liege im Sterben. Ihr betretet und verlasst mein Zimmer. Ihr bringt mir Arzneien und nehmt mir die Temperatur. Fühle ich als Krankenschwester oder einfach als menschliches Wesen, dass ihr Angst habt? Diese Angst überfällt mich. Warum seid ihr erschrocken? Ich sterbe doch. Ich weiß, ihr seid verlegen, ihr wisst nicht, was ihr sagen, was ihr machen sollt. Aber glaubt mir, wenn ihr an meinem Tod teilnehmen könntet, würdet ihr euch keinen Täuschungen hingeben. Nehmt einen Augenblick an, dass er euch etwas bedeutet (das ist es, was wir Sterbenden anstreben): bleibt, geht nicht, wartet. Alles, was ich möchte, ist, dass jemand hier ist, um mir die Hand zu reichen, wenn ich sie brauchen sollte. Ich habe Angst.

Für euch gehört der Tod zur Routine, für mich ist er neu und einmalig. Um mich zu trösten, sprecht ihr von meiner Jugend, aber ich sterbe. Ich hab euch noch viel zu sagen. Es kostet euch nicht allzu viel Zeit, mit mir zu sprechen. Ach, wenn wir doch aufrichtig sein und unsere Ängste zugeben könnten, ganz gleich, wo sie herkommen, wenn wir uns anfassen könnten... Wenn ihr mir zuhören wolltet, mit mir teilen würdet, was mir vom Leben bleibt, und selbst, wenn ihr mit mir weinen solltet – verliert ihr dann etwas von eurer Berufsehre? Die Beziehungen von Mensch zu Mensch darf es also in einem Hospital nicht geben? Es wäre so viel einfacher, im Krankenhaus... von Freunden umgeben... zu sterben...« [46]

Die Dialektik der Krankenhausdebatte

Bis hierher haben wir die drei hierarchisch gegliederten Diskurse, die im Krankenhaus auftreten, analysiert: den allmächtigen, totalitären Diskurs der Thanatokraten, den kritischen, ineffizienten Diskurs der Krankenschwestern, schließlich den weitgehend infraverbalen, häufig irrationalen Diskurs der Sterbenden oder ihrer »Anwälte« (Familie, Freunde usw.). Obwohl das Krankenhausuniversum von der totalitären Diktatur der Thanatokraten fast vollständig beherrscht wird, besteht doch zwischen den drei so ungleichen Diskursen eine Dialektik. Ich will einige phänomenologische Aspekte dieser Dialektik kurz darstellen.

Die bezeichneten drei Denkweisen wirken permanent aufeinander ein. Von diesem dialektischen Komplex weiß die Todessoziologie bisher nur wenig. Dennoch ist es inzwischen möglich, einige Ansätze zu einer Antwort vorzulegen und zugleich die Richtung anzudeuten, die die fortgeschrittensten Untersuchungen in diesem Bereich eingeschlagen haben. Unter mehreren gegenwärtig durchgeführten Untersuchungen wähle ich eine aus, die von einer Gruppe von Psychiatern, Fachärzten und Soziologen unter Pilowsky, Manzop und Bond vorgenommen wird. Sie hat zum Ziel, die Beziehung zwischen dem Pflegepersonal und dem Kranken zu untersuchen, wenn es um die Verabreichung schmerzstillender Mittel geht.

Gegenstand der Untersuchung sind Menschen mit unterschiedlichen Formen von bösartigen Tumoren. Sie befinden sich alle in der Endphase ihrer Krankheit. Die Untersuchung beweist, dass das Empfinden von Schmerz ein Vorgang ist, der von dem Pflegepersonal und dem Kranken geteilt wird. Hier die wichtigsten Schritte der Untersuchung: [47]

1. Personen: 54 Patienten, von denen 18 vor Abschluss der Untersuchung sterben. Unter den 36 übrigen sind 21 Frauen und 15 Männer zwischen 31 und 76 bzw. 23 und 75 Jahren.

2. Art des Tumors	Frauen	Männer
Harnleiterkrebs	9	0
Blasenkrebs	0	5
Kehlkopfkrebs	0	3
Zungenkrebs	2	2
Brustkrebs	2	0
Vielfache Myelome	2	1
Hodgkinsche Krankheit	1	2
Lymphosarkom	1	0
Lungenkrebs	1	0
Kiefernkrebs	1	1
Gebärmutterkrebs	1	0
Mastdarmkrebs	1	0
Sekundäre Ablagerungen	0	1

3. *Diagramm der Schmerzen:* Dem Kranken wird ein Blatt vorgelegt, auf dem links aufgedruckt ist: »Mir tut nichts weh« und rechts: »Die Schmerzen sind schwer zu ertragen«. Zwischen diesen beiden Sätzen verläuft auf Millimeterpapier eine Linie von 10 cm Länge, eine Art Gradmesser des Schmerzes.

Von acht Uhr morgens bis acht Uhr abends muss der Kranke alle zwei Stunden fünf Tage lang den entsprechenden Punkt seiner Schmerzen einzeichnen. Die (schmerzstillenden) Medikamente, die nach ärztlicher Praxis verteilt werden, stehen uneingeschränkt dem gesamten Pflegepersonal, also Ärzten und Schwestern, zur Verfügung. Es ist jedoch beauftragt, die Zeit zu notieren, zu der jeder Kranke seine Medikamente verlangt. Die Untersuchung berücksichtigt ebenfalls die verabreichten Arzneien, die nicht verlangt wurden.

4. *Cornell Medical Index:* Eine weitere Befragung, die mehrere Reihen von Fragen, insgesamt 195, umfasst, auf die mit Ja oder Nein geantwortet werden muss, wird ebenfalls bei den Kranken durchgeführt. Die Fragen sind nach Kategorien aufgeteilt (physische, psychiatrische Symptome etc.). Eine dritte Befragung richtet sich nur an die Personen, die sich selbst als »schwer krank« bezeichnen. Hier die Fragen des dritten Fragebogens:

- Sind Sie oft krank?
- Müssen Sie sich oft hinlegen?
- Ist Ihr Gesundheitszustand ständig schlecht?
- Betrachten Sie sich als oft krank?
- Leidet Ihre Familie unter der Krankheit?
- Hindern die Schmerzen Sie daran, zu arbeiten?
- Tun Sie etwas für Ihre Gesundheit?
- Sind Sie immer krank und unglücklich?
- Fühlen Sie sich durch die Krankheit eingeschränkt?

5. Auswertung: Das Pflegepersonal ist angewiesen, die Art der verordneten Medikamente und die Häufigkeit der Nachfrage in fünf verschiedene Rubriken einzutragen:

- Zahl der Kranken, die nach Medikamenten verlangen
- Zahl der Kranken, die keine Medikamente wollen
- Zahl der verordneten Dosen an Hydrokodein und Paracetamol
- Zahl der Dosen an Hydrokodein oder Kodein-Phosphat
- Zahl der Dosen an Morphium oder Pethidin

Die Synthese aller Verabreichungen wird vom Ordinator vorgenommen.

6. Schlussfolgerungen: In dem Tätigkeitsbereich des Krankenhauses, der mit »Schmerzerleichterung« bezeichnet wird, werden die Beziehungen zwischen Pfleger und Krankem schematisch in drei Punkten zusammengefasst:

- Personen, die sich als »schwer krank« betrachten, verlangen häufig schmerzstillende Mittel, um ihre Schmerzen zu erleichtern, die in regelmäßigen Abständen und stark auftreten. Die Krankenschwestern, die in eigener Verantwortung handeln, verordnen ihnen schwache Medikamente.

- Es gibt eine geschlechtsspezifische Beziehung. Die schmerzstillenden Mittel werden von den Krankenschwestern den Frauen frei verabreicht. Die gleichen Mittel werden den Männern hingegen nur zögernd und in schwächeren Dosen gegeben.

- Es gibt einen Altersfaktor. Die starken schmerzstillenden Mittel werden betagten Personen nicht verabreicht.

Hier der Kommentar der Untersuchungsgruppe:

»Es gibt also Beziehungen zwischen dem Pflegepersonal und den

Kranken, die von Nutzen sind, und andere, die es nicht sind. Die Krankenschwester, die die Neigung hat, Arzneimittel in schwachen Dosen zu verabreichen, zeigt, dass ihre Auffassung von Schmerz nicht mit der des Kranken übereinstimmt. Patienten, die sich für »schwer krank« halten, haben offensichtlich die Tendenz, starke Medikamente zu fordern. Das ist im Wesentlichen durch ihre Subjektivität als Kranke bedingt. Da ihnen diese Tatsache bekannt ist, geben die Schwestern infolgedessen weniger schmerzstillende Mittel; der Kranke, der diese Motivationen ahnt, verlangt entsprechend mehr davon. Wenn die Krankenschwestern schwach dosierte Schmerzmittel verordnen, reagieren sie in gewohnter Weise auf die Bitten der Kranken in dem guten Glauben, dass diese keine stärkeren Medikamente brauchen. Letzten Endes reicht die Tatsache nicht aus, eine Arznei zu verordnen, wenn diese Geste nicht eine »psychologische Unterstützung« erfährt, die unter anderem darin besteht, sich des subjektiven Zustands bewusst zu werden, in dem sich der Kranke befindet, und dem Rechnung zu tragen.« [48]

IV   Die Opferpriester

Der Kampf um die Frist: Die Transplantation

Hier taucht eine didaktische Schwierigkeit auf: im Kapitel dieses Buches mit dem Titel *Der Augenblick des Sterbens* nimmt die neuere Literatur der amerikanischen Medizin hinsichtlich des langsamen Aufkommens des Thanatokraten im Krankenhaus einen großen Raum ein. In dem vorliegenden Kapitel hingegen, das sich teilweise auf die gleiche Bibliografie stützt, geht es darum, eine bestimmte Funktion des Krankenhausarztes zu verstehen, nämlich die, zwischen den Patienten auszuwählen, die leben, und denen, die sterben werden.

Zwei unterschiedliche Situationen können sich dem Arzt stellen. In beiden entscheidet er souverän über Leben oder Tod des Objekt-Patienten. Die erste Situation: ein Unfall; ein Verletzter wird ins

Krankenhaus gebracht. Im gleichen Krankenhaus wartet ein schwer kranker Mensch darauf, dass ihm ein neues Organ die Heilung bringt. Dieses Organ wird dem Unfalltoten entfernt und in den Körper des Empfängers verpflanzt. In dieser ersten Situation bleiben selbst die sehr vorsichtige *International Transplantation Society* und infolgedessen auch die *Weltgesundheitsorganisation der UNO*, die in ihre Veröffentlichungen die Grundsatzentscheidungen der ITS aufnimmt, von einer bemerkenswerten Doppeldeutigkeit hinsichtlich der Fristen, die zu beachten sind. [49] Es ist einfach nicht möglich, ein lebendiges Organ mit Erfolg zu verpflanzen, wenn man in jedem Fall die Transplantation zahlreichen und langwierigen Prüfungen unterwirft, bevor man den unvermeidlichen Tod des Spenders festlegt. Ein Herz muss spätestens eine Stunde, nachdem es zu schlagen aufgehört hat, manchmal auch schon 15 Minuten nach seinem Stillstand verpflanzt werden. Für die Nieren liegt die äußerste Grenze bei etwa 45 Minuten. [50] Es handelt sich dabei um maximale Fristen. Die Transplantation dieser Organe wird im Allgemeinen weit vor Ablauf dieser Fristen vorgenommen. Mit aufdringlicher Regelmäßigkeit kehrt in der angelsächsischen medizinischen Literatur der Satz wieder: *Immediate decision must be made.**
Diese unmittelbare Entscheidung macht die heutigen Kliniker, die vor einer Transplantation stehen oder – genauer – den Arzt, der den Tod des Spenders feststellen und die Entfernung des gewünschten Organs genehmigen muss, zu wahren *Opferpriestern*. Nach dem Gesetz mehrerer amerikanischer Staaten und auch nach französischem Brauch stellt ein Spezialist, der an der Transplantation nicht teilnimmt, den Tod des Spenders fest. Das Unangenehme ist, dass der Opferer nur über wenige sichere Grundlagen verfügt, an denen er sich orientieren kann. Oft kann er den Spender nicht entsprechend untersuchen, den er für tot hält. Wiederholen wir: Die Zeit erlaubt ihm einfach nicht, die gründliche Untersuchung vorzunehmen, die das Gesetz verlangt.

---

* Es stimmt, dass die neuen *Anatomical Gift Acts* die schriftliche Zustimmung der Verwandten des Spenders verlangen. Dennoch gibt es viele Fälle, in denen diese nicht rechtzeitig ermittelt oder benachrichtigt werden können. In anderen Fällen hat der Spender weder Verwandte noch Bekannte, die ihre Zustimmung geben könnten.

In den französischen Krankenhäusern wird neben anderen klinischen Tests eine geläufige Methode angewendet: das Elektrokardiogramm (EKG). Hier sind die Dinge von allem Anfang an kompliziert. Das EKG kann selbst die geringsten Herztätigkeiten aufzeigen. Es ist die Sache des ärztlichen Opferers, sie zu interpretieren. Nicht jede Herzreaktion bedeutet, dass ein Herz medizinisch noch am Leben ist, das heißt, dass es Blut »pumpt«. Es ist tatsächlich möglich, dass die auf dem EKG verzeichneten Reaktionen, das Fehlen der geraden Linie, leichte Unregelmäßigkeiten der Linie, nur Herzkontraktionen ohne Folgen, offenbar ganz geringfügige Kontraktionen sind, die nicht die Aufrechterhaltung des Blutkreislaufs garantieren können. Im andern Fall kann das EKG eine gerade Linie zeigen, also das wahrscheinlich völlige Fehlen von Herzreaktionen. Wenn nun die Grenze der Transplantation bei sechzig Minuten liegt, kann der Opferer das EKG höchstens vierzig Minuten lang beobachten. Dennoch wimmelt es in der Fachliteratur und in der nicht festgehaltenen Krankenhauspraxis von Fällen, in denen ein Herz mehrere Stunden, nachdem es jede erkennbare Tätigkeit aufgegeben hat, wieder zu schlagen beginnt. Die meisten Krankenhäuser wenden deshalb die Methode der Wiederbelebung durch äußere Herzmassage an. Dabei wird in der Höhe des Brustbeins auf die Brust gedrückt. Zwischen Wirbelsäule und Brustbein wird das Herz somit 60- bis 80-mal pro Minute zusammengedrückt. In einem bestimmten Augenblick kann das Herz, zuerst nicht wahrnehmbar und dann normal seine Lebenstätigkeit wieder aufnehmen. Ich möchte nur ein besonders eindrucksvolles Beispiel zitieren: In der Wiederbelebungsabteilung des Nestle-Krankenhauses in Lausanne führten zwei eifrige Fachleute diese Herzmassage drei Stunden lang durch. Nach diesen drei Stunden fing das Herz des Patienten wieder von selbst an zu schlagen. Die Wiederbelebung blieb ohne nachteilige Folgen. [51]

Stellen wir uns einen Augenblick vor, dass dieser Mann in einem Krankenhaus behandelt wurde, wo eine Chirurgengruppe auf ein frisches Herz für eine Transplantation wartete...

Viele Kliniken wenden die Methode des Elektroenzephalogramms an (EEG), um den Tod des erwarteten Spenders festzustellen. Das lebendige Gehirn sendet elektrische Wellen aus, die der Apparat messen und in Form von graphischen Figuren aufzeichnen kann. Um die Herztätigkeit zu messen oder ein EKG zu lesen, können zehn bis zwanzig Minuten ausreichen. Die Person, die den Apparat bedient, befestigt magnetische Bänder an den Knöcheln, an den Handgelenken und auf der Brust des Patienten. Beim EEG dagegen ist die Einstellung der Messgeräte komplizierter und erfordert beträchtliche Zeit. Sie kann – in ungewöhnlichen Fällen – bis zu achtzig Minuten betragen. Um die Wellen der Gehirntätigkeit richtig messen zu können, muss man am Kopf des Patienten relativ viele Bänder befestigen. In normalen Fällen, also bei ambulanten Patienten, teilt man die Haare in regelmäßige Streifen auf. Die Haare müssen frisch gewaschen sein, um den Vorgang zu erleichtern.

Hier stellt sich nun ein Konflikt zwischen zwei Fristtypen ein: einerseits die Bereitstellung der Messinstrumente und andererseits die Lebensfähigkeit des zu verpflanzenden Organs (Herz = eine Stunde; Leber = eine Viertelstunde). In bestimmten Fällen ist der Konflikt nahezu unlösbar. Man muss sich entweder mit einem ungenügend entzifferten Enzephalogramm zufrieden geben oder darauf verzichten, den Tod des Spenders mithilfe dieses immerhin wirksamen Mittels festzustellen. Ein Enzephalogramm, das keinerlei Gehirntätigkeit mehr anzeigt, wird von den angelsächsischen Neurologen als *flat* bezeichnet. [52] Der *flat* entspricht in etwa dem, was die französischsprachigen Neurologen unter dem Begriff »coma dépassé« (überschrittenes Koma) verstehen. Eric Zander, Ordinarius der Neurochirurgie in Lausanne, hat ein Schema aufgestellt, mit dem die verschiedenen, mit dem EEG ablesbaren Komatypen erfasst werden. [53]

Kommentar zum 7. Stadium: Ist das Koma überschritten, verzeichnet das Elektroenzephalogramm völlige elektrische Stille. Wenn zu dieser Stille die aufgezählten klinischen Anzeichen hinzutreten, hat man die moralische Gewissheit, dass der Patient tot ist, auch wenn Atmung und Blutkreislauf künstlich erhalten werden. [54]

Es ist klar, dass das EEG einen *flat* anzeigt, bevor der Patient das Stadium des überschrittenen Komas erreicht hat. Und es ist auch

Verschiedene Stufen des Koma

Stadium	Schmerzreaktion	Pupillenreflexe	Verschlucken	Reaktion auf einfache Befehle	Schließmuskel-kontrolle	Antwort auf einfache Fragen
1 Schlafzustand	Koordination					
2 Betäubung						
3 Leichtes Koma	Inkoordination					
4 Koma						
5 Tiefes Koma	Starre					
6 Koma »carus«	Gehirnzersetzung					
7 Überschrittenes Koma						

Irreversibilitätsgrenze 1950

heutiger Stand

wahr, dass ein EEG, das keine grafischen Schwankungen mehr zeigt, im Allgemeinen mit dem Stillstand der Funktionen der wichtigsten Teile des Gehirns gleichzusetzen ist. Aber es ist nicht ausgeschlossen, dass ein Gehirn »im Stillen« weiterlebt. Es funktioniert dann teilweise; es ist in einem Zustand vorübergehender Untätigkeit. In diesem Fall überträgt das EEG keinerlei Lebenszeichen, keinerlei erkennbare Gehirntätigkeit. Beim Lesen des EEG wird der Gedanke vermittelt, das Gehirn sei tot.

Guten Gewissens kann der Opferer den Totenschein mit seiner Unterschrift versehen. Doch das Gehirn kann seine normale Funktion mehrere Stunden, nachdem das EEG den vermutlich totalen Stillstand seiner Aktivität verzeichnet hat, wieder aufnehmen. Das ist zum Beispiel bei Personen der Fall, die mit Barbitursäure vergiftet sind. Bei plötzlichem Eindringen von Luft bei einer Herzoperation kann der gleiche Effekt eintreten. Beunruhigend ist, dass das EEG, die Hauptwaffe des heutigen Opferers sowohl in Europa wie auch in Amerika, immer weniger zu verwenden ist, da in wachsender Zahl »Scheintote«, deren Gehirn durch eine Überdosis von Barbitursäure und anderer Schlafmittel lahm gelegt ist, in die Krankenhäuser eingeliefert werden. [55]

Rentabilität von Tod und Leben: Auswahl

Die zweite Situation, in der der Thanatokrat wie ein Opferpriester handelt: Er fällt die Entscheidung über die Tötung des Patienten, ohne dass ein Organ in einen anderen Kranken verpflanzt werden soll. In diesem zweiten Fall wägt der Thanatokrat zuerst die wirtschaftlichen und politischen Interessen der Gesellschaft ab, in der er lebt; er prüft dann die finanziellen und organisatorischen Interessen des Krankenhauses, in dem er arbeitet. Er denkt auch an seine beruflichen Interessen, an seinen Ruf und die Grundentscheidungen, die er zur Ausübung seines Berufs selbst getroffen hat. Sodann betrachtet er die finanziellen Interessen, die affektiven Gründe der Familie des Patienten. Vielleicht zieht er auch, obwohl das die schwierigste Erwägung ist, den vermeintlichen Willen dessen in Betracht, den er sterben oder leben lässt. Kein Thanatokrat kann sich übrigens diesen Entscheidungen entziehen. Es wäre vollkommen illusorisch, zu behaupten, ein »linker« Arzt würde hier anders urteilen als ein konservativer oder dass er ausweichen, das heißt die Wahl umgehen könnte, vor die ihn die Situation stellt. Denn der Arzt, gleichgültig, wie er die Gesamtstruktur der Gesellschaft, in der er lebt, interpretiert, und unabhängig von den persönlichen Anforderungen, die er in Bezug auf ihre ontologische Betrachtung stellt, ist hier der Gefangene eines Determinismus, der in einer ihm weitgehend fremden Landschaft verwurzelt ist. Die Warengesellschaft, das heißt, die Klasse, die über die Produktionsmittel verfügt und sie damit beherrscht, setzt bei der Investition ihre eigenen Prioritäten. *Sie macht das so, dass die Tötung einer wachsenden Zahl von Bürgern von nun an unerlässlich wird.*

Das Problem, das in den Warengesellschaften das Menschenopfer stellt, wird von einer Art leichtem Zynismus verschleiert. Man kann sich tatsächlich die Frage stellen: Was bedeutet uns die Tätigkeit des Opferpriesters im Krankenhaus? Ist er nicht wie der Henker ein Bediensteter, dessen Tätigkeit im Grunde keine Folgen nach sich zieht? Der Henker richtet Menschen hin, die, falls sie nicht augenblicklich sterben, in den Gefangenenzellen langsam und unter kaum erträglichen Bedingungen vernichtet würden. Stranguliert nicht der Opferpriester im Krankenhaus in ähnlicher Weise? Hat der Kranke, den er tötet, wenn ihm das erspart bliebe, andere Erwartungen als eine vegetative Existenz, die ständig von Apparaten abhängig ist? Eben nicht!

Ein Beispiel:

Der Patient, der im Krankenhaus an die künstliche Niere angeschlossen wird, wird meistens problemlos geheilt. Er kommt zwei- oder dreimal wöchentlich ins Krankenhaus. Er wird mit der Maschine verbunden. Und Stunden später ist sein Blut erneuert. Er verliert noch nicht einmal einen Arbeitstag, da die Hemiodialyse während des Schlafs vorgenommen werden kann. Sein familiäres, sexuelles, berufliches, geistiges und politisches Leben ist vollkommen normal. Die Pariser Bevölkerung ist mit einer bemerkenswerten Offenheit darüber informiert: »Wenn die Funktion der Nieren unterhalb von 5 % ihres Normalwerts liegt, ist die Hemiodialyse unumgänglich. [...] Man weiß jedoch von vornherein, dass bestimmte Kranke einen größeren Vorteil daraus ziehen können als andere. Der Platzmangel in allen Dialysestationen, und zwar auf Jahre hinaus, führt dazu, eine Klassifizierung der besten Fälle vorzunehmen...« [56]

Diejenigen, die der Pariser Opferpriester zum Leben auserwählt, haben alle Chancen, normal zu überleben: »Die periodische Hemiodialyse bietet dem an Harnvergiftung Erkrankten, wenn sie unter guten Bedingungen erfolgt, die Chancen eines neuen Lebens. Sicher, er muss sich langen Dialysestunden unterwerfen und kann den verschiedensten Komplikationen ausgesetzt sein. [...] Für diesen Preis bietet die Hemiodialyse die Sicherheit vieler und nützlicher Jahre sowie die Möglichkeit, aus den nächsten therapeutischen Fortschritten Nutzen zu ziehen, insbesondere auf dem Gebiet der Transplantation.« [57]

Fassen wir vorläufig zusammen: Die Warengesellschaft ist nicht, ich habe es oft genug gesagt, eine Gesellschaft wie jede andere. Ihr politisches und wirtschaftliches Regime, ihre Kosmogonie oder ihre Methode, Konflikte zu bezwingen, sind nicht die der ihr vorangegangenen Gesellschaften. In der Geschichte des Menschen markiert sie einen klaren Bruch, einen grundsätzlichen Rückschritt. Denn sie verneint endgültig den Menschen, seine Einmaligkeit und seinen Tod. Sie fordert die Kontrolle des Todes. Sie schafft zu diesem Zweck eine Klasse von Thanatokraten. Die *Anatomical Gift Acts*, die nach dem Modell der Gesetze von Kalifornien und Kansas aufgebaut sind, vermehren sich. Trotz der lokalen Unterschiede, trotz der Tatsache, dass ein Patient in dem einen Staat getötet wird, während er bei gleichen Symptomen in einem anderen überleben könnte, bleibt die Grundvoraussetzung des Systems die Gleiche: Die Thanatokraten sind allein ermächtigt, »auf den Knopf zu drücken«, sowohl im Fall der Entfernung lebender Organe wie im sozial zu kostspieligen Fall des Pflegeaufwandes. Indem sie sich an den Auswahl- und Entscheidungskriterien der Warengesellschaft orientieren und die jeweilige Rentabilität von Leben und Tod abwägen, wobei sie nach einem Bezugssystem (das heißt nach einem Bild vom Menschen und seinem möglichen Schicksal) vorgehen, das ihnen die Warengesellschaft liefert, werden die Krankenhausthanatokraten im genauen Sinne des Wortes die Ausführungsorgane der herrschenden Klasse. J. F. Toole, ein angesehener Neurologe, zeigt mit Schrecken den Abgrund auf, auf den er zugleitet: »Einige soziologische Folgeerscheinungen der Auffassung vom Tod des Gehirns sind erschreckend. Im Gegensatz zum Herzen setzt sich das Gehirn aus verschiedenen Komponenten zusammen, die unabhängig voneinander sterben können. Im Augenblick empfehlen die Juristen, die den Gehirntod legalisieren sollen, als Todeskriterium den Verlust aller Fähigkeiten, die vom Gehirn unabhängig sind. Es wäre ein einfacher Akt von Gesetzgebung, wenn neue Definitionen geschaffen würden, in denen bestimmte Funktionen (selbst wenn die andern intakt sind) Symptome bieten würden, die den Tod des gesamten Gehirns festzustellen erlaubten. Ich denke vor allem an Patienten im Koma, deren Gehirn seit mehreren Monaten angegriffen ist, die aber trotzdem noch atmen und auf Schmerzreize reagieren. Sind diese Kranken genauso ›tot‹ wie diejenigen, die überhaupt keine Reflexe mehr zeigen? Lediglich das Vorhandensein dieser wenigen vegetativen Reflexe verhindert, dass sie gesetzlich für tot erklärt werden, und ein neues Gesetz könnte eines Tages diesem Tatbestand abhelfen. Und wie ist es mit den altersschwachen Personen, die die Erholungsheime und die Anstalten für geistig Kranke bevölkern? Diese Patienten sind eine Belastung für die Familie und für die Gesellschaft. Auch sie haben eine negative Lebenserwartung und leiden am Aussetzen gewisser Teile ihres Gehirns. Wenn sich die Definition des Todes ändert, werden sie ebenfalls tot sein...« [58]

Die Neurologen, die hinzugezogen werden, um ihre Genehmigung zur Entfernung eines lebenden Organs zu erteilen, können nicht in der kurzen Zeitspanne, die ihnen gewährt wird, erwarten, dass sich alle Symptome des Gehirntodes einstellen (vorausgesetzt, man könnte sie alle abschätzen, was bis heute nicht der Fall ist); sie bedienen sich einer merkwürdigen Zufallslösung: Sie erklären den Patienten für tot, wenn bestimmte Teile des Gehirns, die sie selbst als »wesentlich« bezeichnen, von selbst aufgehört haben zu funktionieren. J. F. Toole fragt: »Aber was ist denn genau ein ›wesentlicher‹ Teil des Gehirns?« [59] Besitzt der altersschwache Greis ein Gehirn, dessen wesentliche Teile außer Funktion sind? Wäre das Gehirn des Geisteskranken der Funktion von einigen lebenswichtigen Teilen beraubt? Auf diese Frage kann nur der Soziologe einigermaßen genau antworten: Es sind die Gesellschaft, ihre wirtschaftlichen, politischen und sozialen Ziele, ihre existenzielle Absicht und das Bezugssystem, das sie konkret ausdrückt, die die Wesentlichkeit oder die Unwesentlichkeit des Funktionierens von diesem oder jenem Teil des Gehirns bestimmen.

Unter Verwendung einer Abwandlung eines bekannten Wortes von Jean Jaurès könnten wir sagen: Die Thanatopraxis der Warengesellschaften führt den legalen Mord mit sich, wie die Wolken das Unwetter. Seit 1931 diskutieren mehrere deutsche Ärztekongresse offen das Verdienstvolle an der Tötung unheilbarer Kranker. Die Kriterien für die Unheilbarkeit wurden vier Jahre später beispiellos verwässert. Die Reichsregierung verpflichtete die Krankenhausärzte wie auch die anderen Ärzte, die in Staatsdiensten standen, durch Erlass, dem politischen Machthaber die Personalia und den klinischen Befund jedes Patienten mitzuteilen, der seit fünf Jahren ein Krankenhausbett belegte. Von Verfall zu Verfall, von Arroganz zu Arroganz töteten dann die deutschen Todesbürokraten, noch bevor der Völkermord an den Juden, Zigeunern, Russen, Polen und anderen vollbracht war, an die 275 000 Personen, die in den Krankenhäusern oder Heimen an Altersschwäche, Epilepsie, multipler Sklerose, der parkinsonschen Krankheit oder geistigen Störungen litten. Nichts, absolut nichts erlaubt bei der Auffassung der heutigen Meister des Todes, von vornherein das Aufkommen einer Tötungspraxis auszuschließen, die derjenigen der Nazibarbarei ähnelt. Denn es hat sich ein Bruch vollzogen und das ist ein Bruch der Zivilisation. Jenseits davon ändert die Geschichte des Menschen ihren Verlauf: die Trauer wird unmöglich. [60]

V   Töten oder sterben helfen?
Die soziale und wirtschaftliche Euthanasie

Der Begriff Euthanasie

In diesem Kapitel wird versucht, eine klare Trennung zwischen zwei benachbarten Möglichkeiten der medizinischen Beendigung des Lebens zu schaffen, die grundsätzlich voneinander verschieden sind. Die erste ist der *medicated manslaughter*, der in der Harvard-Erklärung befürwortete legale Mord. Wir haben ihn auf S. 84–89 analysiert. Die zweite Möglichkeit rührt nicht aus der Geburtszeit der technokratischen Medizin und auch nicht aus der Ära der erfolgreichen Transplantationen. Sie ist im medizinischen Denken von Anfang an vorhanden. Es ist die *Euthanasie.* Hier einige Beispiele:

Mit 83 Jahren hatte Sigmund Freund 33 Operationen durchgestanden; er litt seit mehr als sechzehn Jahren an Kieferkrebs. Er konnte nicht mehr. Er rief seinen Freund und Kollegen Max Schur zu sich, einen Arzt, der ihn seit vielen Jahren behandelte. Er sagte zu ihm: »Jetzt ist das Leben eine einzige Quälerei. Diese Qual hat keinen Sinn mehr.« Später bezeugte Schur: »Ich habe ihm zwei Zentigramm Morphium gegeben. Nach etwa zehn Stunden habe ich ihm die gleiche Dosis noch einmal verabreicht. Freud ist ins Koma gefallen. Er ist nicht wieder aufgewacht.« [61]

Eines Morgens im Jahre 1961 stieg Ernest Hemingway die Treppe seines Hauses von Sun Valley, in Idaho, hinunter. Im Erdgeschoss befanden sich seine Jagdgewehre. Er öffnete den Schrank, nahm sein Lieblingsgewehr heraus und stellte es, mit dem Lauf auf sein Gesicht gerichtet, auf den Boden. Mit dem Fuß betätigte er den Abzug. Seine Frau, die von der Detonation wach geworden war, fand ihn sterbend. Hemingway hat seinem Leben ein Ende gesetzt, um den Leiden einer Krankheit zu entgehen, die ihm als tödlich bekannt war.

George Zygmaniak, ein junger Mann von 26 Jahren aus dem Staate New Jersey, lag im städtischen Krankenhaus von Neptune/N. J. Er war von den Füßen bis zum Hals infolge eines Motorradunfalls gelähmt. Er bat seinen Bruder Lester, ihn zu töten.

Nach dem Polizeibericht akzeptierte Lester und tötete ihn aus nächster Nähe mit einem Gewehr, dessen Lauf er abgesägt hatte. [62]

Im Dezember 1972 wurde Eugène Bauer ins Nassau County Medical Center von Long Island eingeliefert. Er war 59 Jahre alt. Die Ärzte stellten Rachenkrebs fest. Fünf Tage später lag er im Koma. Die Ärzte erklärten darauf, dass er nicht mehr als zwei Tage zu leben habe. Dr. Vincent A. Montemarano, 33 Jahre alt, der zum Ärztekollegium des Krankenhauses gehörte, injizierte Herrn Bauer eine Überdosis Kaliumchlorid (wie der Staatsanwalt des Distrikts berichtet, zu dem das Nassau Medical Center gehört). Der Kranke starb fünf Minuten nach der Injektion. Dr. Montemarano unterzeichnete den Totenschein mit dem Vermerk: »Tod durch Krebs«. Er wurde der vorsätzlichen Tötung beschuldigt. [63]

Diese vier Fälle beschreiben vier Erscheinungsformen ein und derselben Art zu sterben: durch Euthanasie. Der Begriff stammt aus dem griechischen Altertum, er ist von der römischen Antike übernommen worden. Nachdem er eine Zeit lang in Vergessenheit geraten war, tauchte er in der italienischen Renaissance und im deutschen Humanismus wieder auf. [64] Heute gehört er zum medizinischen und juristischen Vokabular der Warengesellschaft. Doch sein Bedeutungsinhalt hat sich unterwegs verändert.

Im *Phaidon* beschreibt Platon den Tod des Sokrates:
Der Prozess des Sterbens ist eine wesentliche Phase des Lebens. Das Leben ist eine ständige Suche nach Wahrheit, eine Ungeduld, jeden heranwachsenden Tag die wahre Natur der Dinge zu erkennen. Nun, der Tod öffnet das Tor zum absoluten Wissen. Die endlich vom Körper befreite Seele kann zur reinen Erkenntnis gelangen. Sokrates zeigt angesichts des Sterbens nicht nur völligen Gleichmut, jedes Fehlen von Angst und eine erstaunliche Heiterkeit. Er greift diejenigen scharf an, die sich im Gegensatz zu ihm von der Aussicht des Endes ihres physischen Lebens entmutigen lassen. »Also«, sagte er, »ist dir das wohl ein hinlänglicher Beweis von einem Manne, den du unwillig siehst, wenn er sterben soll, dass er nicht die Weisheit liebte, sondern den Leib irgendwie; denn wer den liebt, derselbe ist auch geldsüchtig und ehrsüchtig, entweder eines von beiden oder beides.«

Der Tod als Befreiung, als letztes Mittel der vollkommenen Erkenntnis, der ohne Gewissensbisse und ohne Bedauern vom Menschen akzeptiert wird, ist nicht das ausschließliche Vorrecht einer antiken philosophischen Schule. Einige unserer Zeitgenossen sind so gestorben wie Sokrates. Sallustro, der Direktor der Fiat AG in Buenos Aires, der entführt und im September 1972 von einem Kommando der argentinischen Revolutionsstreitkräfte erschossen worden ist, schreibt in seinem Abschiedsbrief an seine Familie: »Ich akzeptiere den Tod, denn er wird mir endlich erlauben, die Wahrheit über Giorgio zu erfahren.« Giorgio war sein Sohn, der einige Jahre zuvor im Alter von 13 Jahren gestorben war.

Cicero bezeugt in seinem Werk *De senectute* die gleiche Unvoreingenommenheit angesichts des Todes. Sein glücklicher Gleichmut ist jedoch auf eine andere Sicht der Dinge gegründet.

Es gibt nur zwei Möglichkeiten, behauptet Cicero. Entweder ist der Tod das völlige und endgültige Ende von uns selbst. In diesem Fall hat er keine Bedeutung für uns. Oder aber, er ist der einfache Übergang, der uns in ein Gefilde führt, in dem wir ewig leben können. In diesem Fall ist er etwas, was man sich wünschen muss.

Diese doppelte Evidenz versteht sich jedoch nicht von selbst. Die Gleichgültigkeit vor dem Tod oder der Wunsch nach dem Tod müssen erst erworben werden. Und das kann nur durch die Erziehung selbst geschehen. »Von frühester Jugend an müssen wir uns bemühen, Licht auf den Tod fallen zu lassen. Der Mensch, der sich nicht nach dem Tod sehnt, kann nie den geistigen Frieden erlangen. Denn wir müssen alle sterben, und nach allem, was wir wissen, kann der Tod heute schon kommen. Jede Minute jeder Stunde schwebt der Tod über uns. Wenn wir in der Furcht des Todes lebten, wie könnten wir uns dann einen gesunden Geist bewahren?« [65]

In der Sicht Platons, Sokrates', Sallustros wie auch Ciceros wird der Tod klar und bewusst nur als ein Übergang aufgefasst. Der menschliche Geist wird zur vollkommenen Erkenntnis, zu einem blühenden und ewigen Leben geführt. Es ist der »glückliche Tod«, die *euthanasia*. Der Tod, den man sich selbst oder den ein anderer einem gibt, der so genannte natürliche Tod, der sich ohne Eingriff von Seiten des Menschen vollzieht, all diese »glücklichen« Tode sind *euthanasia*, so weit sie in dem klaren Bewusstsein von einem Leben nach dem Tod erlebt werden. Das heutige medizinische und juristische Vokabular weist diesem Begriff jedoch eine andere Bedeutung zu. Die Euthanasie ist eine Handlung, bei der ein Mensch einem anderen Menschen mit der ausschließlichen Absicht den Tod gibt, seine wirklichen oder eingebildeten Leiden zu lindern. Es ist das »*mercy-killing*« der Angelsachsen, die vollbrachte Tötung als Gnade, die Antwort auf die ausgesprochene oder unformulierte Bitte eines Menschen, der Schmerzen leidet.

Die Doktrin der Kirche

Die soziale Euthanasie ist einer der Ecksteine der neuen Thanatopraxis. Die Krankenhauswelt lässt sie nicht rundweg zu. Dennoch wird sie wahrscheinlich vielmals täglich in den Krankenhäusern der USA und Europas praktiziert. [66] Die Debatte darüber beginnt allerdings erst. Sie wird mit außerordentlicher Heftigkeit geführt. Dabei verteidigt die katholische Kirche die eine der beiden klar definierten Positionen. Die Kirche betrachtet den Tod nur als Durchgang, als provisorische Grenze, an die das irdische Leben reicht. Jenseits der Todesschwelle beginnt das ewige Leben, das ein »Über-Leben« im doppelten Sinne des Wortes ist. Seine Dauer ist unbegrenzt, es schließt sich an die begrenzte Dauer des irdischen Daseins an. Das Überleben setzt fort, verlängert und vollendet ein menschliches Abenteuer, das durch die physiologische Katastrophe unserer Zellstruktur vorübergehend unterbrochen wird. Diese Unterbrechung ist notwendig. Ohne sie blieben der menschliche Wille, die Notwendigkeit, zwischen verschiedenen Haltungen zu wählen, sowie die existenziellen Entscheidungen, die wir gegenüber den anderen Menschen täglich treffen, in der Leere der Sinnlosigkeit hängen. Sie würden sich auf keinen Grenzpunkt stützen oder, um den Terminus von Jankélévitch aufzugreifen, auf ein hinderndes Ereignis. [67] Ohne diesen archimedischen Punkt könnte unser Wille nicht dieser Hebel sein, der, auf die Endlichkeit gestützt, die Welt verändert. Ohne den Tod gäbe es das Schicksal des Menschen nicht. Ohne das Sterben bliebe die menschliche Existenz sinnlos, und all unser Denken, unser Tun und unsere Träume wären durch Gleichgültigkeit gekennzeichnet. Die Freiheit des Menschen erfordert also die Existenz des Todes. Dieses Überleben nach dem Tod ist ebenfalls eine zusätzliche Existenz. Sie intensiviert das unterbrochene und wieder aufgenommene Leben. Befreit von den biophysiologischen und psychonervösen Fesseln, die die irdische Verkörperung von der totalen Wahrnehmung gelebter Wirklichkeit unterscheidet, erfährt das erkennende Subjekt seine volle Entfaltung erst jenseits des Zerfalls seiner Zellstruktur. Die christliche Martyrologie drückt hier eine ihrer festesten Überzeugungen aus: Der Apostel Paulus bittet die Bewohner der Stadt Korinth, sich dem nahenden Tod nicht zu widersetzen, »auf dass das Sterbliche werde verschlungen von dem Leben«. [68] Es versteht sich von selbst, dass die heutige biophysiologische Struktur des Menschen ihn vollkommen unfähig macht, die konkreten Modalitäten dieser jenseits der Todesschwelle wieder aufgenommenen, erweiterten und vollendeten Existenz zu durchdringen. »Der Himmel ist für uns unvorstellbar«, sagt Jacques Maritain, weil er sich außerhalb und oberhalb des Universums und seines Raums erstreckt. Die ganze Menschheit, die den Himmel bevölkert, ist uns verborgen. [69] Anders gesagt, die näheren Umstände und die Räumlichkeiten dieses Über-Lebens der Menschen mit ihrer sterblichen Zellstruktur liegen jenseits und außerhalb unseres gegenwärtigen Wahrnehmungsfeldes. Aber der Mensch zeigt, wie Maritain sagt, eine merkwürdige Neigung, während seiner biophysischen Existenz nicht nach dem Leben zu suchen, das er nach dem Tod führen wird. Diese Ablehnung scheint eher auf eine ihm innewohnende Denkfaulheit zurückzuführen zu sein als auf eine grundlegende Unfähigkeit seiner Wahrnehmungsmechanismen. Im Bewusstsein eines so fundamentalen Existenzproblems kommt diese Bequemlichkeit der Dummheit gleich. Maritain sagt: »Unsere Dummheit hindert uns, uns ans Unsichtbare zu halten und daraus unser tägliches Brot zu machen.« [70]

Das haben übrigens nicht allein die Christen begriffen. Max Horkheimer, Theodor Adorno und Ernst Bloch formulieren zu diesem Punkt einige Einsichten, die mich persönlich beschäftigen. Eine stille Dialektik beseelt den Menschen, die seinem erkenntnistheoretischen Bewusstsein Einsichten gegenüberstellt, die sein eschatologisches Ich noch nicht formulieren kann. Aber für Maritain ist entgegen dem, was Horkheimer, Adorno und Bloch annehmen, [71] das unbestimmte Wissen von einem Über-Leben nach dem Tod, das den Menschen seit seinem Erwachen zum bewussten Leben beschäftigt, das Ergebnis eines offenbarten Wissens. Diese Offenbarung hat Christus den in Palästina lebenden Menschen vor knapp zweitausend Jahren gemacht. Sie ist übernatürlichen Ursprungs und damit übermenschlich. Doch seltsamerweise sagt diese Offenbarung, deren zentrale Stelle die Botschaft von der Unsterblichkeit des Menschen ist, das heißt seiner persönlichen Wiederherstellung nach dem Zellverfall, fast nichts über die Umstände des Über-Lebens. Jacques Maritain: »Die Offenbarung lehrt uns nur ein Minimum von Dingen über das Jenseits. Warum? Weil wir die Aussage über das Jenseits doch nicht begreifen würden.« Das mag stimmen, aber ich bin über dieses Schweigen erstaunt. [72] In der sokratischen Bedeutung des Begriffs kann die physiologische Katastrophe vom Subjekt wie ein glückliches Ereignis erlebt werden. [73] Sein Zugang zum ewigen Leben sollte nicht aufgeschoben werden, wenn das irdische Leben nicht voll gelebt werden kann. Der Arzt kann einem Leben ein Ende setzen, das unter die Schwelle gefallen ist, wo menschliches Dasein, das dieses Namens würdig ist, sich konkretisieren kann. Das über die Grenzen hinaus verlängerte Koma, wie wir es beschrieben haben, ist einer der Fälle, in denen der Arzt nicht verpflichtet ist, die Wiederbelebungsapparate in Betrieb zu halten, selbst dann nicht, wenn das Leben im klinischen Sinn noch nicht aus dem Körper gewichen ist. [74] Einige Theologen gehen noch weiter. Sie behaupten, dass im Falle einer Verlängerung des Lebens mithilfe von Apparaten, die die Funktion des Körpers aufrechterhalten, der nun von keinem unterscheidbaren Gedanken mehr bewohnt ist, der Arzt die Pflicht habe, wenn die Familie ihn darum bittet, der irdischen Existenz des Sterbenden ein Ende zu setzen. *Die Kirche schafft hier eine wahre Pflicht zur Euthanasie.* [75]

Hier ist ein grundlegender Text des Dominikaner-Paters Jean de la Croix Käelin: »Das menschliche Leben ist heilig, der Mensch ist gewissermaßen der Verwalter, aber nicht der souveräne Herr. Er kann weder nach Belieben darüber verfügen noch es unterdrücken. Es ist in Wirklichkeit das Leben einer Person, die unmittelbar von Gott für Gott geschaffen worden ist. Der Mann und die Frau sind die unentbehrlichen Mitarbeiter dieser Schöpfung, nicht jedoch die Autoren. Sie bedingen die Persönlichkeit ihres Kindes in biologischer und erzieherischer Hinsicht, aber sie schaffen sie nicht. Sie übertragen ihm auch nicht den Sinn seines Schicksals. Aus diesem Prinzip leiten sich die Achtung vor dem menschlichen Leben, das Verbot der Euthanasie und der Abtreibung ab. Diese Forderungen erstrecken sich so weit, dass kein gewissenhafter Arzt sich erlauben darf, ohne Zustimmung des Patienten eine Niere zu verpflanzen.« [76]

Und etwas weiter: »Vom metaphysischen Standpunkt aus betrachtet, bedeutet der Tod das Ende des Kompositums Mensch. Tatsächlich besteht der Mensch in seiner wesentlichen Ganzheit aus zwei zusammengehörenden Bestandteilen: dem Geistigen und dem Organischen, der Seele und der Materie, die den Körper bildet. Dieser könnte ohne jene nicht existieren, die als sein beseelendes Prinzip geschaffen ist. Durch den Tod dieser Belebung beraubt, ist der Körper nichts mehr, es sei denn im uneigentlichen Sinne. Was übrig bleibt, ist ein Aggregat chemischer Elemente, das in mehr oder weniger langsamem Verfall begriffen ist, einem Verfall, der heute, manchmal unbegrenzt, hinausgezögert wird.« [77]

Für den Christen jedoch ist der Tod nur ein Durchgang. »Das Ich überlebt die physiologische und metaphysische Katastrophe, die das Ende des Kompositums Mensch bedeutet. Der Gläubige weiß, dass diese Verstümmelung das Subjekt nicht hindert, auf einer ganz anderen Ebene eine unvorstellbare Existenzfülle kennen zu lernen. In dieser Glaubenshinsicht kann man uneingeschränkt sagen, dass sein Überleben ein Über-Leben ist.« [78] Der Kranke hat also das Recht, auf bestimmte therapeutische Mittel zu verzichten, die ihm auf familiärer, persönlicher, psychologischer oder finanzieller Ebene zu aufwendig erscheinen und von denen er ahnt, dass sie nur dazu dienen, sein vegetatives Leben ohne jede menschliche Qualität zu verlängern. Er kann gewisse Eingriffe – Herz- und Nierentransplantation –, die der Arzt ihm vorschlägt, ablehnen. Er kann verlangen, dass im Falle des Herzstillstandes der Arzt keine helfende Massage vornimmt. Er kann sogar den Arzt bitten, die künstliche Ernährung einzustellen. Für den Gläubigen ist das irdische Leben nichts Absolutes. Unter bestimmten, extremen Umständen kann sich der Kranke um die menschliche Qualität seiner irdischen Existenz besorgter zeigen als um ihre künstliche Verlängerung.

Es stellt sich ein zusätzliches Problem: Was geschieht, wenn der Kranke nicht bei Bewusstsein ist, unfähig, selbst seine Entscheidung zu treffen und auszudrücken? Wenn er keine Familie, keine Freunde hat, die an seiner Stelle entscheiden? Dann steht der Arzt allein vor der Wahl. Pater Käelin sagt: »Die Versuchung wird für ihn oft groß sein, alles zu versuchen, ohne den Bedingungen hinreichend Rechnung zu tragen, unter denen der Patient überlebt, falls der Eingriff erfolgreich ist. Vielleicht sollte er sich in den Fällen, in denen schwere Zweifel bestehen, fragen, ob er den Eingriff empfehlen würde, wenn es sich um sein Kind oder einen vertrauten Freund oder um sich selbst handeln würde.« [79]

Fazit: »Es gibt Nicht-Eingriffe, die mörderisch sind, und zwar jene, die den Patienten der reellen Chancen auf ein wirkliches menschliches Leben berauben, das heißt auf ein Leben, in dem es zwischenmenschliche Beziehungen tatsächlich gibt und in dem noch volle Freiheit herrscht. Es gibt Nicht-Eingriffe, die sich wie eine Pflicht stellen, und zwar jene, bei denen der Kranke im Falle des Überlebens nur ein menschliches Wrack wäre, und auch jene, wo ein klarsichtiger Patient aus den eben genannten Gründen darum bitten würde, ein zu qualvolles Überleben nicht zu verlängern.« [80]

Die Anhänger der sozialen und wirtschaftlichen Euthanasie

Der gegenwärtige Konflikt zielt im Wesentlichen nicht auf die Frage, ob ein Arzt das Recht oder sogar die Pflicht hat, zu töten, und ob ein Kranker das Recht hat, das unter bestimmten Umständen zu verlangen.* *In der Debatte geht es um die Motivation der Euthana-*

---

* Es gibt allerdings Ausnahmen, das heißt Ärzte, die rundweg und unter jeden Umständen und gegenüber jedem Kranken sich weigern, eine Handlung vor-

sie. Und gleichzeitig um die Identität der Teilnehmer an der Formulierung der Entscheidung. Die katholische Kirche ist, wie wir gesehen haben, für die Beendigung eines Lebens, wenn dieses Leben menschlich nicht zu leben ist.

Die Kirche betrachtet die Euthanasie lediglich als letzte Konsequenz eines vertraulichen Dialogs zwischen dem Menschen und Gott, dessen Thema die eigentliche Lebensqualität eines Körpers ist, der stark angegriffen und nach menschlichem Ermessen unheilbar ist. Der Dialog zwischen dem Arzt und dem Kranken jedoch, ob nun artikuliert oder stumm, wenn der Kranke sich nicht mitteilen kann, bleibt stets bedeutungsvoll, weil die beiden Protagonisten der Euthanasie, der Arzt wie der Kranke, das gleiche Verständnis des menschlichen Schicksals teilen.

Die Anhänger der Harvard-Erklärung orientieren sich offensichtlich nicht an der gleichen Auffassung von der Unsterblichkeit des Menschen und auch nicht an den gleichen Forderungen dieses Dialogs. Sie verlangen die gesetzliche Verankerung einer ganz anderen Thanatopraxis: *Die Gesellschaft* soll ohne Heuchelei die Offensichtlichkeit zugeben, dass in jeder Generation einige ihrer Mitglieder von Störungen und Schwächen heimgesucht werden, aufgrund deren ihnen ein normales Leben untersagt wird. Nun verfügt aber keine Gesellschaft über unbegrenzte materielle Mittel. Viele Krankenhäuser sind bereits überbelegt, die Zahl der Ärzte und der Krankenschwestern reicht nicht aus, und die Geräte wie auch das therapeutische Material sind überbeansprucht. In dieser Situation muss man alle Anstrengungen auf jene Kranke richten, bei denen eine »berechtigte« Hoffnung auf Heilung besteht. Die anderen zu einem mehr oder weniger langen Leben zu verdammen, das jedenfalls keins ist, of-

zunehmen, die in ihrer Absicht zum Tod führt. Das ist zum Beispiel bei *W. F. Anderson* von der Universität Glasgow der Fall, einem Spezialisten für Altersmedizin, für den eine solche Handlung immer »medicated manslaughter«, die Ermordung durch die Mittelsperson des Arztes, bedeutet. Sein Argument: Die Pharmazeutik kennt heute Beruhigungsmittel und hinreichend starke schmerzstillende Drogen, um jedwedes physische Leiden zu lindern. Hinsichtlich des Kranken, der nicht unbewusst sterben will in seiner physischen Hinfälligkeit und ohne Hoffnung auf Genesung, meint Anderson, dass sich der Arzt um ihn nicht zu kümmern braucht, da seine Aufgabe ausschließlich darin besteht, das Leben des Körpers um jeden Preis zu erhalten. [81]

fenbart Heuchelei, nein, schlimmer noch, das bedeutet, die begrenzten Hilfsmittel in der immer heikleren Lage der Krankenhäuser zu verschleudern. Diese Ärzte befürworten die gesetzliche Verankerung der *Tötung bestimmter Menschen aus wirtschaftlichen und sozialen Gründen*. Es versteht sich von selbst, dass sich der Dialog wandelt: In der sozialen Euthanasie ist es nicht mehr der Arzt, der seine Handlung mit dem Kranken diskutiert, sondern der Vertreter der Gesellschaft, der Richter, der Beamte des Gesundheitsministeriums oder ein vereidigter medizinischer Experte, die die Nützlichkeit oder die Ablehnung der euthanatischen Geste mit dem behandelnden Arzt erörtern. Unter den Anhängern der sozialen und wirtschaftlichen Euthanasie vertritt William Sackett eine der interessantesten Argumentationen: »Wenn ich von schwerst behinderten Personen spreche, so beziehe ich mich auf den Typus von Personen, für die der Staat Florida an die 1500 Spezialanstalten eingerichtet hat und deren Zustand sich nicht bessern wird, sodass mancher zögern würde, sie als menschliche Wesen zu bezeichnen. Nach den jetzt gemachten Fortschritten können diese Individuen 50 bis 60 Jahre leben. Allein im Staat Florida beläuft sich der für ihre Pflege erbrachte Aufwand auf vier bis sechs Millionen Dollar pro Jahr. Betrachtet man einen Einzelfall, zum Beispiel den des 25-jährigen Schwarzen da hinten in der Ecke des Zimmers, gekrümmt von Muskelkrämpfen, mit stierem Blick, dann kann man sich sowohl nach seinem Daseinsgrund wie nach den humanitären und wirtschaftlichen Gesichtspunkten fragen. Man kann das Röhrchen sehen, das er im Magen hat und durch das ihm eine Flüssigkeit zugeführt wird. Ich begegnete einer Krankenschwester, die aus der Halle kam und eine Spritze hielt, die sie ihm verabreichen wollte. Auf meine Frage, was die Spritze enthalte, sagte sie mir, dass es ein Antibiotikum sei. Ich fragte noch einmal: ›Warum?‹ Sie antwortete: ›Er hat eine Infektion.‹ Ich wiederholte meine Frage: ›Warum?‹ Da sagte sie mit Nachdruck: ›Wir können ihn doch nicht sterben lassen…!‹ Meine letzten Worte waren: ›Warum nicht?‹«*

---

* 1969 legte Sackett einen Gesetzentwurf dem Parlament des Staates Florida vor. Um ihn zu prüfen, bildete die Abgeordnetenkammer einen Ausschuss, der in der öffentlichen Meinung schnell den Namen »killer committee« erhielt. Erschrocken beschlossen die Gesetzgeber von Florida, ihr Komitee wieder aufzulösen.

Sackett liefert für die soziale und wirtschaftliche Euthanasie, die er einführen will, genaue Kriterien:

1) Jeder Erwachsene und zivilrechtlich Verantwortliche kann zu seinen Lebzeiten eine Notariatsakte unterzeichnen. Zum Beispiel ein Testament, diese Akte wird ordnungsgemäß hinterlegt. Er legt darin zu Händen der behandelnden Ärzte genau fest, unter welchen Bedingungen, unter welchen Umständen und mithilfe welcher Personen seinem Leben ein Ende gesetzt werden könnte.

2) Fehlt ein solches Dokument, könnte ein Verwandter ersten Grades ein Dokument gleichen juristischen Wertes unterzeichnen und darum bitten, dass der inzwischen bewusstlose Patient würdig sterben kann. Als Verwandte ersten Grades gelten die Kinder, der Gatte oder die Gattin des Kranken und seine Erzeuger.

3) Hinsichtlich eines Mannes oder einer Frau, eines Greises oder Kindes, die zur Kategorie der »staff patients« gehören, also Kranken ohne bekannte Familienverbindungen, ohne Freunde oder Bekannte, die sich relativ regelmäßig um sie kümmern und sie im Krankenhaus besuchen, kann der Tod unter bestimmten Bedingungen angeordnet werden, ohne dass der Kranke befragt wird. Drei Mitglieder des Kollegiums der behandelnden Ärzte des Krankenhauses unterzeichnen ein umfassendes Dokument, worin bestätigt wird, dass nach menschlichem Ermessen der Kranke die Voraussetzungen für eine adäquate menschliche Existenz nie wieder erlangen kann. Der Richter des Distrikts, der für das Krankenhaus zuständig ist, erlässt dann ein Urteil, das die behandelnden Ärzte dazu berechtigt, *den Patienten zu töten*. [82]

Die durch diese Vorschläge Sacketts in der amerikanischen Ärzteschaft ausgelöste Erregung war groß. Etwa in der gleichen Zeit erlebte England ein ähnliches Ereignis. Am 5. April 1969 kam das *British Medical Journal* mit der dicken Überschrift heraus, die seiner strengen Tradition wenig entsprach: »Killing of Patients« – ohne Fragezeichen. Der Artikel brachte eine detaillierte Analyse einer Debatte, die kurz zuvor im Oberhaus des Londoner Parlaments stattgefunden hatte. Eine Anzahl von Ärzten war darunter, Erbadelige oder von der Königin geadelte Mediziner. Ein Gesetzesantrag zur Legalisierung der sozialen Euthanasie, eingebracht von Lord Raglan, stand zur Debatte. Das sehr konservative Oberhaus, in dem an jenem Tage zahlreiche Mitglieder nicht anwesend waren (Raglan, der etwas von seinem Beruf verstand, hatte diesen Tag gut gewählt), verwarf die Vorlage mit 61 gegen 40 Stimmen. Dieses Resultat erstaunte durch die Stärke der zustimmenden Minderheit, mehr aber noch durch die Gewichtigkeit der Anhänger des Gesetzes. So stimmte zum Beispiel Lord Platt, einer der angesehensten Ärzte Großbritanniens und ehemaliger Präsident des *Royal College of Physicians,* für das Gesetz.

Noch erstaunlicher aber war die Argumentation einiger Lords, die schließlich gegen das Gesetz stimmten. Sie behaupteten, dass die Euthanasie nicht legalisiert zu werden braucht, da die Ärzte zu allen Zeiten über Mittel verfügen, um das Ende eines Lebens zu beschleunigen, ohne es direkt herbeizuführen, die von der Medizin allgemein anerkannt werden. Ein Arzt kann also in Abstufungen die Menge der dem Patienten verordneten Medikamente erhöhen, die Toleranzgrenze erreichen und schließlich überschreiten. Er kann auch eine Operation oder eine Behandlung hinauszögern oder schlichtweg verweigern, deren Kosten, Dauer oder Leiden, die sich daraus ableiten, nicht im richtigen Verhältnis zu den Chancen einer möglichen Heilung stehen.

Es dauerte nicht lange, bis die Debatte öffentlich wurde. Der Verfasser des Gesetzes, Lord Raglan, hatte Vorsorge getroffen, ehe er seinen Vorschlag abgefasst hatte, und eine Umfrage unter 1000 Ärzten durchgeführt, die er aus den Krankenhäusern Londons und den verschiedenen Grafschaften ausgesucht hatte. Die Hauptfrage lautete: »Wenn die soziale Euthanasie legalisiert würde, würden Sie sie dann praktizieren?« 36,4 % der befragten Ärzte antwortete mit Ja. [83]

Ohne ein klares System der Selbstinterpretation gelingt es der aufkommenden Krankenhausthanatopraxis nicht, auch nur ein einziges der praktischen Probleme zu lösen, die sie sich gestellt hat. Wie soll man eine praktische Unterscheidung treffen zwischen »einen Menschen sterben lassen« und »einen Menschen töten«? Der Unterschied besteht nur theoretisch. Er ist in den meisten Fällen nicht in die Praxis umzusetzen. [84]

Wir haben gesehen, wie Krankenhausärzte täglich Entscheidungen fällen, die gegen den Willen des Kranken oder seine Familie gerichtet sind. Der Arzt verweigert dem Kranken die Anwendung eines Dialysegeräts, da in vielen Kliniken zu wenige davon vorhanden sind. Er handelt dabei aus rein finanziellen Beweggründen. Seltsamerweise wird die Ablehnung einer Behandlung nicht als ein Akt wirtschaftlicher Euthanasie betrachtet, obgleich im Prinzip die Verweigerung von Hilfe gegenüber einer in Lebensgefahr befindlichen Person nach allen Gesetzbüchern Europas strafbar ist. Die von Raglan durchgeführte Umfrage ist hier aufschlussreich. [85] Die meisten Formen der Beschleunigung des Sterbeprozesses scheinen für die Mehrheit der befragten Ärzte keine besonderen Probleme aufzuwerfen. Ganz anders sieht es bei dem aus, was Raglan »willentliche Euthanasie« nennt. Nur eine Minderheit der praktizierenden Ärzte (36,4 % von 1000 befragten Ärzten) ist bereit, das Wiederbelebungsgerät abzuschalten, wenn der Kranke technisch noch am Leben ist, oder einem bewusstlosen Patienten eine tödliche Spritze zu verordnen, der nach ärztlicher Meinung unfähig ist, eines Tages wieder zu einem akzeptablen Leben zu finden. Akzeptabel jedoch für wen? Diese Frage bildet den Kern der zweiten Problemgruppe. Die Mehrzahl der von Lord Raglan befragten englischen Ärzte betrachtet sich als verantwortlich sowohl für das Wohl der ihm anvertrauten Person wie auch für die allgemeineren Ziele der Gesellschaft, in der sie leben und als deren Hüter sie sich bis zu einem gewissen Grade verstehen. Nun, diese doppelte Unterordnung bringt sie in verzwickte Situationen. Zum Beispiel: Nach dem Eingreifen von Lord Platt entwickelte sich eine Diskussion über die akzeptierbare Grenze des Lebens. Ist es bei der heutzutage ständig wachsenden Bevölkerungsziffer, die den Bewohnern einiger großer Städte nahezu unlösbare Probleme der Überbevölkerung und der Verunreinigung stellt, zulässig, das Leben der Menschen über ein bestimmtes Alter hinaus zu verlängern? Das *nützliche Alter (the useful age)* ist von einigen Lords mit 80 Jahren angegeben worden. Über diese Grenze hinaus beschränke sich der Arzt darauf, dem Patienten die geläufigen Arzneien zu verordnen. Er soll auf keinen Fall versuchen, einen über 80 Jahre alten Menschen am Leben zu erhalten, indem er kostspielige Geräte benutzt und ihm komplizierte Behandlungen zukommen lässt, die eine größere Zahl von Spezialisten, Krankenschwestern, Hilfspersonal und die verschiedensten Ausrüstungen verlangen. Letourneau, der die Debatte über die Altersgrenze im Krankenhaus mit gesundem Entsetzen kommentiert, hebt hervor, dass »Michelangelo einige seiner größten Meisterwerke gemalt hat, als er die 80 überschritten hatte. [...] Winston Churchill traf für Großbritannien wesentliche Entscheidungen, als er schon über 80 war, und die katholische Kirche wäre wahrscheinlich nie der modernen Zeit erwacht, wenn nicht ein revolutionärer Greis namens Johannes XXIII. mit 82 Jahren die Eröffnung des Konzils angekündigt hätte!« [86]*

VI   Die Not der Ärzte

Die Debatte über die soziale und wirtschaftliche Euthanasie offenbart noch eine andere Notlage: die der Ärzte. Auch sie ist Gegenstand der Soziologie. Wir haben in den vorangehenden Kapiteln die gleichsam allmächtige Position der thanatokratischen Mediziner gegenüber dem ihnen ausgelieferten Menschen aufgezeigt. Einige in diesen Kapiteln zitierte Texte bezeugen eine indiskutable Arroganz in ihrer Art, von vornherein eine Befragung des Kranken nach seinem Wunsch, zu leben oder zu sterben, auszuschließen. Sie rechtfertigen auf den ersten Blick unser Porträt vom stolzen Herrscher über Leben und Tod. Sieht man jedoch genauer hin, ist die Situation

---

* Das demographische Argument scheint übrigens in der Medizin immer trügerisch zu sein. Auf eine Behandlung zu verzichten, eine therapeutische Geste abzulehnen, weil die Erde, wenn ein-, zwei- oder zehntausend Kranke mehr gerettet würden, übervölkert wäre, wodurch Probleme entstünden, deren die Menschheit nicht Herr würde, ist reine Fantasie. Argument: Nehmen wir an, es würde ein Mittel gegen alle Krebsarten gefunden (was nicht absurd zu erscheinen braucht, da die Forschung diesem umfassenden Heilmittel sehr nahe ist), dann würden alle amerikanischen Krebskranken, die heute sterben, bevor sie das Durchschnittsalter der amerikanischen Lebenserwartung erreicht haben, gerettet. Das durchschnittliche Lebensalter der amerikanischen Bevölkerung würde nur um zwei Jahre und vier Monate steigen. [87]

des Arztes weniger angenehm, als es zunächst erscheint. Die Texte, insbesondere die französischen, verraten eine große Verwirrung, die sich weiter Teile der Ärzteschaft bemächtigt. [88] Und noch wichtiger ist, dass kaum Hoffnung besteht, diese Verwirrung zu beseitigen. Im Gegenteil, alles deutet darauf hin, dass sie noch größer wird. Der Arztberuf ist zu einem tragischen Beruf geworden. Cant sagt ganz realistisch: *»Doctors will have to live with these grey areas perhaps indefinitely.«* [89] Der Dämmerbereich der sozialen Euthanasie, in dem sich heutzutage viele Krankenhausärzte bewegen, wird von zwei gleichfalls unzulässigen Haltungen gesäumt.

Die erste ist die der Aufrechterhaltung des Lebens um jeden Preis, selbst eines Lebens ohne Perspektive, ohne Hoffnung auf Genesung, das nur langwieriges Leiden verspricht. Diese Haltung ist in dem Augenblick klar zu verurteilen, in dem der unmittelbar Betroffene, ein Verwandter, ein Elternteil, ein Freund vergeblich den Abbruch fordert.

Sie wird ganz und gar unzulässig, wenn sie von anderen als medizinischen Erwägungen diktiert wird, aus Prestigegründen zum Beispiel.

Ein gewisser »Stachanovismus« richtet in vielen Krankenhäusern Verheerungen an. Charles Letourneau gibt dafür ein paar Beispiele: »Gegen Juni, wenn sie ihren Dienst wechseln und ersetzt werden sollten, hatten die Ärzte der Universitätskliniken die Angewohnheit, sich einem makabren Spiel zu widmen. Die Idee bestand darin: Wenn ein Patient im Sterben lag, sollte der Kliniker, der Arzt, der die Stelle seines Vorgängers übernahm, die Ehre haben, den Kranken für tot zu erklären. So haben dann diejenigen, die den Kranken betreuten, versucht, ihn so lange wie möglich am Leben zu erhalten, um ihn dem Nachfolger ›übergeben‹ zu können. Es gehörte zum guten Ton, das Leben des Kranken so lange zu verlängern, bis der behandelnde Arzt im Begriff war, zu gehen, und so seinem Nachfolger die Arbeit überlassen konnte, den Totenschein auszustellen. In den meisten Fällen lag der Kranke in Agonie, wurde mit Hilfe von Drogen, Sauerstoff und intravenösen Spritzen künstlich am Leben gehalten, was auch über Erwarten lange gelang. Es handelte sich dabei nach meinem Eindruck um ein höchst sträfliches Verfahren.« [90]

Die andere Grenze ist erreicht, wenn der Arzt die menschliche Umwelt des leidenden Patienten außer Acht lässt und sein Verhalten ausschließlich an den Kriterien wirtschaftlicher Rationalität orientiert. Auch diese Grenze ist heute erreicht. Davon zeugt der Antrag Walter Sacketts, für den nur wenige Stimmen fehlten, um ihn im Parlament des Staates Florida durchzubringen. [91]

Die überwiegende Mehrheit der Menschen und vor allem der Ärzte ist sich sicher darin einig, das Verhalten der von Letourneau beschriebenen Kliniker wie auch die von Sackett formulierten Absichten wirtschaftlicher Euthanasie rückhaltlos zu verurteilen. Aber zwischen diesen beiden Grenzen erstreckt sich das Dunkel, der Bereich des Nichtwissens, der Unbestimmtheit, des Zweifels, der ungenauen Selbstvorwürfe und der Angst. Aber gerade in diesem Bereich ist der Alltag, die gewöhnliche und banale Praxis einer Vielzahl von Krankenhausärzten angesiedelt. Die besten unter ihnen, die zu diesem Thema Stellung genommen haben, sind von einer Art Idealismus beseelt. Doch in der Gesellschaft, in der wir leben, ist ihr Ideal nicht zu verwirklichen. Meistens kann es nicht durch eine wohltuende ärztliche Geste oder in einer wirklich deutlichen Beziehung zwischen dem Arzt und dem Sterbenden, zwischen zwei Menschen, die schließlich das gleiche Schicksal teilen, konkrete Gestalt annehmen. Erst im letzten Stadium des Dialogs erfährt der Arzt wie ein erdrückendes Gewicht den tausendmal wiederholten Misserfolg seiner Kommunikationsversuche. Denn in der Warengesellschaft ist nie von der Unsterblichkeit die Rede. Von allen gegenwärtigen und vergangenen Gesellschaften, die die Menschheit hervorgebracht hat, hat allein die Warengesellschaft kein System der thanatischen Negativität erarbeitet, das heißt eine eigene Ideologie der Unsterblichkeit, und allein unter allen Gesellschaften hat sie dem Tod seinen spezifischen Status geraubt und ihn aus ihrem Wirklichkeitsfeld hinaus in dunkle Zonen verwiesen, die weder das Wort noch der Gedanke erreichen. Einige Ärzte verfallen einer begreifbaren Versuchung. Sie vertreten die Haltung der Umwege. Da sie den Sterbeprozess des Patienten nicht teilen können, da sie nicht wissen, was sie auf die drängenden Fragen des Kranken antworten sollen, suchen sie bei Letzterem zu erreichen, dass er schweigt. Krant, Professor an der medizinischen Fakultät in

Tuft und lange Jahre Chef der Klinik im benachbarten *medical center*, analysiert klar seine eigene Praktik: »Der Patient zieht das Leben immer dem Tod vor, und zwar um jeden Preis. Ein Kranker, der sich gegen die medizinischen Maßnahmen wehrt, die das Krankenhauskollegium anordnet, wird oft als psychiatrischer Fall betrachtet.« [92] Er wird also als solcher behandelt und seine Auflehnung wird gewaltsam gebrochen.

Der Beruf des Anstaltsarztes, der mit Schwerkranken zu tun hat, ist ein tragischer Beruf. Seine tägliche Arbeit spielt sich in einem dunklen Bereich ab, in den Licht zu bringen die Logik der Warenrationalität unfähig ist. Versuchen wir, die praktischen Probleme aufzuzählen, die sich dem Arzt stelllen, der sich Menschen gegenübergestellt sieht, die in den Sterbeprozess eingetreten sind. Eine Unsicherheit taucht auf der Ebene der entsprechenden Verantwortung der öffentlichen Macht und der Ärzte auf. Die englische Debatte und insbesondere einige Einwände im Oberhaus im Zusammenhang mit den Vorschlägen Raglans zeigen das ganz deutlich. Vor einem Bruch in der Zivilisation, in einer Situation der Verwirrung zeigen die Regierungen der Warengesellschaften die unerfreuliche Tendenz, den Ärzten eine Problematik zuzuschieben, die ihrer Natur nach eine öffentliche Diskussion und eine klare politische Entscheidung verlangt. Der Klarheit wegen greifen wir das Beispiel von der Dialyse auf, das wir auf S. 123 f. zitirt haben. In den meisten westeuropäischen Staaten deckt eine Art Tabu die oft enormen und zum Teil unkontrollierten Kosten ab, die die Nation und ihre Abgeordneten für die »nationale Verteidigung« investieren. Den Verteidigungshaushalt zu kürzen käme dem Hochverrat nahe. Die Investitionen für das Gesundheitswesen dagegen unterstehen der öffentlichen Diskussion. Wir stehen damit vor folgender Absurdität: Für drei Atomexplosionen in der Nähe von Tahiti werden elf Milliarden Francs ausgegeben, ohne dass die französische Regierung mehr als eine akademische Debatte ansetzt. Sie weigert sich, der Gegenmeinung Rechnung zu tragen, da gerade das Tabu der »nationalen Verteidigung« diese Ausgaben vor jeder kritischen Prüfung schützt. Der Brief des Admirals von Joybert, der an Monsignore Riobé, den Bischof von Orléans, gerichtet ist und in dem er zur Frage der nuklearen Bewaffnung Frankreichs Stellung nimmt, zeigt gerade diesen

Gesichtspunkt: Die Militärkredite werden nicht diskutiert, da sie das Überleben der Nation sichern, und das Überleben der Nation kann nicht Gegenstand einer Debatte sein. [93] Die 400 Millionen Francs dagegen, die notwendig wären, um alle in Frankreich an Harnvergiftung Leidenden drei Jahre lang zu behandeln, sind Gegenstand einer offenen, kritischen, wenn auch noch zögernden Debatte. Die Regierung akzeptiert diese Diskussion. Sie antwortet mit dem Anschein der Wahrscheinlichkeit, dass die finanziellen Mittel des Landes nicht unbegrenzt sind und dass jedenfalls mehr Menschen auf den Straßen als an Urämie sterben. Man muss also die Ausgaben planen, daher die Notwendigkeit, eine strenge Prioritätenliste aufzustellen. Nun, die Regierung lässt einen Bereich der Unbestimmtheit im ärztlichen Verfahren entstehen. Da, wo der Arzt eine genaue Norm brauchte, um seine Haltung daran zu orientieren – zum Beispiel in Sachen der sozialen Euthanasie –, schweigt die Regierung. Sie verweist den Arzt an seine eigene berufliche Ethik und verpflichtet ihn, selbst unter den vielen an Harnvergiftung leidenden Patienten, die jährlich zu ihm kommen, das Dutzend herauszusuchen, das in den Genuss einer künstlichen Niere gelangt. Wer fühlt sich in einer solchen Situation nicht mit einer unmenschlichen Mission betraut? Wie soll man es den Opfern sagen, dass sie nicht behandelt werden, dass ihre Krankheit zwar heilbar ist, es jedoch nur eine begrenzte Anzahl an verfügbaren Geräten für ihren Fall gibt, und dass sie sterben müssen, weil die Regierung Investitionsprioritäten festlegt, die es verbieten, die Krankenhäuser mit genügend künstlichen Nieren auszustatten? Da liegt zunächst einmal auf Seiten der Regierung ein Irrtum. Die Investitionen für das Gesundheitswesen müssten den absoluten Vorrang haben. Aber da liegt auch eine Feigheit: Man lädt es dem Arzt auf, eine Auswahl zu treffen, obwohl sie nicht nötig wäre, wenn die Folge der Prioritäten umgekehrt würde; man verbietet ihm die Euthanasie, obwohl er töten muss; all das zeugt von einer Haltung, die einer zivilisierten Nation vollkommen unwürdig ist. Von daher verstehe ich die Empörung einiger Ärzte.

Das Krankenhaus ist einer der Mikrokosmen, wo die grundlegenden Konflikte der Warengesellschaft zusammenstoßen. In hohem Maße gewinnen alle Feigheiten, die grundsätzliche Unmenschlichkeit des Profitdenkens im Krankenhaus Gestalt, genauer noch: am Bett des im Sterben liegenden Menschen. Schöne Bücher sind von Ärzten über die erwünschten Beziehungen zwischen Menschen, die im Sterben liegen, und ihnen selbst geschrieben worden. In diesen Büchern werden Schlussfolgerungen gezogen, die fast alle auf der folgenden Forderung aufgebaut sind: »Die Kliniker müssten eine Art höheren Komfort verwalten. Diejenigen unter ihnen, die das ablehnen, verweisen den Patienten an den Priester und berauben sich selbst des edelsten, des beglückendsten Teils ihrer ärztlichen Tätigkeit.« [94] Verwoerdt ist praktischer und liefert eine Liste mit richtigen psychologischen Rezepten für die Ärzte, die im Sterben liegende Patienten behandeln müssen. [95] Russel Noyes, Psychiater an der Universität in Iowa, der mit der Krankenhauswelt durch seine täglichen Besuche in der staatlichen Anstalt für Psychopathie in Iowa vertraut ist, sagt:

»Um ihn zu ermutigen und eine würdevolle Atmosphäre zu schaffen, sollte der Arzt bemüht sein, bei dem Sterbenden den Glauben an die Ordnung der Welt, den Gedanken an seine Zugehörigkeit zur Gesellschaft und an seine Individualität aufrechtzuerhalten. Er sollte ihm beistehen und ihm ermöglichen, einen Tod nach seinem Charakter zu finden, einen Tod, der dem Leben entspricht, das er bis dahin geführt hat. Die Funktionen des Priesters und des Arztes waren lange Zeit unlösbar miteinander verbunden. Noch heute schreiben die Kranken dem Arzt, der sie betreut, diese Rolle zu. Er sollte sich dessen bewusst sein und mit den Priestern zusammenarbeiten, um dem Patienten, dessen Bedürfnis nach transzendentalem Glauben echt ist, geben zu können, was er erwartet. Er muss sich auch der Tatsache bewusst sein, dass die Kranken dazu neigen, die Glaubensinhalte des Arztes, welchen Glauben er auch vertritt, für die ihren zu nehmen. Und was ihn selbst anbelangt, wie sieht es da aus? Wie bereitet er sich selbst auf den Tod vor? Erblickt er nicht in seinen Kranken, die sterben, seine eigene, schmerzlich verdinglichte Verletzbarkeit, ein Ereignis, das er zu negieren versucht?« [96]

Damit der Kliniker die Funktionen des Priesters übernehmen kann und damit der Mensch ohne Statut, der Mensch am Rande, der vom Tod bedroht wird, bei ihm eine wesentliche Antwort oder zumindest eine neue Würde als Sterbender finden kann, muss er hohe

Qualitäten besitzen. Es muss auch ein existenzielles Wissen vom Schicksal des Menschen im Herzen der Warengesellschaft verfügbar sein, das von Mensch zu Mensch weitergegeben wird und das dem, der es erhält, eine unantastbare Würde und einen grenzenlosen Frieden verleiht. Doch es gibt fast keine wirklichen Priester mehr, das heißt Träger eines allgemein anerkannten existenziellen Wissens; und was noch schwerer wiegt: Es gibt kein ontologisches Wissen vom Menschen mehr. Die Warengesellschaft hat den Menschen vernichtet. Der Warenmensch ist auf seine reine Funktionalität reduziert; seine eigentliche Würde schwand. Sie macht einem Ramschwert Platz, wie ihn die Warenfunktion mit sich bringt. Der Mensch als Arzt und als Sterbender haben letzten Endes einen ähnlichen Status, und zwar denjenigen, den ihnen ihre entsprechenden Positionen im Bezugsnetz der Organisation des Profits zuweist.

Fassen wir zusammen: Die letzte Identifizierung zwischen dem Arzt und dem Sterbenden, die manchmal, wenn auch äußerst selten, am Rande eines Krankenhausbetts Wirklichkeit wird, erwächst aus einer aufeinander zustrebenden Bewegung zweier vernunftbegabter Wesen. Sie ist äußerst wünschenswert. Aber welches Gut kann man erwarten vom aufeinander Zustreben zweier grundsätzlich entfremdeter verdinglichter Wesen? Was verbindet sie miteinander, wenn nicht die gemeinsame Entfremdung, ihre Unwissenheit über den Sinn ihrer Existenz? In der Warengesellschaft weiß der Mensch nicht zu sterben und der Arzt ist nicht in der Lage, ihm den Sinn seines Todes zu erklären. Der Prozess des Sterbens, ein wesentlicher Vorgang in der ganzen menschlichen Existenz, hört auf, ein Abenteuer zu sein, das man auf sich nimmt, und wird zu einem absurden Ereignis, das uns im Nichtwissen aufgezwungen wird.

DIE AGONIE

I Die Rückseite des Spiegels

»Das Sterben hat weder mit dem Leben noch mit der Krankheit etwas zu tun.« [1] Diese Erkenntnis, die Bichat gewonnen und Foucault bekräftigt hat, drückt eine ganz einfache Sache aus: Die Gesundheit bedeutet das Schweigen der Organe, die Krankheit ihre Auflehnung. Doch der Prozess des Sterbens, die chronologisch letzte Phase der Existenz des Körpers und des erkenntnisfähigen Bewusstseins, das in ihm wohnt, stellt eine ereignishafte Abfolge einer noch anderen Ordnung dar. Sie hat nichts mit dem biophysiologischen normalen Leben zu tun und auch nicht mit den Pathologien, die sie in bestimmten Momenten umkehren. Soziologisch und psychologisch bewirkt das Sterben eine Veränderung der Identität. Der im Sterben Liegende wird langsam ein anderer Mensch, der vollkommen und grundsätzlich anders ist, als er es vor Eintritt in den Sterbeprozess war. Seine Wahrnehmung wandelt sich, seine soziale Haltung verändert sich, sein Verhältnis zur Wirklichkeit wechselt. In den seltenen Fällen, in denen die Thanatokraten ihm nicht seine Agonie nehmen, geht er einer Seinsfülle entgegen, deren Abglanz der Untersuchende empfängt, die für die Soziologie jedoch total unerklärlich erscheint. [2] Wenn der Prozess des Sterbens oft auf eine Krankheit folgt, auf einen Unfall, auf eine Störung im Organismus, kurz, auf eine ereignishafte pathologische Abfolge, dann ist das in gewisser Hinsicht Zufall, denn keine Kausalität außer der scheinbaren verbindet die Krankheit mit dem Tod. Der Prozess des Sterbens ist ein *Vorgang sui generis.*

Die meisten Ärzte kennen diesen schwierigen Augenblick, in dem sie, ihrem eigenen Parameter folgend, beschließen, die Pflege aufzugeben, weil sie wissen oder zu wissen glauben, dass nun kein therapeutischer Eingriff mehr die Normalität oder Paranormalität des funktionierenden Organismus wiederherstellen kann, den sie bisher behandelt haben. Es kann vorkommen, dass die Aufgabe der

Pflege phenotypisch mit dem Augenblick des Sterbens zusammenfällt. Im Allgemeinen ist die Situation jedoch anders: Nach der Aufgabe der Pflege beginnt eine mehr oder weniger lange Periode, in welcher der sich selbst überlassene Mensch in den Prozess des Sterbens eintritt. Diese Periode kann zu einem Moment zusammenschrumpfen: Der Patient richtet sich auf und reißt die Schläuche heraus, die ihn mit dem Wiederbelebungsgerät verbinden. Er nimmt durch diese Geste auf unmissverständliche Art sein Recht auf Freiheit in Anspruch und verdeutlicht zugleich sein Bewusstsein von einem Ereignis, das ihm innewohnt und das anders ist als die Krankheit, anders als das Leben. Diese Periode kann auch lange dauern. Die Ärzte sprechen dann von der »Remission«, einem ungenauen Terminus, weil er sich noch auf die Krankheit bezieht, während die Remission, wie Kübler-Ross aufzeigt, oft den Prozess einleitet, der zum Tode führt. [3]

Vor dem Aufkommen der Warengesellschaft war den Sterbenden ein genau umrissener Status zugeschrieben. François Lebrun schreibt über den Status der Sterbenden in Anjou im 17. Jahrhundert:

»Der Sterbende musste zuerst die Beichte ablegen und wenn es die Umstände erlaubten, war es eine Generalbeichte… Nach der Beichte erteilt der Priester die Kommunion für die letzte Reise und gibt ihm dann die Letzte Ölung. Gott hat gewollt, dass wir uns bei diesem Sakrament des Öls bedienen, weil es geschmeidig macht, heilt, kräftigt und erleuchtet und die Ölung gegen die Versuchungen des Teufels läutert, die Qualen mindert und manchmal die körperlichen Krankheiten heilt. Getreu dem Ritual, wird die Ölung an den Augen, Ohren, an Nase, Mund, Händen und Füßen und zuletzt an den Lenden vorgenommen. Am Ende, wenn die letzten Augenblicke näher rücken, sprechen der Priester und seine Beisteher die Gebete für den Sterbenden. So führt diese Zelebrierung des Todesmysteriums stets dazu, dem Sterbenden zu einem ›guten Tod‹ zu verhelfen, indem sie ihn gegen die letzten Anfechtungen des Dämons durch die Gnade der Sakramente stärkt und ihn daran erinnert, dass er auf das Erbarmen Gottes hoffen kann.« [4]

Und etwas weiter:

»Sobald der Kranke seinen letzten Atemzug getan hat, werden die Verwandten, Freunde und Nachbarn geschäftig. Einer läuft zum Küster, damit er die Totenglocke läutet, die der ganzen Gemeinde die traurige Nachricht verkündet. Die anderen zünden Kerzen an, halten das Pendel der Uhr an, drehen die Spiegel um, gießen das Wasser aus den Eimern und Schüsseln und heften einen Trauerflor oder ein Stück schwarzes Tuch an den Bienenstock, falls es im Garten des Hauses einen gibt.* Wenn der Tod beim Müller angeklopft hat, entfernen sie die Leinwand von der Mühle und stellen die Flügel der Windmühle in Kreuzform. Dann nimmt eine Frau die Totenwäsche vor, dabei beschränkt sie sich meistens darauf, ihn mit einem frischen Hemd und einer Mütze zu bekleiden. Darauf beginnt die Totenwache. Dazu sind alle Nachbarn eingeladen, und ein Priester kann, gegen Entlohnung, zu den ›Alten‹ hinzukommen. Am gleichen Abend oder am nächsten Morgen wird der Verstorbene in ein Leichentuch gehüllt oder auf eine Bahre gelegt.« [5]

Lichtjahre trennen diesen Sterbevorgang im Anjou des 17. und 18. Jahrhunderts (der heute noch mit einigen Abweichungen in einigen ländlichen Gegenden der Schweiz oder Deutschlands beobachtet werden kann) von der Agonie dieser anonymen Massen, die in den städtischen Krankenhäusern der Vereinigten Staaten oder Europas verscheiden. In der Vorwarengesellschaft hatte der Sterbende einen Status, Befugnisse, Rechte, eine anerkannte Identität, kurz, eine Würde. Wie wir sehen, schafft die Warengesellschaft all diese Eigenschaften ab. Der Sterbende ist nur noch ein Objekt-Mensch, der sich schrittweise auf das totale Nichtfunktionieren zubewegt und der von Verfall zu Verfall auf das soziale Nichts zugeht oder, was noch schlimmer ist, auf den letzten Zustand, wo er ein bloßes Hindernis wird, eine zurückgewiesene Belastung, ein nicht aufge-

---

* Die Spiegel werden umgedreht, damit sich die Seele des Verstorbenen nicht darin spiegeln kann; das Wasser wird weggeschüttet, weil die Seele des Toten sich darin gewaschen und es schmutzig gemacht hat; man heftet einen Trauerflor an die Bienenstöcke, damit nicht alle Bienen in diesem Jahr umkommen. Diese alten Bräuche werden in dem Werk von *Verrier* und *Onillon*, Le Glossaire de l'Anjou, Angers 1908, erklärt. Zitiert nach Lebrun.

hobener Widerspruch zwischen dem Prozess der herrschenden Sozialisation und den Menschen, die sie verkörpern.

Die Krankenhauswelt wird von den Thanatokraten regiert. Sie nehmen dem Sterbenden nicht nur seinen eigenen Status, sondern sie verdunkeln, verschleiern und beseitigen fast gänzlich das Geschehen der Agonie selbst. Im Krankenhausmilieu ist die Agonie ein wichtiges Studienobjekt zum Verständnis der eigentlichen Absicht, die unsere Gesellschaft bewegt. Dennoch sind wenige soziologische Untersuchungen in diesem Bereich vorgenommen worden. Ich habe die wesentlichsten unter ihnen ausgesucht und gebe die entsprechenden Ergebnisse in der Reihenfolge ihrer Erwähnung wieder. In den meisten Krankenhäusern bestimmen zwei fest verankerte Regeln diese ablehnende Haltung. Die erste wird von Elisabeth Kübler-Ross zusammengefasst, die deren Allmächtigkeit gleich zu Beginn ihrer Untersuchung aufdeckte:

»Vor ungefähr fünf Jahren baten mich vier Theologiestudenten, ihnen bei ihrem Projekt zu helfen. Sie mussten eine Arbeit über die Krisen des menschlichen Lebens schreiben und hatten den Tod zum Thema gewählt. Das ist die größte Krise, der sich der Mensch gegenübergestellt sieht, sagten sie. Sie fragten mich: ›Was halten Sie von unserer Idee? Wie verfahren Sie selbst mit Ihren Forschungen über den Tod? Da Sie dieses Ereignis nicht selbst erleben können, da Sie es nicht experimentell erfassen und überprüfen können, müssen Ihre entsprechenden Schritte anders sein als die Schritte, die Forscher bei gewöhnlichen Projekten machen.‹ Ich legte ihnen nahe, sich direkt an die Sterbenden zu wenden und sie nach ihren Ängsten, Wünschen, Bedürfnissen zu fragen und vor allem nach ihrer Meinung über das, was wir mit ihnen machen. Ich beschloss, einen ernsthaft Kranken für unser erstes Interview auszusuchen. Ich war damals recht naiv: Ich entdeckte, dass es unter den 600 Patienten des Krankenhauses keinen einzigen Sterbenden gab. Ich ging von links nach rechts alles durch und erklärte den Ärzten und Krankenschwestern, dass ich mit einem Sterbenden sprechen wolle.

›Worüber wollen Sie mit ihm sprechen?‹

›Über den Tod.‹

›Wir haben keinen Sterbenden in unserer Abteilung…‹

Ich setzte meine Forschungen fort; wenn ich auf meinem Wunsch beharrte, sagte man mir, dass der Kranke zu schwach, zu müde sei oder dass er keine Lust habe, zu sprechen. Ich stieß allgemein auf eine feindselige Haltung, ich wurde zum Gegenstand mancher Aggressivität. Eine Schwester fragte mich eines Tages, welches Vergnügen ich darin fände, mich für den lieben Gott zu halten. Eine andere sagte: ›Wohin bringt Sie das weiter, wenn Sie einem 20-jährigen Jungen sagen, dass er nur noch eine Woche zu leben hat?‹«

Und an anderer Stelle:

»Eine ähnliche Erfahrung habe ich bereits einige Jahre zuvor in einem anderen Krankenhaus gemacht. Da hatte das einzige Mittel, einen Sterbenden zu finden, darin bestanden, systematisch durch alle Säle zu laufen und nach einem Kranken zu suchen, der vor dem Tod stand. Eines Tages traf ich auf einen Greis, der sichtlich gezeichnet war. Er las einen Zeitungsartikel mit dem Titel: ›Die alten Soldaten sterben nie‹. Ich fragte ihn, ob er nicht Angst habe, das zu lesen, worauf er mir antwortete:
›Gehören Sie zu den Ärzten, die DARÜBER nicht sprechen können, selbst wenn sie wissen, dass da nichts mehr zu machen ist?‹
Ich legte ihm die Hand auf die Schulter und sagte:
›Sie sind genau die Person, mit der ich DARÜBER sprechen möchte.‹« [6]

Die zweite Regel, die die Verdunkelung der Agonie mitbestimmt, betrifft nicht die Negation des vorweggenommenen Ereignisses, die entschiedene Behauptung, dass nie jemand im Krankenhaus im Sterben liege. Sie erinnert an die rückblickende Verschleierung, an die Annullierung gewissermaßen des Ereignisses, das dennoch stattgefunden hat. Sudnow gibt in seinem Kapitel über die *Sichtbarkeit des Todes* eine fesselnde Beschreibung ihres Funktionierens:

»Im County Hospital sterben durchschnittlich drei Personen pro Tag, die Zahl der Ablebenden kann zwischen 0 und 15 innerhalb von vierundzwanzig Stunden schwanken. 75 % der 440 Betten sind ständig belegt, die Statistiken zeigen, dass täglich einer von 110 Kranken stirbt. Da ein Patient mehrmals im Verlauf eines Jahres eingeliefert werden kann, sind es fast 25 % der Kranken, die im Jahresdurchschnitt im County Hospital sterben. Wenn ein Kranker stirbt, wird sein Körper in ein Leichentuch gehüllt, bevor er in die Leichenhalle gebracht wird. Das Krankenhaus stellt für jeden Leichnam ein »Leichenbündel« (morgue bundle), das ein Leichentuch, Namensschilder, Wollkordeln, mit denen Hände und Füße zusammengebunden werden, und zwei eingefasste Stoffstücke enthält, mit denen die Augen zugedeckt werden. Die Leichenhalle wird telefonisch von dem Hinscheiden unterrichtet, sie schickt dann dem, der es angefordert hat, ein solches Leichenbündel. Die medizinischen und chirurgischen Abteilungen halten in ihren Wäscheschränken bis zu mehreren Dutzend dieser Pakete vorrätig, sie werden je nach Bedarf ergänzt.« [7]

Der geringste Fehler, das nur andeutungsweise Sichtbarwerden des Ereignisses würde die ganze Verdunkelungsstrategie null und nichtig machen. Um sie handhaben zu können, muss die Fiktion vollkommen sein. Die Überlebenden, selbst diejenigen, die stark angegriffen sind und an ihren Tod denken, müssen den Glauben haben, dass niemand in dem Krankenhaus stirbt, in dem sie liegen. Die verschiedensten, ausgeklügelten Strategien finden zu diesem Zweck Anwendung: »Wenn ein Patient im Gemeinschaftssaal stirbt, werden die Vorhänge an seinem Bett sofort zugezogen, damit die Nachbarn von diesem Ereignis nichts merken. Kann man den Tod eines Kranken voraussehen, legt man ihn in ein Privatzimmer; es ist der einzige Grund, der es ihm in einer Institution wie dem County Hospital erlaubt, Anspruch auf ein Einzelzimmer zu haben. Im Cohen-Krankenhaus dagegen, wie in anderen Spitälern der mittleren Klasse, sind diese Zimmer für die Kranken reserviert, die dafür bezahlen können. Der Tod im Gemeinschaftssaal verursacht dem Personal im Allgemeinen viele Unannehmlichkeiten. Es kann jemand sterben, ohne dass die Schwester davon weiß, dann kann es sein, dass ein anderer Kranker Zeuge davon wird und das Personal benachrichtigt.« Sudnow fährt fort: »Ein Mann ist minutenlang durch die Flure des Krankenhauses geirrt, ehe er eine Schwester fand, der er den Tod seines Nachbarn mitteilen konnte. Um hinausgebracht zu werden, muss der Körper des Kranken auf eine fahrbare Bahre gelegt werden, was Aufmerksamkeit erregt. Allgemein behauptet man dann in den Gemeinschaftssälen, dass der

Kranke untersucht wird. In einem Zweibettzimmer erweist sich das Vorgehen als noch schwieriger. Während der Körper auf die Bahre gelegt wird, spricht die Schwester mit dem Toten und täuscht damit vor, dass er noch lebt, sie gibt etwa eine Röntgendurchleuchtung vor, um mit ›dem Kranken‹ das Zimmer verlassen zu können. Sie richtet es so ein, dass ihr Körper als Schirm zwischen dem Verstorbenen und dem anderen Patienten in diesem Zimmer dient, wenn sie die Bahre zur Tür rollt.« Und etwas weiter: »Das Personal muss viele Vorsichtsmaßnahmen treffen, um die Verstorbenen zu verbergen. Es kommt zum Beispiel vor, dass einige andere Personen, etwa ein Bevollmächtigter, mit der Abholung des Körpers beauftragt ist (Unfalltod, Zuständigkeit der Polizei usw.) und mit einem Kollegen eintrifft und den Abtransport des Toten unter lauten Kommentaren vornimmt. Dann ist jedermann auf dem Laufenden. Ich sah einmal, wie sich ein Mann unter seiner Decke versteckte, während der Bevollmächtigte den Körper seines Nachbarn geräuschvoll aus dem Bett hob, um ihn mitzunehmen. Man ist bemüht, über die Sterbefälle zu schweigen, die in einem Krankenhaus vorkommen, um die anderen Kranken nicht zu erschrecken, aber im Allgemeinen erfahren sie den Tod der in ihrer Abteilung liegenden Patienten am Ende doch. In der Chirurgie und in der Medizinischen isoliert man den Tod in einem Einzelzimmer. Wenn an der Tür eines Zimmers ein weißer Zettel befestigt ist, heißt das, dass sich ein Leichnam darin befindet.« [8] Und schließlich: »Im County Hospital, wo es den Angehörigen nicht gestattet ist, dem Kranken in seinen letzten Minuten beizustehen, kann jeden Augenblick ein Familienmitglied kommen, das Zimmer betreten und seinen Verwandten tot, in ein Leichentuch gehüllt, vorfinden. Das war einmal bei einer Frau der Fall, die ihren Mann besuchen wollte und ihn ›für die Leichenhalle präpariert‹ fand. Schockiert und verstört ging sie ins Büro der Krankenschwester und erzählte ihr, was passiert war. Der zufällig anwesende Arzt sagte ihr, dass man vergeblich versucht habe, sie zu erreichen; er erklärte ihr, dass die Regel des Krankenhauses es verlange, dass, sobald jemand stirbt, sein Körper sofort in ein Leichentuch gehüllt wird.« [9]

Diese Strategien sind keineswegs absolut sicher. Hier zwei Beispiele: »In einem Raum, in dem noch drei weitere Personen lagen, starb ein Patient. Die Krankenschwester kam erst drei Stunden nach seinem Hinscheiden, und während dieser drei Stunden, in denen die anderen Patienten versuchten, jemanden zu benachrichtigen, hatten sie einen Leichnam vor Augen.« [10] »Ich konnte den Greis Nr. 57 sehen, wie er zusammengerollt auf der Seite lag, das Gesicht mir zugewendet. Er war in der Nacht gestorben, niemand hatte es bemerkt. Als die Krankenschwestern am Morgen kamen, taten sie ihre Arbeit, als sei nichts geschehen. Nach einer Stunde betraten zwei andere Schwestern den Saal, sie bewegten sich wie Soldaten, die in den Krieg marschieren. Wortlos wickelten sie den Körper in ein Tuch; aber erst viel später wurde er abgeholt.« [11]

Ich fasse zusammen. Die Absicht der Warengesellschaft offenbart sich hier mit aller Deutlichkeit: Der Sterbende hat keinen anderen Status als den, der ihm von der Krankenhauswelt zugewiesen wird, das heißt einen negativen Status, den Status eines Menschen, der – da er zum normalen Funktionieren, wie es von der Gesellschaft definiert ist, nicht mehr zurückkehren kann oder will – wartet, der gewissermaßen *auf Lager* liegt. Der Sterbende ist eine Belästigung. Da der Tod selbst verdunkelt, verschleiert, entfernt wird und da er auf die Gesamtheit der negativen Werte der Gesellschaft bezogen ist, kann der Agonie kein autonomer Status zugebilligt werden. Und umso weniger kann sie geheiligt, aufgewertet werden. Sie soll im Gegenteil in der allgemeinen Abwertung der Krankheit verschwinden. Sie soll in der Pathologie untergehen, weggespült vom Strom, verschlungen, verloren und unkenntlich gemacht im allgemeinen Prozess der Abwertung, durch den ein Funktionsträger der Warengesellschaft zu einem »Verstorbenen«, zu einem *Defunctus*, einem Funktionsuntüchtigen wird.

II   Zu Hause sterben, im Krankenhaus sterben

Die dogmatische Opposition jedoch zwischen der Agonie der Vorwarengesellschaft, die mit unvergleichlicher Majestät jedem vergangenen Leben seinen definitiven und unvergesslichen Sinn gibt, und der »nicht bestehenden« Agonie mit der Verdunklung und Ablehnung ihres Status, wie sie die zeitgenössischen Thanatokraten organisieren, löst nicht das Erkenntnisproblem. Diese Antinomie hat eine soziale Geschichte. Bevor sie sich zu ihrer gegenwärtigen Durchsichtigkeit herauskristallisierte, hat sie zahlreiche Stadien durchlaufen. Einige Historiker der Medizin tragen dem auf kluge Weise Rechnung.

»Mehrere Faktoren haben diese Probleme geschaffen: der gewaltige technologische Fortschritt im Bereich der Medizin und der Chirurgie, der moderne Brauch, den Sterbenden ins Krankenhaus zu schicken, das Schwinden der direkten Beziehungen zwischen dem Arzt und dem Kranken, das Ziel einiger Ärzte, das Leben um jeden Preis zu erhalten, die Tabus, die den Tod umgeben und daran hindern, dass man frei und aufrichtig darüber spricht, und schließlich die mit diesem ganzen Prozess zusammenhängenden wirtschaftlichen Probleme. Bis vor kurzer Zeit ist der Mensch meistens zu Hause, umgeben von seiner Familie, mit dem Tod konfrontiert worden. Seine Angehörigen verstanden seine Bedürfnisse, seine Wünsche, da sie lange mit ihm zusammengelebt hatten; sie konnten ihm helfen, einen so angenehmen Tod wie möglich zu haben. War ein Arzt zugegen, so konnte er dem Kranken ebenfalls helfen, und sei es auch nur durch seine Anwesenheit. Selten schickte man einen Kranken zum Sterben ins Krankenhaus. Das hat sich im Verlauf der letzten beiden Generationen sehr geändert. In der amerikanischen Gesellschaft ereignen sich heute 80 % der Sterbefälle im Krankenhaus. Das ist das Ergebnis unserer veränderten Lebensweise. Vorher gab es immer jemanden, eine Mutter, eine Schwester, die sich des Kranken zu Hause annahmen. Heute leben die meisten Menschen in Apartments und keiner steht zur Verfügung, um sie zu pflegen, wenn sie krank sind. Die meisten unserer Versicherungen decken ihre Krankheitskosten nur, wenn der Patient im Krankenhaus untergebracht wird. Außerdem ziehen es die Ärzte bei weitem vor, ihre Kranken im Krankenhaus zu behandeln.« [12]

Diese Analyse eines Historikers der Medizin muss durch das Zeugnis eines Praktikers ergänzt werden. Ich zitiere die Analyse von Kyle:

»Wenn die letzte Phase der Krankheit kurz ist und wenn der Verfall stetig und ohne plötzliche Komplikationen verläuft, hat der

Kranke die Chance, friedlich zu Hause und umgeben von der Liebe und der Zuneigung der Freunde, seiner Nachbarn und der Familie zu sterben. Vor fünfunddreißig Jahren, in den ersten Jahren meiner Praxis, war das der Normalfall. Zu jener Zeit lebte man anders. Die reichen Kranken verfügten über die Mittel, eine Krankenschwester und manchmal sogar eine Nachtschwester zu bezahlen. Diese Personen waren bei einem Vermittlungsbüro registriert; man konnte sie leicht bekommen. Die weniger begüterten Kranken griffen zum Teil auf ihre Familie zurück und zum Teil auf Personen eines bestimmten Alters, Witwen oder Unverheiratete, die für ihre Bemühungen ein Taschengeld erhielten. Sie waren nicht besonders ausgebildet, waren aber verständig. Jeder Arzt kannte zwei oder drei von ihnen und konnte sie weiterempfehlen. Das Leben und die Verpflichtung des Arztes waren anders als heute… Es war für ihn normal, zwei oder drei Kranke zu haben, die im Sterben lagen und die er zwei- oder dreimal am Tag besuchte. Die meisten von ihnen waren Privatpatienten, denn nur die Personen, die ein Einkommen von weniger als 250 Pfund Sterling pro Jahr hatten, wurden von dem National Health Service aufgenommen. Ökonomische Gründe bestärkten somit die menschlichen Motivationen und glichen ein Übermaß an Arbeit aus. Ich erinnere mich eines alten Bankpensionärs, um den sich zwei aufmerksame Hausangestellte kümmerten und den ich zwei Jahre lang täglich einmal und in den beiden letzten Wochen seines Lebens zweimal pro Tag besuchte. Zu jener Zeit waren die Gegenwart und die Persönlichkeit des Arztes oft eine wirksamere Therapie als alle Mittel, die er verschrieb. Heutzutage ist es fast unmöglich, eine Privatschwester zu finden, und wenn einmal eine verfügbar ist, verlangt sie einen sehr hohen Lohn. Die meisten dieser Frauen haben eine Ganztagstätigkeit, die ihnen mehr einbringt als die private Pflege. Die Familienhelferinnen, die Hilfsschwestern, die Sozialhelferinnen tun ihr Bestes, aber sie sind nicht zahlreich genug, sie sind zu gefragt und können den Personen, die sie zu pflegen haben, nicht genügend Zeit widmen.« [13]

Caldwell bestätigt die Darstellung von Kyle. Die technologische Ausrüstung des Krankenhauses ermöglicht im Allgemeinen wirksamere Behandlungen als die Pflege zu Hause. Das ist richtig. Aber für die Sterbenden bringt das Krankenhaus oft eine unendlich qualvollere Agonie, als wenn sie daheim sterben. Die technologische Ausrüstung erlaubt tatsächlich, das biophysiologische Leben des Sterbenden über den Moment hinaus, in dem das klare Bewusstsein von seiner Existenz erlischt, zu verlängern. In den von Caldwell untersuchten Krankenhäusern bedienen sich die Thanatokraten dieses Instrumentariums bedenkenlos, mit dem sie, über den Punkt des Bewusstseinsverlustes hinaus, die Agonie ihrer Opfer hinauszögern können. Hier die Schlussfolgerung von Caldwells Untersuchung:

»Der meistgewünschte Tod, der augenblickliche Tod tritt meistens bei den Kranken ein, die zu Hause gepflegt werden und die nicht den herabsetzenden, intensiven Behandlungen der Krankenhäuser ausgesetzt sind.« [14]

Kyle und Caldwell scheinen zum Ausdruck zu bringen, dass es für den Kranken genüge, zu Hause zu bleiben, um die unveräußerliche Würde seiner Agonie zurückzuerhalten. Diese Sicht ist anfechtbar. Die Zersetzung der Familienstruktur durch das schnelle Fortschreiten der Warengesellschaft vor allem im städtischen Bereich macht oft aus diesem Zuhause, dem von Kyle angesprochenen »home«, einen erschreckenden Ort der Einsamkeit und der schäbigen Verlassenheit. Das Dan Mason Research Committee versucht, diese Auflösung und deren Folgen für einige Schwerkranke, die das Krankenhaus verlassen haben, in England zu beschreiben: Das Komitee untersuchte 533 Fälle von Patienten, die beim National Health Service versichert sind und aus zwei englischen Krankenhäusern kamen, die nicht der Universität gehören. 55 % der Fälle zeigten kaum oder keine Probleme nach der Behandlung. Anders war es bei den restlichen 45 %. Um ihre Theorie zu illustrieren, wählten die Forscher 18 Fälle aus. Davon zwei Beispiele:

»Frau A., Witwe, 92 Jahre. Darmkrebs. Blind. Sie lebt allein zu Hause, sie erhält von der Distriktkrankenschwester und von der Familienhilfe Besuch. Ihre Tochter wohnt in der Nähe. Nach einer Woche wird ihr die Hilfe nur noch an zwei Vormittagen der Woche gewährt. Da Frau A. nicht allein bleiben kann, zieht sie zu ihrer Tochter, die ebenfalls Witwe ist. Damit hat sie keinen Anspruch auf Familienhilfe mehr. Die Krankenschwester besucht sie dreimal in zwei Wochen. Sie macht dreimal Tee und verschüttet ihn einmal versehentlich über Frau A. und fügt ihr Brandwunden zu. Die Tochter arbeitet von 7–17 Uhr; obwohl es ihr nicht leicht fällt, richtet sie es ein, noch einmal nach Hause zu kommen, um ihrer Mutter im Laufe des Tages zu essen und zu trinken zu geben. Am Abend kauft sie ein, versorgt den Haushalt und macht die Wäsche. Da sie in einer schwierigen Lage sind, beschließen sie gemeinsam, eine Hilfe anzufordern. Man schlägt ihnen eine Person vor, die sie selbst bezahlen müssen. Das ist ihnen nicht möglich. Die Tochter von Frau A. hat keine feste Arbeit, da sie sich zu oft entfernen muss, um ihrer Mutter zu Hilfe zu kommen. Nicht in der Lage, zur Toilette zu gehen, unfähig, sich ein Glas Wasser einzugießen, bleibt Frau A. den ganzen Tag im Bett oder auf ihrem durchgesessenen Stuhl sitzen und wartet auf ihr Ende.«

»Frau D., Witwe, 70 Jahre. Herzkrank. Das Krankenhaus schickt sie als ambulanten Fall nach Hause. Sie ist allein. Telefonisch nimmt das Krankenhaus mit einer Schwester Verbindung auf, die die Besuche übernehmen soll. Die Ambulanz legt Frau D. ins Bett, aus dem sie nicht alleine aufstehen kann. Eine Nachbarin, die die Ambulanz kommen sah, besucht Frau D. und stellt fest, dass an Lebensmitteln außer Eiern und Brot, die Frau D., bevor sie ins Krankenhaus ging, gekauft hatte, nichts im Hause ist.
Die Nachbarin kommt alle Tage und wird sich nach einer Woche klar, dass ihre Bemühungen nicht hinreichen. Unfähig, für sich selbst zu sorgen, muss Frau D. dann wieder ins Krankenhaus zurück, da die Schwester, die sie zu Hause pflegen sollte, nie gekommen ist.« [15]

So gereicht die Auflösung der Familie und ihrer Umgebung dem Sterbenden zu einem sicheren Nachteil. Sie beraubt ihn in den meisten Fällen einer echten Alternative zu dem unannehmbaren und unwürdigen Sterbevorgang im Krankenhaus.* Da der Mensch über

---

* Es gibt Alternativlösungen zu der Unwürdigkeit im Krankenhaus: *Wilson T. Keenan*, ein anglikanischer Priester, zitiert eine: »Die Kranke war in einem Krankenhaus gegen Krebs behandelt worden und ist für einige Zeit nach

keine hinreichend stark strukturierte Familie mehr verfügt, ist er im Krankenhaus, wenn er im Sterben liegt, nur einer geringen Hilfe von außen im Kampf gegen die Thanatokraten sicher. Das wird besonders bei Männern, Kindern oder Frauen deutlich, die einer proletarischen Familie angehören. Der Bericht von H. E. Williams, dem Direktor eines großen australischen Krankenhauses, wo Kinder eingewanderter Arbeiter behandelt werden, liefert davon ein beredtes Zeugnis:

»Die großen sozialen und wissenschaftlichen Veränderungen, die die Gesundheit des Kindes verbessert und seine Lebenserwartung verlängert haben, haben auch seinen Status in der Gesellschaft verändert. Dabei sind neue Probleme entstanden. Die großen städtischen Ballungszentren bergen keine richtigen Gemeinschaften mehr, die durch gemeinsame Interessen und religiöse Gefühle miteinander verbunden sind. Viele Familien bilden keinen integrierenden Bestandteil der Gesellschaft mehr, in der sie leben. Sie sind isoliert und haben oft keinen klar definierten Daseinsgrund. Das gilt insbesondere für die landflüchtigen Arbeiterfamilien. Die städtischen Institutionen sind so groß geworden, dass sie einen Teil ihrer Wirkungsmöglichkeiten verloren haben und nun unpersönlich sind. Unsere gegenwärtigen sozialen Institutionen haben weder das Personal noch die Macht, die Probleme der benachteiligten zugewanderten Familien zu lösen. Wenn ein Kind krank wird und in einem großen Krankenhaus gepflegt werden muss, fühlt es sich völlig verloren, isoliert, verängstigt wie der Rest seiner Familie; dieses Gefühl kann beherrschend werden.« [17]

Hause zurückgekehrt. Eines Nachts um zwei Uhr wurde ich zu ihr gerufen. Ihr Mann und sie hatten mit dem Arzt über ihre eventuelle Rückkehr ins Krankenhaus und die Behandlungen gesprochen, die sie dort erfuhr. Man würde sie am Leben erhalten, indem man Atmung und andere Funktionen sicherstellen würde, aber das wäre nur für kurze Zeit. Sie beschloss also, nicht ins Krankenhaus zurückzugehen, weil sie wusste, dass es keine Hoffnung auf Genesung gab. Wir trafen gemeinsam verschiedene Begräbnisvorbereitungen. Man bat mich, den Arzt zu benachrichtigen, was ich auch tat. Er sagte mir: ›Wenn sie das wollen, gut.‹« [16]

III   Die Selbstzerstörung

Es gibt eine Sonderform der Agonie, die zumeist von den betagten Menschen gefürchtet wird, die in den Altersheimen überleben. Die Gesellschaft drängt die Individuen, die in Bezug auf ihre eigenen Ziele unbrauchbar geworden sind, an den Rand. Für sie sind die alten Menschen Belastungen par excellence; sie steckt sie in Heime, stellt sie in Institutionen ab, von denen nur wenige ihren Insassen ein Leben garantieren können, das dieses Namens würdig ist. Der Alltag des Krankenhauses, d. h. das tägliche Verhalten der Krankenschwestern und Ärzte, reproduziert die Absicht der herrschenden Denkweise. Er zeigt sich in dem festen Willen, den Tod abzulehnen, ihn zu verdunkeln und ihm jede Bedeutung zu nehmen. Der Tod, das einfache Ereignis, ist ein Asyltabu. Gegen dieses terroristische Denken entwickeln viele alte Leute eine überraschende Protesthaltung. Sie erschaffen innerhalb dieser »Normalität« eine *Pathologie*, deren Äußerungen von den Thanatokraten nur schwer ertragen werden.* Man will ihren bevorstehenden Tod verdunkeln? Man will ihnen ihre Agonie rauben? Nun gut, dann werden sie selbst ihr Recht auf einen eigenen Tod verlangen. Diese Forderung drückt sich durch die *Selbstverstümmelung* oder gar den Selbstmord aus. Kastenbaum liefert eine Beschreibung dieser Praktiken:

»Der vorzeitige Tod wird von den alten Menschen oft mit dem natürlichen Tod verwechselt. Im Extremfall und hypothetisch wird vielfach gemeint, dass jeder alte Mensch reif für den Tod sei. Es gäbe da weniger Missverständnisse, wenn wir in Betracht ziehen würden, dass ungeachtet der Eintragungen auf dem Totenschein alle Tode vorzeitig eintreten. Der vorzeitige Tod ist eine Realität, und der Selbstmord ist das klassische Beispiel dafür. Aus einigen amerikanischen Untersuchungen geht hervor, dass die wirkliche Zahl der Suizide in den Vereinigten Staaten mindestens

---

* Eine solche Auflehnung wird vielfach mit Elektroschocks »behandelt«. Diese Schocks sind so schmerzhaft, dass nur wenige alte Leute auf ihrer Forderung nach einem bewussten und würdigen Tod bestehen. [18]

zweimal so groß ist, wie die offiziellen Statistiken (der USA) vermuten lassen, die 20 000 bis 25 000 Selbstmorde jährlich ausweisen.«

Und etwas weiter:
»Es gibt noch andere Formen der Selbstzerstörung bei alten Menschen. Man kann sehen, wie die Kranken die Wahrscheinlichkeit ihres eigenen Endes stark erhöhen, ohne sich dessen bewusst zu sein. Der Tod tritt also eher als vorhergesehen ein, ohne dass direkte Selbstmordversuche (offene Pulsadern, Gift usw.) vorliegen. Daraus geht hervor, dass die Individuen häufig eine größere Rolle beim Ereignis ihres Todes spielen, als die Selbstmordstatistiken anzeigen. Ohne direkte selbstmörderische Tätigkeit beschleunigen einige Kranke ihren Tod. [...] Bei alten Leuten mit somatischen Krankheiten findet man oft einen *ungestillten emotionalen und geistigen Hunger*, der zu einem depressiven Zustand führt, der eine physische und intellektuelle Schwächung zur Folge hat, die den Tod nach sich zieht.«

Hier die Ergebnisse einer Untersuchung über die Selbstverstümmelung von Kranken, die in einer geriatrischen Klinik behandelt wurden:
Personen: 64 Männer, 142 Frauen, die auf 2 bzw. 4 Säle eines städtischen Krankenhauses verteilt sind. Alle Patienten zeigen medizinisch chronische Probleme. Das Durchschnittsalter der Männer beträgt 70 Jahre, das der Frauen 72 Jahre.
Durchführung: Sieben Jahre lang ist das Dienstpersonal beauftragt, die Fälle von Selbstverstümmelung bei den Kranken festzuhalten. Jeder Fall wird kurz kommentiert und die Häufigkeit der Versuche bei ein und derselben Person sorgfältig notiert.

	Männer	*Frauen*
Verletzungen, die durch Schwäche, Hinfallen, Unvermögen beim Gehen hervorgerufen wurden	1	5
Sich an Mauern oder Gegenständen stoßen	1	4
Auf den Stuhl steigen und herunterfallen	0	3

Sich Kratzwunden zufügen	0	2
Sich ausziehen und erkälten	0	2
Sich mit Zigaretten verbrennen	2	4
Sich mit heißem Wasser verbrennen	0	2
Fremdkörper verschlucken	1	3
Zu schnell essen	0	2
Sich gegenseitig schlagen	18	1
Schupsen und hinfallen	0	1
Stolpern	0	2
An harte Gegenstände (Mauern) schlagen und sich verletzen	4	0
Schläge von Patienten erhalten, weil man z. B. Zigaretten gestohlen hat	1	0
	28	31

Von 206 untersuchten Fällen trugen somit 59 schwere Selbstverstümmelungen davon.

Zitieren wir weiter Kastenbaum:

»Hier fünf Beispiele für relativ passive Haltungen, die unbemerkt bleiben können, aber den Tod beschleunigen oder herbeiführen. Keiner dieser Fälle wurde vom Personal als Selbstverstümmelungsversuch gewertet.

1) Der Kranke weigert sich, Medikamente zu nehmen.

2) Er vergisst es, den Anweisungen des Arztes zu folgen.

3) Entgegen der Anweisung trinkt und raucht er.

4) Er verweigert die Nahrung, oder wenn er sie annimmt, behält er sie nicht bei sich.

5) Er setzt sich Zugluft aus und erkältet sich.«

Und weiter:

»Alte Leute, die die Lust am Leben verloren haben, zeigen in einigen Fällen psychomotorische Störungen, allgemeine Müdigkeit, ein Gefühl chronischer Schwäche und Schlaflosigkeit. Sie fühlen sich minderwertig, zu nichts gut. Sie haben keine Hoffnung mehr auf ein künftiges Leben und ihr vergangenes Leben scheint ihnen nicht viel gebracht zu haben. Wenn die Depression zunimmt, kann es geschehen, dass sie sich nicht mehr waschen, ihre Kleidung vernachlässigen oder zu essen vergessen. Diese Symptome sind bei einigen durch einen ›Mangel‹, einen Verlust bedingt (z. B. Tod eines Nahestehenden, Verlust der physischen Unabhängigkeit). In anderen Fällen stellt man Aggressivität, ungewöhnliche Reizbarkeit und Unruhe fest; in diesen Fällen handelt es sich um Personen, die sich feste Ziele gesetzt haben, die ihr Leben auf Ehrgeiz und sozialem Ansehen aufgebaut haben. Im Allgemeinen sind das harte, unbeugsame Menschen, die Schwierigkeiten haben, sich an ihre neue Umgebung anzupassen. Der daraus erwachsende Konflikt veranlasst sie, auf ihr eigenes Ende hinzuarbeiten.« [19]

Ich formuliere mit Ariès eine vorläufige Zusammenfassung: »Die Sterbenden haben keinen Status und infolgedessen auch keine Würde mehr. Sie sind blinde Passagiere, *marginal men*, deren Notlage man zu ahnen beginnt. Es ist die Aufgabe der Humanwissenschaften, diese Not an den Tag zu legen, trotz des Schweigens der Mediziner, der Geistlichen, der Politiker.« [20] Das vorliegende Kapitel sucht einen bescheidenen Teil der Aufgabe zu übernehmen, die Ariès der Soziologie zuweist. Damit bieten sich auch gleich die Schwierigkeiten dar. Dem heute so vollkommenen Triumph des Thanatokraten entspricht eine *finstere Abdankung der Sterbenden*; denn wie soll man verstehen, dass sie ohne ernsthaftes Aufbegehren – lässt man die zitierten Beispiele von Selbstverstümmelung beiseite – hinnehmen, dass die in den meisten amerikanischen und europäischen Krankenhäusern verbreitete Thanatopraxis ihnen ihr Wissen und damit das voll erlebte Bewusstsein von ihrem Sterben entzieht? Doch nur durch einen Bruch, der sich zu einem bestimmten Zeitpunkt im abendländischen Bewusstsein vollzogen hat. Das persönliche Bewusstsein ist durch die Rationalität der Warengesellschaft selbst verdinglicht worden. Es dankt ab; es erfährt passiv die symbolische und physische Gewalt dieser Gesellschaft. Die Verdunkelung des Todes, die rational auf der sozialen Strategie der machthabenden kapitalistischen Klasse beruht, scheint von nun an von der Mehrheit der Sterbenden verinnerlicht und akzeptiert zu werden.

IV   Die sieben Stadien der Agonie

Elisabeth Kübler-Ross ist Ärztin. Das Seminar, das sie seit 1965 im Billings-Krankenhaus in Chicago leitet, ist in seiner Art einzigartig. Es wird jährlich von ungefähr 50 Personen besucht: Soziologen, Medizinern, Theologen und Krankenschwestern, die überwiegend aus den Vereinigten Staaten, aber auch aus anderen Teilen der Welt kommen. Das Buch, das sie 1969 veröffentlicht hat, enthält die Aufzeichnung von rund 200 Interviews. Weder diese Interviews noch ihre Auswahl entsprechen den strengen Regeln empirischer Soziologie. Zunächst sind die befragten Personen nicht nach technischen Mustern ausgewählt worden. Dann verlief die Unterhaltung nicht mithilfe eines klassischen Fragebogens. Und schließlich versucht die Aufzeichnung nicht, die Variablen des Auftretens und der Verhaltensmuster festzuhalten. Auf der anderen Seite gelingt dem Seminar von Kübler-Ross etwas Bewunderungswürdiges: Es bringt es fertig, die Würde der Sterbenden, die den Wunsch haben, über ihre Erfahrung zu sprechen, voll zu respektieren und den befragten Männern und Frauen eine wirkliche Hilfe zu geben. Ein Kapitel ihres Buches ist den Reaktionen der teilnehmenden Beobachter des Seminars gewidmet. Obwohl eine Reihe von ihnen irrational und manchmal total negativ reagieren und dadurch das Vorhandensein des Tabus und ihrer eigenen verdrängten und zurückgehaltenen Angst vor dem Tod beweisen, ist das didaktische Ergebnis des Seminars positiv. Viele medizinische Fakultäten erklären die Teilnahme daran für obligatorisch. Es ist nicht ausgeschlossen, dass die Arbeit von Kübler-Ross und ihrer Mannschaft in einigen Jahren dahin kommt, die Auffassung vom Tode bei zahllosen Ärzten, Krankenschwestern, Verwaltungsbeamten und Thanatokraten der amerikanischen und europäischen Krankenanstalten zu modifizieren und ihre negativen Beziehungen zu den Sterbenden wenigstens teilweise zu verändern. Bei jedem Interview verfährt Kübler-Ross, begleitet vom Anstaltsgeistlichen und manchmal auch vom behandelnden Arzt, auf die gleiche Weise: Sie sucht die Kranken heraus oder lässt sie sich von den behandelnden Ärzten zeigen, bei denen feststeht, dass sie bald sterben werden. Sie führt eine Begegnung herbei, weist gleich darauf hin, dass sie ein Seminar über den Tod leitet und dass sie den Wunsch hat, dass der Kranke ihr hilft, die Erfahrung, die er macht, zu verstehen. Wenn der Kranke einverstanden ist, findet ein erstes Gespräch an seinem Bett und in dem Raum, in dem er gepflegt wird, statt. Diese Unterhaltung wird aufgezeichnet. Das Band wird dann von der Mannschaft abgehört, die das Seminar leitet. Eine Reihe von besonders interessanten Fragen, die die Erfahrung des Befragten ungewöhnlich deutlich wiedergeben, werden darauf im Einvernehmen mit dem Kranken für die allgemeine Diskussion vor den Studenten ausgewählt. Die Debatte wird in einem speziellen Raum durchgeführt, den das genannte Krankenhaus zur Verfügung stellt. Der Kranke wird in diesen Saal gebracht. Kübler-Ross und zwei weitere Mitglieder des Teams setzen sich ans Bett. Die Studenten befinden sich hinter einer spiegelfreien Glaswand. Der Kranke legt unter allen Umständen sowohl bei den vorausgehenden Unterhaltungen wie auch bei der Sitzung vor dem Plenum die Dauer der Begegnung frei fest. Der Arzt wacht darüber, dass dem Patienten keine übermäßige Anstrengung auferlegt wird. Anschließend wird der Kranke in sein Zimmer zurückgebracht. In einer zweiten Sitzung kommen die beobachtenden Teilnehmer des Seminars zusammen. Eine didaktische Diskussion rollt den Dialog zwischen dem Team und dem Kranken auf. Die im Verlauf der Sitzung ermittelten Informationen werden klassifiziert. Die menschliche Ausstrahlung, die Anteilnahme und die geistige Feinheit von Elisabeth Kübler-Ross sind von einer Art, dass nicht nur die Zahl der beobachtenden Teilnehmer ständig zunimmt, sondern dass sogar in den verschiedenen Krankenhäusern, wo die Seminare stattfinden, die Schwerkranken selbst oft spontan den Wunsch äußern, mit den Befragern sprechen zu können.

Fast alle von Kübler-Ross interviewten Schwerkranken (*terminally ill* – der englische Ausdruck ist der genaueste) geben ein und denselben Verlauf wieder, trotz der außerordentlichen Verschiedenheit ihrer sozialen, kulturellen oder religiösen Herkunft und trotz ihrer unterschiedlichen Erfahrungen, Familiensituationen, ihres Charakters und ihrer Bildung. Man muss dabei die nahezu vollkommene Objektivität bewundern. Die Interview-Texte von Kübler-Ross zeigen keinerlei direktionelle Fragen. Alle Protokolle, die *in extenso*

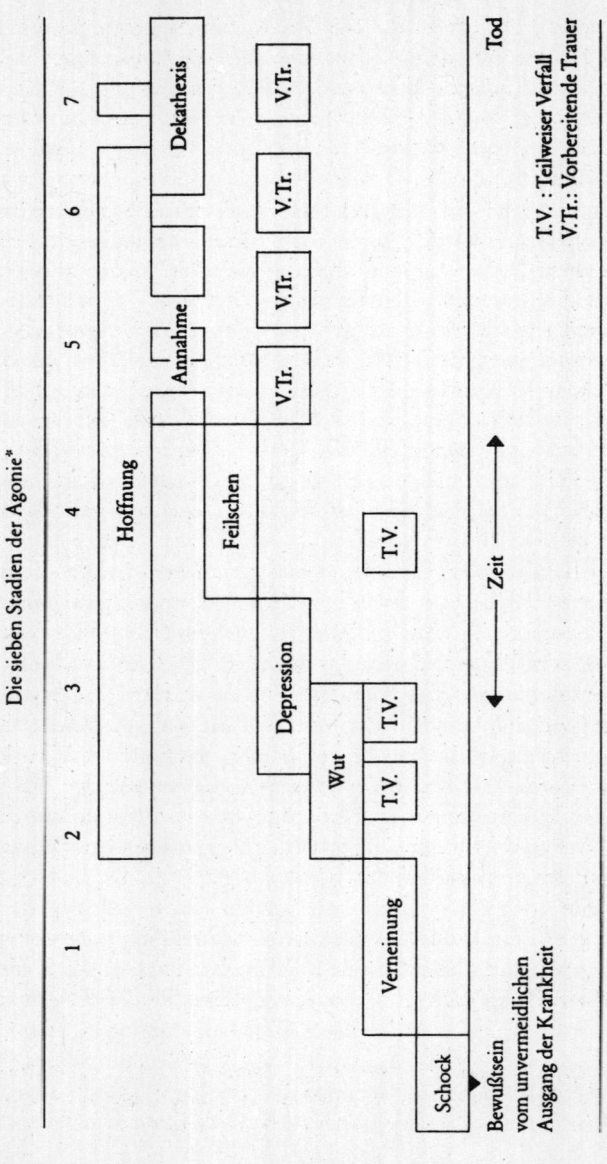

Die sieben Stadien der Agonie*

T.V. : Teilweiser Verfall
V.Tr.: Vorbereitende Trauer

* Tafel: Kübler-Ross, op. cit.

oder gekürzt in dem Buch abgedruckt sind, zeigen, dass der sprechende Patient – *the dying as a teacher*, wie die Autorin sagt – *sieben Stadien unterschiedlichen Bewusstseins* durchlebt.

Diese sieben Stadien lauten: Schock, Verneinung, Wut, Depression, Feilschen, Annahme, Dekathexis.* Einige dieser Stadien sind nicht »fortlaufend«. Mit anderen Worten, die Bewusstseinswirklichkeit, die sie ausdrücken, wird von Einblendungen durchkreuzt, die aus früheren, seltener aus späteren Stadien der Agonie stammen. Zwei große »Zeiten« umspannen den gesamten Prozess: die erste ist die Zeit des Körpers; sie beginnt an dem winzigen Spalt, der die Krankheit von der Agonie trennt; sie endet mit der physiologischen Katastrophe, genannt der Tod. Aber auch eine zweite Zeit, die in eine Vektorenrichtung weist und eine aufsteigende und nicht sinkende Entwicklung hat, macht sich in der Agonie bemerkbar. Es ist die Zeit des Bewusstseins. Sie äußert sich in jedem Stadium der Agonie und durch die immer neuen Formulierungen hindurch wie die ständige Hoffnung auf ein selbstständiges Überleben des Bewusstseins nach dem Tod.

Zwei Begriffe der grafischen Darstellung von Kübler-Ross bedürfen der Erklärung: vorbereitende Trauer und teilweise Verneinung. In bestimmten Augenblicken der Agonie ist das Bewusstsein »doppelt«. Ein Teil des Bewusstseins ist von Depression betroffen, von stummer Gleichgültigkeit, während ein anderer die praktischen Gesten (vorbereitender Trauer) der Trennung des Sterbenden von seiner gewohnten Umgebung vorbereitet. Es kann auch vorkommen, dass schon während des Stadiums der Verneinung das klare Bewusstsein vom endgültigen Ausgang des Prozesses aufkommt; es ist also nur eine teilweise Verneinung; zwischen den einzelnen Epochen, in denen sich die Verneinung artikuliert, tritt langes Stillschweigen ein.

Eine große Zahl von Teilmonografien – die einen untersuchen die Agonie bei jungen Leuten, älteren Personen und Kindern, die anderen analysieren die Agonie in den sozialen Schichten, institutio-

---

* Die hellenistische Medizin kannte eine Agonie, die zehn Stadien durchlief, daher der Terminus »Dekathexis« (zehntes Stadium). Kübler-Ross behält diesen Begriff bei, um die letzte Etappe der Agonie zu bezeichnen.

nellen Orten oder verschiedenen Kulturen – stehen heute zur Verfügung. Keine von denen, die ich kenne, entkräftet die Theorie von den sieben Stadien der Agonie, die von Kübler-Ross erarbeitet wurde. Im Gegenteil, einige von ihnen stellen meiner Meinung nach unentbehrliche Ergänzungen zu dieser Theorie dar, indem sie die unveräußerliche Fähigkeit des Menschen, die Stunde seines eigenen Todes wahrzunehmen, belegen und auch die Modalitäten dieses Todes aufzeigen. *Wie die Abdrücke seiner Hand, die keinem anderen Handabdruck gleichen, trägt der Mensch einen ihm eigenen Tod in sich.* Daraus leitet er sein unbeirrbares Wissen ab. Kübler-Ross spricht von einem *Signalisierungssystem.*

»Wenn unsere Kranken das Stadium erreicht haben, in dem sie den Tod und die endgültige Dekathexis annehmen, betrachten sie die Eingriffe von außen als unerwünscht, als unnötige Störung, die sie hinderten, in Frieden und mit Würde zu sterben. Vom medizinischen Standpunkt aus war dieses Verhalten aufschlussreich hinsichtlich des Todes, der dem Patienten innewohnt, während man bis dahin bei ihm noch kein Indiz entdeckt hatte, das das Ende ankündigte. In diesem Fall antwortet er auf ein System innerer psychologischer Signale, die wir nicht kennen, aber deren Auswirkungen wir sehen. Er ist sich des ihm innewohnenden Todes bewusst; manchmal wird das dadurch zum Ausdruck gebracht, dass er uns bittet, uns zu ihm zu setzen. Das ist das Letzte, was wir für ihn noch tun können und sollten.« [21]

Ich zitiere einige Monografien, die ergänzende Hinweise auf dieses Signalisierungssystem liefern.

Wie nehmen die Insassen eines Altersheims ihren Tod wahr? Eine Untersuchung von Hinton gibt darauf Antwort:

102 sterbende Personen, die 60 Jahre und älter waren, nahmen den Tod leichter an als die jüngeren; die große Mehrheit der mehr als 70-jährigen sah dem Tod gefasst und friedlich entgegen. [22]

Extor-Smith kommt zu dem Ergebnis, nachdem er 200 Sterbende im Alter von durchschnittlich 80 Jahren befragt hat, dass sie dem Tod ohne Angst oder Schwäche entgegensahen. [23]

Swenson machte die gleiche Erfahrung mit derselben Zahl von Patienten, von denen nur 10 % ein gewisses Bangen vor dem Tod zum Ausdruck brachten. [24] Kastenbaum analysierte das Verhalten von 600 Personen mit der Methode der Psycho-Autopsie. Die Hälfte von ihnen sahen dem Tod positiv entgegen und nur drei negativ. Er schließt jedoch daraus, dass sich diese Resultate aus dem Einfluss ergeben, den das Pflegepersonal auf die Kranken ausübt. [25]

Shrut machte Tests mit 60 Frauen eines jüdischen Altersheims. Sie zeigten wenig Ängstlichkeit angesichts des Todes. Er stellte fest, dass diejenigen, die in diesem Heim ähnliche Lebensbedingungen vorgefunden haben, wie sie sie vorher hatten, weniger Angst als die übrigen zeigten. [26, 27]

Arieti meint, dass die Todesangst mit zunehmendem Alter abnimmt, und zwar aufgrund kleinerer organischer Veränderungen, die die vorderen Gehirnlappen angreifen. [28] Morgan behauptet, dass die Vergreisung – wie die Metastase bei fortgeschrittenem Krebs – ein natürliches Verteidigungsmittel gegen die Todesangst ist, da beide Zustände die Wahrnehmung mindern. [29]

Schließlich möchte ich die von Jeffers, Nichols und Eisdorfer im Duke's Center mit 260 älteren Freiwilligen gemachten Erfahrungen erwähnen. Auf die Frage: »Haben Sie Angst vor dem Tod?« haben 10 % mit Ja und 90 % mit Nein geantwortet. [30]

Analysieren wir nun *die einzelnen Stadien der Agonie*:

1. Die Ankündigung einer Krankheit, die nach menschlichem Ermessen innerhalb relativ kurzer Zeit zur Agonie führen muss, löst immer einen *Schock* aus, selbst wenn der Arzt nur eine Andeutung macht. [31] Der Schock hält unterschiedlich lange an. Er zeitigt verschiedene psychologische Wirkungen, je nach Bildung, Alter, religiösem Glauben oder der charakterlichen Anlage der Person. Das thanatische Trauma tritt unter den verschiedensten Umständen auf. Ein Mensch, der von seinem Arzt die Wahrheit über seine Krankheit erfährt, ein Überlebender, der unbeschädigt einer Flugzeugkatastrophe entkommt, eine Frau, die kein Brandopfer von Hiroshima geworden ist, sie alle kennen den thanatischen Schock und die unerwarteten, aber ständigen Veränderungen, die er in ihrer Persönlichkeit bewirkt. Robert Jay Lifton untersucht die Gesamtheit dieser Situationen: »Der überraschendste psychologische Zug dieser direkten Erfahrung ist das Gefühl des plötzlichen und absoluten

Übergangs von einer normalen Existenz zu einem Auge in Auge mit dem Tod.« [32] Tagelang, manchmal monatelang gelingt es dem Betreffenden nicht, dieses Trauma in sein Leben zu integrieren. Er lebt eine Art Doppelexistenz: Tief im Trauma gibt er sich den unbedeutendsten Tätigkeiten hin. Es dauert zuweilen Monate, bis Menschen, die bei einem Unfall davongekommen sind, sich bewusst werden, was geschehen ist. Ich zitiere ein Beispiel: Eine Woche nach der Flugzeugkatastrophe auf dem Flughafen von Chicago hat der Psychiater Edward Stein von der medizinischen Fakultät der Universität von Chicago die sieben Überlebenden interviewt. Keiner von ihnen zeigte Ängstlichkeit; einige von ihnen drückten die psychische Verneinung der Bedrohung durch den Tod aus. Um die praktischen Auswirkungen des Schocks aufzuzeigen, greift Lifton zu dem Beispiel der Überlebenden von Hiroshima. Die japanische Sprache bezeichnet diese Personen mit einem Spezialausdruck: hibakuscha. Mit folgenden Worten fasst Lifton die klinischen Anzeichen des Traumatismus der *Hibakuscha* zusammen: »Die Überlebenden leiden alle an einem Verlust ihres Glaubens an eine zusammenhängende Struktur ihrer Existenz. Sie haben ebenfalls das Vertrauen verloren, das sie in die sozialen Bindungen hatten. Sie leben den Tod im Leben.« [33]

Das thanatische Trauma, dem der Mensch erliegt, der unerwartet – und diese Nachricht wird immer unerwartet aufgenommen – die Ankündigung seines bevorstehenden Todes erfährt, ist zumindest in seinen wesentlichen Äußerungen mit dem thanatischen Trauma der Opfer von Hiroshima identisch. Eine neue und unerwartete Wirklichkeit bricht in sein Bewusstsein ein. Die ihn umgebende Welt löst sich auf, da diese Welt nur in Bezug auf sein Bewusstsein existiert. Martin Buber sagt von diesem Augenblick: »*Die menschliche Ordnung des Seins ist dem Boden gleichgemacht.*« Zum ersten Mal in seinem Leben sieht der Mensch seine Einsamkeit, seine Nacktheit. Er nimmt wahr, aber er kann es nicht akzeptieren. Denn diese sich auflösende Welt, diese zusammengebrochene Welt, diese geschleifte menschliche Ordnung besteht allem Anschein nach für die anderen weiter. *Der Mensch macht die Erfahrung seiner Trennung von der Welt.* Angesichts seines Unglücks zeigt die Welt eine schreckliche Gleichgültigkeit. Als sei nichts geschehen, fährt sie fort, ihren Angelegenheiten nachzugehen. Eine Zeit lang wird der traumatisierte Mensch so handeln, als würde er davon nichts merken. Da die Welt keineswegs darüber erschüttert zu sein scheint, was ihm zugestoßen ist, wird der dem Tod geweihte Mensch ebenfalls versuchen, eine Weile so zu tun, als sei nichts geschehen. Er beschäftigt sich mit Vorliebe mit den unbedeutendsten Tätigkeiten.

2. Doch allmählich taucht die neue Wirklichkeit, die in seinem Bewusstsein lebt, auf, zwängt ihm ihr Gesetz auf und verformt schrittweise seine Persönlichkeit. Der traumatisierte Mensch macht sich an eine neue Aufgabe, die darin besteht, seinen psychischen Schock zu überwinden, sich selbst für seine wirklichen Wahrnehmungen zu öffnen und in seiner Begegnung mit dem Tod einen Sinn zu suchen. Seine Identität beginnt sich also Stück für Stück zu verändern. Er begreift sich bereits als von den anderen Menschen verschieden. Ein neues Abstandnehmen entwickelt sich zwischen seinem Bewusstsein und den Gegenständen, die es wahrnimmt. *Die Agonie beginnt*. Und kurz darauf, höchstens zwei oder drei Tage später, fängt ein neues Stadium an: die Rationalisierung des Ereignisses. Sie nimmt anfänglich immer die Form der Verneinung an; sie ist mehr oder weniger intensiv, mehr oder weniger ausgeprägt. Sie bringt die verschiedensten Verhaltensarten hervor.

Einige Kranke unternehmen eine wahre Odyssee durch verschiedene Krankenhäuser, in der Hoffnung, einen Arzt und manchmal einen Pfleger zu finden, der die schmerzliche Diagnose entkräftet, sie gehen von Laboratorium zu Laboratorium, von Arzt zu Arzt. Allmählich gewinnen sie Klarheit. Der lebende Mensch beginnt teilweise die Veränderung seiner Situation zu akzeptieren. Er unterwirft sich der angeordneten Behandlung und begibt sich mit dem Willen ins Krankenhaus, die vom Pflegepersonal festgesetzte Strategie anzunehmen.

3. Dieses Akzeptieren wird von einem oft *starken Aufbegehren* begleitet. Da sich der Kranke schrittweise von der Welt der Lebenden entfernt, begreift er diese Welt zumindest zeitweise als *feindlich*. Der ihn betreuende Arzt geht am Abend nach Hause, der Anstaltsgeistliche verlässt ihn um anderer Aufgaben willen, die Krankenschwestern haben ihr Leben außerhalb des Krankenhauses. Die Geräusche der Außenwelt dringen zu ihm herein. Im Radio hört er

die Nachrichten, er verfolgt die Sendungen des Fernsehens; er vernimmt die Berichte seiner Verwandten, seiner Freunde oder gelegentlicher Besucher. Er weiß, dass keine Aussichten bestehen, dass er je wieder an der Welt teilhaben kann, deren Echo zu ihm dringt. Manchmal wird sein Verhalten aggressiv, er ist verzweifelt. Er ist es umso mehr, als die Position, die er in der Welt innehatte, eine beherrschende Position war. Murray Parkes sagt in dem ausgezeichneten Kommentar zu dem Werk von Kübler-Ross mit Recht, dass es völlig verkehrt ist, von einer »irrationalen Angst vor dem Tod« zu sprechen, wie es landläufig geschieht. Im Gegenteil, der Sterbende trennt sich schrittweise von einer völlig realen Welt. Die geschätzten und oft schönen Bande werden zerrissen; in diesem Sinne ist die Angst, die Lebenden zu verlassen, keineswegs irrational. Der Sterbende hat tatsächlich tausend Gründe, diese Reise von sich zu weisen, zunächst ihre Notwendigkeit zu leugnen und sich dann gegen ihre Offensichtlichkeit aufzulehnen. [34]

4. Die anfängliche totale Ablehnung, die von der teilweisen Ablehnung begleitete Wut bewirken in einem späteren Stadium, das bei der Mehrzahl der Sterbenden die längste Phase zu sein scheint, *schwere Depressionen*. Sie können die unterschiedlichsten Formen annehmen. Sie werden oft durch anhaltende äußere Sorgen erschwert, die eine gute Krankenhausverwaltung lindern könnte; Sorgen einer Mutter um ihre hinterbleibenden Kinder, die nicht wissen, wo sie hin sollen; die Sorge um einen labilen Ehepartner, der seiner Stütze beraubt sein wird. Sehr häufig kommt noch die große Sorge wegen der hohen Kosten der gründlichen Behandlung hinzu, die nicht nur den Alltag der zurückbleibenden Familie, sondern ebenso und vielleicht noch mehr das Bewusstsein des Kranken stark belasten, der sich daran die Schuld gibt, den Seinen solche Ausgaben aufzuerlegen. Hier kann allem Anschein nach ein entsprechendes System der Sozialversicherung, das in keiner der Warengesellschaften bisher existiert, überflüssige Leiden zu vermeiden helfen. Es stellt sich ein Stadium der Halbmitteilbarkeit ein. Das Interesse an der Behandlung lässt nach. Der Kranke glaubt nicht mehr an die Leugnungen des Pflegepersonals, er durchschaut die Aufmerksamkeitsbezeugungen der Angehörigen, einer Schwester oder eines Arztes als eine Strategie, die die Lebenden entwickelt haben, um ihn zu täu-

schen und seine wirkliche Lage zu verdunkeln. Misstrauen, Apathie, Einsamkeit sind die Folgen.

5. Aber plötzlich ist diese Depression durchbrochen. Eine Art Wiederaufleben des Bewusstseins vollzieht sich. Der im Sterben liegende Mensch beginnt, wieder nachzudenken. Diesmal sieht er sich als *Kämpfenden*, der dem personifizierten, drohenden Tod gegenübersteht. Er schließt seinen Pakt mit sich selbst, mit Gott und mit dem Tod. Er macht Versprechungen, er schwört: »Wenn ich wieder gesund werde, wenn ich noch einmal dieses Krankenhaus verlassen kann, dann werde ich dies oder das tun.« Dieses Feilschen, dieses *Handeln mit dem Tod* wird zuweilen von einer ganzen Familie geteilt.

Die kulturelle Landschaft Europas ist übersät mit Gelübdekapellen und Kirchen, die im Anschluss an solche Versprechen errichtet wurden; es gibt eine Vielzahl von Taten und Gegenständen, die aus dem Handel mit dem Tod erwachsen sind. Im brasilianischen Sertão ist ein ganzes ungeschicktes aber ergreifendes Kunsthandwerk aus diesem Handel entstanden: Exvotos, die bis in die letzte Ecke die armseligen Kirchen und Hütten in der *Cáatinga* füllen. [35] Dieses Feilschen ist in einem Bereich des Denkens angesiedelt, der von der normalen Rationalität weit entfernt ist, die das Leben der Lebenden beherrscht. Einige Sterbende erleben es übrigens in einer Art Zweitzustand oder Verdoppelung, über die sie sich zeitweise durchaus bewusst werden können. Das eindrucksvollste Beispiel für diese Doppelheit, das ich kenne, ist das von Richard Kisonak, einem Journalisten und ehemaligen amerikanischen Marineoffizier. An einer bisher unheilbaren Form vom Sklerose erkrankt, hat Kisonak ein Krankheitstagebuch geführt, das die Folge seiner Reaktionen und die seiner Familie vom September 1971 bis zum April 1972 festhält. Zunächst die Associated Press und dann die *International Herald Tribune* haben den aufschlussreichen Bericht dieses ungewöhnlich mutigen Mannes veröffentlicht. Am 9. August 1973 zeigte die *International Herald Tribune* den Tod von Richard Kisonak an. Er war 44 Jahre alt. [36]

6. Plötzlich hört das Aufbäumen auf. Der Sterbende geht in einen Bereich des Friedens über. Er verabschiedet sich von seinen Verwandten, regelt seine persönlichen Angelegenheiten, befolgt die

Anordnungen der Ärzte, Krankenschwestern und jeder anderen mit seiner Krankheit verbundenen Person, als handele es sich nicht mehr um ihn, um seine Krankheit und seinen eigenen Körper, sondern um ein fremdes Wesen, dessen Behausung er nur vorübergehend bewohnt hat.

Dieses Akzeptieren des Todes kennzeichnet einen doppelten Übergang: Der Sterbende entfernt sich sichtlich von der Welt der Lebenden, die nun in Bezug auf ein Leben sprechen, denken, urteilen, das ihm gehört und doch zu einem großen Teil bereits der Vergangenheit zuzurechnen ist. Gleichzeitig erwartet er den Tod. Einige Sterbende sehnen offen sein Kommen herbei. Fast alle bezeugen ihm gegenüber eine *starke Neugier*. Einige von ihnen sind der Überzeugung und freuen sich darauf, jenseits des Todes Wesen wieder zu begegnen, die sie verloren haben, und endlich das verborgene Geheimnis ihrer vergangenen Existenz zu erfahren.*

Rein empirisch hat La Rochefoucauld Unrecht: Es ist nicht wahr, dass man dem Tod wie auch der Sonne nicht ins Antlitz blicken kann. Im Gegenteil, in einem bestimmten Moment der Agonie steht das Bewusstsein des Sterbenden dem Angesicht des Todes gegenüber. [37] Dabei handelt es sich nicht um ein passives Akzeptieren, um eine Art Abdankung, die mit den Worten zusammengefasst werden kann: Es ist nichts mehr zu machen, also muss ich mich ergeben. Das Akzeptieren ist eine Etappe auf dem Weg zu einer anderen Existenzweise. Vor den Augen des Sterbenden öffnen sich unbekannte Landschaften einer neuen Welt. *Der lebende Mensch betrachtet den Sterbenden von hinten*. Er sieht nichts weiter als einen Menschen, der sich in der Nacht weiter entfernt. Für den Letzteren bedeutet das Akzeptieren keineswegs die Zurückgabe seines Lebenswillens, sondern das Überschreiten einer Schwelle neuer und bis dahin völlig unbekannter Wahrnehmung. Übrigens ist jede Agonie in ihren verschiedenen Stadien im Wesentlichen nicht ein allmählicher Verfall des Bewusstseins, sondern im Gegenteil seine Weiterführung über eine Reihe von Schwellen hinweg zu immer neuen Wahrnehmungen, zu denen es vorher niemals ein begreifbares Äquivalent gekannt hat.

* Erinnern wir uns an das auf Seite 129 zitierte Beispiel von *Sallustro*.

7. Das Eintreten des siebenten und letzten Stadiums, der Dekathexis, setzt jeder Kommunikation ein Ende. Der Sterbende ist noch gegenwärtig, sein Körper lebt nach den heutigen biologischen Erkenntnissen noch, aber sein Bewusstsein scheint von der Wahrnehmung einer Wirklichkeit erfüllt zu sein, die kein Lebender mit ihm teilen kann.

Dabei ist eine überraschende Tatsache festzuhalten: Seit dem Eintreten des dritten Stadiums, seit der aufsteigenden Wut über seine Verfassung, über die sich jetzt entziehende Welt bis hin zur Dekathexis, dem Abbruch der Kommunikation mit den Lebenden, beseelt den Sterbenden eine ständige Hoffnung. Niemals wird der Tod in seiner Tatsächlichkeit gedacht, das heißt als das endgültige Ende der Existenz. Die Hoffnung, zu leben, ist ein Grundbestandteil des Menschen. Sie scheint nicht zu reduzieren zu sein und gleichsam losgelöst von allem, was die Intelligenz begreifen kann. Selbst in den äußersten Situationen, wo jede menschliche Intelligenz von der Sicherheit des bevorstehenden Todes erfüllt ist, überlebt diese Hoffnung und fordert ein bedingungsloses Verhalten. Der Sergeant John Fiano, der lange Zeit Henker im Gefängnis Sing Sing im Staate New York war, bestätigt, dass die Verurteilten bis zum letzten Augenblick die Gewissheit bewahren, dass sie nicht sterben werden, obwohl ihnen ihr Verstand das Gegenteil sagt. Die intelligentesten, die klarsichtigsten unter den Verurteilten zeigen sogar Anzeichen noch stärkerer Hoffnung:

»Jedes Mal, wenn in einer Nacht mehrere Verurteilte hingerichtet werden mussten, ging der Schwächste zuerst heraus, der Stärkste zuletzt. Während all meiner Dienstjahre in Sing Sing habe ich festgestellt, dass die Frauen immer als Letzte in den Tod gingen. Sie waren vom Gefühl her stärker als die Männer.« [38] In gewissem Maße nimmt der Mensch nie seinen Tod an. Er wird immer nur in seiner Negativität begriffen. Zeitweilige Hoffnung auf Heilung, die Hoffnung, von der Entdeckung eines neuen Medikaments zu erfahren, das die Krankheit zurückdrängt, die Hoffnung auf eine Operation oder ein biologisches Wunder: Der Mensch lebt von diesen Hoffnungen während seiner Depressionen und in der Zeit des Feilschens. Der ganze Sterbeprozess wird in gewisser Hinsicht von einer ständigen Hoffnung begleitet, die je nach den verschiedenen

Stadien, die der Sterbende durchläuft, die unterschiedlichsten Formen annehmen kann: Im vorletzten Stadium der Agonie schließlich, im Stadium des Akzeptierens, verwandelt sich diese Hoffnung in eine Hoffnung auf ein Überleben nach dem Tod (oder zumindest die Hypothese eines solchen Überlebens). Elisabeth Kübler-Ross beharrt auf diesem Punkt: Ein Arzt, der seinem Patienten sagen würde, dass es keine Hoffnung mehr gäbe, würde nicht nur einen schweren psychologischen Fehler begehen, sondern gleichzeitig eine medizinische Unwahrheit aussprechen. Trotz der täglichen Fortschritte in den medizinischen Einsichten und der ständigen Weiterentwicklung der Krankenhauseinrichtungen bleibt das Geheimnis des Körpers bestehen, selbst und vor allem in dem Fall, in dem der Körper von einer schweren Krankheit erfasst ist. Der Arzt kann ans Ende seiner therapeutischen Strategie gelangen, er kann die Vergeblichkeit all seiner Eingriffe feststellen: Das bedeutet nichts weiter, als dass seine eigene Wissenschaft, die durch die Wahrnehmung und Ausrüstung einer Klasse und einer Epoche objektiv begrenzt ist, an ihrer subjektiven Grenze angekommen ist. Beim besten Willen der Welt weiß er nicht mehr, was er tun soll. Er bricht die therapeutische Beziehung ab. Doch der Organismus des Kranken, dieser *geheimnisvolle Körper*, den ein Bewusstsein, ein Wille und eine unveräußerliche Hoffnung lenken, findet sich nicht einfach so und *wie aus logischer Notwendigkeit* mit seinem bevorstehenden Ende ab. Erstaunliche Erleichterungen und sogar Heilungen werden von Kübler-Ross berichtet; sie sind bei Männern und Frauen festgestellt worden, denen gegenüber das praktizierende Ärztekollegium das Versagen aller denkbaren therapeutischen Strategien zugegeben hatte. Viele Ärzte, insbesondere diejenigen, die an fortgeschrittenem Krebs leidende Kranke behandeln, bestätigen aus ihrer eigenen klinischen Erfahrung die These von Kübler-Ross. Palmer schreibt:

»Unter Krebs in seiner Endphase verstehen wir mit den verfügbaren und angewendeten Mitteln nicht mehr kontrollierbaren Krebs. Der Augenblick des Todes hängt von vielen Faktoren ab; er wird nicht nur durch den physischen Zustand des Kranken bestimmt. Wenn wir die Entscheidung treffen, die Behandlung einzustellen, müssen wir den Kranken und, was wichtig ist, seine Familie davon unterrichten. Jeder erschrickt, wenn er sich plötzlich mit der Wirklichkeit des Todes konfrontiert sieht. Wir können nichts, als dem Kranken Ruhe und die Linderung seiner Schmerzen zusichern.

Geistiger Frieden ist schwer zu vermitteln. Wenn man einem Kranken seinen Zustand offenbart, vollzieht sich bei ihm eine psychologische Veränderung, aus der ein neues und unvorhersehbares Verhalten erwächst.« [39]

Lirette fügt hinzu: »Man fühlt sich allein vor dem Tod. Nie ist jemand zurückgekehrt, um davon zu sprechen. Das ist das Unbekannte und die Angst vor dem Unbekannten. Das Wichtigste, das man einem Sterbenden geben muss, ist nicht die Arznei, das sind wir selbst. Es gibt viele Arten, dem Sterbenden zu helfen. Man kann ihn das Bevorstehen des Todes leugnen lassen:

– Heute fühle ich mich besser.

– O ja, heute geht es Ihnen besser.

Man muss auch denen antworten, die danach fragen, ob sie sterben werden. Will man es vermeiden, all diese Fragen zu beantworten, so ist es zweifellos leichter, den Kranken in ein Einzelzimmer zu verlegen, die Verbindungen zu lösen, wenn sie nicht in der Pflege einbegriffen sind, und ihn allein zu lassen. Er wird sich darüber klar werden, dass er isoliert ist und den Grund dafür erraten. Aber diese Situation muss man um jeden Preis vermeiden.« [40]

Jeder Arzt, der Schwerkranke behandelt, wird eines Tages mit der Alternative konfrontiert, die sich mit den Worten zusammenfassen lässt: *Sag' ich es oder sag' ich es nicht*? Kübler-Ross meint, dass kein Fall einem anderen gleicht, obwohl sich die Situation des Sagens oder Nichtsagens jeden Tag tausendmal in tausend Krankenhäusern oder Sprechzimmern wiederholt. *Jeder trägt seinen eigenen Tod und seine eigene Wahrnehmung dieses Todes in sich*. Der Arzt, die Verwandten, der Priester, der Freund, die die Lage des Kranken, der sterben wird, kennen und die er fragt: ist es jetzt?, haben nur ein Mittel, im tiefsten Innern ihres Selbst alle Kräfte der Liebe zu mobilisieren, um die Antwort zu begreifen und zu erraten, die der Kranke von ihnen erwartet. Die Frage nach dem Sagen oder Nichtsagen stellt sich auch, wenn der Arzt den Vater, die Mutter, den Freund des erwachsenen oder jungen Kranken trifft. *Hier muss sie ebenfalls in einer Begegnung der Liebe gelöst werden*. Die Kinderärzte Solnit und Green fassen ihre jahrelangen Erfahrungen folgendermaßen zusammen:

»Sofern die Eltern emotional nicht zu sehr ergriffen sind, ist die beste Art, sie auf die Auseinandersetzung mit dem Gedanken an den Tod ihres Kindes vorzubereiten, sie über den wahrscheinlichen Verlauf der Krankheit und den Sterbeprozess zu unterrichten. Man muss ihnen die Diagnose, die Behandlungsweise mehrmals erklären, bevor sie in der Lage sind, die schmerzliche Realität zu begreifen. Im Allgemeinen setzen sie dieser drohenden Wirklichkeit eine wilde Ablehnung entgegen… Schrittweise muss man sie dazu führen, den unglückseligen Zustand ihres Kindes ins Bewusstsein aufzunehmen und der logischen Folge entgegenzusehen, die in einer solchen Situation nur schwer einzusehen ist. Auf diese Weise wird der Schock weniger hart sein.« [41]

Über das letzte Stadium der Agonie schreibt Kübler-Ross:

»Es kommt ein Augenblick im Leben des Kranken, in dem die Schmerzen aufhören, in dem der Kranke in einem Zustand fernen Bewusstseins dämmert, in dem er fast nichts mehr zu sich nimmt, in dem alles, was ihn umgibt, unbestimmt wird.

Gequält vom langen Warten, in der Unsicherheit, ob sie lieber gehen oder bleiben sollen, um im Augenblick des Todes zugegen zu sein, kommen und entfernen sich die Verwandten. Das ist der Moment, in dem es für Worte bereits zu spät ist, in dem der Kranke jedoch am meisten Hilfe braucht; in dem es aber auch für einen Eingriff zu spät ist, aber zu früh für die endgültige Trennung. Das ist der Augenblick der Therapie der Stille gegenüber dem Kranken und der Verfügbarkeit gegenüber dem Verwandten.« [42]

In diesem Moment wird die Umkehrung der Rollen offensichtlich. Der lebende Mensch, der Priester, der Arzt, der Verwandte, der am Bett sitzt, weiß nichts, und der Sterbende weiß alles. Er verfügt jedenfalls plötzlich über eine außerordentliche Wahrnehmungskraft. Im Bruchteil einer Sekunde ersteht sein ganzes vergangenes Leben vor ihm auf. Sein Blick auf die Wesen und auf sich selbst ist von ungewöhnlicher Klarsicht.

In den letzten Augenblicken der Agonie lebt der Sterbende voll und ganz mit seiner neuen Wahrnehmung. Mit den ihn Umgebenden findet keinerlei Kommunikation mehr statt. Die Hand antwortet nicht mehr auf den freundschaftlichen Druck. Der Blick des Sterbenden weilt anderswo. Ein neuer und den Lebenden unbekannter Ausdruck erscheint auf seinem Gesicht. »Diejenigen, die den nötigen Mut und die Liebe besitzen, sich in einer Stille, die sich mit Worten nicht beschreiben lässt, an die Seite eines Sterbenden zu setzen, wissen, dass dieser Moment weder schrecklich noch schmerzlich ist, dass er den friedlichen Stillstand der Funktionen des Körpers darstellt.« [43]

Der Tod findet in aller Stille statt, wahrscheinlich ist er der Durchgang zu einer Welt und einer Existenzweise, auf die der Sterbende bereits einen Ausblick hat.

DIE ESCHATOLOGIE

I Das eschatologische Ich

Jeder Tod ist ein Mord

Zwischen dem sicheren Tod des Körpers und dem ungewissen Tod des Bewusstseins besteht eine tief greifende Ungleichheit. Der Beweis dafür liegt darin, dass das Herannahen der physiologischen Katastrophe bei den meisten Menschen den starken Willen, zu leben, keineswegs zerstört. »Wo werde ich sein, wenn ich nicht mehr bin?«, fragt sich Iwan Illitsch im Augenblick des Sterbens. [1] Eine dramatische Frage, die die radikale Ablehnung des Menschen zum Ausdruck bringt, sich seine eigene Beseitigung vorzustellen. Was die Umgangssprache mit »Todeskampf« bezeichnet, die Agonie, ist meist der harte Kampf eines Bewusstseins, das sich erhalten will und das sich mit aller Gewalt gegen die Katastrophe des Todes auflehnt. Wenn erfahrungsgemäß kein Bewusstsein von Natur aus zum Sterben bestimmt ist, da ja kein Bewusstsein altert (sondern im Gegenteil mit zunehmendem Alter wächst), wenn es also für das Bewusstsein keinen »natürlichen Tod« gibt, muss man untersuchen, woraus dieser unsterbliche Teil, dieser Wille des Bewusstseins, zu überdauern, denn eigentlich besteht. Denn wenn dieses Bewusstsein nur ein Depot wäre, ein Ort, wo das Gelebte seine Bilder aufbewahrt, wo die Ereignisse in Bewusstsein umgeformt werden, wo, wie Malraux sagt, »so viel Welt wie möglich« in Bewusstsein überführt wird, würde der Tod des Bewusstseins absolut niemanden in Aufruhr versetzen. Die menschliche Existenz hätte dann nur einen einzigen Vektor. Mit zunehmendem Alter würden die biophysiologischen und psychonervösen Netze zunehmend komplexer. Von Kindheit an würde unsere »Fabrik«, in der die Erinnerungsbilder der Wirklichkeit hergestellt werden, proportional zu den gelebten Jahren ihre Produktion erhöhen, um im zwanzigsten Lebensjahr des Individuums ihren Höhepunkt zu erreichen. Dieser Gipfel der

Zellpotenzialität würde sich noch dreißig Jahre lang erhalten, um dann zu einer Verringerung in der Erneuerung der Bilder überzugehen. Bald würde das freie Funktionieren des Körpers und die Hervorbringung von Bildern und Symbolen, die für die vielfältigen Tätigkeiten der Selbstinterpretation, die der Einzelne unternimmt, um sein eigenes Handeln zu verstehen, unentbehrlich sind, in zunehmendem Maße behindert werden. Es würde ein Tag kommen, an dem der langsame Verfall der wichtigsten biophysiologischen und psychonervösen Netze den Körper und sein erkenntnisfähiges Bewusstsein auf ganz natürliche Weise an die schicksalhafte Schwelle des endgültigen Verfalls führen würde; jenseits dieser Schwelle würde das Nichts das erkenntnishafte Wesen ganz verschlingen. Eine völlige Symmetrie würde somit die gemeinsamen Schicksale der organisierten Zellmasse des Menschen und seiner unsichtbaren Bilder-»Fabrik«, die wir »Bewusstsein« nennen, beherrschen. Doch wie wir gesehen haben, verlaufen die Dinge nicht so. Dem Körper, der geboren wird und heranwächst, seine höchste Entfaltungsmöglichkeit erreicht und dann über eine jahrelange Periode hinweg dahinsiecht, ist ein Bewusstsein gegenübergestellt, das die wesentlichen Funktionen der Selbstinterpretation des Ich und der Welt übernimmt. Sein Schicksal unterscheidet sich nicht nur vom Schicksal des Körpers, es steht ihm schlechtweg entgegen: während vom zwanzigsten Lebensjahr des Individuums an das zunehmende Nachlassen der Zellerneuerung beginnt, das zur Schlusskatastrophe führt, unternimmt im gleichen Augenblick das Bewusstsein seinen aufsteigenden Fortschritt. Viele Gesellschaften, darunter die afrikanischen, die von der Entfremdung menschlicher Beziehungen noch nicht völlig verdorben sind, begreifen das doppelte, antagonistische Geschick von Körper und Bewusstsein genau. Ihre Sozialstrukturen, ihre Institutionen, ihr System der Selbstdeutung tragen dieser widersprüchlichen Doppelgestaltigkeit Rechnung. In der Nago-Yoruba-Gesellschaft wird der Alte verehrt. Je älter er wird, desto mehr nähert er sich seinen Vorfahren und umso größer wird seine soziale Macht. Sein Ansehen wächst mit dem Alter ebenso wie seine Autorität. In den staatenlosen Gesellschaften, in den Gesellschaften mit Altersklassen wie bei den Kikuyu, ist es noch viel leichter, dieses Doppelantlitz zu erkennen: die herrschende Klasse ist die an

Jahren am meisten fortgeschrittene; ihre Macht ist praktisch allumfassend. Kein Tod erfasst je ohne physiologischen Verfall die geistige Tätigkeit des Menschen. Es verläuft vielmehr alles so, als sei das Bewusstsein bestimmt, ewig zu bestehen; seine Aktivität wächst mit den Jahren und nimmt an Umfang und Stärke zu. Mit anderen Worten, es scheint, als ziehe der Verfall seiner physiologischen Stütze das Bewusstsein gleichsam widerwillig in ein Abenteuer, das es im Grunde eigentlich gar nichts angeht.

Die asymmetrische doppelte Existenz eines zu ununterbrochenem Wachstum bestimmten Bewusstseins und eines durch seine Endlichkeit gekennzeichneten Körpers kennt verschiedene soziale Ausdrucksformen. Das ist zunächst das, was die alten deutschen Marxisten die *»Positivität der Toten«* nennen:

Die Toten wirken über ihren Tod hinaus. Ihre Leichname lösen sich auf, aber die Werke, die sie geschaffen haben, die Einrichtungen, die sie angeregt haben, die Gedanken, die sie in die Welt gesetzt haben, die Zuneigung, die sie erzeugt haben, wirken und gären weiter. Während ihr Körper ins Nichts zurückkehrt, folgt ihr Bewusstsein einem sozialen Schicksal unter den Lebenden. Und – eine seltsame Angelegenheit – das soziale Schicksal des Bewusstseins nach dem Tode ist in bestimmten Fällen nachdrücklicher, weit reichender und Aufsehen erregender als das in Begleitung des Körpers erlebte Schicksal. Für diese *Positivität der Toten* gibt es auffallende Beispiele. Ich führe nur eines an: Am 17. März 1883 hält vor der noch offenen Gruft von Karl Marx, an der nur zwei Kränze lehnen – der von Lemke niedergelegte Kranz der Redaktion des *Sozialdemokrat* und der eines militanten Sozialisten der London Workers Educational Society –, Friedrich Engels eine Grabrede:

»Am 14. März, nachmittags ein Viertel vor drei, hat der größte lebende Denker aufgehört, zu denken. Kaum zwei Minuten allein gelassen, fanden wir ihn beim Eintreten in seinem Sessel ruhig entschlummert – aber für immer ...«

Nach der ausführlichen Aufzählung der zahlreichen Kämpfe, die der Verstorbene geführt hatte, schließt Engels mit den Worten:

»Und deswegen war Marx der bestgehasste und bestverleumdete Mann seiner Zeit. Regierungen, absolute wie republikanische, wiesen ihn aus, Bourgeois, Konservative wie Extrem-Demokratische, logen ihm um die Wette Verlästerungen nach. Er schob das alles beiseite, wie Spinnweb, achtete dessen nicht, antwortete nur, wenn äußerster Zwang da war. Und er ist gestorben, verehrt, geliebt, betrauert von Millionen revolutionärer Menschen, die von den sibirischen Bergwerken an über ganz Europa und Amerika bis Kalifornien hin wohnen, und ich kann es kühn sagen: er mochte manchen Gegner haben, aber kaum einen persönlichen Feind.

Sein Name wird durch die Jahrhunderte fortleben und so auch sein Werk!« [2]

Die abendländische Geschichte wimmelt von Beispielen dieser *Positivität der Toten*, die in den Lebenden fortleben und ihr Leben bestimmen. Im Frühjahr 1973 waren die Mauern der chilenischen Städte mit riesigen Plakaten bedeckt, auf denen auf rotem Grund das markante Gesicht Che Guevaras prangte. Darauf stand zu lesen:

En cualquier lugar que nos sorprenda la muerte,
Bienvenida sea!
Siempre que ese, nuestro grito de guerra
Haya illegado hasta un oido receptivo
Y otra mano se tienda para empunar nuestras armas,
Y otros hombres
Se appresten a entonar los cantos luctuosos
Con tableteo de ametralladoras
Y nuevos gritos de guerra y victoria*

Der Begriff vom positiven Charakter der Toten erinnert an eine Bemerkung, auf die ich zurückkommen werde, wenn ich das Problem der Eschatologie untersuche. Jeder Mensch, also auch jeder Tote, ist

---

* Wo immer auch der Tod uns überrascht
  Willkommen sei er!
  Wenn nur unser Kriegsruf
  Von einem anderen Ohr gehört wird
  Und eine andere Hand nach unseren Waffen greift
  Und andere Menschen
  Sich erheben um die Kampflieder anzustimmen
  Mit dem Geratter der Maschinengewehre
  und mit neuen Rufen des Widerstandes und des Sieges

mit einem sozialen Sinn ausgestattet. [3] Jeder Mensch, so niedrig, so einfach, so elend er auch sei, liegt, spricht, träumt, wünscht, kurz: vermittelt den anderen Gedanken. Seine Gedanken, seine Zuneigungen, sein Blick, seine Klage bleiben im Bewusstsein der anderen über seinen Tod hinaus lebendig. Doch dieser soziale Sinn, von dem ein Bewusstsein durch seine Wirkung nach dem Tod Zeugnis ablegt, kann richtig oder falsch sein. Er ist falsch, wenn das Bewusstsein, das Gedanken hervorbringt, die für die Wirkung nach dem Tode bestimmt sind, von der sozialen Strategie der machthabenden Klasse der Warengesellschaft fehlgeleitet ist, wenn es in seiner Wirksamkeit nach dem Tode nur die beherrschenden Bilder einer Gesellschaft reproduziert, die die Ungleichheit und die Ausbeutung des Menschen durch den Menschen propagiert. Dieser soziale Sinn hingegen, der durch die *»Positivität« der Toten* zum Ausdruck kommt, ist richtig, wenn die positive Beurteilung des Toten einen Sinn für die Geschichte enthält. *Der ganze Unterschied liegt in der Frage: in der Geschichte stehen oder nicht? Das heißt, an der Befreiung des Menschen arbeiten. Oder nicht?* Dissertationen, Artikel, Analysen und Biografien werden nach seinem Tod über Richard Nixon geschrieben werden, seine Reden werden analysiert und kommentiert werden, kurz: seine Positivität nach dem Tode ist schon jetzt sichergestellt. Dennoch besteht zwischen dem postmortalen positiven Charakter Richard Nixons und dem von Ernesto Che Guevara ein nicht zu vermindernder qualitativer Unterschied: Ersterer bezeugt eine dem Menschen feindliche Gesellschaftsform und Politik, über die die Geschichte hinweggehen wird, der Zweite nimmt in seinem Bewusstsein die befreite Zukunft des totalen Menschen vorweg.

Die offenbare Ungleichheit zwischen den beiden Schicksalen des Bewusstseins und des Körpers macht noch etwas anderes deutlich: Der Tod wird als Angreifer begriffen. Für das Bewusstsein gibt es keinen natürlichen Tod. *Jeder Tod ist ein Mord.*

Wenn in Westafrika ein Bambara stirbt, wird dieses Ereignis vom ganzen Volk als ein unbegreiflicher Angriff empfunden. Tatsächlich bereitet nichts das Bewusstsein der Bambara auf den Tod vor. [4] Die Bambara verehren ihre Alten hoch; die Alten haben das reichste und scharfsinnigste Bewusstsein. Sie sehen keinerlei Grund für die Zersetzung des menschlichen Bewusstseins, da gerade dieses Bewusstsein mit dem Alter sichtbar zunimmt. Die Erklärung von dem allmählichen Verfall des Körpers, der dieses Bewusstsein trägt, erscheint ihnen nicht hinreichend. Sie weisen also den Tod dem äußeren Bereich nächtlicher Angriffe zu sowie dem Bösen, das durch die Welt zieht. In der Sprache der Bambara ist der Begriff des Todes synonym mit »Infektion«. Wenn ein Mann plötzlich stirbt, geht es vor allem darum zu vermeiden, dass alle anderen von diesem Tod angesteckt werden. Die Bambara versammeln sich, drängen sich aneinander, Männer, Frauen, Kinder, bilden konzentrische Kreise und stimmen folgenden Schutzgesang an:

Kommt näher, kommt näher,
Rückt zusammen, damit die Hyäne [der Tod] uns nicht frisst,
Rückt zusammen, damit der Löwe [der Tod] uns nicht frisst,
Rückt zusammen. [5]

Die Bambara bringen eine Überzeugung zum Ausdruck, die vielen afrikanischen Völkern gemeinsam ist: Der Tod zerstört ein Bewusstsein, das für ein ewiges Leben bestimmt ist. [6] Für das Bewusstsein ist der Tod keineswegs eine Notwendigkeit. Das Bewusstsein altert nicht. Die Zerstörung des Körpers, des unvermeidlichen Trägers seiner Existenz, wird vom Bewusstsein als ein Skandal, eine Absurdität, ein unzulässiger Angriff angesehen.

Der Unterschied der beiden Schicksale des Körpers und des Bewusstseins macht etwas Drittes deutlich: die Bestimmungsfunktion, die der Tod im menschlichen Dasein übernimmt. Der Tod gehört nicht zu der Notwendigkeit des Bewusstseins, aber »er ist für das Bewusstsein eine Notwendigkeit existenzieller Art«. Das heißt, *dass »wir ohne den Tod kein Schicksal hätten«.* [7] Ohne Begrenzung unserer Lebenszeit besäßen unsere täglichen Handlungen nicht diese Einmaligkeit, diese fieberhafte Eile, diese stete Qualität der Wahl und diese grundsätzliche Würde. Unsere eigene Endlichkeit ist eine »einzigartige Chance«, die uns vom Leben geboten wird, oder, falls man diese Formulierung vorzieht, vom Tode. [8] Folgen wir weiterhin Jankélévich: »Die Ordnung der Zeitlichkeit, die wir aufstellen, ist offenbar Zufällen unterworfen. Doch diese Ordnung antwortet auf Probleme, die uns die Zeit stellt. Unsere zeitliche Wesenheit ist unser Mittel gegen die Zeit.« [9]

Der Tod ist für das vorkapitalistische europäische Bewusstsein ein absolutes Hindernis, die letzte und ausschlaggebende Grenze. Aber innerhalb dieser Grenze vermag der Mensch fast alles oder, genauer ausgedrückt, auf Grund dieser Grenze versucht der Mensch fast alles. Sein Bewusstsein hört in seiner bekannten Form eines Tages auf zu sein. Doch die ungeheure Kraft des Menschen wird nur wirksam, weil sie begrenzt ist. Ohne die Begrenzung durch den Tod löst sich diese Macht in Gleichgültigkeit auf; oder, um noch einmal Jankélévitch zu zitieren: »Wie sich der Hebelarm auf einen festen Punkt stützt, um das, was etwas wiegt und widersteht, emporzuheben, so stützt sich die streitende Macht auf ein unveränderbares Geschick, um unser Leben zu verlängern und unseren Freiheitsraum zu strecken. Es sind also die Negativität und die Unsichtbarkeit des Todes selbst, die unserer umformenden und forteilenden Aktivität einen Sinn, eine Berufung und eine bestimmte Richtung geben.« [10] Der Tod spielt also in der Geschichte des individuellen Bewusstseins die unersetzliche und notwendige Rolle eines absoluten Hindernisses.*

Das eschatologische Ich

Das menschliche Bewusstsein kann also nicht auf seinen Inhalt reduziert werden oder genauer noch auf die Gesamtheit der Objekte, die das empirisch-rationale Denken auf den verschiedenen Stufen des Wirklichen bisher erkannt und benannt hat. Ich denke insbesondere an Gurvitch, der das Bewusstsein als »epiphänomenales Phänomen der Gesamtheit der erlebten Phänomene« definiert hat. [11] Aber was ist mit den erlebten und nicht benannten Phänomenen? Der Mensch wird von einer ganzen begrifflich nicht erfassten

---

* Die Gegenwartsgeschichte bestätigt fast in jedem Augenblick diese Rolle des Todes als »absolutes Hindernis«. In den südafrikanischen Gefängnissen und den bolivianischen Lagern, in den Foltersälen Chiles, in den Todeszellen vieler anderer dumpfer Diktaturen stehen die Menschen vor dem Skandal ihres anonymen Todes. Einige unter ihnen schöpfen aus diesem Ereignis die Kraft, dem Henker zu widerstehen und ihr verflossenes Leben in Schicksal – in Geschichte – zu verwandeln.

Ereignishaftigkeit beseelt, überschwemmt, gereift; sie beginnt heute aus dem Bereich des Erkennbaren, des Benannten, des Denkens aufzutauchen. Jenseits des Benannten, des noch nicht Benannten oder für immer Unbenennbaren scheint das menschliche Bewusstsein einen Kern zu beherbergen, der nicht auf die Gesamtheit der verinnerlichten Objekte zurückzuführen ist und gleichzeitig vor jeder praktischen Integration besteht. Dieser Bewusstseinskern, die Quelle der nicht sozialisierten Freiheit des Individuums, dieses eigentliche Sein des Bewusstseins, beschäftigt vor allem Bloch und Horkheimer. Sie geben ihm den Namen *eschatologisches Ich*. Dieses eschatologische Ich ist offensichtlich nicht »a-temporal«, »a-historisch«, losgelöst von den erlebten Zufälligkeiten, der konkreten Entwicklung des Klassenkampfes. Das eschatologische Ich bezeichnet die *wahre Wirklichkeit* im Gegensatz zur *existierenden Wirklichkeit*. Diese *wahre Wirklichkeit* wird gewissermaßen von dem eschatologischen Ich postuliert. [12]

Erste Grenze unserer Überlegung: Gegen Fromm, gegen Althusser, gegen Mannheim [13], gegen Marx [14] kann man schon jetzt behaupten, dass sich das Drama auf der Ebene des individuellen Bewusstseins, auf der Ebene der Person abspielt. In der Darlegung Blochs möchte das menschliche Wesen unsterblich sein und nicht nur die utopische Gesellschaft, die aus der »Apokalypse« entstehen wird, oder, wie es in einem merkwürdigen Abschnitt im *Kapital* heißt, aus dem »naturwüchsigen Produkt einer langen und qualvollen Entwicklungsgeschichte«. [15] Es wird ein Tag kommen, an dem eine Art sozialer Kernspaltung, von Bloch »Apokalypse« genannt, die letzte Etappe im Gesellschaftsprozess der Menschheit auslöst, und zwar die, welche es dem Menschen erlaubt, mit anderen Identitätsverbindungen zu knüpfen. Das einzige Bewusstsein, das dann noch existiert, sei es im Innern eines individualisierten biophysiologischen Organismus, genannt »Mensch«, oder auf der Ebene der Gesellschaft, wird das Artbewusstsein sein. Was ist unter diesem Begriff zu verstehen? Feuerbach antwortet:

»Das Bewusstsein, im engsten Sinne verstanden, existiert nur für ein Wesen, das seine eigene Gattung zum Objekt hat und sein eigenes Sein ... Mit Bewusstsein begabt zu sein, heisst, der Einsicht fähig zu sein. Die Kenntnis ist das Bewusstsein der Arten. Allein ein Wesen, das seine eigene Gattung zum Objekt hat, sein eigenes Sein, ist in der Lage, andere Dinge und Wesen als sich selbst in ihren wesentlichen Bedeutungen zum Objekt zu machen. Deshalb hat das Tier nur ein einfaches Leben; beim Tier vermischt sich das innere mit dem äußeren Leben; der Mensch dagegen besitzt ein inneres und äußeres Leben.« [16] Mit anderen Worten: dieses Artbewusstsein wird der Grundbestandteil des künftigen totalen Menschen sein. Doch das eschatologische Ich enthält es schon jetzt in der Form des *Sollens* und des *Endzwecks*. [17] Im Augenblick der Apokalypse gibt es für jedes Handeln nur noch einen Parameter: den der Identität eines Menschen mit jedem anderen. Die zersetzende Ungewissheit, in der wir uns heute hinsichtlich unseres transthanatischen Schicksals befinden, das uns »danach« erwartet, nach dem Verfall unseres Körpers, wird dann vollkommen erträglich sein. Besser noch: sie wird keine Bedeutung mehr haben, denn die Welt wird so sein, wie wir sie uns wünschen, wie wir sie uns heute insgeheim, im innersten Kern unserer nicht zu verwirklichenden Freiheit vorstellen. Die Doppelheit unseres Wollens wird ein Ende haben. Eins mit anderen, werden wir eins mit unserem Sein nach dem Tode sein, da »diesseits« und »jenseits« begrifflich das gleiche Leben sein werden.

Diese materialistische Betrachtung der Wirklichkeit mag dem Leser vielleicht Schwierigkeiten bereiten. Einige Texte von Bloch erklären meinen Gedankengang:

»Kurz, es mag fraglich sein, ob wir das Sterben in uns vorfinden könnten, wenn wir nicht schon ringsum vorher den Tod gesehen und uns demgemäß empirisch in ihn eingeordnet hätten. Aber es ist völlig gewiss, dass jeder einzelne beziehende Akt von der Beziehung des ›ich fühle, ich will, ich denke‹ nicht nur begleitet, sondern letzthin gehalten wird, sodass das Ich, der synthetische Blickpunkt, fast stets als seiner selbst gewisses Sosein in das verwesliche, vergessliche Getriebe regierend hineinscheint. Hier ruht ein Keim, der unzerstörbar ist, eben das unverhüllte Ich, das Dunkel, die Frage, der Gehalt, der Grund, das Zentrum all unserer Selbstbegegnung, schattenhaft nicht minder noch als Bewusstseinsakt wie als sich selbst objektivieren wollender Bewusstseinsgegenstand und doch der allerrealste Halt unserer Persönlichkeit.« [18]

Und etwas weiter: »So fremd schon also sehen wir oft unserem eigenen Wandel zu. Und mit diesem tragen wir mindestens doch ein bedeutendes Maß mit uns. Es wäre uns nicht möglich, derart am Unzulänglichen zu leiden, wenn nicht in uns etwas weiter triebe, tiefer erklänge und weit über alles Leibliche hinaustreiben wollte. Es wäre uns nicht vergönnt [...], zu erwarten, gerichtet auf das vor uns, wozu wir bestimmt sind, wenn wir uns nicht wie Kinder fühlten, aber eines Tages öffnet sich die stets verschlossene Kommode, worin das Geheimnis unserer Herkunft versteckt ist. Derart zeigt sich hier eine gewaltige und unabgeschlossene Willens- und Apperzeptionsmasse des Tendierens, ein wahrer Seelengeist der Utopie am Werk. Der ist mit daran schuld, dass der Schmerz so stark und die Freude so sehr viel schwächer nur zu fühlen und so sehr viel schwieriger, bereits zu erfassen, zu gestalten ist.« [19]

Unsere gegenwärtigen Unzulänglichkeiten werden hier mit aller Deutlichkeit offenbar:

»Freilich, das große Maß zeigt uns nicht weniger wahrhaft furchtbare Lächerlichkeiten, Unzulänglichkeiten und vor allem zuletzt die Blutleere unserer selbst, im endgültigen Verstand, die Unfähigkeit des Subjekts, allzu weite, allzu langsichtige Zweckreihen selbst zu bestehen, zu tragen, zu garantieren. Über dies Letzte also – sosehr man des Gewissesten fühlen mag, beim Anblick des Geliebten; diese Seele kann nicht vergehen, oder bei der Wesensanschauung des inneren Sinns, dass der Mensch nach seinem Innersten zu nicht sterben kann – über das Definitive und die Art der unsterblichen Seele, den Weg zu ihm hin zu ertragen, vermag auch die evidenteste Phänomenologie nichts auszumachen. Wohl aber erscheint nun, eben jetzt an diesem, deutlich sichtbar geworden, der versprochene Punkt, von dem an die Selbstbegegnung extensiv über der Todesfrage leuchtet, dergestalt die Probleme unseres historisch-mystischen Bestands exaltierend, gegen Tod, Störungen und schließlichen Untergang der Welt. [20]

Hier vor allem werden wir umgebrochen, das seiner selbst gewisse Ich fährt nun völlig aus.« [21]

Doch was geschieht im Augenblick der Agonie? »Im Augenblick des Sterbens müssen wir uns, ob wir es wollen oder nicht, zurückgeben, das heißt unser Ich den anderen überantworten, den

Überlebenden, denen, und es sind Milliarden, die nach uns kommen, weil sie und nur sie allein unser unvollendetes Sein vollenden können.«*

Unsere gegenwärtige Situation ist also wenig schmeichelhaft: der Mensch ist allem Anschein nach ein nicht vollendetes Wesen. Der totale Mensch kommt erst noch. Einige seiner grundlegenden Elemente sind bereits heute sichtbar. Bloch erkennt sie in einem Menschen, der für seine Überzeugung zu sterben bereit ist, der die Folter erduldet, der die Zähne zusammenbeißt, der durch seinen Tod seine absolute Würde beweist und damit den flüchtigen Triumph seiner Henker aufhebt. Eschatologische Verhaltensweisen, die den totalen Menschen ankündigen, werden täglich um mich herum (oder in fernen Kontinenten) praktiziert. Jeder von uns kennt Männer und Frauen, in denen dieses eschatologische Wesen mit bestechender Klarheit zum Ausdruck kommt. In den Gefängnissen Brasiliens, Paraguays und Chiles ebenso wie in sowjetischen Lagern gibt es diese Menschen und genauso existieren sie unter den Schwestern und Kranken der Krankenhäuser. Jeden von ihnen identifizieren wir mit einer Sicherheit, an der uns lediglich ihr plötzliches Vorhandensein überrascht. Wenn wir zufällig im Alltag einem dieser Männer, einer dieser Frauen begegnen, ist es uns unmöglich, sie nicht zu erkennen. Zu sagen, dass der Mensch ein unvollendetes Wesen sei, beinhaltet noch nicht unbedingt, dass er ein nicht definiertes Wesen sei, denn das *unvollendete Sein* verweist auf die Geschichte und auf den *Logos*, den es von nun an offenbart. Es verweist auf die Apokalypse und somit auf den kommenden totalen Menschen, der seinen Vollbesitz der Kräfte in einem Leben entfaltet, das er voll und ganz mit den anderen Menschen und mit der Natur teilt. Diese Fülle ist bereits im unvollendeten Menschen vorhanden, allerdings nur »vereinzelt«, verstreut. Was uns die gelebte Wirklichkeit und die Fähigkeiten, die diese Wirklichkeit in uns entwickelt hat, heute zu realisieren, zu vergegenwärtigen und zu konkretisieren erlaubt, ist lediglich ein winziger Bruchteil von Handlungen, Gefühlen und Wahrnehmungen, die wir theoretisch zu erleben in der

* Im Augenblick unseres Todes noch nicht vollendet.

Lage sind.* Der im gegenwärtigen Stadium des Werdens der Gesellschaften in uns vorhandene Anteil an Irrealität oder Unrealisierbarem ist ungeheuer groß. Dieser nicht zu verwirklichende Teil besteht in uns in Form der Utopie, und im Herzen dieser Utopie wohnt der Tod.

Das eschatologische »Ich« in die Finsternis des transsoziologischen Denkens zu verweisen, da es sich angeblich in der augenblicklichen Phase menschlichen Werdens nicht entfalten kann, wäre offensichtlich ein methodologischer Fehler. Wie wir gesehen haben, gibt es dieses Ich; es offenbart sich bei den Sterbenden, in der ruhigen Gewissheit, die einige von ihm im Moment der Dekathexis haben. Aber wir haben ebenfalls gesagt, dass der Mensch als unvollkommenes Wesen noch im Wartestand ist. Seine Tätigkeit kann, so fieberhaft sie auch sein mag, die Tatsache nicht verbergen, dass die wesentlichen Schritte von der Geschichte noch zurückgelegt werden müssen, bis der totale Mensch erscheint. Die Menschheitsgeschichte ist zurzeit erst in ihrem embryonalen Stadium. Jahrhunderte, ja, Jahrtausende (oder vielleicht nur wenige Sekunden) trennen uns von dem Augenblick, in dem alle Menschen den Reichtum, den sie in sich tragen, voll entfalten können, dessen Existenz sie schon teilweise ahnen. Wir werden vielleicht alle sterben, bevor die Apokalypse über diese Welt hereinbricht, sie verwandelt und vollendet.

Der Sterbeprozess ist für die Erfahrung zugänglich, jedoch nicht einfach weil uns die sozialen Bilder vom Tod, wie wir sie bei anderen beobachten (oder wie sie uns durch unser Selbstinterpretationssystem vermittelt werden), beherrschen, sondern weil uns einige bereits erfahrene Wahrnehmungen Anhaltspunkte, Hinweise liefern, die Züge dieser letzten Erfahrung tragen. Doch da ist noch mehr: Im Augenblick des Sterbens, in dem Moment, in dem das im Vollbesitz seiner Kräfte befindliche Bewusstsein aufhört, den Sterbeprozess wach zu erleben (das heißt, wenn es aufhört, die Kräfte zu mobilisieren, die es im gegenwärtigen Stadium der historischen Entwicklung der Menschen mobilisieren kann), identifiziert sich das Be-

---

* Der Begriff »*theoretisch*« wird hier in seiner etymologischen Bedeutung verwendet: griechisch ›*theorema*‹ heißt Gesamtsicht des einigenden Prinzips, Vision Gottes.

wusstsein in sich selbst mit Inhalten, die nicht sterben werden. Es hat »den Anschein«, sagt Bloch, »als ob an uns selbst die Aussichten des Dauernden, das heißt des Diesseits und Jenseits des Einschnitts identisch Bleibenden, evidenter zu begründen wären«. [22] »Denn eben, wir fühlen uns sowieso schon innerhalb unseres Leibes nur wohnen.« [23]

Fassen wir zusammen: Es wohnt ein Ich in mir, das weder zu meinem Körper noch zu meinem erkenntnisfähigen Bewusstsein gehört. Ich kann es zu meinen Lebzeiten und folglich auch im Augenblick des Sterbens erfahren. Zum Beispiel: Die Liebe, die ein Mann einem Kind oder einer Frau gegenüber empfinden kann, übersteigt bei weitem die Möglichkeiten der Verwirklichung und Konkretisierung, über die er im gegenwärtigen Stadium der Menschwerdung verfügt. Der Revolutionär in den Unterdrückungsgesellschaften, der in den Gefängnissen von Kolumbien, Chile oder Indonesien gefolterte Guerillero, der in einem sowjetischen Lager Gefangene, der sich der Unterwerfung widersetzt und stirbt, weiß sich von einem Ich beseelt, das sich den Begriffen entzieht, mit denen er es benennen will. In dem Film *Franzosen, wenn Ihr wüsstet** zeigen die Regisseure einen Pfarrer, den Gefängnisgeistlichen von Nancy, der davon berichtet, was er während und nach der deutschen Besetzung des Gefängnisses gesehen hat. Vor August 1944 sind dort Widerstandskämpfer vieler Nationalitäten von den nationalsozialistischen Henkern hingerichtet worden. Nach der Befreiung von Nancy wird ein SS-Folterknecht von den französischen Streitkräften zum Tode verurteilt. Bei Tagesanbruch wird er in den Gefängnishof geführt. Beim Anblick der Guillotine wendet er sich nach Osten, seinem Vaterland zu. Im Angesicht der aufgehenden Sonne nimmt er Haltung an und hebt den Arm zum Hitlergruß, dann geht er gefasst in den Tod. Zwischen den Exekutionen der Freischärler und Partisanen, die für die Freiheit aller Menschen starben und jenem SS-Soldaten, der noch in seinem Tod das Regime verherrlicht, das den Menschen verachtet, besteht ein fundamentaler Unterschied. Das eschatologische Ich beseelt nur den Widerständ-

---

* Film von Harris und Sédouy, Paris 1972.

ler, denn er allein ist ein Teil des unausgedrückten Bewusstseins, das am Tage der Apokalypse in einer Menschheit seine volle Entfaltung finden wird, deren Geschichte dann endlich ihre Vollendung erreicht haben wird.

II   Das Prinzip Hoffnung

Max Horkheimer und Ernst Bloch gehören zu den deutschen Materialisten, die die Frage nach dem persönlichen Überleben über den Tod hinaus am klarsten durchdrungen haben; dieses Problem ist mit der Frage nach der Existenz Gottes eng verknüpft. Entgegen dem militanten Atheismus der sozialistischen Bürokratien, die in einigen Teilen Europas zurzeit an der Macht sind, stellen Bloch, Horkheimer und ihre Schüler die Frage nach Gott mit Begriffen des Noch-nicht-Wissens. In dreißigjährigem Abstand formulieren Bloch und Horkheimer – Ersterer in einem 1938 geschriebenen Buch [24], der Zweite in einem 1970 erschienenen Werk [25] – ihr Noch-nicht-Wissen mit Begriffen, die fast wörtlich übereinstimmen: Es geht darum, das Subjekt dieses Lebens jenseits der Zäsur, auf der anderen Seite des Todes kennen zu lernen. Das Leben des eschatologischen Ich diesseits des Einschnitts ist nach Horkheimer »die Sehnsucht nach dem ganz Anderen«, ein reiner, verzehrender, starker Wunsch, der jedoch erkenntnismäßig kein bestimmtes Objekt hat. Für Bloch drückt sich das eschatologische Ich in der stillen Überzeugung aus, die es im Augenblick des Sterbens an den Tag legt, dass es noch viel Leben bräuchte, um mit seinem Leben abzuschließen. [26] Der zeitgemäße Ausdruck für das eschatologische Ich ist also die Hoffnung; da dieses Ich das Innerste meines Seins beseelt, wird das Prinzip Hoffnung zum Organisationsprinzip meiner gesamten menschlichen Existenz.

In diesem Zusammenhang bleiben noch zwei Probleme zu erörtern: Das erste erwächst aus dem Nebeneinander von verschiedenen eschatologischen Denkweisen im Herzen der europäischen diskursiven Welt. Nach der Veröffentlichung seiner Schriften, vor allem nach dem Erscheinen seines erwähnten autobiografischen Buches

Die Sehnsucht nach dem ganz Anderen, ist Horkheimer von einer Reihe seiner Schüler vorgeworfen worden, die materialistische Denkweise zu verraten und der jüdisch-christlichen Metaphysik zuzuneigen.

Ein ähnlicher Vorwurf wird gegenüber Ernst Bloch erhoben. Auch er wird beschuldigt, in der jüdisch-christlichen Metaphysik unterzutauchen. Sowohl für Horkheimer wie für Bloch vollzog sich der Bruch dann mit ihren Schülern im Zusammenhang mit dem Begriff *Eschatologie*.* Hinsichtlich beider Denker erscheint mir der Vorwurf der »Metaphysik« absurd. Ihre Theorie** vom eschatologischen Ich ist von der christlichen Eschatologie total verschieden. Für die Christen hat Christus keine Religion, Kosmologie oder noch weniger eine Soziologie gegründet. Er verkörpert ein veränderndes Ereignis der ontologischen Bedingung des Menschen. Von diesem Ereignis wird Folgendes gesagt: Bis zu seinem historischen Eintritt trennte jede ablehnende Haltung, jede Verweigerung der Liebe, jedes Zeichen des Hasses gegenüber einem anderen den Menschen unweigerlich von Gott. Der endgültige Tod, dem keine Wiederauferstehung folgte, war der offensichtlichste und deutlichste Beweis für diese Trennung. Christus, von einer Frau geboren, hat ein Menschenleben in der völligen Anerkennung des Menschseins und der totalen Unterwerfung unter den Willen Gottes geführt. Von der vereinigten regierenden jüdischen Oligarchie und der römischen Kolonialmacht ist er verurteilt und ans Kreuz geschlagen worden. Er ist zu einem totalen Leben wieder auferstanden, das heißt zu einem in seiner Qualität und seiner Dauer unbegrenzten Leben. Jeder, der Christus folgt, das heißt, der sich Tag für Tag vom Willen Gottes bestimmen lässt, teilt das Schicksal Christi. Stirbt er, so ersteht er wieder auf, sobald er sich der Liebe öffnet. Die physiologische Katastrophe seines Körpers und die Fortsetzung und Erweite-

---

* In Bezug auf Horkheimer wird dieser Bruch am 11. Juli 1973 deutlich: weniger als dreißig Personen wohnten auf dem jüdischen Friedhof in Bern der Beerdigung eines Mannes bei, der fünf Jahre zuvor der verehrte Lehrer der zehntausende umfassenden Studentenbewegung in der Bundesrepublik gewesen war.

** Der Begriff *Theorie* wird in seinem etymologischen Sinn von Gesamtsicht, Sicht Gottes, verwendet.

rung seines persönlichen Lebens jenseits seines physischen Todes sind nur das markanteste Ereignis dieses aufsteigenden Schicksals, der deutlichste Markstein und der klarste Widerschein seines verwandelten Seins. Für den Christen ist also das Schweigen des eschatologischen Ich, seine Nicht-Verwirklichung in der gelebten Welt durch das phänomenale Bewusstsein nur ein Schein, besser noch: etwas Vorübergehendes. Die Fülle des Lebens kann jeden Augenblick oder, genauer, mit jedem Glaubensakt hervorbrechen. Das gilt natürlich nicht für die materialistische Eschatologie. Eine strenge Chronologie spannt sich unter der Eschatologie Blochs hin. Sie würde die vereinzelte Realisierung einer individuellen Parusie nicht zulassen. Nur der totale Mensch der Zukunft kann dem eschatologischen Ich zu seiner Entfaltung verhelfen. Schließlich geht der totale Mensch aus der revolutionären Tat hervor, das heißt aus der gemeinsamen Handlung von Menschen, die entschlossen sind, die Gleichheit und Freiheit ihrer entsprechenden Existenzen zu erkämpfen. Die die Existenz des Menschen beherrschende Dialektik ist nicht die der individuellen Freiheit und der metasozialen Vorsehung. Für den Materialisten heißen die beiden Begriffe der Dialektik, die das menschliche Schicksal im Grunde bestimmt, kollektive Praxis und individuelles Opfer. Der *Märtyrer*, der sein Leben freiwillig für eine Geschichte lässt, deren Richtung er durch sein eschatologisches Ich kennt, wird nach dem Tode seines Körpers unsterblich. Das Gedächtnis des kämpfenden Volkes bewahrt dieses verklärte Ich. Von diesem Moment an ist es in der kommenden menschlichen Gesellschaft objektiv gegenwärtig.

Das zweite Problem, das zu erörtern bleibt, ist jenes, das die Materialisten mit dem Begriff *negative Dialektik* bezeichnen. Die negative Dialektik versucht ein »aporetisches« Denken zu formulieren, das aus einer doppelten Verneinung hervorgeht: aus der Verneinung der bestehenden Warengesellschaft und der Verneinung ihrer eigenen Kritik, welche die Warengesellschaft systemimmanent vorprogrammiert hat. Das Realitätsniveau, das wir zu erfassen bemüht sind, ist das der »Negation der Negation des Bestehenden«. [27] Dem Griff der symbolischen Gewalt dieser Gesellschaft kann eine radikale Todeskritik nur mit der klaren Behauptung ihrer Nicht-Identität entrinnen. Doch diese Nicht-Identität kann lediglich in dem Maße realisiert werden, als unsere Kritik sowohl die bestehenden Gesellschaftsstrukturen wie auch das vorbereitete Feld und die Ausdrucksweise ablehnt, die diese Gesellschaft zu ihrer eigenen Verneinung bestimmt. Geht man von der Negation der Negation aus, die einen gesellschaftsbezogenen Modus aufdeckt, den es heute weder im Bestehenden noch in irgendeiner der Konkretisierungen seiner Negation gibt, liefern wir uns Mittel an die Hand, dem Zugriff durch den Dialog zu entkommen. Im Zusammenhang mit einer Soziologie vom Tode haben wir nur ein unmittelbares Ziel: zu zeigen, dass das, was ist, falsch ist; denn im hegelschen Sinn des Wortes ist der Tod, wie er heute erlebt wird, eindeutig das absolute Böse. In dieser wie auch in anderer Hinsicht unseres Lebens sind wir »Wanderer und Kompass zugleich ... Niemand kann angeben, was er überhaupt will«. [28] Das nicht auszudrückende, unrealisierbare Ich stirbt nicht. Es ist im Wesentlichen Erwartung. Deshalb ist das eschatologische Ich nicht auf das Bewusstsein der Negation der bestehenden Welt reduzierbar.

III   Die Apokalypse

Etymologisch bedeutet der griechische Ausdruck ›Apokalypse‹ Offenbarung, Enthüllung des Seins. In Bezug auf dieses historische Schlussereignis stellen sich drei Fragenkomplexe: 1. Die Apokalypse ist nicht synonym mit dem Aufkommen einer gerechten Gesellschaft. Lassen Sie mich das erklären: Mein Bewusstsein macht ständig (und vor allem im Augenblick des Sterbens) die Erfahrung des Leidens, des Elends, der Undurchsichtigkeit der Dinge und des eigenen Schicksals. Die großen deutschen Materialisten verfügen über eine ausgedehnte persönliche Kenntnis vom Schicksal der Tränen, des Leidens und der geheimen Hoffnungen des Menschen. Diese Kenntnis wird fortwährend vom Hedonismus der Warengesellschaft verdrängt. Jedes Leben ist vom Schrecken gekennzeichnet. Und wenn es das nicht ist, ist er vorübergehend ausgespart worden. Am eigenen Leib erfahrenes Leiden, erlebter Schrecken im Leiden eines geliebten Menschen. Selbst wenn die Apokalypse heute Abend einträte, könnte uns kein Wunder von dem blutigen, unerträglichen Schrecken befreien, der von so vielen Millionen Männern, Frauen und Kindern vor uns erduldet wurde oder der um uns herum herrscht und dessen verzerrte Gesichter uns bis ans Ende verfolgen.

»Die Pyramide der Märtyrer erdrückt die Erde«, schreibt René Char. [29] Horkheimer bezeugt mit der gleichen Deutlichkeit, dass selbst nach dem Aufkommen einer neuen Gesellschaft das Glück ihrer Mitglieder keineswegs einen Ausgleich für das Elend derjenigen liefern wird, die in dem heutigen umkommen. [30] Dreißig Jahre später schreibt er: »Die Sehnsucht nach vollendeter Gerechtigkeit: Diese kann in der säkularen Geschichte niemals verwirklicht werden; denn selbst wenn eine bessere Gesellschaft die gegenwärtige soziale Unordnung ablösen würde, wird das vergangene Elend nicht gutgemacht und die Not in der umgebenden Natur nicht aufgehoben.« [31] Der Mensch kann nicht, wenigstens nicht ohne grundlegende Verkehrung seines psychonervösen Mechanismus, das Böse ertragen, das täglich anderen Menschen zugefügt wird. Eine Gerechtigkeit, die diesen Namen verdiente, müsste also nicht nur die gegenwärtigen Leiden auslöschen, sondern auch die Entsetzlichkeiten, die Millionen von verstorbenen Menschen bereits erlitten haben. Diese Gerechtigkeit bleibt jedoch für immer unrealisierbar. Keine Apokalypse wird das geschehene Böse wieder gutmachen können.

2. Die Welt wird also nie mit ihrer Vergangenheit (und unserer Gegenwart) des Schreckens und der Leiden ausgesöhnt werden können. Dennoch trägt diese Welt den Keim, den Willen, den realisierbaren Wunsch von einer gleichheitlichen und gerechten Gesellschaft in sich. Selbst wenn unsere Existenz jetzt im Leiden und in der täglichen Verschwendung unserer Lebenskräfte besteht, leben wir trotzdem in einer merkwürdigen Zwiespältigkeit. Zum Bewusstsein gehört seinem Wesen nach die Ablehnung des Nicht-Wissens, der Schrecken vor der Unterbrechung: dem Tod. Das eschatologische Ich, das der innerste Kern dieses Bewusstseins, die nicht reduzierbare Dauer und das erste Prinzip ist, teilt dieses Todesschicksal, allerdings nur dem Anschein nach: In Wirklichkeit weist es darüber hinaus auf das, was Bloch die »Gestalt der absoluten Frage« nennt. Diese Frage hat noch keine Form und keinen Inhalt.

Die Apokalypse wird die totale Verwirklichung meines eschatologischen Ich in einer Gesellschaft erlauben, die endlich transparent und vollendet ist. Mit anderen Worten: Diese Gesellschaft wird sich durch die totale Konkretisierung aller eschatologischen Ich vollenden, aus denen sie sich im gegenwärtigen Stadium zusammensetzt.

3. Es bleibt ein drittes und letztes Problem: das des persönlichen Überlebens, der Fortsetzung der menschlichen Existenz jenseits der *Zäsur,* der Wiederauferstehung. Schon 1918 schrieb Bloch: »Niemand kann angeben, was er überhaupt will, in diesem doch so zweckhaften Dasein.« [32] Und weiter: »Denn wir gehen in uns deutlich fühlbar umher.« [33] Ferner: »Wir fühlen uns sowieso schon innerhalb unseres Leibes nur wohnen. Daher können ein Fuß, ein Arm wegfallen, ohne dass unser Ich auch nur das Mindeste an sich dabei verlöre.« [34] Und schließlich: »So sind wir Wandernde und Kompass zugleich: Die endlich mit sich selbst gedeckten Intensitäten sind und bleiben selber ... die allein gemeinte Lösung...« [35] Doch dieses Ziel, dieser Weg, die wir selber sind, können sich nicht ändern und nicht verwirklichen, ehe nicht unser Körper und unser Bewusstsein sterben. Diesen Augenblick nennt Bloch die *Selbstenthüllung* oder die *Selbstbegegnung;* damit wird die Spaltung schlagartig überwunden. Diese Selbstbegegnung vollzieht sich, wenn mein phänomenales Bewusstsein zerspringt, wenn ich sterbe. Dann besteht nur noch das eschatologische Ich, dann umfasst es mich ganz. Es nimmt mein Erbe aus dem Leben auf, die Erbschaft meiner vollbrachten Taten, es enthält meine Gegenwart, und in dem Noch-nicht-Wissen, in dem wir uns befinden, steuert es die problematische Möglichkeit meiner Wiederauferstehung.

Überall in der thanatischen Literatur ist von diesem geheimnisvollen Augenblick die Rede, in dem der Kranke die Schläuche wegreißt, die ihn mit dem Wiederbelebungsgerät verbinden, und im Bruchteil einer Sekunde das Aufblitzen des *totalen Bewusstseins* erlebt, das ihm die vergangenen Ereignisse seines Lebens vor Augen führt und in dem er die weite unbekannte Landschaft erblickt, die sich jenseits des Todes erstreckt. [36] Die Apokalypse, dieser kollektive Todesmoment, in dem die ganze menschliche Gesellschaft, die gesamte endlich befreite Menschheit ihr eschatologisches Ich verwirklicht, wird von Bloch als *universale Selbstbegegnung* bezeichnet, als das allgemeine Zusammentreffen aller bisher in Myriaden Ich aufgespaltenen Ich, die uneingeschränkt sich selbst und jedem anderen Ich begegnen.

Verstorbene sind Menschen, die zu funktionieren aufgehört haben; ihr soziales, wirtschaftliches, politisches, gefühlsmäßiges und sexuelles Funktionieren ist beendet. Sie produzieren und konsumieren nicht mehr, aber hören sie gleicherweise auf zu denken? Der Materialist Bloch glaubt das nicht. Hier der Grund: Dass der Sterbende eine Wirklichkeit jenseits des Todes wahrnimmt (dafür bietet der Begriff *Zäsur* eine Hoffnung auf ihre fassbare Existenz), deutet sich empirisch für uns in der Tatsache an, dass er sich in der letzten Sekunde plötzlich, physiologisch unerklärbar, aufbäumt. Das Leben jenseits der *Zäsur* ist nicht bloß »möglich«, wie es möglich ist, dass ein Fluss zufrieren kann. Denn dass ein Fluss zufrieren kann, ist möglich, bedingt möglich; das heißt, der Fluss friert unter Voraussetzung gewisser, noch nicht bestätigter Vordersätze zu. Für mein Bewusstsein ist ein zugefrorener Fluss eine *hypothetische Möglichkeit;* anders ausgedrückt: ein Faktum, dessen Verwirklichung durch die vorherige Verwirklichung gewisser anderer Fakten bedingt ist, deren Realisationsmöglichkeiten in mir ab sofort hypothetisch bestehen. Aber es gibt noch andere Formen des *Möglichen*. Es handelt sich dabei um Ereignisse, die sich von dem vorher zitierten Tatsächlichen fundamental unterscheiden, da die Bedingungen, die ihrer Verwirklichung vorausgehen, nicht oder noch nicht Teil des Wirklichkeitsfeldes meines Denkens sind. Die Priesterköniginnen der Nago-Yoruba aus Salvador bestätigen uns, dass es bei ihnen Gottheiten gibt, die Krankheiten heilen können, die von der westlichen Medizin als offenbar unheilbar betrachtet werden. Die wirkliche Existenz dieser Orixa und die ursächlichen Zusammenhänge, die sie steuern, sind Erfahrbarkeiten verpflichtet, die (in meinem Erfahrungsfeld) derzeit nicht einmal in Form von Hypothesen bestehen. Die Vorausbedingungen für die Verwirklichung der von den Priestergöttinnen behaupteten Tatsache stellen somit im Gegensatz zu dem, was im Falle des zugefrorenen Flusses vorgeht, ein unlösbares Problem dar.

Doch die Möglichkeit des Bestehens einer Wirklichkeit jenseits der Zäsur, die ein eschatologisches Ich als einzig Überlebendes der physiologischen Katastrophe erlebt, hebt auf eine noch andere Stufe ab. Während des ganzen menschlichen Lebens wird der verborgene Inhalt des eschatologischen Ich wie eine Evidenz betrachtet. Dass diesem heute nicht verwirklichten oder noch nicht realisierbaren Inhalt des eschatologischen Ich eine wie auch immer geartete Wirklichkeit korrelativ gegenüberstehen muss, ist nicht nur bedingt oder problematisch möglich, sondern schlechterdings notwendig. Die Notwendigkeit des Bestehens einer Wirklichkeit, die diesem Inhalt gegenübersteht, wird aus der Existenz des eschatologischen Ich postuliert und auch aus der utopischen intensiven Tätigkeit, die dieses Ich während seiner gesamten Existenz wie ein gründender Kern des Bewusstseins begleitet. Das eschatologische Ich ist also letzten Endes ein triumphierendes Subjekt, das zuschaut, wie sich rundherum der Tod vollzieht.

ZWEITER TEIL

Der
afrikanische Tod

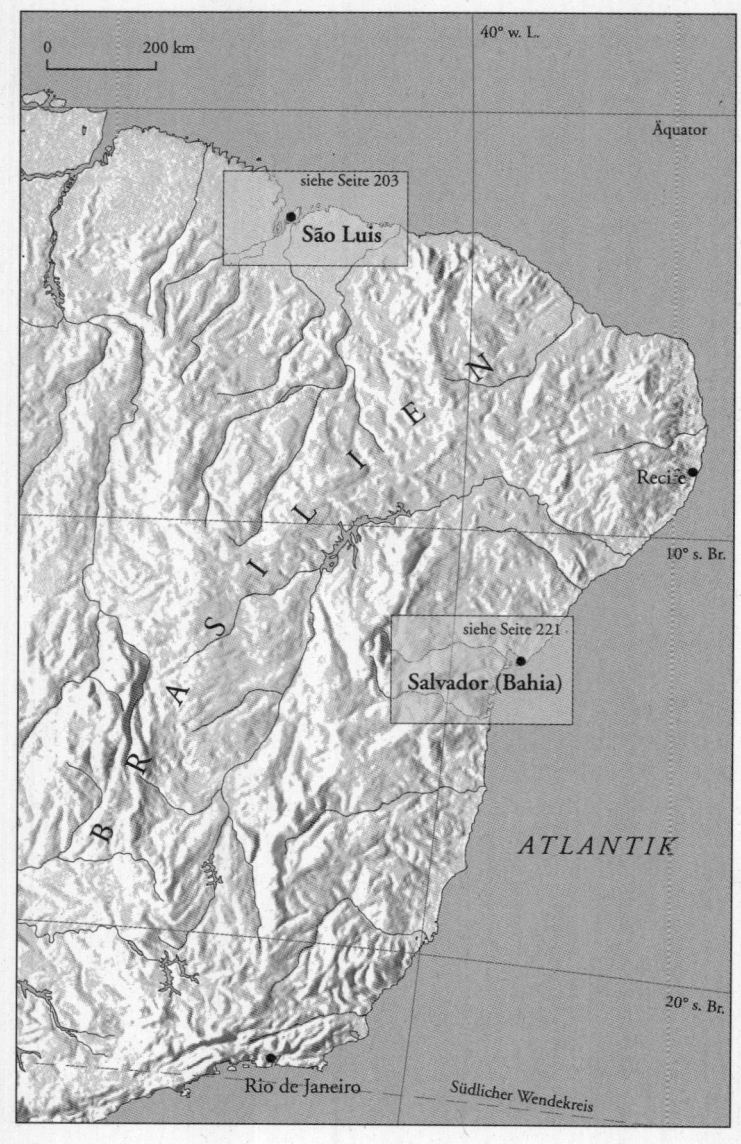

Der Tambor de Choro –
die »Trommel der Tränen«

I   Die Casa de Mina

An keinem Ort Brasiliens habe ich eine Wirtschaftssituation und soziale Struktur angetroffen, die mörderischer waren als in Maranhão. [1] Nirgendwo wiederum erfährt der Tod von Seiten der Lebenden eine größere Aufmerksamkeit. Und nirgendwo werden täglich so viel schöpferische Kräfte in seine mögliche Überwindung investiert.

Bis zum Aufkommen der Dampfer waren die beiden portugiesischen Kolonien Südamerikas, der Staat Brasilien und der Staat Grand-Para, voneinander getrennt. Das gewaltige Amazonas-Becken, die *sertãos* von Céara, die Täler von Maranhão und ein Teil des Piaui wurden vom Palast in São Luis regiert. Ungünstige Meeresströmungen hinderten die Schiffe daran, zwischen Salvador, der Hauptstadt des Staates Brasilien, und São Luis (Hauptstadt von Grand-Para) zu verkehren. Auf den zwei verschiedenen Südatlantikrouten kamen und gingen die Jesuiten, Dominikaner, Laienpries-

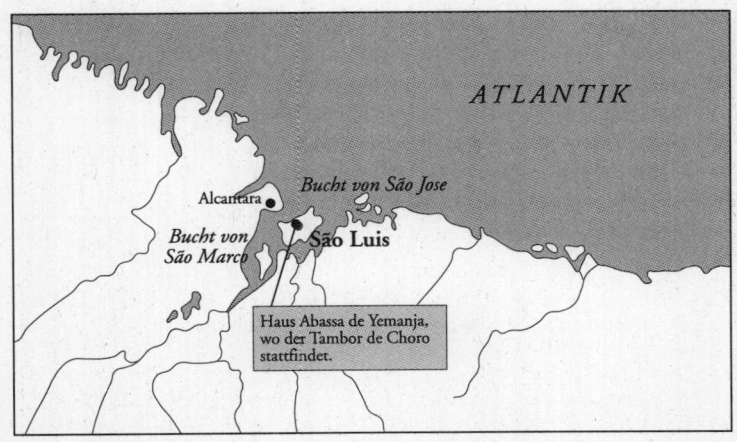

ter, Bischöfe, Gouverneure, *fidalgos* und Bürger, verfolgte Juden, Bankiers, Bauern und Handwerker und sicherten die Verbindungen zwischen den Küsten von Grand-Para und Lissabon einerseits und den Kapitanaten Brasiliens und Portugal andererseits. [2]

Trotz seiner unerschöpflichen Naturreichtümer, seiner Wälder, seiner weiten Ebenen, seiner fruchtbaren Täler und seiner Küsten, die zu den schönsten der Welt zählen, hat Maranhão nur etwa vier Millionen Einwohner. Und diese Männer und Frauen, diese Kinder und Greise sind in ihrer großen Mehrzahl bitter elende, von der Geschichte vergessene Menschen.

São Luis, benannt nach dem heiligen König von Frankreich, wurde von französischen Piraten zu einem wichtigen Stützpunkt ausgebaut. Sie wurde von den Portugiesen erobert, verloren und zurückgewonnen. Als Hauptstadt von Grand-Para wurde sie rasch zu einer mächtigen Siedlung. Das *Athen des Nordens*, wie es die Dichter nennen, war ein gigantisches Sklavenlager: Bis heute ist es ein Ort beklemmender Leiden geblieben.

In der Casa Abassa von Yemanja, die in der Traversa de Fe em Deus Nr. 46 in São Luis liegt, wohnte ich im August 1972 dem *Tambor de choro* bei, den der Babalorixa des Hauses angeordnet hatte, um den Egun seiner verstorbenen Mutter endgültig zu vertreiben. Der Babalorixa, der Sohn des Shango, heißt Jorgé. Er ist Mulatte. Er ist von einer hoch angesehenen Yawalorixa »gemacht«, das heißt, in die Anfangsgeheimnisse seines Orixa eingeweiht worden: von Mae Pia, der Tochter entflohener Sklaven, die im *Quilombo Egypto** geboren und im Alter von 118 Jahren 1968 in der Baixada gestorben ist. Die weltliche Bezeichnung seines Terreiro lautet *Tambor de Mina* (Trommel der Mina-Völker), ein Name, den mehrere große Theokratien des alten Grand-Para tragen.****

Doch das dort zelebrierte Ritual, die Orixa, die im Trancezustand erscheinen, die Regierungsform ebenso wie die Kultsprache des

---

* Quilombos werden die Dörfer entflohener Sklaven genannt. Während der ganzen Zeit der Sklaverei in Brasilien sind die Sklavenaufstände, die Massenflucht und der Aufbau freier Gemeinschaften im Innern, die den Sklavenjägern einen ständigen Kleinkrieg lieferten, nie abgebrochen.
** Mina (hier eine allgemeine Bezeichnung für die Völker der Fon, Jêjê, Ewe, Fâ) unterscheidet sich von der ethnologischen Kategorie der Yoruba-Nago.

Hauses, seine Kosmogonie und seine bei den Festen zum Ausdruck kommenden Hierarchien stammen von den *Nago* her. [3]

Dieser Widerspruch, den viele theokratische Gesellschaften der afrikanischen Diaspora im Norden Brasiliens aufweisen*, erklärt sich durch eine paradoxe Situation: seit der Zeit der Deportation gibt es im Kreise der schwarzen Völker des alten Grand-Para eine singuläre Theokratie, die auf dem südamerikanischen Kontinent die ausschließliche Vertreterin der Fon-Kosmogonie ist. Das Fon-Königreich von Abomey, der weltliche Feind der Yoruba-Staaten, legte auf dem amerikanischen Kontinent seine fruchtbaren Keime aus.

Bevor wir den Konflikt in Brasilien zwischen den Nago-Yoruba-Theokratien und dem Mina-Fon-Candomblé darstellen, ist eine geschichtliche Vorbemerkung nötig:

Es ist ein geschichtliches Paradoxon, dass die Kriege zwischen den Fon und den Yoruba, genauer noch: zwischen zwei Priesterkasten, zwischen zwei gegensätzlichen politischen Hierarchien, für die Verschleppung von hunderttausenden von Menschen unmittelbar verantwortlich sind. Zunächst erleichterte der Bruderkrieg, den sich die afrikanischen Völker, allerdings unter der Bedrohung durch einen gemeinsamen Feind, über Generationen hin am Golf von Guinea lieferten, weitgehend das Eindringen der europäischen Söldner und Sklavenjäger, die neben den dänischen, preußischen, holländischen, englischen, portugiesischen, spanischen und französischen Kaufleuten im Küstenstreifen des Westens auftraten. Auch die herrschenden Klassen der Yoruba betrieben Sklavenhandel. Die in jedem Krieg gemachten Gefangenen wurden im Allgemeinen an die Weißen verkauft. Je höher der soziale Rang des Gefangenen war, desto größer war sein Handelswert. [4]

So werden die großen Candomblés im Norden wie auch in Bahia noch heute von Männern und Frauen bevölkert, die in Afrika untergegangenen Dynastien entstammen. Ihr kosmogonisches Wissen, ihre Regierungskunst und ihre geistige Feinsinnigkeit sind in der amerikanischen Diaspora intakt und kraftvoll geblieben. Die

---

* Ein Babalorixa benennt sein Candomblé *Tambor de Mina*, obschon der dort geübte Kult ein Yoruba-Kult ist. Er will damit seine kultische Abstammung von den mächtigen Mina-(Fon-)Priesterinnen vortäuschen.

Beziehungen zwischen der großen Casa de Mina in São Luis und den Yoruba-Gemeinschaften der Stadt sind heutzutage gespannt. Die Haltung der Priesterköniginnen der Fon aus der Dynastie derer, die ein Sklavenleben geführt haben, bis hin zu jenen, die seit der Abschaffung der Sklaverei im Jahre 1888 regiert haben, die Mütter Andresa, Leocadia, Filomena und Cicida, ihre stolze Einsamkeit und ihre überhebliche Weigerung, mit den Nago zu sprechen, rufen in den jüngeren Nago-Candomblés die widersprüchlichsten Reaktionen hervor.

Die Verschleppung der Nago-Yoruba nahm tatsächlich erst im 18. Jahrhundert ihren Anfang. Zu diesem Zeitpunkt war die Fon-Diaspora bereits seit Generationen in Maranhão verwurzelt. Sie kam wahrscheinlich schon mit den ersten französischen Seeräubern. Jeder auf der Insel und auf dem Festland fürchtet das Wissen und die Macht der *Casa de Mina*. Fast spontan nahmen die meisten der Terreiros, die nach der Abschaffung der Sklaverei gegründet wurden, den populären Namen des *Tambor de Mina* an und koppelten ihn mit einer afrikanischen Bezeichnung, die im Allgemeinen aus der reinsten Nago-Yoruba-Tradition stammt. Allein die große Nago-Theokratie aus den Anfängen, die sich direkt aus der *Cafua* herleitet, d. h. aus dem befestigten Haus im Hafen von São Luis, wo die Sklaven zuhauf untergebracht waren, hat den Namen *Casa de Nago* behalten. Gleich nach ihrer Ankunft wurden die überlebenden Männer, Frauen und Kinder in die Festung gepfercht, bevor sie an die Bürger und Pflanzer verkauft wurden. Sie liegt nur wenige hundert Meter von der Casa de Mina entfernt, in der Straße San Pantaleão.

Die Casa de Mina, eine Gesellschaft, die jeden Synkretismus ablehnt, scheint heute, in ihrer einsamen Stille gereift, dahinzusterben. Sie ist kaum bekannt, und zwar nicht nur unter den Priestern und Priesterinnen, den Töchtern und Söhnen und Anhängern der anderen Terreiros im Norden, sondern auch bei den Forschern. Der Babalorixa der Abassa von Yemenja zum Beispiel beklagt sich uns gegenüber mit heftigen Worten, in denen sich Unwille trotz allem mit ängstlichem Respekt mischt, über die Weigerung der Mae Andresa, mit ihm zu sprechen. Tatsächlich hat die Hohe-Priesterin fast sechsundzwanzig Jahre lang, während derer zahllose Kontaktversuche unternommen wurden, nie das Wort an ihn gerichtet. Die Babalorixa sind allerdings nicht die einzigen Opfer dieses besessenen Schweigens. Die abendländischen Besucher stoßen trotz der erlesenen und großzügigen Gastfreundschaft, die sie in der Casa de Mina erfahren, sehr bald an die Mauer des Gemeinnisses. Heute verfügt die soziologische Literatur, die sich mit der afrikanischen Diaspora im Norden Brasiliens befasst, in Bezug auf die Casa de Mina lediglich über ein paar Hinweise von R. Bastide [5] und die Monografie von Nunez Pereira. [6] Dieses Werk ist übrigens das Ergebnis einer ungewöhnlichen Situation: Als Sohn eines portugiesischen Juden, einem Händler in São Luis, und einer schwarzen Wäscherin und Priesterin in der Casa de Mina, verbrachte Nunez Pareira seine Kindheit in der Intimität der *Fon-Legba**. Er entzog sich – zumindest auf der Ebene seiner eigenen Rationalisierung – den unerträglichen Konflikten feindlicher Kulturen und wanderte in den Süden aus, nach Rio de Janeiro. Er machte sich an die Ausarbeitung eines Werkes, mit dem er heute, im Alter von fast neunzig Jahren, als einer der originellsten und fruchtbarsten Gelehrten der brasilianischen Soziologie der Diaspora dasteht.

Meine eigenen Nachforschungen in der Casa de Mina und die Sequenzen thanatischen Denkens, die sie zu rekonstruieren erlauben, sollen später Gegenstand einer besonderen Untersuchung werden. Gegenwärtig vertiefe ich nur die apodiktische Behauptung, derzufolge das thanatische Denken der Casa Abassa von Yemenja seinen Ursprung bei den Nago hat, und das trotz der subjektiven Auffassung seines Babalorixa, der durch die Laienbezeichnung seines Terreiro (Tambor de Mina) fälschlicherweise eine Zugehörigkeit zu der großen Casa de Mina zu suggerieren versucht.

Nunez Pereira zufolge hat der Ausschluss von Jorgé selbst bei öffentlichen Festen der Casa de Mina (mit Ausnahme des Heiligen-Geist-Festes, das als »profan« gilt, da es von der christlichen Zivilisation übernommen wurde) noch einen besonderen Grund. Legba, der in der Kosmogonie der Jêjê dieselbe Funktion hat wie Exu in der Nago-Kosmogonie, nämlich die eines Wegbereiters, eines Vorläufers, eines Herolds der Orixa, der bei der Weissagung und in der

---

* *Legba:* Gottheiten der Fon; zugleich der spezifische Name einer Gottheit.

Trance erscheint, ist ein pansexuelles Wesen. Die Gegenwart eines erklärten Homosexuellen, wie des Babalorixa Jorgé, würde deshalb in einem Haus, in dem Legba Gestalt annimmt, nicht geduldet. Die meisten der großen Noxe (der Entsprechung zu dem Nago-Begriff der Yawalorixa) sind übrigens Junggesellinnen gewesen.* Von Mae Andresa, der bedeutendsten unter den Priesterinnen aus der Zeit nach der Abschaffung der Sklaverei, bekräftigt die Mehrzahl der von uns befragten Töchter der Heiligen, dass sie bis zu ihrem Tod Jungfrau geblieben sei. [7]

II Der Tod in São Luis

Eine ganze Woche dröhnen die Trommeln der Trauer, wenn eine Bewohnerin des Hauses stirbt. Sie ertönen drei Monate, wenn der Tote der Priester- oder Regierungshierarchie des Terreiro angehört. Und sie werden ein volles Jahr geschlagen, wenn die Yawalorixa oder der Babalorixa verscheidet. Tatsächlich bezeichnet der Begriff zwei unterschiedliche Serien von Ereignissen: einerseits heißt *Tambor de Choro* wörtlich *Trommel der Tränen*.

Der Candomblé stirbt mit seinen Angehörigen. Kein Orixa steigt während dieser Zeit herab, keine Trance tritt ein, keine Einweihung wird vollzogen, und keine Verpflichtung wird erfüllt, die nicht mit der Bestattung zu tun hat. Vor der Tür des Terreiro drängen sich die Kranken, Verängstigten und Verzweifelten vergebens. Niemand kann die *cauris* werfen oder die Halskette des Ifa lesen. Die Orixa antworten nicht, die Weissagung findet nicht statt.

Aber der Ausdruck *Tambor de choro* bezeichnet nicht nur die

* Insbesondere Mae Celeste (afrikanischer Name: Mae Barry), zweiundzwanzig Lebensjahre Eingeweihte, von Mae Andresa »gemacht«, die 1958 starb. Seit dem Tod von Mae Filomena de Jesus Teresa, am 25. März 1972, ist Mae Celeste eine der letzten großen Eingeweihten aus der Generation der Noxe Andresa, das heißt, aus der Generation der Mädchen, deren Eltern Sklaven waren. Außer Mae Celeste leben noch zwei weitere große Eingeweihte dieser Generation in der Casa de Mina: Amelia Vieira Pinto und Amancia de Jesus Evangelista, beide sind seit mehr als einem Jahrhundert eingeweiht.

Zeit des Todes. Er umfasst die dialektische Gestalt des Todes insgesamt. Solange die Orixa schweigen, beschäftigen sich die Menschen, in reiner Immanenz befangen, ein letztes Mal mit dem Körper und dem Bewusstsein, das ihn verlassen hat und nun auf dem Weg zum Orun ist. Dieser Körper, dieses Bewusstsein, diese Person, die in Verwandlung begriffen ist, braucht äußerst aufmerksame Pflege, bedachte und wirkungsvolle Hilfe derer, die sie zurückgelassen hat. Sie begibt sich in eine dämmrige Zone, in ein Gebiet, in dem jede falsche Bewegung die Katastrophe mit sich bringen kann, das heißt den Verlust ihrer Identität.

An diesem Dienstag, dem 22. August, um 15 Uhr steht Jorgé Itarcy de Oliveira Gomez, der Sohn von Shango und Babalorixa des Candomblé Abassa von Yemanja, in der Mitte seines Volkes vor drei Trommeln, die auf weiß verschleierten Gestellen liegen. Wie seine Würdenträger, seine Diener und alle Getreuen trägt er das Trauergewand: einen langen weißen Umhang. Von allen Orixa trägt nur Oxala Weiß. Nun, Oxala erhielt von Olorun die Kräfte der Natur, die Grundelemente des Universums. Und auf Anordnung Oloruns schuf er die Orixa, die ihrerseits aufgerufen waren, die Menschen herzustellen.

Dieser Gründungsmythos der Yoruba ist von großer Klarheit: *Der Tod ist eine Art umgekehrte Schöpfung.* Der Mensch ist von seinem Orixa geschaffen worden, um auf Erden zu leben. Diese Reise ist nun beendet. Er kehrt in den Orun zurück, nicht aber in die Hände des Schöpfer-Orixa. Die Wiederverkörperung ist eine dem thanatischen Denken der Yoruba fremde Vorstellung. Der Mensch, dessen irdisches Dasein beendet ist, begibt sich zu Oxala, dem Schöpfer der menschenschaffenden Orixa. Dort empfängt er seinen Ipori, den ersten Kopf, der im Orun verwahrt wird, sein unvergängliches Sein, das sich jedoch nur eines zufälligen Lebens erfreut. Diejenigen, die um seinen Sarg versammelt sind, wissen das sehr wohl. An diesem Tag des Aufbruchs ehren sie Oxala und nicht den Orixa, der der Verstorbenen das Leben geschenkt hat. Sie tragen die Farbe des Oxala: Weiß. Und der gesamte Candomblé, alle Trommeln, die Wände, die Türen, die Wandöffnungen werden unter hohem Kostenaufwand mit billigen weißen Stoffen bespannt, die

die Nacht zuvor im Fluss gewaschen wurden, der hinter dem *Bairro* fließt.

Auf großen Strohmatten sitzen die Leute auf der Erde, mit verschränkten Beinen, geradem Rücken und den Händen auf den Knien. Mit einem ständigen, ungleichmäßigen Murmeln, das zwischen Stille und menschlicher Stimme angesiedelt ist, werden nacheinander die Orixa angerufen. Wie um sich gegen wilde Trancen oder hinterhältige Aggressionen irgendeines Exu zu schützen, drängen sich die Töchter und die Söhne der Orixa aneinander. Sie wiegen sich langsam im wechselnden, eindringlichen Rhythmus der Trommeln von vorn nach hinten, von hinten nach vorn.

Außerhalb der Wände des Terreiro, auf den beiden Pisten aus roter Erde, die ihn umschließen, drängen sich überall Männer und Frauen. Man sieht sie auch, von der Vorstadt kommend, oben auf dem Hügel, zwischen den Bananenplantagen, an der Kreuzung, bis zur Eisenbahnlinie in der sengenden Nachmittagssonne warten. Gruppen von Fremden, die von der Universität, dem Gouverneurspalast, aus den Regierungsvierteln kommen, haben ihre Autos an den Seiten der Piste abgestellt. Schwarze Kinder beobachten mit großen ernsten Augen die weißen Gestalten, die ab und zu in den beiden Öffnungen der Seitenwand erscheinen. Dichte, erhitzte, lärmende, in allen Farben schillernde Menschentrauben hängen an den Türen und Fenstern des Hauptgebäudes. Zahlreiche Handlungen sind bereits vor diesem öffentlichen Aufbruch der Toten vorgenommen worden, zu dem der ganze Candomblé, die Leute aus der Umgebung, die Bewohner des Stadtviertels und die entfernten Verbündeten und Freunde des Terreiro zusammenströmen, um die Tote endgültig auf den Weg zu schicken.

Die Bestattungszeremonien, die dem öffentlichen Abschied vorangehen, sind nur den Eingeweihten zugänglich. Genauer gesagt, jedem Grad der Hierarchie des Wissens und der priesterlichen Funktion entspricht eine Geste, eine Handlung, eine besondere Visualisierung. Diese geheimen Zeremonien verlaufen auf zwei streng voneinander getrennten Bahnen: während des irdischen Daseins ist jeder Mensch bei den Angehörigen doppelt vertreten. Er hat einen Körper, ein Gesicht und einen Charakter. Gleichzeitig hat er im *pegi* (auf dem Altar) des Candomblé seinen *Bara-Orun*, das Gefäß, das ein Stück der Materie enthält, aus der im Himmel sein *Ipori* gemacht ist. Jeder Einzelne verfügt somit über eine doppelte Materialität. Der physische Tod berührt nur die erste, irdische Verkörperung. Die zweite muss von der Gemeinschaft selbst zerstört werden.

Hier sei die schematische und wahrscheinlich lückenhafte Folge der rituellen Schritte aufgezeigt, die im Stillen während der Zeit vom Stillstand des Atems bis zum Beginn des öffentlichen Festes vollzogen werden. Sobald der physische Tod eingetreten ist, erhebt sich ein Gesang unter den Versammelten. In einem Ton, der ans Murmeln grenzt, wird der *Orixa* der Verstorbenen angerufen. Wenn der Orixa nicht herniedersteigt, wenn der Körper kein Lebenszeichen mehr von sich gibt und keine Trance ihn mehr schüttelt, stellt der Babalorixa zum ersten Mal mit lauter Stimme den Tod fest. Der Körper wird dann aufgenommen und auf einen mit Strohmatten bedeckten Tisch gelegt, der in der Mitte des Terreiro, genau an der Stelle steht, wo sich normalerweise die Runde bildet und zu Lebzeiten die Trancen stattfinden. Der Leichnam wird anschließend siebenmal von der Strohmatte aufgehoben und wieder niedergelegt. Wenn keine der Hände, die ihn berühren, das geringste Zittern, die leiseste Antwort spüren, wird der Körper zum zweiten Mal für tot erklärt. Mae Pequena bereitet darauf die Kräuter vor, die dem Orixa des Verstorbenen zugehören. Der Körper wird sorgfältig mit Wasser, in dem diese Kräuter ausgekocht wurden, abgewaschen, damit kein Staubkorn, keine irdische Spur auf der Reise an ihm haftet, die er unternehmen wird. Dann wird er in die weiße Robe des Oxala gehüllt. Rings um den Körper werden die Ketten seines Orixa aufgehängt, die als Schutz auf seinem Weg wie auch beim Eintritt in den Orun dienen.

An dieser Stelle weicht das afrikanische Gesetz einen Augenblick vor dem der Weißen zurück, denn das brasilianische Gesetz fordert, dass die Beisetzung innerhalb von vierundzwanzig Stunden erfolgt. Der festlich gekleidete Körper wird hinaus in die Sonne getragen. Die Nachbarn, Freunde und Bekannten, auch Neugierige drängen zum Türeingang. Sie nehmen von der Toten Abschied, sagen ihm ein letztes Adieu. Darauf wird der Leichnam in seinem Sarg, manchmal in einer Hängematte, zum *campo santo*, dem Friedhof, getragen.

Während der Körper gewaschen wird, werden andere Zeremonien vorgenommen, die streng geheim gehalten werden. Wir wissen nur, dass am Morgen die *Pejija* in der Gegenwart des Babalorixa, der *Ila quequere* und der *Ajibona* zum *pégi* tritt, den *Bara-Orun* der Verstorbenen herausnimmt und den Inhalt des Gefäßes im Verlauf einer Zeremonie, von der wir nichts Genaues wissen, vernichtet. Damit ist die Tote von jeder Materialität und jeder Verkörperung auf Erden befreit. Sie kann sich unbeschwert auf den Weg zum *Orun* machen. Von nun an besteht das Problem nur noch darin, ihre Reise abzusichern und dafür zu sorgen, dass sie wirklich zum Orun aufbricht und sich nicht in der Nacht des Nicht-Seins verirrt.

Sind die Probleme des Körpers und des Bara-Orun geklärt, muss ein drittes Problem angegangen werden: das des Orixa, der plötzlich keine Inkarnationsmöglichkeit mehr findet. Das ist eine gefährliche Situation, denn ein Orixa, der seines *cavalho*, des ihm geweihten Menschen beraubt ist, droht, irgendwo »herabzusteigen« und bei einem wehrlosen Wesen wilde und vielleicht wahnsinnige Besessenheit hervorzurufen. Man muss ihn beruhigen. Zu diesem Zweck treten *Agoxogun* und seine Helfer *Otoxogun* auf den Plan, die Träger der Opfergeheimnisse.

Zu einem nicht genau festgelegten Zeitpunkt, aber zwischen der ersten Todesfeststellung und dem Beginn des öffentlichen Festes, wird dem Orixa der Verstorbenen ein Tier geopfert, denn jedem Orixa ist ein bestimmtes Tier zugeordnet.* Der Tambor de choro von São Luis ist der Mutter des Babalorixa, der Tochter von Oxun geweiht. Das Tier des Oxun ist der Hammel. Weil es sich um eine Frau handelt, wird ein Schaf auf dem Altar des Oxun geopfert.

Bevor also das öffentliche Fest beginnt, werden drei Serien von Schritten vollzogen. Der physiologische Tod des Körpers wird sorgfältig geprüft, der für die Reise vorbereitete Leichnam wird beerdigt. Die zweite irdische Materialisierung des Menschen, die Ge-

---

* Meine Untersuchung weist hier eine Lücke auf. Im gegenwärtigen Stadium meiner Auseinandersetzung mit dem Nago-System sehe ich mich nicht in der Lage, mich mit Gewissheit zu der zentralen Frage zu äußern: Wird dieses System im Innern der mythischen, erfassbaren rituellen Strukturen von einer Totemstruktur getragen, deren wichtigste Grundelemente die Opfertiere der verschiedenen Orixa wären? Diese These wird vor allem von *Juana Elbein Dos Santos* in »Les Nagô et la Mort«, Paris 1972, verteidigt.

samtheit seiner grundlegenden Elemente, die in objektaler Form im unteren Teil des *pégi* ruhen, werden von den Hinterbliebenen vernichtet. Der dritte Schritt besteht darin, dies alles dem Schöpfer-Orixa der Verstorbenen zu »erklären« und zu verhindern, dass dieser Orixa in seinem drängenden Wunsch, sich zu verkörpern und mitzuteilen, sich eines unvorbereiteten, uneingeweihten und damit vom Wahnsinn bedrohten Bewusstseins bemächtigt. Eine Unklarheit bleibt jedoch noch bestehen. Sie ist sicher auf unseren Informationsmangel, nicht aber auf Lücken im Nago-System zurückzuführen. Sie betrifft die Reise. Wer bricht zum Orun auf? Der Körper, der die Erde des Friedhofs verlässt, das nunmehr durch die Vernichtung des Bara-Orun entmaterialisierte Bewusstsein oder das Wesen des Ipori, der Egun, der bei dem öffentlichen Fest stets zugegen ist? Wir werden versuchen, bei der Erörterung des formalen Denkens hypothetisch darauf eine Antwort zu finden. Das öffentliche Fest verläuft nach einem strengen Zeitplan:

Es beginnt am Nachmittag um drei Uhr, wenn die Äquatorialsonne ihren Zenit überschritten hat, und hört mit einbrechender Nacht auf. Würdenträger, Gelehrte, Opferpriester, die Chorleiter, Seher, Eingeweihte und Gemeindemitglieder sitzen also in langen weißen Umhängen, die Kette ihres eigenen Orixa um den Hals, mit verschränkten Beinen auf der Erde und rufen leise das ferne Volk der Orixa an. Ihr Oberkörper wiegt sich im dumpfen Rhythmus der verschleierten Trommeln. Draußen in der Stille, die nur hin und wieder von einem Kinderschrei oder den Ermahnungen der Mütter unterbrochen wird, drängt sich die Menge unter der Sonne. Nur die Fenster, viereckige Löcher in den Lehmwänden, atmen Schatten. Alle Türen sind geschlossen, bis auf die eine, die auf den Vorplatz führt, rechtwinklig zum Terreiro, im Hintergrund, und die nach Nordosten geortet ist. Nur ein Flügel ist geöffnet und wird von einem geweihten Mädchen bewacht.

Dieses prächtige junge Mädchen, mit seinem schönen afrikanischen Gesicht, den feinen Zügen unter dem um den Kopf gewundenen Turban, hat die Würde und die ruhige Sicherheit derer, die die Besessenheit durch die Orixa kennen. Außerhalb des Terreiro die Welt der Lebenden, im Inneren die der Toten: Niemand kann diese Schwelle überschreiten, weder um einzutreten, noch um hinauszugehen. Neben der Wächterin steht ein mit Wasser gefüllter irdener Krug. Mit einer Geste, die sie in drei Bewegungen zerlegt und wiederholt, sprengt das junge Mädchen zuerst einige Wassertropfen aus dem Krug in einen vor ihm stehenden großen Holzkübel. Dann spritzt es mit dem Rücken der Hand und aneinander gelegten Fingern mit weiten rhythmischen Gebärden glitzerndes Wasser auf den Vorplatz. Die Kinder draußen lachen und schubsen sich, um einige Tropfen zu erhaschen. Die Dienerin des Wassers ärgert sich und rollt drohend mit den Augen. Die Kinder tragen dem Ernst der Situation und der Feierlichkeit des Augenblicks sichtlich keine Rechnung.

Für die Lebenden erfüllt das Wasser an diesem Nachmittag eine wesentliche Funktion. Der Krug enthält die Flüssigkeit des Bara-Orun, des Gefäßes, das im *pégi* des Torreiro die Grundelemente der Persönlichkeit der Verstorbenen enthielt. Diese Lebensflüssigkeit wird also mit der ersten Geste in das große Bassin zu Füßen der Hüterin gegossen. Der Kübel, Symbol und Ort der Gemeinschaft, empfängt das Leben der Toten. Das Wasser der Toten ist überdies mit dem Wasser der Gemeinschaft vermischt und verliert somit seine Individualität.*

Das Wasser aus dem Kübel wird draußen unter die Menschen gesprengt. So verbreitet sich das gestärkte Leben der Gemeinschaft in der Welt.

Aber über diese Doppelfunktion hinaus hat die Dienerin des Wassers eine dritte, nämlich die Schwelle zu hüten, die für einen Nachmittag zwei Welten ungleicher Qualität voneinander trennt. Sie muss die *Egun* daran hindern, den Terreiro zu betreten. Zunächst den Egun der Toten. Seit ihrem Hinscheiden hat die Tote, Dona Itarcy de Oliveira, tatsächlich eine zweideutige Existenz geführt. Ihrer doppelten irdischen Verkörperung beraubt, ihres

---

* Hier sei auf eine Bedeutungshierarchie hingewiesen: Die Tatsache, dass die Flüssigkeit des Bara-Orun der Verstorbenen mit dem Wasser des Gemeinschaftsbassins vermischt wird, bedeutet die Beseitigung der individualisierten Materialität, über die die Tote (durch ihren Bara-Orun) in dem *pégi* verfügte. Das heißt nicht, dass die Verstorbene, die nun in der Gestalt Eguns zugegen ist, ihre Identität verliert. Diese Identität des nicht verkörperten individuellen Bewusstseins rematerialisiert sich im Orun, indem es sich mit seinem Ipori, seinem unvergänglichen Antlitz, vereint.

menschlichen Körpers einerseits und ihres Bara-Orun andererseits, ist sie dennoch auf Erden gegenwärtig. Sie ist zum Egun geworden, zum reinen Bewusstsein, das sich eines verkörperten Bewusstseins bemächtigen und so erneut vor den Augen der Menschen erscheinen kann. Der Tambor de choro, das öffentliche Fest, all die Zeremonien haben zum Ziel, diesen Egun auf seine Reise zum Orun vorzubereiten, sein Unternehmen zu fördern und ihm das nötige Gepäck bereitzustellen.

Im Orun vereinigt sich der Egun wieder mit seinem unvergänglichen eigenen Wesen, seinem Ipori. Doch die Gemeinschaft muss sich gegen die umherirrenden Egun schützen, die gefährlich sind, da sie während der Zeit ihres Umherirrens durch keine soziale Kontrolle, durch kein einziges rituelles System in Schranken gehalten werden. Niemand kann ihren Willen erkennen, in sich aufnehmen und lenken. Die Tatsache selbst, von diesem Willen nichts zu wissen, stellt für die Lebenden eine Gefahr dar. Überdies gibt es viele von diesen umherirrenden Egun. Bei den ersten Schlägen des Tambor de choro können sie überall auftauchen.

Viele Menschen sterben in der Tat allein, ohne Kinder oder Freunde, ohne Verwandte oder Verbündete (affiliados). Einige verhungern auf den Straßen von São Luis, und die Polizei liest sie am Morgen auf, um sie ins Gemeinschaftsgrab zu werfen. Andere sind, vom Elend verfolgt, zu den Straßen und Wäldern des Amazonas aufgebrochen. Viele von ihnen sterben, ohne dass jemand weiß, wo oder wie. All diese Leute, die beim Auswandern oder auf den Wegen des Hungers und der Krankheit verschwinden, werden zu Egun, die durch die Welt irren. Sobald irgendwo der Tambor de choro ertönt, eilen sie herbei in der Hoffnung, von dem trauernden Terreiro einen Pass, einen despacho, für den Orun zu erhalten. Hierin gibt es selbst in Maranhão verschiedene Praktiken.

In der Casa de Nago in der Straße San Pantaleão, dem Mutterhaus der Nago-Candomblés auf der Insel, werden alle umherirrenden Egun, woher sie auch kommen, sowie der Tambor de choro in Aktion tritt, aufgenommen. Aber er schlägt nur sehr selten, allein wenn ein Seher, ein Opferpriester, ein Trommler, ein Eingeweihter oder eine Dienerin unter dem Dach des Terreiro stirbt und der ganze Zyklus der Bestattungszeremonien durchgeführt wird. Für die anderen, die fern vom Terreiro sterben, werden einzelne Riten zelebriert. In der Abassa vom Yemanja in der Traversa Fe em Deus dagegen ertönt der Tambor de choro für jeden Verstorbenen, ob er nun im Exil in Rio lebte, auf den Straßen im Amazonas oder in den Gefängnissen von São Luis vom Tod ereilt wurde. Dann handelt es sich um eine »geschlossene« Zeremonie. Kein umherirrender Egun wird zugelassen, der *dispacho* ist nur für den Egun des zum Hause gehörigen Toten bestimmt.

Diese grausame Einschränkung erklärt die Aufgabe der Wächterin. Indem sie an der Stelle, wo die verschiedenen Pisten des Bairro zusammenlaufen, das Lebenswasser versprengt, das die umherirrenden Egun von diesen Orten fern hält, fügt sie ihnen unerträgliche Schmerzen zu.

Der Tambor de choro, das öffentliche Begräbnisfest, spielt sich auf verschiedenen Ebenen der »Visualisierung« ab. Während in dem Terreiro die Orixa angerufen werden, vollzieht sich eine ganze Reihe von Vorgängen auf dem Gelände des Hauses. Obwohl sie diskreter und auch eiliger vorgenommen werden als die aufwendigen öffentlichen Riten, die ich später beschreibe, sind sie doch keineswegs geheim. Der im Innern aufgenommene Beobachter kann zwar das Gelände erst in der Nacht wieder verlassen, zwischendurch kann er sich jedoch in dem Terreiro frei bewegen und an den verschiedenen oben geschilderten Riten teilnehmen.

In einer entlegenen Ecke des Terreiro bereiten zwei Frauen, die zu den ältesten der Gemeinschaft gehören, Oyaba und Ayakete (ihre Namen bezeichnen eine Funktion und keine persönliche Identität), das Gepäck für den Egun vor. Es ist auf drei Kisten von etwa 50×60 cm verteilt, die mit Bananenblättern und Gräsern aus der Umgebung umwickelt und sorgfältig mit Sisalstricken verschnürt werden.

Die erste Kiste enthält die zerstörten Elemente aus dem Gefäß, den zerbrochenen Bara-Orun. Die zweite ist mit Nahrungsmitteln gefüllt, die die Tote bevorzugte. In die dritte legt man persönliche Dinge der Verstorbenen: abgetragene, oft zerlumpte Kleider, billiges Parfüm, ein oder zwei Paar Schuhe, etwas Unterwäsche, Fotos, einen alten Kamm, armselige Reste einer mühevollen Existenz einer schwarzen Proletarierfrau aus einer Vorstadt von São Luis.

Diskret nähern sich drei erstaunliche Personen: zuerst ein junger Mulatte mit feierlich geschminktem Gesicht; dann ein alter Neger, der ein zerrissenes Trikot und eine durchlöcherte Hose trägt, die mit einem Bindfaden um seine zum Skelett abgemagerten Hüften gehalten wird. Seine Haare sind ergraut, er hat ein wunderbares Gesicht. Und schließlich eine schöne große Afrikanerin von etwa dreißig Jahren, sie trägt ein weißes Kostüm und gleich einer Krone einen Turban aus weißen Seidentüchern.

Oyaba und Ayakete verneigen sich leicht vor ihnen. Jedem der drei Boten überreichen sie eine der drei Grabkisten und verneigen sich erneut. Darauf wenden sich die drei so verschiedenen Personen der bewachten Tür zu. Niemand scheint sie zu sehen. Sie schreiten durch die Menge, ohne dass sich jemand nach ihnen umblickt. Lediglich der Babalorixa verfolgt sie mit unruhigem, aufmerksamem Blick. Als sie die Tür erreichen, setzt sich der Babalorixa an ihre Spitze und schreitet ihnen schnell voran. Er bückt sich und nimmt etwas Wasser aus dem Kessel. Er sprengt es auf den Weg, die Boten gehen vorbei. Sie folgen der roten Piste, gehen, mit der Sonne im Rücken, bergab, an den ockerfarbenen Mauern entlang und wenden sich dem Fluss zu, dem Rio Anil. Der Alte hat ein verkürztes Bein, er hinkt. Neben ihm schreitet erhaben, mit wiegendem Schritt die Afrikanerin. Als sei er ein wenig erschrocken über den Kasten, den er trägt, folgt ihnen in gewissem Abstand der junge Homosexuelle.

Jorgé Itarcy de Oliveira schaut ihnen nach. Er macht ein paar Schritte auf sie zu. Zum ersten Mal drückt sein Gesicht tiefen Schmerz aus: Er sieht, wie sich seine Mutter für immer entfernt. Die Sonne wirft das letzte rötliche Licht auf die Hütten, dann fällt das Land in den Schatten zurück. Der Mond geht voll über der *Traversa Fé em Deus* auf. Die Boten gehen zum Meer. Allein der Babalorixa und ein Kreis eingeweihter Würdenträger wissen, was die Boten unbeobachtet und fern vom Terreiro mit den Kästen machen. Nach den spärlichen Auskünften, die ich erhalten habe, scheinen die Orixa in der Nacht zu den Lebenden »herabzusteigen«. Wenn ein Bewusstsein, das von Natur aus bestimmt ist, seinen Orixa zu empfangen, sich vom menschlichen Körper löst und zum Egun wird, wissen die Orixa nicht mehr, wo sie die Nacht verbringen sollen. Sie gehen mit der Sonne weg. Also müssen die Boten vor Einbruch der

Nacht am Ufer des Meeres eintreffen, dort, wo die Sonne und mit ihr die Orixa verschwinden.

Wie vollzieht sich die Übergabe der Kästen an den Orixa der Verstorbenen? Wie nimmt der Orixa den irrenden Egun auf, der nun mit dem notwendigen Gepäck versehen ist; und wie übernimmt er ihn auf der langen Reise zum Orun, dem unvergänglichen Leben? Wir wissen es nicht. Was uns an Äußerem gezeigt wird, ist ein Ort und eine Folge von Handlungen, die ihrerseits für uns mit ungenauen Bedeutungen behaftet sind.

Am Ufer angekommen, besteigen die Boten eine wacklige Barke, die nur aus einem Baumstamm besteht. Einer der Männer setzt sich vorne hin und nimmt ein Ruder. Der andere bleibt hinten und hält das Steuer. Die Frau nimmt die Mitte ein, eine herrliche weiße Silhouette. Auf ihren Knien liegen die drei Grabkästen. Das Boot gleitet über das braune Wasser des Anil, und wenn es die Stelle erreicht, wo der Fluss sein Süßwasser ins Meer ergießt, werfen die Boten die Kästen in die See. Wie gelangen diese treibenden Kästen, die Gepäckstücke des nun »gebändigten« Egun, zu den Orixa? »*Eles sabem*«, sagt Jorgé (das wissen nur die Orixa). Die Grabkästen treiben auf das offene Meer hinaus und mit ihnen der Egun der Toten, immaterielle und unsichtbare Gegenwart.

Währenddessen wird die Zeremonie in dem Terreiro fortgesetzt. Die Leute haben einen dichten Kreis gebildet. Aus der Küche werden dampfende Platten mit Esswaren gebracht und sorgsam auf einer Matte vor den Trommeln aufgestellt. Es gibt weiße Reiskugeln, die »comida d'Oxala«, die Speise des Schöpfer-Orixa, der die Erschaffer der Menschen gemacht hat, und den *cariru*, die Speise des Shango*, aus rotem Nelkenpfeffer, Krabben, weißem Reis und Palmenöl.

In der hierarchischen Reihenfolge des Candomblé treten die Leute des Terreiro nach Klassen geordnet schweigend zu den Platten. Zuerst kommen die Priesterklassen, eine nach der anderen, auf Knien, in dicht gedrängten Reihen. Die Hände werden ausgestreckt, fassen diskret nach den Speisen. Dann werden die Finger an den

---

* Der Orixa, der im Orun der Gatte von Yemanja ist, der oberste Orixa des Terreiro Abassa von Yemanja.

Mund geführt und mithilfe von weißen Handtüchern werden die letzten Speisereste abgewischt. Danach weicht die Reihe zurück, um einer anderen Platz zu machen, die zu einer anderen Klasse gehört.

Als ein junges Mädchen niederknien will, um der Prozession zu folgen, beginnt es heftig zu zittern. Es fällt hin. Einige alte Frauen versuchen es vorsichtig zu beruhigen. Bald jedoch weicht die Trance, das junge Mädchen bleibt erschöpft und reglos am Boden liegen.

Die von Speisen befreite Matte wird nun von brennenden Kerzen umstellt. Darum herum knien die ältesten der großen Würdenträger. Durch das wechselnde Spiel von Schatten und Licht, durch das Flackern der Kerzen scheint der im Schatten liegende Raum in der Mitte die Form eines abwesenden Körpers anzunehmen. Die Priesterinnen wiegen sich, ihr Oberkörper neigt sich vor und zurück, dann wieder nach vorn, eine Hand ist geöffnet, die andere geschlossen. In dieser ständig wechselnden Bewegung reicht somit jede Frau unermüdlich eine Botschaft, eine Gegenwart, ein Versprechen von der rechten in die linke Hand und von der linken in die rechte.

Die Nacht sinkt über das Haus. Die Yawo haben Berge von grünem Laub herbeigeschafft. Es bedeckt die Wände, die Trommeln und den Boden bis zu den Flügeln der einzigen nach draußen offenen Tür. Die *pégis*, die Küche, der ganze Terreiro verschwinden unter den Zweigen. Die Bananenstauden, die das Haus umgeben, haben riesige lange Blätter geliefert.

Dieser Ritus ist für die Diaspora kennzeichnend. In Afrika werden die Toten im Wald begraben. Hier zwingen ihnen die weißen Herren die Benutzung des Friedhofs auf. Zu bestimmten Zeitpunkten verwandelt sich der Terreiro jedoch in einen Wald: Der ursprüngliche Brauch ersteht wieder auf.

Die Boten kehren zurück, betreten das mit Laub geschmückte Haus. Während ihrer Abwesenheit haben die Trommeln nicht aufgehört zu schlagen und sie mit ihren weit tragenden Tönen ermutigt. Denn diese Boten, die die Grabkästen tragen, bedürfen der Unterstützung. Sie sind lautlos, diskret zurückgekommen. Sie haben ihre Mission erfüllt: die Trommeln schweigen. An der Tür reicht ihnen die Wächterin den Wasserkessel. Sie waschen sich darin die Füße, die über die Straße der Toten marschiert sind, und die Hände, die die Grabkästen, das Gepäck des Egun, berührt haben. Alles erhebt sich dann, wenn sie über die Schwelle schreiten. Ihre Gesichter scheinen plötzlich gealtert.

Die Trommeln werden wieder aufgestellt. Aus der Küche kommt eine Platte mit *cariru*, dann eine mit Reis. Aber bevor sie sie berühren können, bevor sie die Speisen der Lebenden nehmen, müssen die Boten ihre Kleider wechseln. Darauf müssen sie sich Gesicht, Augen, Nasenlöcher, Ohren und Mund mit einer Flüssigkeit aus Tierblut und gekochten Kräutern waschen, die in großen Kesseln herbeigebracht wird.

Der um den Terreiro versammelten Menge brennen die Augen vor Müdigkeit. Die meisten Kinder schlafen im Schoß der Eltern, auf den Matten oder sogar am Rand der Pisten. Es ist fast Mitternacht. Die Trommler machen wieder eine Pause. Die Blätter, die die Wände und Gegenstände bedecken, werden entfernt. Ein Zug bildet sich, eine exakte Spiegelung der Hierarchie des Terreiro, und setzt sich zur Tür hin in Bewegung. Das Haus ist von allen Gegenständen befreit, die irgendwo mit der Bestattungszeremonie zu tun hatten. Die Matten, Speisereste, die Blätter, die Behälter und Töpfe und Sisalstricke sind außerhalb des Geländes abgestellt worden. Alles, was an die Verstorbene erinnert, die weißen Stoffbänder, die den Terreiro schmückten, die Gestelle, auf denen die Trommeln lagen, alles, was von ihrer Heimkehr in den Orun zeugt, ist von der Prozession der Lebenden nach draußen gebracht worden. Die Menschenmenge überquert den Platz, strömt zur Kreuzung und auf die Pisten. Erst drängt sie ein wenig erschreckt auseinander, dann schließt sie sich wieder zu einem langen Zug.

Ein frischer Wind rüttelt die Blätter der Bananenstauden und der einzigen Königspalme, die auf dem Gelände steht. Hunde und Ratten schlüpfen zwischen den schlafenden Kindern hindurch.

An der Kreuzung zweier Hauptpisten des Bairro, an der Stelle, wo die Eisenbahnstrecke die festgestampfte Erde durchzieht, werfen die Leute die Zweige und zerbrochenen Gefäße weg. Sie häufen sie in der Mitte der Kreuzung auf, genau dort, wo die umherirrenden Egun, von dem Tambor de choro angezogen, ein paar Stunden zuvor ihr Heil gesucht hatten. Der Blätterberg wächst. Wenn alles zusammengetragen ist, gehen die Menschen schweigend auseinander. Aus dem Meer steigt der Morgen eines neuen Tages.

Die Totengeister von Itaparica

I   Der Ursprung der Egun

Beginnen wir mit dem Ursprung der Egun, wie er in einem der
Gründungsmythen verkündet wird, der bei den Yoruba am meisten
verbreitet ist. [1]

> Vor langer, langer Zeit suchte der Tod mit seiner Gefolgschaft die
> Stadt Ifé regelmäßig heim. Jeden vierten Tag stieg er vom Him-
> mel herab und brach über den Markt von Ojaifé herein; dort tö-
> tete er mit seinen Leuten so viel Menschen, wie er konnte, mit
> langen Stöcken. Die meisten Einwohner von Ifé waren bald nie-
> dergemetzelt. Darauf wandten sich die Überlebenden an die
> Orixa. Sie riefen Lafogido (der damals Oni hieß), Odua, Orilaxa,
> Ijugbe, Alass und alle anderen existierenden Orixa an, auf dass sie
> ihnen zu Hilfe kämen. Aber die Orixa vermochten nichts gegen
> den Tod.

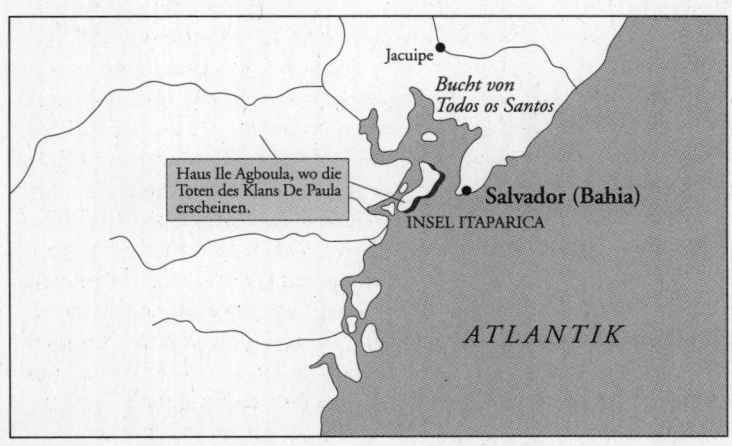

Jacuipe

*Bucht von
Todos os Santos*

Haus Ile Agboula, wo die
Toten des Klans De Paula
erscheinen.

Salvador (Bahia)

INSEL ITAPARICA

ATLANTIK

Schließlich versprach ein Bürger namens Ameiyegun, die Menschen zu retten. Er besorgte sich bunte Stoffe, um ein Kleid daraus zu nähen, in das er seinen ganzen Körper hüllte. Die Ärmel des Gewandes waren wie Handschuhe und bedeckten seine Hände bis zu den Fingerspitzen; die Hose war so lang, dass sie die Beine bis zu den Zehen verbarg. Er opferte einen Ziegenbock, einen Hahn und verbrannte drei Ruten, bevor er das Kleidungsstück herstellte.

Dann rief er das Volk herbei. Und vor seinen Augen hob er den linken Fuß, zog die Hose darüber, und die Hose bedeckte ihn bis zum Knie. Er wandte seinen Fuß dem Volk zu und rief aus: »Seht her, kommt und seht meinen Fuß, den Fuß des Geheimnisses!« Dann schlüpfte Ameiyegun mit seinem rechten Fuß in die Hose, hob ihn empor und zeigte ihn dem Volk. Und wieder jubelte das Volk. Da steckte Ameiyegun seinen linken Arm und dann seinen rechten Arm in das Gewand. Und jedes Mal hob er den Arm und zeigte ihn dem Volk. Und das Volk sang: »Seht her, kommt und seht diesen Arm, das wohlgehütete Geheimnis!« Am Ende hüllte sich Ameiyegun vollends in das Gewand, das seinen ganzen Körper und das Gesicht bedeckte.

Später zog er es aus und verbarg es in seiner Kammer. Als er erfuhr, dass am nächsten Tag der Tod mit seinem Gefolge auf die Erde herabzusteigen drohte, suchte er in der Nacht den Oni auf[*] und versprach ihm, die Bewohner von Ifé am nächsten Morgen zu retten.

Als der Morgen anbrach, begaben sich Ameiyegun und seine Leute, in ihre Kostüme gehüllt, zum Markt von Ojaifé. Dort versteckten sie sich im Stamm und im Wurzelwerk eines großen Baumes. Bald füllte sich der Marktplatz mit Männern und Frauen, mit Kindern und Greisen. In diesem Augenblick tauchte der Tod unter ihnen auf und tötete die Menschen blindlings mit seinen Stockschlägen. Da traten Ameiyegun und seine Leute aus ihren Verstecken hervor und riefen mit dumpfen, unmenschlichen Kehllauten: »Khaaa, khooo.« Der Tod und seine Begleiter

---

[*] Oni, der König von Ifé, wurde wie ein Orixa verehrt, obwohl er ein Mensch war.

ließen ihre Stöcke fallen und flohen voller Schrecken vor dieser plötzlichen Erscheinung und diesen unmenschlichen Schreien. Ameiyegun griff mit den Seinen nach den Stöcken des Todes und machte sich an die Verfolgung der Angreifer. Sie holten einen nach dem anderen ein und schlugen mit ihren Stöcken auf deren Köpfe. Einer nach dem anderen fiel. Seitdem kommt weder der Tod noch jemand aus seinem Gefolge auf den Marktplatz von Ifé zurück.

Das Fest der Egun feiert den Sieg, den Ameiyegun über den Tod davontrug. Der Mythos geht folgendermaßen weiter:

Später teilte ein Babalão den Kindern von Ameiyegun mit, dass sie tatsächlich zu den Egun gehörten und dass sie ihnen ihr Leben weihen müssten. Diese Anweisung wurde auch auf die Kinder von Ameiyeguns Tochter übertragen, sodass die Stämme der Schwiegersöhne Ameiyeguns ebenfalls die Egun verehrten. [2]

Die genaue Bedeutung des Wortes Egun oder Egugun ist unklar, mehrere Interpretationen stehen sich gegenüber. Talbot behauptet, dass der Begriff Egun oder Egugun schlicht Skelett, Gebeine bedeute. [3] Bascom versichert, es bezeichne »Gebeine«. Skelett heiße auf Yoruba zwar Egugun, würde jedoch ganz anders ausgesprochen als das Wort Egugun, das für die Bezeichnung der Mitglieder der gleichnamigen Gesellschaft verwendet wird. [4] Der Name Egugun wäre damit eine Abwandlung des Familiennamens Ameiyegun, der so viel bedeutet wie »die vom Kral Ameiyeguns und seiner Schwiegersöhne«. Der Mythos berichtet von der Gründung des Candomblé Eguns. Dennoch wäre es irrig, die Behauptung aufzustellen, der Candomblé Eguns stelle eine spezifische Gemeinschaft dar, deren System der Selbstinterpretation, der subjektive Bewusstseinsinhalt, der Mythos von Ifé wäre.

Die Dinge sind weit komplizierter. Eine Reihe von Fragen bleibt ungelöst. Die erste bezieht sich auf die Verbindungen, die zwischen einer verwandtschaftlichen Struktur (endogam oder exogam, blutsverwandt oder angeheiratet, frei oder urkundlich gebunden, Struktur in mütterlicher oder väterlicher Linie usw.) und der Gesellschaft der Egun bestehen oder nicht bestehen. Der Mythos besagt, dass von einem unbestimmten Zeitpunkt an, nach den Ereignissen von Ifé, ein Babalāo, ein weissagender Priester, den Kindern Ameiyeguns und selbst den Familien der Schwiegersöhne offenbart hat, dass sie zu der Familie der Egun gehören und dass sie ihr nun dienen müssen.

Eine Gemeinschaft von Klans würde also den Auftrag erhalten haben, den Candomblé der Egun zu gründen. Dieser geradlinigen Kausalität widersprechen zumindest zwei empirische Tatsachen. Der von uns untersuchte Candomblé Eguns, die Insel Agboula in Itaparica, setzt sich nicht aus Männern und Frauen des Klans der Ameiyegun oder verbündeter Klans zusammen. Genauer gesagt, es gibt meines Wissens keinerlei Hinweis, weder objektiver Art (das heißt in den Archiven der Kleinstädte des Staats von Bahia, wo Ausweisung und Ankunft der Sklaven registriert sind) noch subjektiver Art (das heißt in der Erinnerung der Ojé des Hauses Agboula) der die Behauptung zuließe, dass der Klan von Paula d'Itaparica zur Verwandtschaftsstruktur der Ameiyegun gehört. Übrigens stellt die vom Mythos so nachdrücklich vertretene eigentliche Basis des Klans vom Candomblé der Egun eine durch vielfältige Ablagerungen bereicherte Grundlage dar. Vielfach bleibt, wenn ein Kranker, ein Krüppel oder ein Lahmer sich an die Gottheit wendet, die Befragung der *cauris* oder der Halskette der Ifa wirkungslos. Der Babalāo sagt dann:

»Ich kann nichts für dich tun. Für deine Krankheit sind die Orixa nicht zuständig. Allein die Egun können dir helfen. Es ist eine Sache der Egun. Frag die Ojé um Rat. Sie werden dir sagen, was du zu tun hast.«

Der Fall des Ojé Deoscoredes Dos Santos und seiner Heilung durch die Egun liefert ein aufschlussreiches Beispiel dafür. Deoscoredes ist mit dem Klan von Paula d'Itaparica keineswegs verwandt, weder direkt durch Blutsverwandtschaft oder Heirat, noch ist er durch Verbrüderungsbande mit ihm verbunden. Führen wir uns die biografischen Elemente vor Augen, die ihn mit dem ›Candomblé‹ der Totengeister verknüpfen.

Deoscoredes, der Sohn von Senhora, einer mächtigen Yawalorixa aus dem Haus von Opo Afonja, hat eine schwere Kindheit gehabt. Er war ständig krank und hat unsagbar gelitten. Niemand wusste seine Krankheit zu diagnostizieren. Niemand konnte ihn heilen. Seine Mutter war übrigens davon überzeugt, dass sie ihre eigenen Feinde, die ihr wegen der bevorzugten Verbindungen zu den Orixa nichts anhaben konnten, in der Person ihres einzigen Sohnes schlugen. Eines Tages brachte sie ihn auf die Insel Itaparica. Sie führte ihr Kind vor die Ojé, die die Toten befragten. Deoscoredes war nach wenigen Tagen gesund. Seit jener Nacht wurde er nie wieder krank. Um den Totengeistern zu danken, schenkte die Yawalorixa ihnen ihren Sohn.

Wenn man mehr oder weniger freiwillig in den Dienst der Egun tritt, kann man sich nicht einfach wieder von ihnen abwenden. Derjenige, dessen Ahnen einen oder mehrere Egun verehrt haben und der diesen Dienst verlässt, hat mit den schwersten Bestrafungen zu rechnen. Bascom beschreibt einen Odun aus Iagan, der mitteilt: die Egun nehmen den Kampf mit dem auf, der sie verlässt. [5] Das bedeutet im Hinblick auf die ungleiche Kräfteverteilung zwischen einem Toten im Himmel und einem auf der Erde lebenden Menschen, dass der Treulose bald seine Gesundheit und möglicherweise auch sein Leben verlieren wird.

Es gibt noch eine andere, kompliziertere Art, in den Dienst der Egun zu treten: Die Yoruba-Frauen gebären in den allermeisten Fällen viele Kinder. Die äußerst harten Lebensbedingungen in der Sklaverei und das gegenwärtige Elend der schwarzen Bevölkerung in Brasilien tragen dazu bei, dass die Schwangerschaft fast immer ein heikles Abenteuer ist, bei dem die Freude von Schmerz durchsetzt ist. Die Komplikationen sind zahlreich und stets besteht die Gefahr, das Kind zu verlieren. Die Probleme dieser Frauen kann die Ifa-Gottheit oft nicht lösen; sie schickt die Ratsuchenden zu den Ojé. Erster gemeinsamer Schritt: Der Ojé und die Frau geloben, das Kind in den Dienst der Egun zu geben, wenn es gesund ist. Wenn das Neugeborene, dank der Egun, ein Junge ist, wird er Amuisan genannt und hat von jungen Jahren an eine bestimmte Funktion in der Gemeinschaft der Egun. Ist es ein Mädchen, erhält es den Namen Ato.

Schließlich gibt es einen dritten Einwand gegen die einfache Identifizierung von Gründungsmythos und subjektivem Bewusstsein. Die Egun, die einen bestimmten Candomblé bewohnen, sind nicht einfach die Toten oder die formalisierten Vorfahren dieses Klans. Das Substrat des Klans ist das erste, offensichtliche und indiskutable Substrat. Es wird, wie wir gesehen haben, durch freiwillige Bindungen bereichert, die aus den besonderen Umständen hervorgehen und im Verlauf der zufälligen irdischen Existenzen erwachsen. Eine Regel aber scheint streng zu sein und weder in Afrika noch in der Diaspora untergraben zu werden: Weibliche Egun tauchen nie auf, obwohl es sie geben muss. Für Afrika müssen wir auf Sekundärquellen zurückgreifen. Ein einziger Satz eines Informanten von Bascom unterrichtet uns, wenn auch unvollständig, über diesen Punkt. Die Frauen erscheinen bei den Egun eines Hauses nicht, weil der Egun jeder Person nur dort auftritt, wo diese Person geboren ist. Mit anderen Worten: Da die Exogamie* in diesen Klangesellschaften herrscht, erscheinen die verstorbenen Frauen der Ojé eines Hauses (was nie bewiesen worden ist) in ihrem eigenen Herkunftsklan, in ihrem Kral, in Gestalt des Egun.

Von diesem Gesichtspunkt her stimmt der Candomblé von Itaparica mit der formellen Äußerung des mythischen Berichts überein. Es sind tatsächlich die Männer des Klans von Ameiyegun und nur die Männer, die auf dem Markt von Ifé die Toten getötet und die Stadt befreit haben. Die ausschließlich maskuline Struktur der Gesellschaft der Ojé steht allerdings in offenem Widerspruch zu der inneren Logik des Mythos. Im Prinzip wird jeder Tote, jeder Ahne zum Egun. Die Kriterien seines Erscheinens bei gemeinsamen Zeremonien des Candomblé der Egun oder seiner individuellen Auftritte bei Beerdigungen, die sich in der Gesellschaft der Orixa abspielen, bleiben von jeder sexuellen Definition frei. Ein Beispiel für die Treue zur inhaltlichen Struktur des Mythos wird von dem *Tambor de choro* von Maragnan geliefert. Die Hauptperson ist hier gerade der Egun der verstorbenen Mutter des Babalorixa.

Im Zusammenhang mit den Ursprüngen der Egun stellt sich eine letzte Reihe von Fragen: Wer trägt das Gewand des Egun? Wer leiht dem Toten seine Stimme? Auf dem afrikanischen Kontinent stellt sich das Problem anders. In Ifé, sagt der Informant von Bascom, »wird ein Omo-Egun von dem ältesten Sohn der Familie beerbt«.

* Heirat außerhalb des eigenen Klans.

Ein Agba-Egun hingegen kann nur von einem Mann beerbt werden, der über ein breites thanatisches Wissen verfügt. Was heißt das? Was von Generation zu Generation weitergegeben wird (biologische Generation im ersten Fall, Generation weiser Männer, die sich ergänzen, im zweiten), sind also zunächst die Amulette, die Zaubermittel, das Gewand, die Totenstöcke usw. des Egun. Der Bewahrer all dieser Gegenstände, die insgesamt den betreffenden Egun ausmachen, ist der »Erbe«, der »Besitzer« des Egun. Er »bewahrt« ihn bei sich auf, in einem reservierten Raum seines Krals. Er kennt des Eguns Geheimnisse zu heilen. Er kennt seinen Willen, seine Eigenheiten; er besitzt seine thanatischen Kenntnisse und kann seinen Tanz interpretieren. Allerdings ist der »Besitzer« Eguns nicht allein im Besitz all seiner Geheimnisse. Um ihn herum bildet sich ein geschlossener Kreis von Männern, die mit ihm auf unterschiedlichen Bewusstseinsstufen das Wissen eines bestimmten Egun teilen. Wie gestaltet sich die Hierarchie unter diesen Männern? Sie zeigt sich nach außen nur in dem Augenblick, in dem der frühere »Bewahrer« des Egun stirbt. In diesem Moment benennt die Gruppe seinen Nachfolger. Wer das Gewand erbt, wird der Mann, der »am meisten weiß«, der eine unbestrittene rituelle Kompetenz aufweist – ein therapeutisches Wissen, von dem zahllose Heilungen zeugen – und den festesten Charakter in der täglichen Begegnung und im Umgang mit dem Tod.

Bascoms Informant berichtet uns von dem Fall eines gewissen Agbaja, der 1942 der »Bewahrer« eines Eguns in Ifé war. Er hatte eine Gruppe von rund zwanzig Vertrauten um sich. Er selbst wurde von der vorhergehenden Gruppe zum Erben des Gewandes gewählt. Als »Bewahrer« des Egun wurde er somit, was in Afrika ungewöhnlich war, zum Erzieher und »Vorgesetzten« der beiden älteren Brüder.

Das größte Geheimnis betrifft die Identität dessen, der bei öffentlichen Auftritten das Gewand des Egun trägt. Der Mann wird von dem »Besitzer« ausgewählt, aber niemand außer den Eingeweihten weiß, nach welchen Kriterien diese Auswahl erfolgt. Die von einem Trauerfall betroffenen Familien entsenden einen Boten zur Hütte des Gewandbewahrers. Um den letzten Willen des Verstorbenen kennen zu lernen, um ihm wichtige Fragen über die Zukunft seines Krals zu stellen oder um ihn um die letzte Schlichtung eines Streits zwischen den Lebenden zu bitten, lassen sie also den Egun kommen. Ebenso verfährt man bei der Weissagung, die im Geburtskral des Egun stattfindet. Auf Bitten eines Dritten lässt der »Besitzer« den Egun erscheinen, und Egun heilt, rät, verordnet Wiedergutmachungsopfer oder erklärt, keine Antwort geben zu wollen. In den beiden letzten Fällen erhält der Bewahrer des Gewandes eine Belohnung.

Die Diaspora lässt ein beunruhigendes Phänomen erkennen. Über den Atlantik deportiert und zum Elend verdammt, trotzen die Klans im Exil täglich der ganz konkreten Möglichkeit ihres physischen Untergangs. Die Kommunikation mit den Vorfahren, die Beständigkeit der Gruppe und die strenge Aufrechterhaltung ihrer Identität werden nun zu den alles beherrschenden Beschäftigungen! Diese ununterbrochene Dialektik zwischen den Fragen der Lebenden und den unvorhersehbaren Antworten Eguns ist ursprünglich nur ein ständiger und freier Dialog zwischen dem Leben und dem Tod. Die gelebte Erfahrung gibt den Menschen ihre Fragen auf. Und die nicht abzusehende Laune des Baba bestimmt die Antworten darauf.

In Itaparica jedoch hält die Angst, die stete Bedrohung, als bestehende Klans vernichtet zu werden, die Menschen dazu an, keinerlei Risiko einzugehen. Sie stellen Fragen, die tausend andere vor ihnen gestellt haben und deren Antworten sie im Voraus wissen. Ihre Freiheit ist derart verstümmelt, dass selbst ihre Angst in immer gleich bleibenden Worten erstarrt. Die Folge davon ist die Versteinerung des kollektiven Gedächtnisses, das Entstehen von mineralischen Strukturen, die das lebendige Erkenntnisvermögen der Egun gefangen setzen und zersplittern. Je strenger die rituellen Strukturen werden, desto weniger entfaltet sich das menschliche Wissen. *Dieses Problem ist unlösbar.* Je stärker sich die Gesellschaft in ihrer konkreten Existenz, in ihrer Identität und in ihrem Wesen bedroht weiß, umso mehr überträgt sie zum eigenen Schutz ihr soziales Wissen in rituelles Verhalten, in gleich bleibende Formeln und Hierarchien, die mit der Majestät des Unveränderlichen ausgestattet werden. Diese Strukturen schützen einen fragmentarischen Inhalt, den die Gruppe von ihrem in Afrika verbrachten Leben bewahrt hat.

Dieselben Strukturen, die die Erinnerung, die wirkliche Erhalterin der Kultur, bestimmen, sind in ihrer Starrheit (als Garant der Beständigkeit) ungeeignet, in dem Candomblé Eguns im Exil die ständigen thanatischen Erfahrungen zu integrieren, die zu normalen Zeiten das Wissen der Gruppe bereichern.

Nun, das Wissen der Egun ist kein offenbartes Wissen, sondern ein empirisches Wissen. Die Weigerung, die neuen thanatischen Erfahrungen aufzunehmen, ihrer Aktualität und ursprünglichen Neuheit Rechnung zu tragen, lässt den Candomblé der Diaspora zu einer Versteinerung erstarren, deren letzter Preis das Nicht-Wissen ist. Gruppen gelehrter Männer, die ständig bei der Arbeit sind, stehen täglich in Kontakt mit den Berichten, Zeichen, Gegenständen und Kultfiguren der Egun, und das ihr ganzes Leben lang. Über Generationen bemühen sie sich mit ungeheurem Eifer um die gleichen undurchsichtigen Geheimnisse; sie bilden in der Diaspora die Kasten der Priester, der Verwalter etwa des bereits erworbenen Wissens. Diese Priester nennen sich Ojé.

Ihr Oberhaupt, im Allgemeinen der älteste von ihnen, trägt den Titel des Alagba. Sein wichtigster Mitarbeiter heißt Otun-Alagba. Stirbt der Alagba, folgt ihm der Otun auf seinem Posten. Der Titel Alapani, der von einem Alagba geführt wird, bezeichnet das Oberhaupt aller Candomblés der Egun in einem Königreich. Er hat in der Diaspora keine bestimmte Funktion. Der Begriff Otun bedeutet »der Mann, der an meine rechte Seite gestellt ist« und Osi »der Mann, der an meine linke Seite gestellt ist«. Jeder bedeutende Würdenträger wird immer von einem Otun und einem Osi begleitet. So hat Alagba, der für die Trommeln verantwortlich ist, stets einen Otun und einen Osi zur Seite, desgleichen Iya-Egbe, die Führerin der Frauen. [6]

Die Helfer der Ojé kennen die Geheimnisse der Egun nicht. Ihre Aufgabe ist es im Wesentlichen, im Gewühl der Feste für Ordnung zu sorgen und mithilfe der *Isan* (dicken Holzstöcken) darüber zu wachen, dass die Trennung der beiden Räume, des der Lebenden und des der Egun, beachtet wird. Sie sind die Amuisan, sie schützen die Lebenden vor jedem Kontakt mit den Egun. Obwohl sie keine bestimmte Laufbahn in der Hierarchie durchlaufen, liefern die Amuisan für die Ojé ein Reservoir von Männern, aus dem jene sich ihre neuen Mitarbeiter heraussuchen. Dem Candomblé der Orixa sind weitere Personen zugeordnet, die Funktionen im Verhältnis zur Gesellschaft der Weißen, zur Verwaltung und Polizei wahrzunehmen haben; das sind die Ogan. [7] Auch der Candomblé der Egun verleiht Ehrentitel an eine Gruppe von Männern, von der er politischen und sozialen Schutz gegenüber der Welt der Weißen erwartet. Sie werden *Ijoye* genannt. Eine andere Gruppe steht im Dienst der Ojé. Sie verfügt über ein beachtliches Wissen. Sie setzt sich aus Männern zusammen, die für die Trommeln und die *Sekere** verantwortlich sind.

Wie wir gesehen haben, ist nur den Männern Zugang zu den Geheimnissen der Egun gewährt. Die Frauen und Kinder sind jedoch bei den großen öffentlichen Festen zugegen. Ihre Gegenwart muss also auch berücksichtigt, strukturiert und eingeordnet werden. Bei ihnen gibt es drei wichtige Würdenträger. Iya-Egbe hat die Herrschaft über den gesamten Bereich der Kulthütte, in der die Frauen beschäftigt sind. Darüber hinaus ist sie für die Ausführung der angeordneten Opfer und der Schiedssprüche verantwortlich, die die Frauen betreffen. Sie ist die Vermittlerin zwischen den Frauen und dem Ojé. Iya-Monde stimmt die Begrüßungen, Gesänge und Anrufungen an, die beim Eintritt der Egun aus der Menge der Frauen aufsteigen. Sie übersetzt die Botschaften, die Bitten oder Klagen, die die Frauen an die Egun richten. Die dritte Würdenträgerin, Yagan, ist damit beauftragt, den Egun Geschenke, Abgaben und Opfer, die die Frauen anbieten, zu überreichen.

Deuten wir in großen Zügen auf die Problematik der Ursprünge hin:

– Zunächst ist Egun das zeitliche Sammelbecken, das existenzielle Gewand, das ein Toter trägt, dessen Identität bekannt ist. Es ist Herr X, der in jener Epoche, an jenem Ort, in jener Familie gelebt hat. Das irdische Leben dieses Toten wird von einer Gruppe Eingeweihter ins Gedächtnis eingeprägt.

– Das zweite Problem: Derselbe Egun, dasselbe Gefäß eines

---

* Eiseninstrumente, die zusammen mit den Trommeln den Tanzrhythmus der Egun bestimmen und deren Eintritt begrüßen.

Toten, kann irgendeinen anderen Toten in sich aufnehmen. Die trauernde Familie, die etwas über einen ihrer Vorfahren wissen möchte, wendet sich an einen Gemeinschafts-Egun, den Egun, der in der Stadt oder im Dorf bekannt ist, und überträgt ihm die Identität mit dem Ahnen.

– Das dritte Problem ist komplexer: Gibt es eine artikulierte Gesamtheit aller Egun, die in einem Klan, in einer Stadt oder sogar in einem Volk zugegen sind? Bastide zeichnet eine Figur, die sich aus der Vielzahl der Besessenen zusammensetzt, die alle einen Orixa zugesprochen bekommen. In der Gesamtheit der Trancen stellt sie, zeitlich aufgefächert, das wahrnehmbare Bild des einander ergänzenden Teilwissens dar. [8] Ist dieses Bild umgekehrt in dem *Terreiro* der Egun gegenwärtig? Mit anderen Worten, reproduziert der Candomblé der Egun das umgekehrte Universum der Orixa? [9] Nichts erlaubt diese Annahme. Die kultische Äußerung des *Terreiro* der Egun gibt im Gegensatz zu dem Candomblé der Orixa keinem wahrnehmbaren Schauspiel Ausdruck, in dem die Gestalten, die ihre festen Plätze einnehmen, ihre Bewegungen koordinieren und aufeinander abstimmen. Die Egun tanzen allein; weder ihre Worte oder ihre Gesten, noch der Augenblick und die Anordnung ihres Auftretens in dem vorbehaltenen Raum lassen eine identifizierbare Ordnung erkennen. Baba-Egun, der Gründungsvater eines Hauses, erfreut sich gelegentlich seines Vorrangs und nimmt bei bestimmten Festen einen Platz im Raum der Toten ein. Der Candomblé der Egun hat einen Kalender der öffentlichen Feste. Bei jedem dieser Feste wird ein besonderer *Baba-Egun* gefeiert. Aber alle diese gelegentlichen Unterscheidungen, all die kultischen Varianten liefern nicht den Hinweis auf eine rituelle Organisation, die von der menschlichen Organisation getrennt ist und die mit derjenigen vergleichbar wäre, die den Tanz der Orixa kennzeichnet. Wie die Analyse des kultischen und sprachlichen Ausdrucksvermögens gezeigt hat, führt auch der Schritt nach Innen nicht dazu, irgendeine umgekehrte Struktur erkennbar zu machen. Die auf der Erde geknüpften Bande scheinen das unvergängliche Leben der Toten zu bestimmen. Sie nehmen keinerlei neue anthropomorphe Struktur an, nachdem sie in den »Orun« gelangt sind. Der Klan, das verwickelte Netz der verwandtschaftlichen Beziehungen, der Verbindungen und Familienhierarchien fesseln, prägen und organisieren die Ewigkeit der lebenden Toten. Auf Erden gestorben, bleiben sie für alle Ewigkeit an die Grundmuster gebunden, nach denen sie auf die Welt gekommen sind.

II   Das Totenhaus

Das Datum und der Ort der Egun-Zeremonien zu erfahren ist für jeden schwierig, der nicht eingeweiht ist oder ständig in den verschiedenen Kreisen lebt, von denen Itaparica das Zentrum ist. [10]

Seit etwa einer Generation leben die Leute des Candomblé der Egun nicht mehr ausschließlich vom Fischfang oder vom Ackerbau im Inneren oder am Rande der Insel. Da der Boden ermüdet ist und der Fischfang in dieser Bucht, die von den Öltankern von Aratú verseucht ist, immer weniger Ertrag bringt, wächst die Zahl der Männer und Frauen an, die außerhalb des Candomblé arbeiten. Sie verbringen die Woche in der Stadt, in Salvador oder seinen Vorstädten, wo sie Beschäftigungen als Verkäufer, Diener, Chauffeur oder Hafenarbeiter annehmen. Das ist auch bei Satu der Fall, dem Bruder von Valdech, einem wichtigen Ojé des Candomblé der Egun. Satu hat einen *baraco*, einen bescheidenen Lebensmittelladen auf dem kleinen überdeckten Markt unterhalb des Platzes Castro Alvès in Salvador.

Er hat mich als Erster eingeladen, einmal zum Haus *Agboula** zu fahren. An einem Samstagnachmittag bestieg ich das Schiff. Mein erster Besuch im Terreiro war vielleicht der bewegendste von allen:

Das Städtchen Itaparica liegt im äußersten Nordwesten der gleichnamigen Insel am Fuße des von den Portugiesen errichteten Forts. Dort sollte ich am Abend Valdech treffen. Lächelnd erschien er am Steuer seines alten Volkswagen-Busses. Seine ungewöhnlich

* Das ist der Name des Totenhauses auf der Insel Itaparica in der Bucht von Todos Santos, im Staate Bahia, im Nordosten Brasiliens.

gute Laune und seine Ausgelassenheit haben mich immer wieder während meiner Ausflüge überrascht, von denen einige immerhin unter schwierigen Bedingungen stattfanden.

Gegen zwanzig Uhr brach das Gewitter los. Die sturzbachartigen Regenfälle machten die Straße bald nahezu unpassierbar. An einer Kreuzung erwarteten uns sechs alte Schwarze, die unter dem Vordach einer Stohhütte kauerten. Das waren die Ojé und andere Würdenträger. Sie stiegen in den Bus.

Zum zweiten Mal an diesem Tag wurde ich einem subtilen Verhör unterzogen.

In Punta Areia, einem Fischerdorf am Ufer der Bucht, angekommen, wurden wir einem alten Afrikaner anvertraut, der zurückhaltend und gebrechlich wirkte und den schönen Namen Christo trug.

Eine Menge Personen, Männer, Frauen, junge Leute, Greise, aber keine Kinder, warteten in einer großen, mit Kerzen erleuchteten Hütte auf etwas, was ich nicht wusste. Valdech und mehrere unserer Busfahrgäste verschwanden in der Nacht. Plötzlich gibt mir Christo ein Zeichen. Ich folge ihm, in seinen Mantel gehüllt, den er mir über die Schultern legt. Er geht vor mir, zitternd vor Kälte im strömenden Regen. Ich stapfe durch Sand; schließlich halten wir unter dem Vordach einer bedeckten Terrasse, dem Haus von Joãzinho, an. Dort werden wir in der Dunkelheit von Gesichtern gemustert, die an der Wand der Hütte aufgereiht sind. Alte Männer mit weißen Zähnen; ihre Blicke wirken beruhigend.

Hier habe ich meine dritte Durchgangsprüfung zu bestehen.

Von allen Seiten strömen Leute herbei, schweigende Schatten, die sich zu Gruppen zusammenschließen und einen Zug bilden. Ein paar armselige Fackeln stecken das Gelände ab. Nachdem wir eine Weile durch Sand gelaufen sind, gelangen wir zu einer festgestampften Piste; wir überschreiten eine schwankende Brücke über einer frischen Lagune und schlagen dann einen Pfad ein, der zum Berg hinaufführt. Valdech taucht mit einer Taschenlampe aus der Nacht heraus auf und setzt sich an unsere Spitze. Er muss Sorge tragen, dass nicht eine Schlange den Besucher angreift oder er über eine Wurzel stolpert.

Je weiter wir hinaufsteigen, desto stärker scheint es zu regnen. Sturzbäche bilden sich in dem Hohlweg, strömen den Pfad hinab, verschmelzen mit ihm. Das Wasser steigt uns bis zu den Knien. Immer mühseliger bewegen wir uns vorwärts; die Pilger aber scheinen immer fröhlicher. Sie rufen sich zu, amüsieren sich über die plötzlichen Sprünge einer Frau, der sie vormachen, dass eine Schlange sie belauert, erfinden aus Spaß irgendwelche Gefahren und kommentieren sie.

Nachdem wir mehrere Stunden durch Gebüsch gegangen sind, mündet der Pfad auf bebaute Felder. Wir kommen durch Einfriedungen, angedeutete Tore, die dort errichtet wurden, damit das Vieh nicht davonläuft. Der Wind, der den Regen abgelöst hat, trägt nun von weitem Töne und ferne Rhythmen zu uns herüber, die in der Nacht verschwinden und wiederkehren. Bald vernehme ich das Rühren der Trommeln. Die Laute nähern sich. Wir treten auf eine Lichtung. Und weiter führt uns der Weg auf eine Hochebene, von der aus man die ungenauen Umrisse großer geneigter Dächer gewahrt. Das ist das Dorf Amoreira, wo der Klan der De Paula und seiner Verbündeten lebt.

Zwischen den Hütten huschen Schatten umher. Ein *baraquinho* unterhalb des Weilers verkauft *cachaça* (Zuckerrohrschnaps). Ich laufe hin, um mich dort mit Christo zu wärmen. Dann geht es weiter bergauf, wir bewegen uns auf die große finstere Fassade einer riesigen Hütte zu, die wie ein Gehöft im Jura allein in der Mitte des Plateaus thront.

Wir treten ein. Meine Augen, die das flackernde Licht der Petroleumlampen nicht gewöhnt sind, entdecken ein erstaunliches Schauspiel. Die Hütte ist in zwei Räume geteilt, der eine ist den Toten, der andere den Lebenden vorbehalten. Der Bereich der Lebenden wird von einer Holzbarriere untergliedert. Auf der rechten Seite der Trennwand sitzen Männer, Greise und Knaben auf Holzbänken. Links strecken sich auf Matten die Frauen aus. Nur ihre Gesichter, Arme und Beine schauen aus den frisch gewaschenen weißen Gewändern hervor. Die meisten Kinder schlafen. Andere, die sich der Bedeutung der Versammlung und der Feierlichkeit des Ortes offenbar nicht bewusst sind, spielen Verstecken. Sie rennen, heben die Tücher hoch und fordern damit ihre Mütter heraus, die zwischen Lachen und Bewahrung des Schweigens hin- und hergerissen, vergeblich versuchen, dieser Explosion des Lebens Herr zu werden.

In der Mitte der Hütte bezeichnet ein Pfahl den Platz, der für die Egun reserviert ist, und die Fläche, die für die Männer bestimmt sein soll. Der weißhaarige Antonio, der Priesterkönig, sitzt am Fuß des Pfahles. Er trägt einen Militärmantel. Er ist mit einem wunderbaren, noch intakten Gehör begabt. An seiner Seite befindet sich sein Sohn. Er dient als Protokollchef und Dolmetscher für die Besucher. Wie ein Haushofmeister hält er streng und unruhig die Augen auf die Menge gerichtet und überwacht jede ihrer Bewegungen. Er lässt zwei Teller herumgehen, in die jeder einen Cruzeiro, 50 Centavos oder ein noch kleineres Geldstück wirft. Anschließend reicht man sie dem *Alagba*, dann dem Priesterkönig. Der macht ein paar Schritte in den reservierten Raum hinein, kniet nieder, berührt den Boden mit seiner Stirn, mit seinem Mund. Er stellt die beiden Teller rechts und links neben den Pfahl.

Jetzt vernimmt man ein Geräusch hinter dem Versammlungsraum. Es sind die Stockträger, die zurückkehren. Sie sind durch die ganze Ansiedlung gelaufen und haben mit ihren langen Stöcken auf den Boden geschlagen, um die Egun zu vertreiben. Überall, bis auf den Umkreis der großen Kulthütte, haben sie das getan, um den vielen Leuten, die nach Amoreira heraufkommen, den Weg zum Versammlungsort freizumachen. Hier sind alle Fenster verbarrikadiert. Die hohe Tür im Hintergrund wird geschlossen. Ein innen aufgestellter Posten wacht über die Verriegelung. Vor dem nächsten Morgen wird sie nicht geöffnet.

Das Lachen verstummt, das Murmeln wird schwächer, die noch wachen Kinder beruhigen sich und warten. Man hört das Schlagen der Trommeln. Zwei Seitentüren hinter dem reservierten Raum öffnen sich weit in die Nacht. Es ist kurz nach dreiundzwanzig Uhr.

Plötzlich steigt in der Ferne eine Stimme, ein lang gezogener gutturaler Schrei, zum Himmel empor und nähert sich. Sie ist ganz und gar unmenschlich. Sie erschaudert mich. Mein Lautgedächtnis kennt nichts Vergleichbares. Kein bekannter Laut ähnelt dieser Stimme. Für die anwesenden Afrikaner ist das die Stimme ihrer Toten. Ich vernehme ein Geräusch an der südöstlichen Tür. Hintereinander treten fünf Egun herein. Die prachtvoll gekleideten Gestalten kommen näher und drehen sich mit gleitenden Schritten mehrmals um sich selbst. Sie beschreiben schnell einen Kreis und lassen sich dann auf die schönen Holzstühle fallen, die man hinten in der Hütte, an der Wand des ihnen vorbehaltenen Raumes aufgestellt hat.

Egun Agboula, den man sofort an seiner Begleitung und an dem Trommeln erkennen kann, das ihn begrüßt, trägt eine gewaltige eiserne Krone. Er ist der Hauptahn des Klans, der Vater, der dem Terreiro seinen Namen gegeben hat. Auch an diesem Abend ist er sichtlich das Oberhaupt der Totengeister. Er wird als Erster sprechen.

Die Menge der Frauen wird durch eine erste Reihe alter Frauen, der *Iya-Egbe* und der *Yagan*, geschützt. Die Männer verbergen sich hinter Alagba Antonio, der in Begleitung seines Sohnes auf alle Worte des Egun ein gemurmeltes »axe« (Frieden) antwortet.

Das Erscheinen der Egun übt unbestreitbar Faszination auf die gesamte Menge aus, selbst auf diejenigen, die sich ihrer Macht nicht total unterworfen fühlen. Die Egun tragen wahrscheinlich auf ihren Schultern ein festes Gestell, das ihre Bekleidung stützt. Sie sind rundherum mit Stoffen umgeben, die keinerlei menschliche Kontur erkennen lassen. Alle Körperformen sind geschickt verkleidet, sogar die Füße, die unter einer Art Hose verborgen sind, die bis zu den Zehenspitzen reicht. Die Ärmel enden in Handschuhen, sodass die Hände verhüllt sind. Bunte Bänder fallen von dem Oberteil herab, sie sind in dichten Reihen am ganzen Rumpf befestigt und bedecken so das Gewand mit vielfarbigen Fransen, das darunter überall mit kleinen Spiegelscherben übersät ist. Bei der geringsten Bewegung flattern die Bänder auf und die Spiegelreflexe blenden die Augen; es ist nicht möglich, Einzelheiten der Kleidung zu erkennen und die Zauberformeln und Amulette zu beschreiben, die daran angeheftet sind. Auch hören die Egun nicht auf, sich zu bewegen. Das Glitzern der Spiegel blendet die Augen ununterbrochen.

Jeder Egun trägt die ihm eigenen Farben. Die roten, gelben, grünen Bänder sind je nach dem Egun, für den sie bestimmt sind, anders zusammengestellt. Als beweglicher Rumpf und wandelnder Regenbogen schützen sie die Toten vor den Blicken der Lebenden[*].

---

[*] Der Tradition zufolge kündigt ein Regenbogen, die Brücke zwischen dem Orun, wo die Toten wohnen, und der Insel Itaparica, die Ankunft der Egun

Der Einzug der Egun und ihre Sitzung in Gegenwart der Lebenden ist ein sehenswertes Schauspiel, das von großer Feierlichkeit geprägt ist. In dieser Nacht wendet sich der *Baba-Egun* Agboula (Oberhaupt der Egun) nacheinander an jede einzelne Familie. Jeder Familienvorstand des Klans wird aufgerufen und lange begrüßt. Agboula ist der *Baba*, der Vater von allen. Er ist zu den Seinen zurückgekehrt. Er erfährt die Neuigkeiten über jedes seiner Kinder, er vermittelt die Grüße anderer, nicht anwesender Ahnen, versichert sie ihrer Liebe und, was am häufigsten zu sein scheint, macht ihnen heftige Vorhaltungen wegen ihres Ungehorsams oder ihrer Verfehlungen.

Zwei Stöcke* werden vor der ersten Personenreihe zum Schutz auf den Boden gelegt. Sie markieren die unüberschreitbare Grenze zwischen dem Leben und dem Tod. Die Bittsteller treten an sie heran, knien und berühren mit der Stirn die Erde. Der Egun Agboula, der jetzt im Halbschatten im Hintergrund des Raumes sitzt, befragt sie. Sie sprechen mit kaum hörbarer Stimme. Der Egun antwortet, befiehlt, berät die meiste Zeit, ermahnt. Der erschreckende Eindruck, den seine Stimme erweckt, weicht die ganze Nacht nicht. Die Sprache, die der Egun spricht, ist unzugänglich, aus Worten des archaischen Yoruba zusammengesetzt, und wird von den Mitgliedern der Gemeinde nicht verstanden. Neben dem Befragten kniet der Sohn Antonios und übersetzt die Anweisungen des Egun.

Hin und wieder richtet der Baba-Egun sich an die gesamte Menge. Er beklagt sich über die mangelnde Aufmerksamkeit der Lebenden gegenüber den Toten. Die Kinder, die aufgewacht sind, suchen bei den Frauen Schutz. Die Stockwürdenträger werfen ihnen vernichtende Blicke zu. Christo, der nicht weit von mir hockt,

---

bei jedem der großen Feste von Amoreira an. Das erste Fest, dem ich beigewohnt habe, fand in der Nacht vom 9. September 1972 statt. An diesem Sonnabend erschien tagsüber ein Regenbogen, der sich von den Wolken zu der Insel spannte.

* Zwei gegabelte Stöcke, die unter denen ausgesucht werden, die die Ojé verwenden, um die Straßen von den umherirrenden Toten zu »befreien«, wenn sie nachts unterwegs sind.

richtet sich plötzlich auf, sein schönes, faltiges Gesicht ist angesichts der Strafen, die Baba ihm auferlegen kann, auf einmal von Panik gezeichnet. Er ist müde von dem langen Tag, von der anstrengenden Arbeit eines schwarzen Subproletariers, als Tellerwäscher in einem Hotel in der Bucht. Außerdem steht er noch unter dem Eindruck der *cachaça*.

Eine Matrone und ein junges Mädchen treten barfuß aus der Menge hervor. Die gegensätzlichen, aber auch anrührenden Gestalten nähern sich der Raumgrenze. Die Frau holt ein Fläschchen billigen, penetrant riechenden Parfüms hervor und spritzt ein paar Tropfen in Richtung des gekrönten Egun. Die Trommeln ertönen. Der Egun ruft die beiden an und lädt sie ein, mit ihm im Raum der Toten zu tanzen. Bei den Zuschauern herrscht knisternde Spannung. Da überschreitet die Frau mit sicherem Fuß die Stöcke. Das junge Mädchen folgt ihr.

Die ganze Welt, die äußerst geheimnisvolle Geschichte der Menschen ist plötzlich in diesem Tanz zwischen den Lebenden und den Toten, einem fröhlichen und feierlichen Tanz, zusammengefasst. Im Dunkeln stehend, starren die, die bald sterben werden, und die, deren Zustand ungewiss ist, auf dieses merkwürdige Ballett, bei dem zwei Welten, zwei Ängste sich berühren, bei dem in einem einmaligen versöhnten Dasein die maskierten Toten mit den Frauen tanzen, in denen jetzt das ganze Leben der Gemeinschaft Zuflucht gesucht hat.

Ich wende mich an Joãzinho Daniel de Paula:

»Wie viele Egun gibt es in Amoreira?«

»Tausende!« [11]

In dieser Nacht sehen wir nur sechs oder sieben.* Der anziehendste von ihnen ist sicher der Egun Oya. Er tanzt graziös. Die Bänder seines Gewandes flattern und wirbeln Staub auf, ein wohltuender Wirbel, den man herbeizuziehen sucht, indem man Arme und Hände bewegt.

Der Egun Eri fordert zum Lachen auf. Alles bricht in ein langes befreiendes Gelächter aus. Er fordert das Volk auf, untereinander die Bande des Friedens zu stärken; er verlangt, dass jeder dem an-

---

* Zwei Egun zumindest konnten nicht identifiziert werden.

deren die Kränkungen, die er ihm im Laufe des Jahres zugefügt hat, verzeiht.

Sogleich neigt man sich seinem Nachbarn zu, zuerst dem linken, dann dem rechten und schließlich zum Hintermann. Wange an Wange, schließen sich die Männer in die Arme. Die Frauen tun das Gleiche und auch die Kinder umarmen sich zärtlich. Die Schamhaftigkeit in der afrikanischen Gemeinschaft erlaubt nicht, dass Männer und Frauen sich in der Öffentlichkeit küssen. Die Aussöhnung macht also an der Barriere Halt, die die Räume der beiden Geschlechter voneinander trennt.

Gegen zwei Uhr morgens bittet ein alter kranker Mann, gehen zu dürfen. Der Ojé João-Daniel übermittelt diesen Wunsch dem Egun Eri, der ihm offenbar die Erlaubnis dazu erteilt. Er fordert ihn mit einem Knurren, das übersetzt wird, auf, zu dem nächsten Fest wiederzukommen, das in einem Jahr stattfindet. Der Türwächter öffnet missmutig einen Türflügel. Der Alte entfernt sich rückwärts, während er dem Egun mit wiederholten Verneigungen für seine außergewöhnliche Großzügigkeit dankt.

Etwa sechshundert Menschen leben auf dem Hügelland von Amoreira. In Gruppen von zwanzig Familien bauen sie Maniok, Gemüse und Jamswurzeln an. Das reicht für ihren Eigenbedarf. Manchmal verkaufen sie sogar kleine Mengen davon an die Bewohner der Haupstadt der Insel Itaparica und auf dem Markt von Salvador. Der Klan ist Eigentümer der Ländereien, die er bebaut. Der Ahne dieses Klans heißt Eduardo de Paula; er ist schon vor längerer Zeit Egun geworden. Die Zahl der mit dem Klan verschwägerten Personen ist nicht bekannt. Verbündete, Verwandte, ohne direkte Verbindungen Dazugehörige leben außerhalb, entweder an den Ufern der Insel oder in den Fischerhütten von Punta Areia oder in Salvador oder sogar im fernen Süden, in der großen und mörderischen Bannmeile von Rio de Janeiro. Aber anlässlich der hohen Feste schließt sich der Klan mit seinen *agregados* zusammen und spiegelt sichtbar seine komplizierte Hierarchie.

Der Baba-Egun bewirkt bei diesen Menschen eine wahre Katharsis. Er hatte zu Anfang des Abends die eiserne Krone getragen, die inzwischen in der Hütte des Geheimnisses niedergelegt worden ist. Er ruft Paare und Einzelpersonen zu sich. Vor dem versammelten Volk legt er ihnen ihre intimen Probleme dar. Manchmal widerspricht ein Pärchen. Ein Mann und eine Frau treten getrennt nach vorne. Es geht um ihren achtjährigen Sohn, der ebenfalls anwesend ist und nun auf die Stöcke zuschreitet, nach dem Vorbild seiner Eltern aber erst die Sandalen auszieht.

Selbst wenn er von den Toten aufgerufen wird, darf niemand den Raum der Egun anders als barfuß betreten. Die Gegenwart der Egun verwandelt diesen Ort in Ilu Ayé, afrikanisches Land, das kein profaner Gegenstand – Schuhe, Stoffe oder einfache Hosenumschläge – verunreinigen darf. Der Baba gibt Anweisungen an den dienenden Ojé, der erschöpft an der Grenze zur Ilu Ayé steht. Der Ojé übersetzt es. Die Mutter des Kindes protestiert:

»Aber Baba, mein Sohn muss doch studieren…«

Der Baba erhebt die Stimme, die Schrecken erregende Stimme eines trunkenen Bauchredners. Die Trommeln schweigen schon lange. Die Frau verbeugt sich erneut, berührt mit der Stirn den Boden. Sie entschuldigt sich lange, mit leiser Stimme. Der Egun hatte offenbar angeordnet, dass der Junge langwierige und kostspielige Initiationsarbeiten auf sich nehme. Er wird das genaue und komplizierte Wissen der Ahnen erwerben und sich so darauf vorbereiten, in einigen Jahren oder Jahrzehnten, eine der Hilfs- oder Führungsfunktionen des Hauses zu übernehmen. Der Ojé, der sich der Gewichtigkeit des Augenblicks bewusst ist, gibt sich nicht zufrieden. Dreimal fragt er die Eltern:

»Seid ihr bereit, diese Arbeiten zu übernehmen?«

Und dreimal antworten der Vater mit überzeugter, stolzer Stimme, die Mutter resigniert:

»Ja, wir tun es.«

Das Volk stimmt mit einem Murmeln bei.

Nach und nach krähen die Hähne in der Ferne. Es ist vier Uhr morgens. Kein Egun befindet sich gerade in dem Kral, die Ojé gestatten einigen Leuten, Alten und Kindern, zu gehen. Der Wächter, der sichtlich dagegen ist, öffnet fluchend die Tür. Eine Reihe von Anwesenden hat der Schlaf übermannt, sie schlafen auf den hinteren Bänken und auf den Matten. Plötzlich ertönen im Morgengrauen Schreie. Ein Egun ist an einer Stelle des Ortes gesehen worden. Mit Stöcken bewaffnet, stürzen die Ojé hinaus. Sie schlagen mit den langen biegsamen Stielen auf die Erde, um die umherirrenden Toten zu vertreiben und um die Lebenden gesund nach Hause zu bringen, die noch im Freien umherlaufen. Draußen hört die laute, kreischende Stimme des Egun nicht auf, zu bitten. Er möchte in das Totenhaus hinein und bittet die Lebenden, ihn aufzunehmen. Die Personen im Innern sind froh, so gut dabei weggekommen zu sein und durch die Schranken zwischen den getrennten Räumen beschützt zu werden. Begeistert von dem, was sie erwartet, antworten sie fröhlich:

»Ja, ja, komm herein, sei willkommen, Baba!«

Der Baba-Yao tritt durch die Seitenpforte ein, die auf das Haus des Geheimnisses weist. Er trägt einen Federhut auf seinem Egun-Gewand. Seine Kleidung ist von unzähligen pastellfarbenen Punkten übersät. Seine roten Handschuhe umfassen einen Pfeil und einen Bogen. Er macht ruckartige Bewegungen. Die anderen Egun scheinen über den Boden wie über eine unsichtbare, bewegliche Fläche zu gleiten. Der Baba-Yao hüpft und bewegt sich wie eine schlecht gelenkte Marionette. Eine vertraulichere Atmosphäre, die bisher gefehlt hatte, verbreitet sich auf einmal. Erregung kommt auf, man befragt den Egun im dunklen Hintergrund. Eine Frau verfällt in Trance, die vierte in dieser Nacht. Wie in den vorhergehenden Fällen, wo jedes Mal eine oder mehrere Frauen ihr waches Bewusstsein verloren, wird sie bald von den Dienerinnen, den Iya und den Yagan, überwältigt.

Der Baba fragt den Alagba:

»Was geht hier vor?«

»Es ist nicht schlimm, Baba. Da war ein Orixa, den wir davongejagt haben«, antwortet der Alagba.

Die Versammlung klatscht in die Hände und schlägt den Rhythmus mit Daumenballen und Zeigefinger. Der Gesang wird stärker, die Trommeln schlagen. Der Egun fragt, ob man ihn liebt. Fröhliche Rufe antworten: Du wirst geliebt! Der Tanz geht weiter. Doch als der Baba in seiner Freude, sich wieder inmitten der Seinen zu sehen, unvorsichtigerweise auf die Lebenden zugeht, stoßen ihn die Ojé mit ihren gegabelten Stöcken zurück.

Draußen bellen die Hunde. Durch die Spalten in den Seitenwänden und durch die nun offene Tür dringt das Morgengrauen. Hinten im Raum fällt die Barriere, die Männer mischen sich unter die Frauen. Die Gemeinschaft der Lebenden und der Toten überlässt sich dem Tag. Wir treten hinaus. Die Nacht weicht. Ein weißer Schimmer liegt über dem Meer. Die Königspalmen heben sich schwarz gegen den klaren Himmel ab, greifen mit ihren Armen in den Horizont hinein. Die schon lange wachen schwarzen Schweine laufen grunzend zwischen den Hühnern herum und wühlen mit ihrer Schnauze die Erde auf. Auf dem feuchten Gras ist seit gestern Abend die Wäsche ausgebreitet. Inmitten einer Schar lärmender Kinder steht ein Flaschenkürbis mit warmer Milch. Einer nach dem anderen verlassen die Erwachsenen mit gewichtigem Schritt die Kulthütte, wechseln leise ein paar Worte miteinander. Auf dem mittleren Plateau, von dem aus die Wege zum Busch und zum Meer abzweigen, bilden sich Gruppen. Man redet miteinander, in den Augen spiegeln sich noch die Wunder dieser Nacht.

Auf dem schmalen Streifen Erde, der das Haus des Geheimnisses von der großen weißen Hütte trennt, in der sich vor einer Stunde noch die Lebenden in Gegenwart ihrer Toten versammelt hatten, erscheint plötzlich ein Egun. Die Nachricht verbreitet sich schnell. Man schließt sich wieder zusammen, hält jedoch einen gewissen Abstand voneinander. Man ist leicht beunruhigt. Eine menschliche Sperre bildet sich, die den Horizont absperrt, der auf der einen Seite von einem Bananenwald und auf der anderen von der Kulthütte begrenzt wird.

In einiger Entfernung steigt, von den mit ihren Stöcken bewaffneten Ojé und Amuisan streng überwacht, die hohe Gestalt des Egun Omonile die drei Stufen der Hütte des Geheimnisses herab. In seinem purpur- und indigofarbenen Gewand schreitet er auf eine mit Obstbäumen und Blumen bewachsene Anhöhe zu. Da ist das Haus Sanya. Gemessenen Schrittes umkreist er das Haus, wo, von den Lebenden bewacht, die Erinnerungsstücke seines Erdendaseins ruhen.

Die Tropensonne hat den Himmel entzündet. Als der Egun Omonile in seine Hütte zurückkehrt, steigen wir, benommen von dem Geheimnisvollen dieser Nacht, den Pfad hinab, der zu den Lagunen führt.

III Die soziale Funktion der Totengeister

Der Candomblé der Egun und der Candomblé der Orixa haben eine
ähnliche Funktion. Die Indizien dafür sind zahlreich. Sie liegen
zunächst auf der Ebene der unmittelbaren Wahrnehmung. Führen wir uns einen Abschnitt aus der Abhandlung von Bastide vor
Augen, der sich auf die Candomblé der Orixa von West-Nigeria bezieht:

> »Wenn ich abends spazieren ging, merkte ich, dass Verbrüderun-
> gen stattfanden, irgendjemand, ein Mann, eine Frau, die einen
> Orixa hatten und die ihn von Zeit zu Zeit zum Wohle der Ge-
> meinschaft empfingen. Einer war für die Ernte da, der andere für
> den Gewitterregen und den Frühling, ein weiterer, um den Blitz-
> schlag zu verhindern. Jeder hatte seine Funktion in der Gesell-
> schaft. So wirkten alle Eingeweihten zusammen an der Verwirk-
> lichung des Glücks im Dorf mit. Und für mich war es etwas sehr
> Bewegendes, die treibende Kraft der Gebete zu spüren, die über-
> all im Dorf verrichtet wurden.« [12]

Der Candomblé der Egun erfüllt, wenn auch in ganz anderem Umfang, die gleiche und unerlässliche soziale Funktion. Zum Zweck
der Analyse kann man künstlich und auf rein didaktische Weise
diese kollektive Funktion in mehrere Einzelfunktionen aufteilen.
Die schematische Übersicht zeigt dann die folgenden Vektoren:

Die Hauptfunktion, die sich dem Betrachter unmittelbar darbie-
tet, ist die, die Toten zurückkehren zu lassen. Aber welche Toten?

Darauf kann keine klare Antwort gegeben werden. Meine Informanten des Klans De Paula von Amoreira und Salvador bestätigen,
dass es in ihrem Candomblé eine nahezu unbegrenzte Zahl von
Egun gibt, oder, wie der Ojé Joãzinho sagte, *tausende*. Tatsächlich
ist das Problem komplexer. Es geht nicht darum zu wissen, wie viele
Egun im Terreiro eines bestimmten Klans eingesetzt sind. Jeder Tote
wird zum Egun, außer den tot geborenen Kindern.* [13] Aus die-

---

* Sie erhalten den Namen Egbe, Kinder, die »geboren werden, um sogleich zu
  sterben«.

sem Grund muss das Bewusstsein vom Körper getrennt werden, auch muss der Körper unwiderruflich vernichtet werden, damit die physiologische Katastrophe von der Gemeinschaft erfahren werden kann und keine Rückkehr des Bewusstseins in den alten Körper möglich ist. Erst in diesem Augenblick – wir haben das bei der Analyse des Tambor de choro von Maragnan gesehen – verwandelt sich die menschliche Person in einen Egun.

Theoretisch wäre es also durchaus möglich, die Egun eines Klans haargenau aufzuzählen. Es würde tatsächlich genügen, die Todesart jeder Person festzustellen und zu wissen, ob sie auf natürliche Weise gestorben ist oder in Ausnahmen auf verdächtige Art. Doch da liegt das wirkliche Problem nicht.

Die Schwierigkeit liegt anderswo. Welche Egun sind es, die wirklich zu den zu ihren Ehren errichteten Candomblé zurückkehren? Welche von ihnen erreichen einen sozialen Status, der hinreicht, um auf die Gesellschaft der Lebenden eine anerkannte Autorität auszuüben, wie sie sich in Itaparica zeigt?

In meiner Unsicherheit kann ich nur Hypothesen formulieren. Die erste wäre, dass die Ojé, die Alagba, die Amuisan und die anderen Würdenträger des Terreiro der Insel Agboula als Lebende politischen Einfluss ausgeübt haben, um als Tote den privilegierten Status eines Egun zu erhalten. Das lässt an Manipulation denken. Da sie sich für das Schicksal der Gemeinschaft höchst verantwortlich fühlen und auf die Mitmenschen eine unbestreitbare Macht ausüben, müssten diese Würdenträger die natürliche Tendenz jeder Regierung verfolgen: beständig zu sein und fortzubestehen. Damit das zu verwirklichen ist, muss das soziale Modell immer rechtsgültig bleiben. Wäre das der Fall, würde es sich in erster Linie um eine obligatorische Legitimation handeln. Inmitten des Klans oder des Volkes, das den Candomblé nährt und stützt, hielt eine kleine Gruppe, eine Blutsgemeinschaft, eine einzelne Familie die Schlüsselposition der Hierarchie in den Händen. Es versteht sich von selbst, dass für die Würdenträger die Versuchung groß wäre, die Ahnen ihrer eigenen Familie zum Baba-Egun, das heißt zum »Vater«, des Klans zu wählen.

Der zweite Grund, der bei der Wahl des Baba-Egun vorherrscht, besteht hypothetisch in der anthropomorphen Struktur des Systems. Jeder Baba verfügt in der Tat über eine Vielzahl von bestimmten, dem Menschen innewohnenden Eigenschaften. Baba-Eri liebt das Vergnügen, wie wir gesehen haben. Baba-Agboula zeigt sich bei den Lebenden von äußerster Strenge und verbreitet Furcht. Baba-Oya ist voller Mitgefühl für die vielfältigen Leiden der Menschen. Die als wohltuend erklärte Luft, die die Egun beim Tanzen verbreiten, wird von den Lebenden »eingeatmet«, um ihre Krankheiten und Gebrechen zu heilen. Die erst kürzlich verstorbenen Personen, die Charakterstärke oder besondere Gaben besaßen, wie Führungs- oder Heilkraft, Ausdrucksvermögen beim Tanz, würden sich somit tief ins Bewusstsein des Klans eingraben. Ihre Rückkehr unter der Maske des Egun würde dann nur die Formalisierung einer bestimmten Erinnerung durch das Kollektivbewusstsein bedeuten.

Die letzte Hypothese ergibt sich aus dem symbolischen System der Nago. Der Orun, das Land des unvergänglichen Lebens, wird von Klans, Stämmen, Geschlechtern mit bestimmten Hierarchien bevölkert. Der Mensch, der seinen irdischen Körper verlässt (wir sprechen immer von dem *normalen* Tod), um sein *Ipori*, sein unvergängliches Gesicht im Orun, anzunehmen, gibt nur sein menschliches Aussehen auf, nicht aber seine Familie, sein Ahnengeschlecht, den Klan und das Volk, in die ihn der Orixa im Augenblick der Erschaffung versetzt hat. *Niemand verlässt je seine Ahnen und die Ahnen verlassen nie jemanden*, sagen unsere Informanten. Die Tatsache, dass in Amoreira eine begrenzte Zahl von Egun und nicht die Gesamtheit der Toten des Klans De Paula erscheinen, wäre durch das stückweise Erlöschen des Kollektivgedächtnisses bedingt. Diese letzte Theorie ist meiner Meinung nach die wahrscheinlichste. Damit schließe ich mich – gegen Carneiro, Dos Santos und Costa-Lima – der Version von Bascom an, der den Geheimcharakter der Candomblés der Egun widerlegt. Die Candomblés der Egun bilden keine Geheimgesellschaften. Es stimmt, dass der einzige Candomblé der Egun, der in der Nago-Diaspora Brasiliens besteht, der Terreiro von Amoreira*, von überlagernden Segmenten hermetischen

---

* Ein zweiter Terreiro existiert in demselben Hügelland von Itaparica. Doch seine Lebenskraft ist geschwächt, und er stellt nur noch eine kultische Ruine dar, ein Gedächtnisfragment, das lediglich eine historische Bedeutung hat.

Wissens geschützt wird. Seine Kenntnisse sind geschichtet. Jedes Einzelwissen, das Wissen einer Klasse, wird von einer geheimen Sprache geschützt, die kennzeichnend dafür ist. Sie bleiben für denjenigen undurchdringlich, der nicht zu der Schicht gehört, die das ihr eigene Wissen bewahrt (Verbündeter, *agregado* oder Fremder). Das Eingeweihten vorbehaltene und geschichtete Wissen ist in sich selbst jedoch noch kein entscheidendes Kennzeichen für eine Geheimgesellschaft.

Jedes soziale Wissen der Nago ist so hierarchisiert, geschützt und »abgesondert«. Es gibt zum Beispiel keine größere Öffnung, keine leichtere Zugänglichkeit zum Wissen der Candomblés der Orixa oder in den Gesellschaften der Babalo, der Weissagungspriester, als in den Candomblés der Egun. Ferner kann die Tatsache, dass nur noch ein Egun-Candomblé in Brasilien und vielleicht in ganz Lateinamerika [14] existiert, nicht als Argument für eine besondere Abgeschlossenheit der Candomblé der Egun dienen.

In den von Bascom untersuchten Yoruba-Städten, insbesondere in Ifé und Igana, gibt es eine Menge Egun-Gesellschaften, die voll in das bürgerliche Leben der Städte integriert sind, und Klans, die sie aufgenommen haben. Die öffentlichen Feste wechseln mit Verpflichtungen und Zeremonien ab, die bestimmten Mitgliedern spezifischer Schichten der Initiationshierarchie vorbehalten sind. Die verschiedenen Schichten verwenden Geheimsprachen, von der eine die andere nicht kennt, die wesentlichen Zeremonien aber spielen sich in einer Umgangssprache ab, die auch den nicht eingeweihten Teilnehmern völlig verständlich ist.

Im amerikanischen Exil hat eine Vielzahl der Egun-Candomblés lange Zeit den Klans deportierter Afrikaner ihre Struktur gegeben. Allein in der Region Bahias und in dem Zeitraum von 1830 bis 1920 haben Juana und Deoscoredes Dos Santos fast ein Dutzend großer Candomblés identifiziert, in denen der Einfluss der Toten zunächst auf die Sklaven und dann auf die befreiten Klans des schwarzen Subproletariats starke Ausstrahlungen aufweist. Es handelt sich vor allem um die Candomblés von Veracruz, Tuntum, Encarnação, Agua de Minas und Preguição, letzterer liegt am Hafen von Salvador, in der Nähe der Kirche Nossa Senhora de Conceição da Praia. Am Rande von Salvador, dem heutigen Stadtviertel Liberdade, gab es den Candomblé von Tio Ope, den Terreiro do Corta-Braço. Die Insel Itaparica schließlich, ein wirtschaftlich weit entwickeltes Gebiet, weil hier bis zum Anfang des 20. Jahrhunderts Wale gefangen wurden, beherbergte die Terreiros Oya und Mocambo, der jedoch seit langem zerstört ist; er trägt den Namen einer Pflanzung, auf der viele Skaven lebten. [15]

Heute gibt es nur noch einen Terreiro auf der Insel, und zwar den der Agboula. Alle anderen, die im Reconcavo, in der Stadt oder ihren Vororten existiert haben, sind praktisch ausgelöscht. [16] Mit ihnen sind ganze Stücke vom Kollektiv-Gedächtnis zusammengebrochen. Der Candomblé von Amoreira teilt mit seiner Weigerung, sich anderen Personen als den Mitgliedern des Klans und den sorgsam ausgewählten wenigen Verbündeten, ›agregados‹ oder Freunden zu öffnen, das Schicksal der Casa de Mina in São Luis. Er äußert nur das, was er weiß. Mit bewunderungswürdiger Härte lehnt er jeden Kompromiss mit der lebendigen Einbildungskraft und kultischen Improvisation der Terreiros der Orixa ab. Keinerlei Synkretismus, sondern äußerster Widerstand gegen Fremdkulturen. Sein Denken bleibt seither fragmentarisch, aber er ist rein. Trotz allem, was er verloren hat, und trotz seinem Stillschweigen oder gerade deswegen, bewahrt er eine unvergleichliche Würde. Die Männer und Frauen von Amoreira wissen letzten Endes wenig über ihre Toten und ihr Dialog mit ihnen bliebt unsicher. Aber was sie davon wissen, stimmt mit den ältesten Traditionen streng überein. Mit dem beständigsten und existenziell am tiefsten erfahrenen Wissen dieses großartigen, hingemetzelten und dennoch unvergänglichen Nago-Volkes.

Vorläufige Zusammenfassung: Eine der ersten Funktionen des Hauses der Totengeister besteht darin, die Lebensdauer der Gruppe sicherzustellen, d. h. die ununterbrochene Kommunikation zwischen Lebenden und Toten und die freie Weitergabe des sozialen Wissens selbst der verstorbenen Vorfahren an die neu auf die Welt Gekommenen, diese Ignoranten des Lebens. Über diese Aufgabe hinaus erfüllt der Terreiro der Egun eine zweite, nicht weniger wichtige, nämlich den Lebenden, deren irdische Zeit abgelaufen ist, einen guten Tod zu geben.

Wenn jemand stirbt, werden die Baba-Egun herbeigerufen. Sie spielen bei der Bestattungszeremonie, dem *Axexe* [17], eine wesentliche Rolle. Um diese Rolle zu erklären, greifen wir auf zwei verschiedene empirische Unterlagen zurück.

Zwei große Axexe haben vor nicht allzu langer Zeit in zwei verschiedenen Candomblés der Orixa in Salvador stattgefunden. Die erste Zeremonie galt dem Hinscheiden der Mae Senhora, einer der größten Yawalorixa von Bahia. [18] Die zweite wurde beim Tod des Babalorixa Procopio Xavier vom Candomblé des Hauses Ogunja, einem bedeutenden »Ketu«-Haus von Bairro Brotas in Salvador, vollzogen. [19]

Als Mae Senhora* 1967 starb, dauerten die Beerdigungsfeierlichkeiten sieben Tage. Alle Gäste begaben sich jeden Abend gegen einundzwanzig Uhr zum Terreiro von Opo Afonja. Eine halbe Stunde später wurden die Türen geschlossen und erst wieder am frühen Morgen geöffnet. Diese sieben Tage zählen von der Beerdigung an. Sie endeten mit einer katholischen Totenmesse, die Dom Timoteo hielt, der Abt von São Bento, der mächtigste christliche Priester Bahias nach dem Kardinal-Erzbischof.

Trotz der strengen, räumlichen wie funktionalen Trennung der Candomblé der Orixa und der Egun haben zwischen den großen Yawalorixa der Candomblés der Orixa und den Ojé der Egun immer besondere Verbindungen bestanden. Die erstgenannten Candomblés dienen der Aufrechterhaltung des Lebens auf Erden, die zweiten der Kommunikation mit den Toten. Einige Babalão, einige Wahrsager, üben sogar, wie Pierre Verger und Deoscoredes Dos Santos, Funktionen in beiden Gesellschaften aus.

Zwischen Mae Senhora und dem Candomblé der Egun des Hauses Agboula haben die Umstände des bewegten Lebens der Nago in Bahia noch engere Bande entstehen lassen. Ich habe die Heilung von Deoscoredes, dem Sohn der Senhora, durch die Egun von Itaparica

---

* Wie alle großen Yawalorixa der Diaspora hatte die Priesterkönigin des Terreiro Opo-Afonja mindestens drei bekannte Namen: *Mae Senhora* war ihr volkstümlicher Name, mit dem sie im ganzen Nordosten Brasiliens zärtlich genannt wurde. Ihr bürgerlicher Name war *Maria Bibiana do Espirito Santo.* Ihr afrikanischer Name schließlich lautete *Osun Muiwa.*

beschrieben. [20] Für diese Heilung bewahrte die Yawalorixa den Baba-Egun große Dankbarkeit: Sie gab ihnen ihren Sohn. Bis in die letzten Einzelheiten der Geheimnisse der Egun eingeweiht, ist er heute einer der mächtigsten Ojé von Itaparica. [21] Darüber hinaus machte Mae Senhora bis zum Ende ihres Lebens dem Terreiro Agboula größere Geschenke. Sie lieferte insbesondere die Opfertiere, Öl für die Lampen, Lebensmittel, Stoffe, kam für die Dekorationen und die vielfältigen Kosten der Trommelschläger, der Ojé und der anderen Würdenträger beim Fest des obersten Baba des Hauses auf, des Baba-Agboula.

Aus all diesen Gründen war das Haus der Totengeister von Itaparica in die Beerdigungszeremonien enger einbezogen. Während der ganzen Zeit des Axexe sind die Yawo weiß gekleidet. Kein Orixa steigt herab, niemand verfällt in Trance, man hört nur die Gesänge und Anrufungen der Orixa des Hauses. Der Tod wird nicht erwähnt, keinerlei Frage wird formuliert, nichts wird in diesen nächtlichen Gesängen erklärt, deren einzige Botschaft eine verzweifelte Verehrung des Lebens darstellt. De profundis clamavi. Angesichts des Todes rufen die Lebenden die Orixa an, die konstitutiven Elemente der sichtbaren Welt, die Lebensträger. In einem bestimmten Moment treten die Baba-Egun auf. In Opo Afonja sind es zwei. Sie bereiten der Verstorbenen den Weg. Durch deren Mund nimmt Mae Senhora ein letztes Mal von den Lebenden Abschied. Sie dankt allen, die während ihres irdischen Daseins um sie gewesen sind. Sie gibt dringende Anweisungen und letzte Ratschläge. Aber, und das ist von größter Bedeutung, sie gibt keinerlei Hinweise in Bezug auf ihre Nachfolge. Die Wahl des neuen Theokraten ist Sache der Weissagung.

Vor Beendigung des Axexe versammeln sich die großen Yawalorixa und die Babalão von Bahia, um die *cauris* oder die Halskette des Ifa zu befragen. Denn die Regierungsgewalt bei den Nago-Yoruba ist eine gewählte Gewalt, bei der der Wählerwille der Männer seinen Weg durch die Bücher der Odun sucht, einer ungewöhnlichen Sammlung von tausenden politischer Situationen und Lösungen, die von den Yoruba-Königreichen der Vergangenheit erlebt worden sind.

Nur die ganz großen Yawalorixa und Babalorixa werden im

Augenblick ihres Todes der Gegenwart der Baba-Egun teilhaftig. Doch die Egun sind auch beim Tod der Mae Aninha, der Großmutter von Deoscoredes, der Mutter und Vorgängerin der Mae Senhora, erschienen. Der Grund ist wahrscheinlich vorwiegend praktischer Natur. Während des ganzen Jahres, das auf den Tod der Priesterkönigin folgt, bleibt der Terreiro gelähmt. Man erfüllt nur die unerlässlichen Verpflichtungen. Eine Kultgemeinschaft von der Bedeutung der Opo Afonja verfügt über eine beachtliche politische, religiöse und wirtschaftliche Macht in der Stadt Salvador. Sie wird begehrlich verfolgt; rivalisierende Gruppen drohen zum offenen Kampf überzugehen. Die Usurpatoren warten geduldig ihre Stunde ab. Das breite Volk der Anhänger ist durch das andauernde bedrohliche Schweigen der Stimme der Yawalorixa ebenso desorientiert wie bedrückt. [22] Nun, *die Yawalorixa glauben, wie die meisten Lebenden, ebenfalls nicht wirklich an die Eventualität ihres eigenen Todes.* Er überrascht sie immer in einem unvorhergesehenen Moment, bei einem Unfall, bei einer Krankheit, die man für heilbar hielt. Frauen, die ausschließlich im Dienste des Lebens stehen, sterben ohne Testament. Deshalb ist es notwendig, dass sie nach ihrem Tod wenigstens noch einmal vor das versammelte Volk treten. Welcher günstigere Augenblick bietet sich an als die Zeremonie des Axexe? Die Menge ist dann gesammelt, aufnahmebereit und aufmerksam gegenüber den postumen Worten ihrer verstorbenen Theokratin. Durch den Baba-Egun spricht die Yawalorixa, aber es ist eine einmalige Ansprache. Im Inneren des Krals der Orixa, in der Roça, in der sie ihr gesamtes irdisches Dasein verbracht hat, ertönt ihre Stimme nie wieder, wenn der Axexe einmal beendet ist.

Gehen wir zu dem zweiten Beispiel über, das die Funktionen der Totengeister bei den Bestattungsfeierlichkeiten illustriert: Procopio Xavier, Babalorixa des Terreiro Kétu des Hauses *Ogunja*, in der Straße Luis Anselmo 204, im Viertel von Brotas, in Salvador, ist mit über neunzig Jahren gestorben. Er war ein Mann von ungeheurem Wissen und vertrat eine äußerst strenge Lehre. Er hat sich in seinem Haus stets geweigert, die Weissagung zu profanen Zwecken zu praktizieren. So hat er sich um die normalen und reichlichen Einkünfte eines gewöhnlichen Candomblé gebracht. »So cuidan dos

Orixas«,* sagt meine Informantin, Mae Edna, Enkelin der gegenwärtigen Yawalorixa Maria de Nativitade. Die *cauris* – es gibt davon einundzwanzig im Hause (ein normales Ritualspiel) – werden nur für die weissagenden Schritte in der Initiationszeit der neuen Yawo benutzt.** In seinem bürgerlichen Beruf war Procopio *galafate*, d. h., er übte ein schönes, seltenes Handwerk aus, das darin bestand, Menschen – oder Tierköpfe zu schnitzen, die die Spitze der Fischer- oder Reisebarken zieren und ihnen diese merkwürdige Majestät verleihen.

Als Kind ist er von Mae Mariolina, einer berühmten Yawalorixa am Anfang dieses Jahrhunderts, *Ogunja* geweiht worden. Dieser Orixa steigt nicht oft zu den Menschen herab. Ogunja entstammt dem Orixa Ogun, der sich hier nicht in seiner kriegerischen und gewalttätigen Form zeigt, sondern in der eines Kindes.

Der Terreiro des Procopio zählt mehr als zweihundert Töchter und Söhne, die in ganz Brasilien verstreut sind. Eine Königspalme, das Emblem des herrschaftlichen Hauses, steht vor seiner Tür. Einige der Orixa des Hauses treten gleichzeitig bei mehreren Personen in Erscheinung; so empfangen nicht weniger als acht Mädchen den Orixa Iansan. Diesem religiösen Eifer entspricht eine strenge soziale Ordnung.

Der Kalender des Axexe wird peinlich genau eingehalten. Die erste Begräbnisperiode ist die der sieben Tage, eine Zeremonie, bei der man alle Orixa des Terreiro anruft, und zwar mit den Klängen der *Abaté*, speziell für die Trauer hergestellte Trommeln mit breiter weiß verzierter Oberfläche; bei der man den Bara-Orun vernichtet und bei der die Lieblingsspeise des Ogunja, des Herrn des Hauses, verspeist wird. Nach einem vollen Jahr, vom definitiven Aufbruch des Egun von Procopio an gerechnet, also vom siebenten Tag nach der Beerdigung an, findet die zweite Bestattungszeremonie statt. Sie kennzeichnet die endgültige Einrichtung des Egun von Procopio in seinem Ipori, seinem wahren unvergänglichen Äußeren, das im Orun ruht. Die neue Yawalorixa oder der neue Babalorixa (zum

---

* »Wir pflegen nur die Orixa, nur für sie empfinden wir Zuneigung.«
** Und nicht für die Divination, die auch Außenstehende gegen Entgelt in Anspruch nehmen können.

Beispiel Maria de Nativitade, die Tochter des Omulu) erhält seine wirkliche priesterliche und politische Gewalt erst von diesem Augenblick an.

Drei weitere Beerdigungszeremonien beenden schließlich diesen Zyklus. Nach sieben Jahren treten die Abate, die Todestrommeln, noch einmal an die Stelle der *Atabaque*, der Lebenstrommeln, im Terreiro. Vor allen weiß gekleideten Anhängern, die am Boden sitzen und im Rhythmus der Instrumente die Hände falten und wieder öffnen, erinnert die Abaté die Orixa daran, dass vor sieben Jahren ein Mann zu ihrem Reich aufgebrochen ist, um in das Land seiner Herkunft, den Orun, zu gelangen.

Die Orixa, die Erschaffer der Menschen, erhalten das Leben durch ihre täglichen Verrichtungen aufrecht, mit denen sie die Lebenden in ihrer Hand haben, durch den Regen, den Blitz, die Sonne, über die sie herrschen; sie garantieren das Wachsen des Maniok, das Reifen der Jamswurzel.

Nach weiteren sieben Jahren ertönen die Todestrommeln erneut,* wieder werden die Orixa und die Menschen auf der Erde an das Ereignis erinnert. Ein letztes Mal hallen sie bei der Eröffnung, während des Verlaufs und am Schluss der Zeremonie einundzwanzig Jahre nach dem Tod wider. Anlässlich jeder dieser Begräbniszyklen können die Baba-Egun als Verkörperung des Todes in jedem Augenblick des Axexe in dem Candomblé der Orixa auftauchen.

Im Candomblé des Hauses Ogunja hat der verstorbene Babalorixa durch den Mund des Baba-Egun nur beim ersten Zyklus der Sterbeperiode von sieben Tagen gesprochen.**

Die soziale Funktion des Terreiro der Egun besteht also vorwiegend darin, die Toten zurückkehren zu lassen, die Lebenden regelmäßig in den Nutzen zu versetzen, die von den Ahnen gesammelten Erfahrungen aufgreifen zu können, und eine sozialisierte, kontrollierte und gelenkte Kommunikation zwischen denen herzustellen,

---

* Vierzehn Jahre also nach dem physischen Tod des Procopino.
** Der Egun konnte nicht identifiziert werden. Die Anwesenden, die bei seinem Erscheinen erschreckt waren und nur vom Hörensagen von den verschiedenen Egun in Bahia Kenntnis hatten, waren nicht in der Lage, mir die Kleidung des Baba und seine Art, zu sprechen und tanzen, genau zu beschreiben.

die gerade in ihr menschliches Abenteuer verstrickt sind, und den anderen, die diese Existenzform bereits durchlaufen haben. Sie bezeugt daneben sichtbar und dem Bewusstsein stets gegenwärtig die unauflösbare, unvergängliche Lebenskraft, die den Ayé und den Orun erfüllt, die wahrnehmbare Welt und seine andere, verborgene Hälfte, die Welt der Toten. All das ist in einer mythischen und in einer rituellen Sprache festgehalten, getreue Spiegelbilder der unendlichen Feinheiten und Nuancen afrikanischen Denkens.

Wie wir gesehen haben, erfordert der Axexe, die einander überlagernden und überschneidenden Todesriten, die beim Hinscheiden eines hohen Würdenträgers des ›Candomblé‹ der Orixa zelebriert werden, das Erscheinen und das vermittelnde Wort eines oder mehrerer Baba-Egun. Bei den Lebenden hat der Baba jedoch noch eine dritte Funktion inne. Wenn eine Krankheit oder kaum zu ertragender Schmerz einen schwarzen Subproletarier von Maragnan oder Bahia quält, ist der demütigende Weg auf der Suche nach Linderung immer der Gleiche: Er geht zuerst zum *Pronto Socorro*, einer Einrichtung der Gesundheitsbehörde, wo Medizinstudenten ungeschickt ihr gefährliches Handwerk ausüben. Dort ist die Behandlung kostenlos. Von da aus begibt sich der Kranke zur *Santa Casa de Misericordia*. Die Schlange der Wartenden ist lang. Nach langem, oft vergeblichem Warten vor diesen Praxen der Weißen schleppt sich der Mestize, der Schwarze oder der *caboclo* mit seinen Qualen zum Babalão.* Dort ist die Behandlung kostspielig, häufig aber erfolgreich.

Im Allgemeinen deuten die *cauris* auf die Quelle des Übels hin, indem sie das Augenmerk auf die von dem Kranken begangenen Fehler oder auf die böse Tat eines Feindes richten. Es handelt sich dann darum, ein bestimmtes Tier einem bestimmten Orixa zu opfern oder auf dem Altar einen Stoff oder Lebensmittel niederzulegen. Das Opfer steht im Zusammenhang mit dem Leiden des Ipori. »Mein unvergänglicher Kopf im Himmel leidet unter meinem Feh-

---

* Es gibt allerdings in Salvador bewunderungswürdige Ärzte, die sich vom Leid der Armen tief bewegen lassen: z. B. *Orlando Castro-Lima*, der Dekan der katholischen Medizinfakultät.

ler (oder unter der Tat meines Feindes), der auf Erden begangen worden ist.« Das Opfer wird Exu übergeben, dem Boten der Orixa, der die Verbindung zwischen all den verschiedenen Stellen im Bezugssystem der Nago, das heißt den einzelnen Orixa, herstellt. *Das Opfer wird im Wesentlichen als ein Übergewicht von Leben begriffen, das den Verlust lebendiger Substanz, unter dem der Ipori leidet, ausgleicht.* Im Verlauf der Weissagung kann der Babalão jedoch noch etwas anderes entdecken. Die Halskette des Ifa oder der Fall der *cauris* kann ihm zeigen, dass der eigene Ahne des Patienten die Quelle des Übels darstellt. Starb er in der Anonymität, fern von seinem Wohnort, auf den Straßen des Exils, am Amazonas oder im Süden, von der *Secca* gejagt oder von der Polizei eingesperrt, wurde er begraben, ohne dass ihm sein Klan einen ordentlichen Axexe bereitet hat, dann irrt er zwischen Orun und Ayé, zwischen Himmel und Erde umher und vermag sein Ipori nicht zu erreichen. In diesem Fall kann der Weissager des Ifa nichts für den Kranken tun, er muss sich zum Terreiro der Egun bringen lassen. Dort lassen die Ojé den Egun seines Vorfahren kommen, befragen ihn nach den Arbeiten, Riten und Opfern, die zu vollbringen sind, und übertragen die heilsame Botschaft dem Kranken. Der Egun ist befriedigt, der Leidende kann genesen.

Fassen wir zusammen. Wir haben drei Typen von Funktionen herausgestellt, die die Egun in der Gemeinschaft der Lebenden ausüben. Zunächst eine kognitive Funktion: die Kommunikation und die Übertragung von empirischen Informationen zwischen den Ahnen und ihren direkten Nachkommen, bis hin zum gemeinsamen, sozialisierten und ritualisierten Dialog zwischen den Lebenden und den Toten. Dann eine politische Funktion: den Verantwortlichen der weltlichen Regierung der Gesellschaft beizustehen. Eine Priesterkönigin oder ein Priesterkönig, die plötzlich und ohne Vorbereitungen sterben, ohne also zuvor die vielleicht noch anstehenden Streitsachen schlichten zu können, kehren während des Axexe noch einmal aus dem Totenreich zurück. Als immaterielles Bewusstsein nehmen sie für eine Nacht die Gestalt eines Baba-Egun an. Sie treten vor das niedergeschlagene Volk, um letzte Ratschläge zu erteilen und die letzten Konflikte zu lösen. Der endgültige Aufbruch der Yawalorixa, des Babalão oder des Babalorixa zum Orun findet erst nach diesem letzten Erscheinen statt.

Die dritte Funktion ist therapeutischer Natur: Ein Kranker oder Verwundeter wendet sich an die Totenpriester. Er hat vorher alle möglichen Mittel der Heilung versucht, doch vergebens. Der Ojé stellt seine Hypothesen auf. Er ruft einen Toten an, befragt ihn. Der Tote wird dann zufrieden gestellt und in das Land des unvergänglichen Lebens zurückgeschickt. Das Leiden des lebenden Menschen, das von einem Fehlverhalten oder einfach einem Ärger eines Ahnen herrührt, schwindet mit dem Vollzug der Opfer, die die Ojé angeordnet haben.

Die didaktische Identifizierung der sozialen Funktionen, die die Baba-Egun täglich übernehmen, trägt jedoch einer grundlegenden Zweideutigkeit nicht Rechnung, die jeden Terreiro der Egun betrifft. Der Egun ist zugleich heilvoll und unheilvoll. Er bringt das Leben und den Tod. Diese Zweideutigkeit lässt sich am leichtesten auf der Ebene des mythischen Systems erfassen. Bei der Erschaffung der Figur der Egun hat sich eine doppelte und sehr merkwürdige Übertragung vollzogen. In dem Gründungsmythos ist es »der Tod und sein Gefolge«, mit anderen Worten: die Toten, die über den Markt von Ifé herfallen. Sie töten die Menschen blindlings. Wie die Wegelagerer schlagen und morden sie die Händler und ihre Kunden mit dicken Stöcken *(opa-ikun)*. Das ist eine schwerwiegende Angelegenheit, denn einen Markt zu schließen oder einfach nicht hinzugehen, ist bei den Yoruba etwas Unfassbares. Ohne ihre Märkte sterben die Yoruba-Dörfer. Der Markt ist sehr viel mehr als die schlichte Plattform wirtschaftlichen Austauschs, er stellt eine zeitliche Struktur dar, ein entscheidendes Datum im Kalender, eine Form der Soziabilität, einen unverzichtbaren Ort der Kommunikation und der Information und schließlich einen Mechanismus der Bewältigung politischer Konflikte. Die Bewohner von Ifé sind also dem Tod gegenüber wehrlos.

Am Ende entschließt sich Ameiyegun, gegen den Feind anzutreten. Er versammelt die Mitglieder seines Klans um sich, er stellt Schrecken erregende Gewänder her, er versteckt sich mit seinen Mitstreitern in dem Baum auf dem Marktplatz, um auf das Eintreffen der Toten zu warten. Die Welt der Yoruba wird in jener Epoche noch von der manichäischen Struktur bestimmt, die unwiderruflich die Toten von den Lebenden trennt und die Lebenden von den Toten und diese zwei Seinsarten zwei räumlich getrennten Bereichen zuweist. Im Verlauf des Kampfes zwischen den Leuten Ameiyeguns und den Toten vollzieht sich hingegen *eine erste Umkehrung*.

Von den seltsam verkleideten Männern überrascht, die aus dem Baum hervorkommen und sich auf sie stürzen, ergreifen die Toten die Flucht. Während sie davonlaufen, lassen sie ihre Stöcke zwischen den Leichen der Leute fallen, die sie eben erschlagen haben. Diese Totenstöcke liegen nun auf der Erde und können von dem nächsten Besten aufgesammelt werden. Auf sie stützt der Klan Ameiyeguns seine neue und äußerst wirkungsvolle Macht. Ameiyegun und seine Leute waren wie Selbstmörder, wie Opfer mit ungewissem Aufschub in den Kampf gezogen. Plötzlich sehen sie sich als Sieger. Erstaunt über die Wirksamkeit ihres bloßen Erscheinens, werden sie vor den fliehenden Toten zu kämpferischen Helden. Zwischen den Buden, den umgestürzten Ständen, den heruntergefallenen Behältern, auf dem mit Leichen übersäten Boden sammeln sie die Stöcke auf und machen sich an die Verfolgung der Toten. Als sie sie erreichen, schlagen sie mit den *opa-ikun* auf sie ein. Und einer nach dem anderen fallen die Toten tot nieder.

An diesem Tag ist es dem Menschen gelungen, den Tod zu sozialisieren, ihn in seine Welt zu integrieren, ihm einen Teil seiner erschreckenden Macht zu nehmen, ihn zu zähmen und seiner Stimme zu unterwerfen.

Wenn aber der Mensch gelernt hat, den Tod zu töten, vollzieht sich *eine zweite Umkehrung*. Die Gewänder der Mitstreiter Ameiyeguns, die an diesem Morgen die Überlebenden auf dem Markt in Ifé gerettet haben, werden von nun an von den Verkörperern der Toten getragen. Wer von den Fransen, Bändern oder Handschuhen der Egun berührt wird, findet auf der Stelle den Tod. Diese vom Mythos übertragene Gewissheit beruht auf empirischer Beobachtung. Tatsächlich erleiden die Personen, die sich aus Missachtung von dem Gewand eines Egun berühren lassen, die schwersten psychonervösen und psychosomatischen Schäden. [23]

Dritte Umkehrung: Die Totenstöcke, die in den Händen der mordenden Toten auf dem Markt von Ifé Schrecken verbreiten, ändern ihre Funktion in den Händen der Männer Ameiyeguns. Aus den Totenstöcken werden Lebensruten. Von den Ojé und den Amuisan gehandhabt, dienen sie fortan, die Lebenden gegenüber den Toten zu verteidigen.

Hat man schon einmal über die äußerste Bedürftigkeit des abendländischen Menschen nachgedacht, der in seiner versteinerten Einsamkeit die meiste Zeit absolut nichts über die existenziellen Erfahrungen weiß, die diejenigen gesammelt haben, die ihm vorangegangen sind?

Zwischen den Menschen, deren Generationen sich auf Erden folgen und die am Ende ihres irdischen Weges zu ihren Ahnen im Orun gelangen, errichten die Egun einen Kommunikationskanal, durch den die gelebten Erfahrungen der Völker und die praktischen und theoretischen Lehren, die aus jedem Leben gezogen werden, vermittelt werden.

Hier bekundet der Nago-Mensch eine offensichtliche Überlegenheit. Dank der Egun weiß er, was vor ihm gelebt, gelitten und geträumt wurde; er kennt im eigentlichen Sinne des Wortes das gelebte Leben, die erlittenen Erfahrungen, die geträumten Liebesempfindungen seiner Vorfahren. Aus diesem Berg des Lebens bezieht er seine unersetzlichen Lehren. Selbst in seinem unsicheren Leben als schwarzer Subproletarier findet der Nago-Mensch durch eine ontologische Perspektive seinen Halt. Sie nimmt ihm weitgehend seine Angst vor dem Tod. Sie verleiht ihm in festen Strukturen, in einer klaren rituellen Sprache die Gewissheit seiner eigenen Unsterblichkeit.

Aber der Egun umfasst gleichzeitig den Bruch, den unüberwindbaren Unterschied. Die Luft, ihre vom tanzenden Egun bewirkte Bewegung, ist wohltuend und heilsam. Wer aber das Gewand eines Egun berührt, stirbt auf der Stelle. Eine richtige Panik bemächtigt sich der Leute, wenn bei den Zeremonien ein Egun sich tanzend auf den Raum zubewegt, der den Lebenden vorbehalten ist. In den Ortschaften, Weilern oder Städten von Nigeria, auch in Amoreira wie in Punta Areia, wo die Egun gewöhnlich erscheinen, gehen nur die mutigsten Männer nachts hinaus. Sie tragen dann Stöcke, knallen mit ihren langen (3 bis 4 Meter), biegsamen Ruten in der Luft und klopfen kräftig auf die Büsche und vor sich auf die Erde, aus Angst, einen umherirrenden Egun zu berühren. Aber der Egun verkörpert nicht allein die radikale Trennung zwischen Toten und Lebendigen. Die Egun bringen den Lebenden auch den Tod. In dem Dorf Iagan sind die Mitglieder der Egun-Gesellschaft die öffentlichen Scharf-richter, Männer, die damit beauftragt sind, gesellschaftsschädigende Zauberer physisch auszurotten. [24]

Ein tiefer Zwiespalt beherrscht somit das Haus der Toten. Als Menschenschlächter und Vermittler, Beschützer der Lebenden und Mörder auf offener Straße symbolisieren die Egun in einer einzigen Figur die erschreckenden und widersprüchlichen Eigenschaften eines Todes, den selbst das wunderbare Nago-System nicht gänzlich zu beherrschen weiß.

Die Unsterblichkeit bei den Yoruba

I Die Gründungsmythen

Himmel und Erde

Das thanatische Denken als Teil des kosmogonischen Denkens lässt seine Dimensionen erst innerhalb eines größeren Systems erkennen, nämlich im Rahmen der Gründungsmythen, die sich in der Yoruba-Tradition überkreuzen, widersprechen und ergänzen. Sie erklären die Entstehung der Welt. Ich gebe zunächst bei den wichtigsten von ihnen das äußerlich Ablesbare wieder, um dann zur Identifizierung ihrer verschiedenen Varianten und zur Definition ihrer gemeinsamen semantischen Struktur überzugehen.

Zuerst ist da der Mythos von der verlorenen Einheit zwischen Himmel und Erde, zwischen dem Land entstehenden Lebens, in das der Mensch nach seinem Tod kommt, und der vom Menschen bewohnten Erde. Es ist übrigens möglich, dass dieser Mythos einer Konfliktlösung den Weg öffnet, bei der sich heute zwei Interpretationsschulen gegenüberstehen. Sind die Orixa die biologischen Vorfahren des Menschen, die in der Folgezeit ihren besonderen Status als *Modifikatoren der Wirklichkeit* erhalten haben und durch Menschen, die sich im Trancezustand befinden, sprechen und handeln? Oder sind sie im Gegenteil am Rande stehende, anthropomorphe Wesen, die seit ihrem Erscheinen im Denkbild die besondere Kraft besitzen, *Menschen zu erschaffen*, und die im Orun ein unvergängliches Leben führen? [1]

Hier der erste dieser Mythen, die den Ursprung der Welt erklären:

Vor langer, langer Zeit war das Universum ein einziges weites Gelände, das durch eine undurchdringbare Grenze zweigeteilt wurde. Eine einzige Tür, von einem einzigen Wächter bewacht, stellte die Verbindung vom Orun (dem Himmel) zum Ayé (der Erde) her. Der Türhüter trug den Namen Olodumare oder

Olorum. [2] Die Orixa erschienen kurz nach der Entstehung der Welt. Sie hatten unterschiedliche Funktionen:

Orisanla knetete die Erdscholle, formte Köpfe und Körper und stellte so die Menschen her. Das Zentrum seiner Tätigkeit lag dort, wo sich heute die Stadt Ifé befindet.

Orunmila oder Ifa gab diesen Menschen die Weisheit der Vergangenheit ein und verlieh ihnen die Gabe, in die Zukunft zu schauen, damit eine vernünftige Ordnung die Welt regiert.

Ogun schlichtete die Konflikte, herrschte über die Gewalt und lenkte die Kriege.

Elegbara, der auch unter dem Namen Exu bekannt war, wachte über die Aufrechterhaltung der Ordnung, ordnete die Opfer an, um begangene Fehler wieder gutzumachen, und bestrafte die Orixa, die ihre Kompetenzen überschritten hatten.

Eines Tages aber löste sich Orun (der Himmel) von dem gemeinsamen Gelände und entfernte sich von dem Ayé. Olodumare (Olorun), der Türhüter, und die Orixa, darunter Exu, gingen mit ihm. Im Orun jedoch, der nun von dem Ayé, der Erde, auf der die Menschen lebten, getrennt war, fuhren die Orixa fort, ihre Funktionen auszuüben, mit denen sie beauftragt worden waren. Olorun (Olodumare) blieb das Oberhaupt der Orixa.

Es gibt noch eine zweite Version dieses Gründungsmythos; er erklärt auf andere Weise die gleiche ursprüngliche Einheit des Universums:

Bevor die Welt bestand, gab es nur Luft und Wasser. Am Anfang aller Zeiten gab es nicht einmal das Wasser, sondern nur die Luft. Olorun war eine unendliche Luftmenge. Eines Tages begann sich diese Masse langsam zu bewegen, zu schwanken und zu atmen, und ein Teil der Luft wurde in Wasser verwandelt. So ward Orisanla geboren. Luft und Wasser fuhren fort, sich zu bewegen. Und eine Art feuchter Erde, die Scholle, erschien. Aus diesem Erdklumpen stieg ein Hügel auf, eine rote Form, einem Felsen vergleichbar. Das war das Erscheinen der Materie. Olorun bewunderte sie. Stark atmend, beugte er sich über sie. So hauchte er dieser Materie seinen Atem ein. Der Hügel begann zu leben. Und das erste Wesen, das zum Leben erwachte, war Exu. [3]

Ein dritter Gründungsmythos gibt dem kollektiven Bewusstsein der Nago-Yoruba-Gemeinschaften der Diaspora im Norden und Nordosten Brasiliens eine Struktur. Er bringt eine Ergänzung zum zweiten Mythos, indem er insbesondere die Geburt der Orixa und die besonderen Tätigkeiten, die sie ausüben, genauer beschreibt, und zwar zuerst in der vereinigten Welt und dann im Lande des Orun. Eindeutiger als der erste ist der zweite Mythos von einer anthropomorphen Auffassung gekennzeichnet:

Olorun (Olodumare) hat einen Sohn namens Oxala. Eines Tages ruft er ihn zu sich. Er übergibt ihm die Elemente der Natur: das Feuer, das Wasser, das Eisen, den Stein, die Sterne, die Krankheiten, das Wort, die Halskette, die es erlaubt, Zukunft und Gegenwart zu erkennen, den Donner, die Pest, die Pocken und den Samen, aus dem die Bäume und Pflanzen hervorgehen.

Oxala gehorcht, er ruft die Orixa herbei und vertraut jedem von ihnen ein Element an. So wurde die Welt geschaffen. Seither *fahren* die Orixa in regelmäßigen Abständen in die Menschen herab, die in ihren Dienst eingeweiht sind. Oxala, der sie zusammengerufen hat, ist der Erste unter ihresgleichen. Auch er offenbart sich in wenigen Augenblicken des Überlebens der Welt den Menschen. Olorun selbst tritt nie in Erscheinung. Ihm ist kein Gegenstand geweiht und kein menschliches Wesen spricht je in Trance seinen Namen aus. Die Menschheit wiederum ist mit einer einzigen und ständigen Aufgabe betraut: Unter den Mitgliedern jeder Generation sind einige in den Dienst der Orixa eingeweiht. Als grundlegende Elemente des Universums offenbaren sich die Orixa in ihnen und sprechen durch ihren Mund. Man könnte sagen: Dank der Eingeweihten erweist sich die Welt als lebendig, oder mit anderen Worten: *Die einzige Funktion des Handelns und der Gegenwart der Menschen besteht darin, das Leben auf der Erde aufrechtzuerhalten.*

Eine Schicksalsgemeinschaft fährt also fort, über die historische Trennung hinaus die zwei Hälften der Universums miteinander zu verknüpfen; Orun und Ayé werden, getrennt und vereint, von einer gleichen globalen Struktur, einer gleichen Hierarchie des Wissens, der Verantwortlichkeiten und der entsprechenden Gewalten gelenkt. Die Spitze der Hierarchie wird, wie wir gesehen haben, von Orun (Olodumare) und seinen direkten Helfern, den Orixa, eingenommen. Die Egun wohnen mit ihnen im Orun. Sie haben den irdischen Weg bereits hinter sich. Diese biologischen Ahnen der Menschen, die gegenwärtig die Erde bevölkern, reproduzieren im Orun die gleichen Grundstrukturen, die den irdischen Klans, Verbindungen und Familien entsprechen. Anders ausgedrückt, sie stellen den Bestand der verwandtschaftlichen und klanhaften Hierarchie sicher.

Auf der anderen Seite des Universums, auf dem Ayé, der Erde, vertreten die *Oba* (in der westlichen Welt oft unzulänglich mit dem Terminus *König* übersetzt) die in der Hierarchie unmittelbar nach den Egun folgenden Gewalten. Allerdings wird die entsprechende Analyse dadurch erschwert, dass sich die Oba nicht geradlinig in die Struktur der Egun einfügen lassen.

Tatsächlich bilden die Oba, die den Ayé verlassen und in den Orun einkehren, also sterben und mit normalem Ritus »zurückgeschickt« werden, einen eigenen Klan, wenn sie einmal im Orun sind: den Klan der Oduduwa. Während ihres Aufenthalts auf Erden genießen die Oba die Unterstützung von zahlreichen Helfern. Diese Hilfskräfte, die Oberhäupter der Dörfer und Ansiedlungen, heißen »Baale«. Die Baale wiederum haben bei der Ausübung ihrer Funktion die »Agba« zur Seite. Diese Bezeichnung trägt eine dreifache soziale und biologische Bedeutung. Ein Agba ist einerseits das Oberhaupt einer bestimmten Familie, andererseits jeder Mann, der älter als fünfzig Jahre ist, oder beides. [4]

Nachdem wir die drei wichtigsten Mythen dargestellt haben, die den Ursprung der Welt, die darauf folgende Teilung in zwei Hälften und die ontologische und existenzielle Schichtung erklären, die den Orun des unvergänglichen Lebens und den Ayé des vorübergehenden Daseins bestimmen,* haben wir, mit Ausnahme von dem Bericht über

---

* In den alten Königreichen wurden die Könige getötet, sobald sie alt oder krank wurden; Oba, der eine privilegierte Form des Lebens auf Erden verkörperte, konnte in der Tat in keinem hinfälligen Körper wohnen. Die heutigen Yoruba-Gesellschaften lassen ihn sowohl auf dem Kontinent wie in der Diaspora eines »natürlichen Todes« sterben.

den Angriff auf den Tod und sein Gefolge auf dem Marktplatz von Ifé, noch nichts über die Ursprünge des Todes gehört.

Die Mythen, die sich auf die Entstehung der Menschen beziehen, erlauben uns, das Wesen und die Funktion des Todes in dem Nago-Yoruba-System zu begreifen. All diese Mythen erwähnen die drei grundlegenden Elemente des Menschen:

Emi ist sein Hauch, sein Atem,

Ese seine Beine und im weiteren Sinne sein ganzer physiologischer Organismus,

Ori schließlich ist »der Kopf«, sein Charakter, sein Temperament.

Emi und Ori erfreuen sich nach ihrer Erschaffung eines ständigen Lebens, das durch nichts verändert werden kann. Wenn ein Mensch stirbt, gliedert sein Ori wieder seinen Ipori im Orun ein. Dieser Vorgang wird weiter unten genauer analysiert. Derselbe Ori kann bei verschiedenen Mitgliedern einer irdischen Familie erscheinen. So tragen die Yoruba der Erblichkeit der Gene Rechnung, der Charakterähnlichkeit bei Großvater und Enkel, Mutter und Sohn, Vater und Tochter oder Onkel und Neffe.*

Der Emi kann überall, in jeder auf die Welt kommenden Person auftreten. Dieses vielfältige Schicksal des Emi eines verstorbenen Menschen ermöglicht es, die gelegentlichen Ähnlichkeiten zu erklären, die empirisch bei Personen festgestellt werden können, die aus unterschiedlichen Klangesellschaften, Familien oder Völkern stammen und fern voneinander leben.

Da gerade von dem Emi die Rede ist, ergreife ich die Gelegenheit, um auf eine Abweichung hinzuweisen, die bei der Funktion des Emi in den zwei zitierten Berichten aus São Luis und Itaparica offenbar wird. Alle Bestattungszeremonien des Axexe, denen wir an den drei Orten beigewohnt haben, erstreckten sich über einen Zeitraum von sieben Tagen.

---

* Das Nago-Yoruba-System macht keinen Unterschied zwischen den biologischen Eigenschaften und den sozial bedingten Charakteristika. Die Diskussion um diese doppelte genetische Problematik ist offenbar nur auf das abendländische Denken beschränkt.

Pierre Verger teilt jedoch mit, dass der erste Teil des Axexe in dem ursprünglichen Yoruba-System, wie es in den Gesellschaften des westlichen Nigeria Ausdruck findet, eine Periode von neun Tagen umfasst. Erst nach neun Tagen, nachdem der leblose Körper beerdigt (oder im Wald verscharrt) worden ist, verlässt der Emi diese sterbliche Hülle. Dann beginnt sein neues Geschick, während sich sein Körper in Sand verwandelt und aus dem System verschwindet. Wahrscheinliche Schlussfolgerung: Die afrikanischen Gesellschaften der Diaspora, in denen ich mich aufgehalten habe und deren thanatisches Denken ich zumindest teilweise dargelegt habe, sind einem Kultureinfluss des portugiesischen Kolonialkatholizismus erlegen. Die Messe am siebenten Tag, die es in allen drei Darstellungen gibt, hätte also die Periode von neun Tagen des Emi in sich aufgenommen, der mit seinem leblosen Körper auf dem Friedhof oder im Wald liegt. [5]

Alle Nago-Mythen werden durch die *Odun* überliefert, eine Art von empirischen Berichten, die von einem Ereignis ausgehen, das im Allgemeinen in der Frühgeschichte erlebt worden ist, bevor Himmel und Erde voneinander getrennt waren, und die eine normative Lehre von universellem Wert vermitteln.

Hier einige Auszüge aus einem *Odun*, in dem die Entstehung von Emi, Ese und Ori beschrieben wird. [6]

I
Als er ging, Emi zu gewinnen,
Produkt der Frau Olodumares
Emi, Frucht von Olodumare
Abkomme von denen, die auf schwachem Mast ruhen
Und deren bloßer Kopf dem Regen ausgesetzt ist,
Musste Orunmila das Opfer vollziehen.
Er vollzog es.
Man hatte ihm gesagt, dem Esu zu opfern.
Er tat es.
Sein Opfer wurde von den Göttern sofort angenommen.
Er sagte: »Ich habe nur vollbracht, dass, wenn Emi nicht scheitert
Hoffnung besteht, Frauen zu haben
Wenn Emi nicht scheitert

Besteht Hoffnung, Kinder zu haben
Das ist richtig.
Wenn Emi nicht scheitert
Besteht Hoffnung, alle guten Dinge des Lebens zu haben
Das ist richtig.
Es besteht Hoffnung, alle guten Dinge des Lebens zu haben. [7]

II
Ja, ich grüße dich
Dich, der du dich immer deines Volkes erinnerst
Dich, der du einen Menschen vor jedem Orixa segnest
Kein Orixa segnet einen Menschen
Ohne die Zustimmung seines Ori.
Ori, ich grüße dich
Dich, der es den Kindern ermöglicht, lebend geboren zu werden
Der, dessen Opfer von Ori angenommen wird, sollte sich sehr
freuen.
Nun werde ich wegen allem, wonach mich verlangt, zu meinem
Ori gehn
Ich werde mich an meinen Ori wenden
Der Ori eines Menschen ist sein Vertrauter
Mein Ori hat mich gerettet
Du bist mein Vertrauter, mein Freund. [8]

Die Hände eines Kindes reichen nicht an das hohe Regal
Die Hände eines Erwachsenen können nicht in den Mund eines
Gottes dringen. [9]

Die Weissagung Ifas ging für den Kampf in Erfüllung, der vom
Himmel auf die Erde kam
Wir tun nichts anderes als kämpfen
Alle
Wir tun nichts anderes als kämpfen
Es sind nicht viele, die ein gutes Schicksal gewählt haben
Wir tun nichts anderes als kämpfen
Alle
Wir tun nichts anderes als kämpfen.

... der Priester des Ifa
Erfüllte eine Weissagung für Ese
Alle Ori versammelten sich, um sich zu beraten
Aber sie luden Ese nicht ein
Ese sagte: »Ihr ladet Ese nicht ein
Ihr werdet schon sehen, ob ihr Erfolg haben werdet.« [10]

Das Problem des Übels

Das Übel, das Unglück, das die Menschen erleiden, hat in der Nago-Gesellschaft im Wesentlichen drei Dimensionen: Olodumare *(Olorun)* besitzt den Atem des Lebens. Er erschafft nichts, er kann nur übertragen. Orisana knetet die Scholle und formt die menschlichen Körper, wie wir im ersten Mythos gesehen haben, der das Universum vor der Trennung schildert. Diese leblosen Figuren gibt er an Olodumare weiter. Der bläst ihnen *Emi* ein, den Atem, den Lebenshauch.

An diesem Punkt beginnt die Erschaffung des Menschen kompliziert zu werden. Das menschliche Wesen existiert autonom, sobald es über einen beseelten Körper *(Ese)* verfügt, in dem ein Atem wohnt *(Emi)*. Um jedoch den lebendigen Menschen auf Erden an die Seite treten zu können, braucht das neu geschaffene Wesen eine Persönlichkeit, einen Charakter, eine Identität, eine Individualität. An dieser Stelle führt das Yoruba-System eine doppeldeutige und faszinierende Gestalt ein: Ajala. Ajala ist der Töpfer Oruns, aber ein ungeschickter, vergesslicher Töpfer, der sich für die delikate Aufgabe, die ihm anvertraut ist, nicht eignet. Er ist mit der Herstellung der *Ori* (der Köpfe) beauftragt. Er reiht sie in einem Depot auf. Die neu geschaffenen Menschen kommen also und suchen sich einen unvollkommenen Ori für ihre Reise auf die Erde aus, etwa so, wie man sich einen Fallschirm aussucht, wenn man sich in einem defekten Flugzeug auf eine gefährliche Reise in ein unsicheres Gebiet begibt. Der Mythos besagt: Ajala arbeitet schlecht. In seiner Werkstatt gibt es nur wenige solide, gut konstruierte Ori, denn der Töpfer ist nicht sehr sorgfältig. Er arbeitet auf unverantwortliche Weise. Einige Köpfe sind vergessen oder nicht gebrannt worden, andere sind verbrannt, wieder andere sind schlecht geformt. Der Mensch, der für das irdische Dasein bestimmt ist, bricht also mit einem ernsthaften Handicap auf; er muss tatsächlich viel Glück haben, um in der Töpferei des Orun auf einen geeigneten Kopf zu stoßen.

Dieser Teil des Mythos kommt der Interpretation durch die Menschen, dem erlebten Leben, wunderbar entgegen. Wie viel Köpfe, wie viel Charaktere sind in der Tat schlecht gemacht! Wie viele Menschen unterhalten mit ihresgleichen verabscheuungswürdige Beziehungen! Wie oft haben einige Leute Schwierigkeiten, mit ihrer eigenen Persönlichkeit zu leben!

Die Neigung zum Determinismus, die Versuchung, ein vorherbestimmtes Schicksal für die täglichen erfahrenen Übel verantwortlich zu machen, wird seither nahezu unwiderstehlich. Die Yoruba sind dem nicht entgangen. Vom Mythos wird dafür der Schrecken bemüht. Das Denken der Yoruba erklärt ihn mit dem Bericht von dem Töpfer Ajala und den zahlreichen unvollkommenen Ori, die er täglich herstellt.

Wie andere menschliche Gesellschaften sehen auch die afrikanischen, wie missgebildete Kinder bei ihnen geboren werden: die Geistesgeschädigten, die von Geburt an Behinderten, die Tauben, die Stummen, die Blinden und die für Afrika kennzeichnenden Albinos.

In den europäischen Gesellschaften verbirgt und isoliert man die unter Missbildungen leidenden Personen. *Die afrikanische Gesellschaft dagegen umgibt sie von ihrer Geburt an mit einer unvergleichlichen Erhabenheit.* Ihre Gebrechen werden zu ihren Ruhmestiteln. Von Geburt an werden diese »anormalen« Kinder einem gewichtigen Würdenträger anvertraut, dem Aborisa. Dieser Mann steht ausschließlich im Dienst des Orisanla, des Ersten der Orixa, und verehrt sein Wort. Die »anormalen« Kinder gehören von Anfang an zu dem Kral des Aborisa. Sie wohnen dort zuerst mit ihrer Mutter, dann allein, in Gruppen, die von verehrten Frauen bedient werden. Ihr Leben lang genießen sie den außerordentlichen Respekt, dessen sich ihr neuer Vater erfreut, der Aborisa.

Es gibt eine dritte Dimension des Übels, der gegenüber selbst die scharfsinnigsten Menschen völlig wehrlos sind. Was soll man vom

Krebs sagen, vom brutalen und einsamen Tod, von der Lähmung oder vom Verlust eines geliebten Wesens, kurz, von all diesen Unglücken, die keinen menschlichen, aber auch keinen übernatürlichen Zusammenhang erkennen lassen? Das menschliche Bewusstsein trägt die notwendigen Hilfsmittel nicht in sich, um solche Prüfungen ertragen zu können. Das Denken der Yoruba reagiert dementsprechend. Es verweist diese Übel aus dem sozialen Bereich, in dem sie auftreten. Dem trägt ein Kollektivbegriff Rechnung, das Wort *Ajogun*. Es bezeichnet die Gesamtheit all dieser Übel. Zum Beispiel: *iku* = einsamer Tod; *ofo* = Verlust eines geliebten Wesens oder eines eigenen Körperteils; *egba* = Lähmung; *ewon* = Freiheitsberaubung, totale Unterwerfung unter einen fremden Willen; *arun* = Krankheit; *ese* (mit einem Akzent auf der ersten Silbe, um es von *ese* = Körper zu unterscheiden) = unerträglicher Schmerz. [11]

All diese Übel werden aus diesem Denken verbannt. Es erklärt weder ihre Entstehung noch ihr Ende. Indem diese Übel begrifflich ausgeschlossen werden*, schließen die Yoruba sozial auch die aus, die mit ihnen zu tun haben. Die für das unbegreifliche Übel zuständig sind, werden *Ajé* oder *Iyami* genannt. In Analogie zu einem bestimmten abendländischen Denken würde ich sie Hexen nennen. [12]

Hier ihre andeutungsweise Definition: Die Ajés stammen von dem Ayé, also nur von der Erde. Da sie nie von den Orixa im Orun geschaffen worden sind, verfügen sie über keinen Ipori, keinen unvergänglichen Kopf im Orun. Und weil sie nicht von dem Atem Oloruns und den Händen Orisanlas geboren wurden, können sie nicht sterben und auch nicht in den Orun zurückkehren. Der schlimmste Fluch, der auf ihnen lastet, ist der, bis in alle Ewigkeit auf dieser Erde bleiben zu müssen. Von jeder Gesellschaft, jeder Familie, jedem Klan, Dorf, Land oder Volk völlig ausgeschlossen, werden sie, wo sie auftauchen, getötet. In dem Kapitel über den Candomblé Eguns haben wir gesehen, dass eine spezifische Funktion der Egun darin besteht, diese Hexen zu töten.

---

* Genauer gesagt: Sie schließen sie aus ihrem kosmogonischen System aus, also aus ihrer homogenen Kausalwelt.

Determiniertheit des menschlichen Schicksals, Verbannung des Leidens in den außersozialen Bereich der Zauberei, überschwängliche Verherrlichung »anormaler« Kinder – all diese widersprüchlichen und nebeneinander stehenden Begriffe erfassen das Yoruba-System jedoch nicht ganz. Die Freiheit des Menschen, diese bewegliche und unbeständige Zone von halben Maßnahmen und dämmerndem Licht, berührt auch ein Eckchen im Denken der Nago. Die teilweise Wahrnehmung einer Freiheit, die es nie uneingeschränkt geben wird, deren Nichtvorhandensein aber ebenso wenig bestätigt wird, spielt in diese Denkweise hinein. Ihr Ausstrahlungszentrum ist der Ori. Der Ipori, der unvergängliche Kopf des Lebens, der individuelle und dennoch vollkommene Kopf, der im Orun ruht, und der Ori, das menschliche, unvollkommene, oft eindeutig fehlerhafte Gesicht, das sich der lebende Mensch nach seiner Erschaffung bei dem Töpfer Ajala holt, sind Teil eines anderen Symbolsystems, von dem wir noch nicht gesprochen haben.

Neben den aufeinander folgenden und manchmal widersprüchlichen Bedeutungen, die den Begriff Ori belasten, trägt er noch eine dritte semantische Bürde. Der Ori erfreut sich ebenfalls, und zwar individuell, der Majestät der Orixa. Jeder Ori ist für den Menschen, der auf Erden seine Maske trägt, ein persönlicher Orixa. Das ist ein Unterschied im Bereich der Kompetenz, nicht des Status: Die gewöhnlichen Orixa erfüllen ihre Funktionen, die sie ausüben, ausschließlich im Dienst der Kollektivität. *Yemanja* = Orixa der brasilianischen Meere, *Ogun* = Orixa des Eisens und der Gewalt, *Shango* = Orixa des Blitzes halten durch ihre Anwesenheit im Körper der eingeweihten Menschen, durch die Trance, die Ordnung der Natur und des »allgemeinen« Lebens unter den Menschen aufrecht. Der Ori einer Person dagegen antwortet lediglich auf die Anrufung des Menschen, der seine Maske trägt. Der Nago opfert seinem Ori, stellt ihn gewaltsam zur Rede, bedrängt ihn mit Gebeten, bittet ihn, überhäuft ihn mit seinen Wünschen, unterhält sich mit ihm. Ein freier Wille taucht da plötzlich auf, eine unveräußerliche Einzigkeit ist geboren. Wie ein »Günstling des Wunsches«, um den Ausdruck von Jean Duvignaud zu gebrauchen, stellt der freie Mensch das Universum infrage. Der Ori setzt der Zufälligkeit seine Grenze.

Er markiert einen der beiden Eckbegriffe einer das ganze

menschliche Leben bestimmenden Dialektik: mein Ori und ich, die Undurchsichtigkeit der Dinge und meine Vernunft, die Zufälligkeit der Ereignisse und mein freier Wille, der Wunsch, den ich äußere und dessen Form gerade mein Ori ist, das entspricht meiner doppelten Person, die einerseits im Zufälligen verfangen ist und die andererseits zurückweisen oder annehmen kann, was auf sie zukommt; die ein Schicksal in einer gegebenen Situation wählt und lebt und die sich dieser Wahl widersetzt und sich der blinden Rationalität des Systems unterwirft. Der Ori hat eine objektale Form: ein mit Leder bedeckter Kegel, auf den vielfarbige »cauris« gestickt sind. Mit diesem Zeichen der Persönlichkeit, die er sein möchte, spricht der Nago. Der Begriff des »Alter Ego« ist hier unkorrekt, da dieses andere Ich, dieser objektale Ori, dieser mit dem unvergänglichen Leben begabte Orixa, der nur für mich da ist, nicht ich ist, sondern wie wir gesagt haben, der, der ich sein möchte. [13]

II Die Struktur der Person

Mehrere Ebenen der Analyse sind gleichzeitig zu betrachten. Wir stehen hier tatsächlich vor einer doppelten Empirie. Jedes grundlegende Element der Nago-Welt lebt in der allgemeinen Sphäre des nicht individualisierten Lebens, aber es ist auch ein Teil der komplexen Existenz einer Person.

Bei der aufmerksamen Lektüre des Nago-Systems liegen die Dinge jedoch noch komplizierter: Der nicht individualisierte Raum, den das System abwechselnd mit den Begriffen »allgemeine Lebenssphäre« oder »höhere Welt« bezeichnet, [14] ist ein bewohnter Raum. Nach einigen Vorstellungen wird dieser Lebensraum mit dem »Land des Lebens« verwechselt, das in der Terminologie der Afrikaner in der Diaspora von Maragnan synonym ist mit dem Land in Afrika. Nach der physiologischen Katastrophe kommen die konkreten Personen in den Ilu Orun. Einige von ihnen kehren unter dem Gewand eines Egun zu den Lebenden zurück. Der Ilu Orun, eine Art belebter Ewigkeit, ist auch der Wohnort einiger individualisierter Formen des ewigen Lebens. Diese »Formen« sind die Orixa. Jeder dieser Orixa besitzt auf unserem Planeten eine Reihe unterschiedlicher, geographisch voneinander getrennter Existenzen. Der Orixa verkörpert sich zunächst in der Trance jedes seiner *cavalhos*, der Frauen und Männer, die ihm geweiht sind. Diese Besessenheiten treten anlässlich der kultischen Zyklen in den verschiedensten Candomblés der Diaspora oder in den Kultgemeinschaften Afrikas auf. Es ist eine ritualisierte, also sozialisierte und angeordnete Besessenheit, wenn der Besessene ein Eingeweihter ist, sie ist wild und ansteckend, wenn ein Nichteingeweihter in der breiten Masse, die an den öffentlichen Festen teilnimmt, plötzlich von einem Orixa gepackt wird.

Diese »wilden Besessenen« werden übrigens schnell überwältigt, denn entweder werden sie von den Kultdienern verjagt oder zum Mittelpunkt der Runde geführt. Auf eine bestimmte Geste der Yawalorixa ändern die Trommeln ihren Rhythmus. Die wilden Besessenen erhalten die äußeren Attribute »ihres« Orixa und damit gehören sie für eine Nacht zum auserwählten Volk der Eingeweihten. Aber die Orixa sind auch in den *pégis* (den Altären) gegenwärtig, die aus streng individualisierten Dingen bestehen und im geheimsten Raum jedes großen Terreiro aufbewahrt werden. Bastide übersetzt *pégi* mit Heiligtum des Candomblé. [15] Das ist richtig. Der *pégi* ist zunächst ein reservierter Ort, ein von einem strikten Geheimnis gehüteter Raum, den niemand außer den Eingeweihten höheren Grades betreten darf. Eine der größten Gunstbezeugungen, die eine Yawalorixa einem fremden Besucher erweisen kann, ist die, ihn an die Schwelle dieses Zimmers zu führen, ihn niederknien zu lassen und ihm zu gestatten, einen flüchtigen Blick auf den *pégi* zu werfen. In dem *pégi* hat jeder Orixa des Hauses seinen *assento**, die Gesamtheit der Gegenstände, die seine Anwesenheit bezeugen, ja, ihn verkörpern, ihn objektivieren. Diese Gegenstände werden im Allgemeinen in einem Gefäß aus Holz oder gebranntem Ton aufgehoben. In jedem *assento* gibt es einen *Ota*, einen Stein, der den Orixa enthält. Jeder Orixa besitzt seinen *Ota*, einen Stein aus Laterit, Granit oder Kalk, der rund, eckig, dick, scharf oder poliert sein kann. Er ist entweder schwarz, grau, rot oder bunt. Dieser

---

* Wörtlich bedeutet das: Der Orixa »sitzt« in dem »pégi«.

Stein des Orixa, das kostbarste Stück des *pégi*, darf nicht mit dem *efun* verwechselt werden. Jeder Orixa verfügt in der Tat neben seinem Ota über seinen *efun*, der sich manchmal in dem *pégi* befindet. Der *efun* ist das »behandelnde« Material des Orixa. Es besteht zum Beispiel aus einem weißen Puder unbekannter Zusammensetzung, der im Allgemeinen in einem Topf aufbewahrt wird. Mit diesem Puder werden dann die Heilmittel hergestellt, die der Orixa verordnet hat. Und dieser Puder wird am Ende einer langen Weissagung verwendet, um den Willen des Orixa in die Tat umzusetzen. Der Puder schützt, er tötet, er ist die Geheimkraft der Orixa; die Menschen gebrauchen ihn, um ihre persönlichen Ziele zu erreichen, die durch die vorherige Befragung der *cauris* sanktioniert sind.

Fassen wir das vorläufig zusammen: Das Nago-System schreibt jeder Person ein einmaliges, aber aufgeteiltes Leben zu. [16] Ihr irdisches Dasein geht aus einer Individuation dieser unvergänglichen und unendlichen Lebensmaterie Oruns hervor, aus der Fülle endlosen Seins. Dabei ist wichtig zu sehen, *dass der Mensch, wenn seine Individuation einmal vollzogen ist, nie wieder ins Nichts zurückfällt.* Als Lebender wird er von seinem Orixa beseelt. Als Toter kehrt er in Gestalt eines Egun in den Orun zurück. Auf beiden Seiten behält er seine eigene Identität, dieselbe Persönlichkeitsstruktur und dieselben verwandtschaftlichen Bindungen. Kurz, *wenn die menschliche Person einmal geboren ist, bleibt sie unzerstörbar.*

Der Widerspruch jedoch bleibt bestehen, da der mit Leben angefüllte Raum, die höhere unvergängliche Welt, der Olorun, selbst geteilt ist. Einige Teile des menschlichen Körpers empfangen ihr Leben von bestimmten Grundelementen der oberen Welt. Die Orixa, die wichtigsten konstituierenden Elemente des sichtbaren und unsichtbaren Universums, der Erdenwelt und der Welt des unvergänglichen Lebens, führen selbst im Orun ein intelligibles, anthropomorphes und individualisiertes Dasein. Von da aus schalten sie sich dauernd mithilfe der Trance ihrer Eingeweihten in die politischen, wirtschaftlichen, familiären und medizinischen Angelegenheiten der irdischen Menschen ein. Und schließlich sind die gleichen Menschen von Gegenständen umgeben, die jeder einen materialisierten Teil (Ota des Orixa, Efun usw.), ein determiniertes und individualisiertes Stück dieses unerschöpflichen Lebens enthalten, dass das Universum umspannt, durchdringt und überspült.

Nun geht es darum, auf der Ebene des individuellen Lebens das Geflecht zu untersuchen, das die Beziehungen zwischen dem Land des unvergänglichen Lebens und der Erde, auf der die Menschen sterben, steuert. *Orun* ist die obere Welt, das Land des ständigen und endlosen Lebens. *Ori* bezeichnet den Kopf einer Person, der im Nago-System als Steuerungszentrum und der Ort der Herausarbeitung der persönlichen Identität angesehen wird. Einige Quellen sind da noch genauer: Es ist der *Ori-inu*, wörtlich »das Innere des Kopfes«, das diese Funktionen lenkt. [17]

Jeder irdische Kopf hat eine Nachahmung, ein Double im Orun. Es gibt viele Berichte, die über das Material informieren, aus dem diese Nachahmung in der anderen Welt gemacht ist. Es wird sogar mit einem besonderen Ausdruck auf diesen mythischen Lehm gedeutet, aus dem der ewige Kopf, der im Orun ruht, hervorgeht. Dieser »andere« Kopf heißt Ipori. Einer der beiden Köpfe ist ewig, der andere ist dem Zahn der Zeit, den Leidenschaften, dem Tod ausgesetzt. Sie bestimmen das Verhalten des Menschen während seines irdischen Daseins. Seine genormten Verhaltensweisen entfalten sich auf drei Existenzebenen gleichzeitig:

Der Ipori einer irdischen Person bedingt zunächst ein bestimmtes Abstammungsverhältnis zu einem gegebenen Orixa. Daraus erwachsen die ganzen Pflichten, Rechte, Verbote und Neigungen. Ich habe an anderer Stelle diese vielfältigen und subtilen Verflechtungen unveränderlicher Normen und zufälliger Beziehungen analysiert, aus denen das Gewebe des politischen und sozialen Lebens eines Candomblé sich zusammensetzt. [18]

Daneben bewirkt der Ipori eine Menge sexueller, nahrungsbezogener und politischer Verbote. Tatsache ist, dass nur einige privilegierte Individuen, vor allem Frauen und kleine Kinder (was die Gesellschaften der Nago-Diaspora von Maragnan, Bahia, der Staaten von Guanabarra und in Rio de Janeiro jedenfalls anbelangt), zu dem ausgewählten Volk der Besessenen gehören. Die überwiegende Mehrheit der Männer, Frauen und Kinder der Gruppe müssen sich dagegen mit der geringeren Rolle als Diener zufrieden geben. Häufiger noch sind sie einfache Zuschauer ohne genaue soziale Rolle während der großen öffentlichen Feste, wenn die Orixa zu den Menschen herabsteigen. Doch nach einer ersten Hypothese ist die Teilung der Gruppe in »Auserwählte« und »Profane« rein fiktiver Art oder bezeichnet lediglich unterschiedliche Stadien ein und desselben Kollektivbewusstseins. Wenn eine Vielzahl von ihnen noch nicht eingeweiht ist und nicht über die kognitive Erfahrung der Trance verfügt, dann hat sie noch keine Kenntnis von den ihr zugehörigen Orixa. Denn jeder Mensch auf Erden ist der Sohn eines Orixa, der ihn beobachtet, beschützt, lenkt und erwartet. Allein die Achtlosigkeit, der Mangel an Bewusstsein und der Übereifer bei der Suche nach einem eigenen Schicksal hindern also den Menschen daran, sichtbare und bewusste Bande zu seinem Orixa zu knüpfen. Eine während meiner Aufenthalte in den verschiedenen Candomblés der Diaspora gemachte Beobachtung scheint diese erste Version zu bestätigen. Im Allgemeinen erscheint der Orixa dem Menschen zum ersten Mal anlässlich einer schweren persönlichen Krise, einer Krankheit, die weder mit europäischer noch mit afrikanischer Arznei geheilt werden kann, eines lebensgefährlichen Unfalls oder eines klinischen Wahnsinns. Der Mensch lernt also die Natur seines Ipori nicht langsam und gleichsam wie ein Schüler kennen, sondern eine Erkenntnis bricht über ihn herein, die schlagartige Offenbarung der eigenen Identität, die in dieser Form dem Kopf eingeprägt ist, der im Himmel ruht. [19]

Die dritte Ebene, auf der sich das genormte Verhalten des Afrikaners entfaltet, der seinem Ipori unterworfen ist, ist Folgende:

Jeder Ipori besitzt tatsächlich eine autonome Existenz auf Erden.

Der im Orun ruhende Ipori hat nicht nur sein entsprechendes menschliches Gesicht auf Erden, sondern darüber hinaus verfügt er, wie wir in Maragnan gesehen haben, über eine ihm eigene Materialität, über einen Gegenstand, der ihn enthält. Das ist der Bara-Orun, ein kürbisförmiges Gefäß, das im Terreiro aufbewahrt wird und die Materialien birgt, aus denen im Himmel der Ipori eine Person gemacht ist.

Diese objektive Qualität des Ipori ist der Anlass zu einem neuen Ritual. In der Tat gibt es neben den vielfältigen Riten des Candomblé und den sozialen Verpflichtungen und Verboten, die das tägliche Leben der Afrikaner strukturieren, ein Netz von privaten Beziehungen, die der Mensch mit dem Gegenstand unterhält, der auf Erden seinen Ipori verkörpert. Dieses Objekt erhält Angebote, bestimmt den Lebensrhythmus einer Person und wird zum Gegenstand der Hilfe und des Glaubens oder, anders ausgedrückt, zum intimen und gesuchten Gesprächspartner, der die geheimsten Ängste und die verborgene Verzweiflung des Menschen aufdeckt.*

Bei dem Babalão Ifatoogun d'Ilobu (Nigeria) haben Juana und Deoscoredes Dos Santos einen Odun Ifa von großer Schönheit gefunden, der mit wenigen Worten die außerordentliche Komplexität, aber auch den semantischen Reichtum des Begriffs Ipori zum Ausdruck bringt:

Der Ipori ist das, was Oke Ipori genannt werden muss
Oke Ipori ist der ursprüngliche Geist, der von allen menschlichen Wesen verehrt wird
Er ist wie der Ort, an dem alle Flüsse entspringen
Wir nennen ihn Ipori Odo, die Quelle des Flusses.
Er ist die Quelle des Flusses und von dort aus wird er zum breiten und mächtigen Strom.
Auch für die menschlichen Wesen
Ist er der Ort, an dem der Orixa ein Stück Materie nimmt, um den Menschen zu schaffen
Dieser Ort wird von den Menschen Ipori genannt.

Und etwas weiter:
Ori erschafft jeden von uns
Niemand kann Ori erschaffen
Orixa kann jeden, der auf Erden lebt, verändern
Niemand kann Orixa verändern.
Die Materie, aus der sie einen individuellen Ori herstellen, deutet darauf hin, welche Werke ihnen angenehm sind, und machen den Menschen mächtig
Und alles, was vorgeschrieben ist, und alles, was verboten ist für den Menschen, hängt von der Art ab, wie sein Ori beschaffen ist.

* Die Zeremonien selbst sind weithin bekannt. Sie werden *Bo-Ori* genannt (*Bo* = Verehrung, *Ori* = Kopf).

Die Materie, die sie verwenden, um einen Ori herzustellen, trägt Zeichen, sie ist nicht nur ein Material.

Wenn die lebende Person keine Lösungen findet, wendet sie sich an Ifa, Ifa antwortet ihr und unterrichtet sie über das Material, aus dem ihr Ori gemacht ist…

Der Ort, an dem sie ein Stück der Materie nehmen, um den Kopf eines Menschen zu formen, ist der Ipori. Und so wird der Ipori einer Person geboren. [20]

Doch die Dinge liegen noch komplizierter:

Das Material, aus dem die Menschenköpfe geformt werden, ist nie gänzlich verbraucht. *Es ist ein Teil des Orun, der unvergänglichen und beständigen Substanz, aus dem alles Leben gemacht ist. Sie ist nur eine Spezifikation, eine der sehr zahlreichen und wahrscheinlich unerschöpflichen Ausdrucksformen.* Der Orixa greift hinein, er formt den Ipori, eine Art Tonkopf, der als Muster für das irdische Gesicht dient. Der Ipori bleibt im Himmel.

Der Schöpfungsakt ist eine Tätigkeit, die der Orixa durch Delegierung vollbringt. Olorun, die einzige Inkarnation des Orun, ist allein im Besitz dieser ungeheuren und wohltätigen Macht. Der Erste der Orixa, Oxala, ist von Olorun beauftragt worden, diese Allmacht aufzuteilen und jedem der Orixa ein Stück davon zu übertragen. Hier stößt der sonst sehr klare Gründungsmythos auf einen Widerspruch, da die Orixa selbst aus der von Oxala vorgenommenen Aufteilung der Allmacht Oloruns hervorgehen. Die Orixa sind also gleichzeitig Objekt und Subjekt dieser Macht. Erst nachträglich werden sie selbst auf die Rangstufe von Lebensschöpfern erhoben und machen sich an den Herstellungsprozess von Menschen, Gesichtern, Charakteren und Schicksalen, die Verrat und Leidenschaften, Liebe und Hass hervorrufen.

Wie verfahren sie dabei? Wieder ein Widerspruch im Nago-System. Sie formen zuerst einen Ipori, einen Tonkopf, der im Himmel bleibt und als Modell für den irdischen Kopf dient. Man muss jedoch bedenken, dass der Ipori das Schicksal der Persönlichkeit enthält, das heißt die Gesamtheit der vom Menschen noch nicht konkretisierten Entscheidungen. Mit anderen Worten: Der Ipori ist das Wesen des Menschen. Die physiologische Geburt, der Eintritt in ein soziales Milieu, in eine Epoche der Geschichte und das Erscheinen an einem bestimmten Ort des sichtbaren Raums sind kaum mehr als zweitrangige Ereignisse. Mehrere Indizien untermauern diese Interpretation:

In Maragnan, auf der Insel São Luis, im Herzen der Diaspora des ehemaligen Staates von Grand-Para wie auf dem Festland in Timon und Alcantara etwa wird die Geburt als *saida* (Ausgang) bezeichnet. Das Kind wird nicht geboren, wird nicht groß, entwickelt sich nicht. Es tritt in die Welt hinaus. Der Schöpfungsakt wird also eindeutig in die Zeit vor der physiologischen Geburt verlegt. Ein »fertiges« Wesen fügt sich in einem bestimmten Augenblick in die Geschichte der Menschheit. Die Parallelität zur Einweihung in die Trance ist auffallend: Wenn die neu Eingeweihten nach neun Monaten Vorbereitungszeit zum ersten Mal der Gemeinschaft des Candomblé vorgestellt werden, sagt die Yawalorixa: »Heute Abend treten die neuen ›Söhne‹ (oder ›Töchter‹) der Orixa heraus.« Sie sagt auch: »Ein *barco* von Eingeweihten kommt an, die Neugeborenen treten in die Welt hinaus.«

Ein weiteres Indiz: Da niemand weiß, woraus der Ipori besteht[*] und wie die Orixa arbeiten, wäre es vermessen oder gar gefährlich, zu behaupten, das menschliche Gesicht sei die getreue Kopie des Kopfes aus Lehm, des Ipori, der im Himmel ruht.

Mit der intellektuellen Feinsinnigkeit, die für die Nago charakteristisch ist, vermischt man die Überzeugung mit dem Schweigen vor dem Mysterium und sagt, der Ipori stellt nicht den Ori, den Kopf des Menschen dar, sondern den Ori-ini, das Innere des Kopfes, das niemand sehen kann.

Das letzte Indiz für die Auffassung der Nago, dass der Ipori das gesamte Leben, die Leidenschaften, die Fehler, den Geist und das Geschick des Menschen enthält: Der auf Erden sterbende Mensch kehrt zu seinem Ipori zurück. Sein eigenes Antlitz erwartet ihn im Himmel. Das irdische Leben wird also nur rückblickend wie eine Doppelführung betrachtet. *Jeder Mensch besitzt seine eigene Ewigkeit bereits vor seiner Geburt.* Der Hohe Priester Iftoogun aus Ilobu in Nigeria spricht daher von dem Egun-Ipori, dem Ipori des Ver-

[*] Mit Ausnahme der im *Bara-Orun* enthaltenen Elemente.

storbenen, von dem nun unzerstörbaren Gesicht dessen, der seinen Weg auf Erden zurückgelegt hat. [21]

Zu sagen, die logische Homogenität des Symbolsystems der Nago führte zu einer deterministischen Organisation des Lebens und zu einer unerträglichen Strenge in der Haltung, wäre sicher ein großer Irrtum. Wie wir gesehen haben, werden hier ungeheure Anstrengungen unternommen, um den Tod zu überwinden, ihn zu zähmen, ihn zu beherrschen, ihn insgesamt seiner zerstörerischen Allmacht zu entkleiden. Gleich dem Horizont eines nördlichen Morgenrots, das in seiner erschreckenden Klarheit die Konturen der fernsten Landschaften deutlich hervortreten lässt, ist der Tod dem Yoruba vertraut und bekannt. Auf der anderen Seite beherrscht eine fast totale Unsicherheit die Existenz auf Erden. Der Mensch weiß sich dem Orun unterworfen, aber er ignoriert die vielfältigen Launen, die auf ihn lauern. Seine Freiheit in diesem Sinne ist grenzenlos. Und sie ist auch erschreckend. Als Gegenstand der Hilfe und des Glaubens übernimmt deshalb der materialisierte Ipori gewichtige soziale und psychotherapeutische Funktionen.

Ich zeige nur ein paar Beispiele: Bei einer Geburt, einem Ereignis, das sich der besonderen Aufmerksamkeit und der Kontrolle der Priester erfreut, wird der sich lösende Mutterkuchen sofort genommen und an einem eigens vorbereiteten Ort begraben. In schwierigen Zeiten der Kindheit oder der Jugend, bei der Initiation zum Beispiel, erfährt er bestimmte Ehrungen. Dieser beerdigte Mutterkuchen ist also ständig gegenwärtig. Von dem Augenblick der Trennung von der Mutter an erhält er den Namen des Ipori. [22]

Ein anderes Beispiel: Die Lebenssubstanz, aus der die Orixa den Ton gewinnen, um den Kopf des Menschen zu formen, gibt es auch auf der Erde. Als unvergängliches Doppel ist die im Himmel verbleibende Maske die eines künftigen menschlichen Wesens. Gegenstände, deren materielle Zusammensetzung und räumliche Gestaltung durch ein Geheimnis geschützt werden, das nur wenige Priester kennen, verkörpern diese Substanz für den Menschen. Jede Person hat ihr Geheimgefäß, das voller Dinge ist, die – im etymologischen Sinne – sein unvergängliches Antlitz *bezeichnen*, seinen im

Himmel ruhenden Ipori. Der Inhalt des Gefäßes auf Erden nennt sich Bara-Orun.

Die Sprache der Diaspora liefert uns einige nützliche Hinweise: Dieser Behälter und sein Inhalt sind der *assento* einer Person. Darin »sitzen« die Grundelemente der Person, mehr noch, der Person in ihrer Situation, also in ihrem konkreten Schicksal auf Erden. Eine Art Leitstern beleuchtet so jedes einzelne Leben. Die unsichere Existenz des Menschen, seine Verrücktheiten und seine Leidenschaften, seine Kriege, sein Hass und seine Verletzungen können seine Persönlichkeit bis zur Unkenntlichkeit dessen zerstören, was von dem schöpferischen Orixa ursprünglich beabsichtigt war. Aber im Innern des Kulthauses, an dem geheimsten Ort, besteht seine erstarrte Materialität, die unwandelbare und dennoch sichtbare Gestalt der verwundeten, oft vom Leben zerstörten Person.

Um genau zu sein, müsste man sagen, dass der Bara-Orun das Spiegelbild des *Bara-Ayie* ist. Mit diesem Begriff bezeichnet man die im Leben angesiedelte, sozialisierte Person. Die Grundelemente der Persönlichkeit, wie sie in dem Schöpfungsakt des Orixa ausgewählt werden und wie sie formal in dem Ipori im Himmel zugegen sind, finden sich zuerst im Körper des lebenden Menschen wieder. Es sind seine Charakterzüge, seine Gefühlskräfte, sein Blick, seine Art, sich zu bewegen, sein Geschmack und seine Heftigkeit. Aber wie der Dorian Gray von Oscar Wilde wird der lebende Mensch immer und überall von dem Spiegel seiner Seele begleitet. Der Bara-Orun, eine Art Behälter aus gebranntem Ton, umschließt in der Tat in objektaler Form die grundlegenden Elemente seines Charakters.

Wenn der Körper verstirbt, wird der Bara-Orun mitgenommen. Wir haben das bei der Analyse des Tambor de choro in São Luis gesehen. Der Bara-Ayié, die Struktur der irdischen Persönlichkeit, löst sich bei der physiologischen Katastrophe auf. Der Bara-Orun, das feste Bild dieser Struktur, sein formalisierter Widerschein und seine gegenständliche Natur haben von nun an keine Daseinsberechtigung mehr; ja, seine Gegenwart wird als Bedrohung empfunden, da der Bara-Orun nur noch eine Abwesenheit widerspiegelt. Die mörderische Geste, die Dorian Gray seinem Doppelgänger, seinem Porträt gegenüber zeigt, vollziehen die Yoruba-Priester jetzt an dem Bara-Orun, indem sie ihn im Verlauf der Bestattungszeremonie vernichten. Seine Überreste werden im Winde zerstreut oder auf hoher See versenkt.*

Eine andere Komplikation: Der Mutterkuchen, seine Beerdigung und seine rituelle Gegenwart objektivieren die Beziehungen zwischen dem Ipori einer geschaffenen Person, seinem unvergänglichen Kopf, der im Orun ruht, und dem Ori-inu, dem Inneren des irdischen Kopfes, das heißt der zufälligen, weil sozialisierten Struktur seines vorübergehenden Daseins. Der Bara-Orun, das Gefäß, der Behälter der Materialität des Ipori, der zu Lebzeiten des Menschen in einem irdischen Raum aufbewahrt wird, stellt für das Individuum eine Art Spiegel dar. *Aber dieser Spiegel ist etwas Besonderes, weil er nie das entsprechende Gesicht, das ihn anblickt, genau wiedergibt, sondern nur die unbeweglichen Züge, die das Antlitz im Orun hat. Diese Züge scheinen sich durch das Altern, die Sozialisation, die Moden, die Leidenschaften und die vielfältigen Grimassen einer irdischen Existenz nicht zu verändern.*

Mit der Weissagung werden diese in den Dingen objektivierten Verflechtungen noch einmal kompliziert. Tatsächlich steht in jedem Candomblé der *kolobo*, eine Art Topf aus gebranntem Ton, dessen zahlreiche Öffnungen oben und an den Seiten an die des menschlichen Körpers erinnern. In diesem *kolobo* bewahren die Babalão und die Yawalorixa einundzwanzig *cauris* auf, vom Golf von Benin importierte Muschelschalen.**

Mit der Weissagung haben wir den äußeren Grat erreicht, der in jedem menschlichen Dasein den Determinismus vom Zweifel, den Gehorsam von der Freiheit trennt. Es gibt zwei Eckbegriffe dieser Dialektik: *Der Ipori ist das, was objektiv besteht*, die unvergängliche Struktur einer Person, sein Wesenskern. Der konkrete Mensch dagegen überantwortet sein existenzielles Problem dem Weissager. Die vom Seher gehandhabten Muschelschalen bilden somit ein vermittelndes Prinzip zwischen den beiden Begriffen derselben Dialektik. [23]

* Der erste Weg wird von den meisten der *Candomblés* von Salvador beschritten. Die zweite Methode wenden die großen *casas* von São Luis und Alcantara an.
** In den kontinentalen Gesellschaften bilden die Babalão des Ifa eine Sondergemeinschaft, zu der der streng begrenzte Zugang von einer langen und komplizierten Initiation abhängt. In den Gesellschaften der Diaspora dagegen

III Die Stimme des Ifa*

Die einundzwanzig *cauris* stellen abermals die strukturierenden Elemente der menschlichen Person dar. Diesmal stehen wir jedoch vor einem noch größeren Mysterium, da nach der Logik des Systems und dem von den Informanten beteuerten Glauben die Muschelschalen, ihre vielfältigen Arten, auf den Tisch zu fallen, und die unvorhersehbare Weise der Anordnung nicht nur die verborgenen Züge und die Neigungen dessen zum Ausdruck bringen, der die Orixa befragt.

Sie stellen vor allem eine Persönlichkeit besonders heraus, einen Menschen, der einer konkreten Entscheidung, kurz, seinem Schicksal gegenübersteht. Die Muscheln zeichnen in ihrer Konstellation (sie können offen oder geschlossen hinfallen), in ihren ungewissen Verschiebungen und ihrer Anordnung in jedem Augenblick das Antlitz des Ipori im Himmel. Aber dieses Mal steht dieses menschliche Wesen im Vordergrund. Die Widerspiegelungen des veränderbaren und dennoch unvergänglichen Gesichts des Ipori, der im Orun ruht, werden von dem Seher abgelesen. Er spricht mit den Muscheln, befragt sie respektvoll, fordert lauthals Erklärungen, wenn er nichts versteht, meist jedoch fragt er die Figuren, die sie auf der hölzernen Unterlage bilden, mit einer etwas gereizten Vertrautheit ab. Nach zwei Würfen oder am Ende des Vorgangs gibt der Seher dem Befrager Bescheid und legt ihm ein bestimmtes Verhalten nahe. Dieser Punkt ist wichtig: Die Weissagung stellt kein Verhältnis Befehl – Gehorsam her. Dem Ratsuchenden ist freigestellt, das ihm vom Seher Nahegelegte zu tun oder nicht zu tun. Doch der Weissager macht ihm bestimmte Grundelemente deutlich, einige objektive Strukturen der erlebten Situation. Der Ratsuchende zieht sie nie in Zweifel. Sein innerer Kampf spielt sich zwischen der objektiven Aufgabe, die ihm der Seher darlegt, und den geheimen bewussten oder unbewussten Widerständen ab, die sich der Realisierung entgegenstellen.

leben die Babalão, die Spezialisten des Sehertums, mit den Yawalorixa, die über ihre üblichen Funktionen hinaus ausnahmsweise auch Weissagungsfunktionen übernehmen.

* Ifa: Orixa-Rat, Meister der Weissagungsspiele.

In der afrikanischen Diaspora von Bahia ist die öffentlich institutionalisierte Weissagung (feste Besuchsstunden, Weissagung für nicht dem Candomblé angehörende Personen) etwas Alltägliches; das ist in den Yoruba-Gesellschaften des Kontinents oder in der Diaspora von Maragnan zum Beispiel nicht der Fall. Überall, mit Ausnahme von Bahia, dient die Weissagung fast ausschließlich der Festlegung ritueller Vorgänge, die, einmal von den *cauris* bestimmt, von den Eingeweihten ausgeführt werden.

In Bahia wird die Weissagung des Candomblé von einer profanen Weissagung überlagert, die weitgehend von weißen Geschäftsleuten, Politikern, Damen der Gesellschaft und Fußballspielern beansprucht wird. In der Stadt Salvador praktizieren drei Terreiros diese banalisierte Weissagung regelmäßig. Da ist zunächst der Terreiro Île Maroialaje,* dessen Yawalorixa, Olga Régis de Alaketu, jeden Dienstag und Donnerstag – außer der Zeit wichtiger Kultveranstaltungen – ihre Sitzungen abhält. Sie empfängt ab 15 Uhr. Der populärste, aber auch teuerste der öffentlichen Seher ist Nelito Bahia Correia; er wohnt im Bairro de San Antonio, in der Straße Pedro Americano. Man konsultiert auch, allerdings seltener, Cypriano, den Ogan des Candomblé von Casa Blanca. Der Babalão Cypriano und die Mutter Olga sind meiner Kenntnis nach die beiden einzigen Seher von Bahia, die neben den *cauris* die Halskette des Ifa verwenden (sie besteht aus aufgereihten *cauris*). Nelito arbeitet mit zwei Tischen und je einundzwanzig Muschelschalen. Olga hingegen bedient sich nur eines Spiels. In dem Terreiro Île Maroialaje steht der Weissagungstisch in einem engen Raum, der dem geschlossenen *pégi* des Shango gegenüberliegt. Ich gebe den Bericht einer Konsultation der Yawalorixa Olga wieder.

Ich hatte sie 1972 um Rat ersucht, da der Gesundheitszustand einer geliebten Person mich mit großer Angst erfüllte. Nur das Licht einer Kerze erleuchtet den Raum. Das einzige Fenster ist mit einem dicken Vorhang zugehängt. Das Gesicht der Yawalorixa wie auch meines bleiben im Dunkeln, denn sie hat die Kerze auf die äußerste linke Ecke des Tisches gestellt. Wir wechseln kaum ein paar Worte. Keiner blickt den anderen an. Der Tisch steht unerbittlich

* Île ist der Nago-Ausdruck für Haus.

zwischen uns. Niemand ist außer uns in dem Zimmer. Die anderen Ratsuchenden warten in respektvollem Abstand vor der Türschwelle im Hintergrund des Terreiro. Meine Frage bezieht sich auf den Gesundheitszustand der geliebten Person. Olga breitet die Halskette des Ifa auf dem Tisch aus, dann die *cauris:* Mit ihrer rechten Hand nimmt sie die Muscheln und einen roten Stein, mit der linken führt sie sie an die Lippen. Sie richtet ein paar Worte in der rituellen Yoruba-Sprache an die *cauris*, dann wirft sie sie in den von der Halskette geformten Kreis. Sie betrachtet die Lage jeder Muschel und die Gesamtanordnung der *cauris.* Sie nimmt einige der Schalen mit oder ohne Stein auf, legt sie von der rechten in die linke Hand, bespricht sie, wirft sie wieder auf den Tisch, prüft ihre Position und so fort. Von Anfang an und während der ganzen Zeit, die diese Konsultation dauert (35 Minuten, 29 Würfe), bedient sich die Priesterin einer ständig wechselnden Zahl von Muschelschalen. Beim ersten Wurf werden die »cauris« mit dem Stein zusammengeworfen; für die folgenden Würfe verwendet Olga nur einige der Muscheln. Der Stein wird nicht mehr gebraucht. Die am häufigsten vorkommenden Gruppierungen werden von vier *cauris* gebildet. Infolge des schnellen Ablaufs, des Halbdunkels und auch – warum soll ich es nicht zugeben? – meiner Nervosität habe ich mir die Anordnung der 29 Gruppierungen nicht merken können.

Die Yawalorixa überprüft schweigend die Lage der *cauris* auf dem Tisch. Sie liest die *Odun* aus der Position der Muschelschalen und die Gesamtkonstellation der *cauris* ab, spricht sie jedoch nicht aus. Es sei daran erinnert, dass ein *Odun* ein anthropomorpher Bericht ist, der sich auf den Orixa Ifa bezieht. Mehrere tausend Berichte sind in dem Kollektivgedächtnis der Nago festgehalten. Die Yawalorixa kennt den größten Teil von ihnen. Jeder von ihnen gibt eine bestimmte Situation wieder, einen in der Vorstellung oder in ferner Wirklichkeit von den Orixa oder den Menschen erlebten Augenblick. Die *Odun* sind im Allgemeinen in der weit zurückliegenden Zeit angesiedelt, in der der Orun von dem Ayié noch nicht getrennt war, das Universum also eine Einheit bildete. Eine Gruppenanordnung oder die gesamte Verteilung der *cauris* im Einzelnen (oder die Figuren der Kette) entsprechen einem Abschnitt oder dem Ganzen eines Odun. Oft fallen die Muscheln so, dass kein Odun ablesbar oder auch nur erkennbar wird. Dann werden die *cauris* neu geworfen, bis ein Odun die Lage des Bittstellers erklärt. [24]

Allein der Babalão und die Yawalorixa sind befähigt, die Odun zu interpretieren und rituelle, medizinische oder profane Schritte daraus abzuleiten, die der Ratsuchende oder sein Vertreter unternehmen muss, um sein Problem zu lösen. Oft sind die Lektüre und die Entzifferung von mehreren aufeinander folgenden Odun erforderlich, um die Antwort zu verstehen, die die Orixa auf die gestellte Frage geben. Der oder die Odun, die der Lage der »cauris« entsprechen, werden nie dem Besucher mitgeteilt. Er wohnt ungeduldig und mit zunehmender nervöser Spannung dem Vorgang bei. Häufig bleiben die Orixa still; die Weissagung ist dann schlichtweg gescheitert; die Yawalorixa bleibt gegenüber einer Reihe von unlesbaren Fehlversuchen völlig gleichgültig; sie ringen ihr höchstens ein missmutiges Brummen ab.

Am Ende geben die *cauris* Antwort. Erleichtert wendet sich mir die Yawalorixa zum ersten Mal seit Beginn der Sitzung zu und teilt mir das Ergebnis mit. Ich muss mich am nächsten Morgen, mit folgenden Gegenständen versehen, im Terreiro einfinden:

16 *ecuru* (bestimmte, in Bahia vorkommende Früchte)

6 *velas* (Kerzen)

2 *Meter morim* (Stoff)

1 *pombo* (Taube)

1 *terço branco* (Rosenkranz aus weißem Holz)

In ihrer praktischen Art nennt mir die Yawalorixa auch gleich den ungefähren Preis jedes Objekts. Mein Fall muss unbedeutend sein, denn sie zählt die Preise mit derselben monotonen Stimme auf, mit der sie die Gegenstände erwähnt hat:

12,50 Cruzeiros für die ecuru

6 mal 60 Centavos für die Kerzen

5 Cruzeiros für den morim

6 für die Taube .

10 für den Rosenkranz

Schweigen. Dann diktiert die Priesterin der Königsdynastie der Ketu eine neue Liste:

1 *amala* (ein Kultnahrungsmittel für den Orixa Shango)
3 *obi* (Früchte afrikanischer Herkunft, die in Bahia verkauft werden)
1 Meter *chitao* (im ›Candomblé‹ häufiger Stoff)
1 *Jamswurzel*

Ihre Preise sind bescheiden:
 10 Cruzeiros für den amala
 9 für die drei obi
 2 für den chitao
 1 für die Jamswurzel

Erneutes Schweigen, dann ein Auftrag. Ich soll an diesem Abend ein Dutzend Weißbrote unter den bettelnden Kindern und Greisen verteilen, die mit verängstigten Augen ihre Nächte entlang der Mauer des Klosters São Francisco in der Oberstadt, nahe dem Terreiro Jesus verbringen.

Am nächsten Tag, am Freitag, gehe ich wieder zu ihr. Ich bringe die Dinge, die auf den beiden Listen standen. Nachdem ich all die Geschenke Mae Pequena zu Füßen gelegt habe, mache ich mich wieder auf. In der Frühe des Samstagmorgen kehre ich wieder zurück. Die Zeremonien beginnen mit dem Sonnenaufgang. Es ist offenbar ein Toter, der die Krankheit der geliebten Person verursacht hat. Die Gegenstände der ersten Liste dienen dazu, einen »despatcho« herzustellen. Sie werden Stück für Stück zerbrochen und dann in einem Paket aus Bananenblättern verschnürt. Ein Kind des Terreiro nimmt es in Empfang. Es streckt die Arme aus, das Paket wird in seine offenen Hände gelegt. Das Kind entfernt sich zur Tür. Ich frage, wohin es geht.

»Zum Friedhof«, antwortet Mae Pequena.

»Wozu?«

»Ele sabe …« (es weiß es schon).

(Ich glaube zu wissen, dass all diese zerbrochenen und eingepackten Objekte die Nacht über am Körper einer als Ersatz dienenden Kranken befestigt wurden.[*]) Das Kind bringt sie nun zu Exu,

---

[*] Die geliebte Person in Europa erlebte eine schnelle Genesung.

dem Orixa-Boten. Es geht mit dem anbrechenden Tag zum Friedhof der Schwarzen in Brotas. Es legt sein Paket an der Schwelle zum Eingang nieder oder – das wissen aber nur die Yawalorixa und ihr Bote – auf dem Grab einer Person, deren Namen die Yawalorixa aus den Muschelschalen abgelesen hat. Die zweite Zeremonie beginnt gegen Mittag. Die Gegenstände der zweiten Liste werden von Mae Pequena zum *pégi* des Shango gebracht. Bevor sie den *pégi* betritt, hat Mae Pequena mir unbekannte Blätter, Kräuter und Gräser auf dem Markt von Libertade besorgt. Vermischt mit den Gegenständen der zweiten Liste, legt sie sie Shango zu Füßen. »Shango gibt uns den Schlaf für die Träume, den Hunger, damit wir essen, die Sonne für die Augen«, sagt mir Mae Pequena, ehe sie geht. Ich weiß nicht, was aus den Objekten der zweiten Liste wird. Die Blätter, Kräuter und Gräser hingegen erfüllen eine medizinische Funktion. Sie werden aus dem *pégi* wieder herausgenommen und zu der stellvertretenden Kranken gebracht, die sie drei Tage und drei Nächte auf ihrem Körper trägt.

IV   Die Lebenden und die Toten*

Mehr als jedes andere Zivilisationssystem, das ich kenne, widmet die Nago-Gesellschaft dem Problem der Individualität des Menschen eine stete, tief gehende und leidenschaftliche Aufmerksamkeit. Mehr als der Europäer in jedem Augenblick seiner Geschichte ist der Nago individualisiert, in seiner Besonderheit angesprochen

---

*   In jedem Menschen existieren zwei Gedächtnisse (zwei *Iye*). Der erste *Iye*, das Kollektivgedächtnis, ist unlösbar mit dem Emi verbunden. Er begleitet es stets und überall. Das kollektive Gedächtnis besteht im Menschen, ist aber von seinem Willen unabhängig. Meine Informanten sagen, dass der Iye immer auf Seiten von Emi ist. Wenn der Mensch schläft, begleitet das Kollektivgedächtnis, der Iye Nr. 1, seinen Emi, seinen Geist, seinen Atem durch die Welt der Träume. *Stirbt der Mensch, bricht dieser Iye mit dem Emi zum Orun auf. Er reintegriert dort die unvergängliche Person. Der zweite Iye aber, der Iye des Tages, der in dem auf die Welt kommenden Menschen das individuelle Gedächtnis bildet, erlebt ein ganz anderes Schicksal.* Ein unsicheres, heikles Ge-

und in seiner unveräußerlichen Einmaligkeit bewahrt. Das Nago-System mit seiner Folge von Bezeichnungen, die – auf verschiedenen Existenzebenen – jede der betreffenden Personen individualisieren, legt davon Zeugnis ab. Bleiben wir bei diesem Punkt: Die Nago sind sich der Einsamkeit, die den letzten Augenblicken des Lebens vorausgeht, zutiefst bewusst. Die Individuation der Person, die ablesbare Definition seiner Einmaligkeit sind deshalb Gegenstand ihrer größten Bemühungen. Ihr Symbolsystem drückt das durch die verschiedensten Namen aus, die auf unterschiedlichen Existenzebenen die Person bezeichnen und individualisieren. [25]

Pierre Verger schreibt: »Die Yoruba-Namen sind wahre Zauberformeln, die mit Macht ausgestattet und geeignet sind, die Zukunft zu beeinflussen.« [26] Der Name ist eine Eintrittskarte, eine Zutrittserlaubnis für die eine oder andere Behausung des kosmogonischen Gebäudes. Mit einer Nuance jedoch: Der Mensch kann seine Identität nicht annehmen oder ablehnen, er kann seinen Namen nicht frei wählen, da der Name, den er erhält, bestimmte wesentliche Eigenschaften festlegt, die ihm von Geburt an von einem Orixa oder einem Vorfahren zugeschrieben worden sind.

Johnson nennt in seiner *Geschichte der Yoruba* drei »obligatorische« Namen. Verger greift sie auf. Der Name, mit dem die Eltern im täglichen Leben ihre Kinder rufen, ist der *Oriki*, die individualisierende Bezeichnung, die die am schnellsten greifbaren Charakteristika hervorhebt oder die vielmehr die Eigenschaften umfasst, von denen die Eltern möchten, dass ihre Kinder sie haben. Auf der Liste verfügbarer Namen treffen die Eltern eine individuelle Auswahl. Hier einige Beispiele:

schick. Das Kind wird sich dieses zweiten Gedächtnisses erst allmählich bewusst. Es erfährt es im Verlauf der Sozialisation. Es lernt, es zu handhaben oder aber seinen Gebrauch zu vergessen. Man sagt von ihm, es sei ein *Apo-Iye*, »eine Gedächtnistasche«. Die Erfahrung, die auf die Dinge und die Menschen gerichtete Aufmerksamkeit, die erworbenen Kenntnisse füllen langsam diese Tasche des individuellen Gedächtnisses. Diese Tasche teilt in allem das Schicksal des Körpers. Im Gegensatz zum Kollektivbewusstsein stirbt das individuelle Bewusstsein mit dem Körper. Als empfindlicher Kompass auf den irdischen Wegen verschwindet es für immer aus der Menschheitsgeschichte.

Abebi ist der Name der Tochter, deren Geburt erwünscht war, die nach vielen Gebeten geboren ist.

Ayoka ist der Name, der Freude verbreitet.

Ajani und *Alano* sind geläufige Jungennamen. Bei ihnen schwingen Eigenschaften wie Mut, Geschicklichkeit, Energie und Kraft mit.

Der *Odile*, das zweite von der Kosmogonie und dem Brauchtum sanktionierte Verzeichnis, ist eine Liste, die keine so offene Wahl erlaubt wie bei der Zuordnung der Oriki. Denn der Odile eines Kindes bezeichnet das Familiengeschlecht, in das sich das Neugeborene einreiht. Die Stammesnamen sind im Allgemeinen Gegenstands- oder Tierbezeichnungen. Verger bringt das Beispiel von den Odile *Erin* (Elefant), *Ekun* (Leopard) und *Opo* (Pfahl). Der Odile interessiert uns hier ganz besonders, weil er eine wichtige Rolle bei den öffentlichen Festen des Candomblé der Egun spielt.

Wir haben gesehen, dass eine der besonderen Aufgaben, die der Baba-Egun zu erfüllen hat, wenn er den Raum der Toten betritt, darin besteht, die Versammelten zu begrüßen. Es sind lange und komplizierte Grußzeremonien, die die Männer und Frauen auf Knien und in tiefem Schweigen entgegennehmen. Mit seiner Begrüßung erinnert der Baba-Egun jeden einzelnen Lebenden an seine Bedingungen. Er grüßt sein Volk, jeden Klan, die Familien, die Verbündeten, die gelegentlichen Besucher, bedeutende Gäste, die Erwachsenen, die Frauen, die Kinder und jeden der Würdenträger, je nach ihrem Rang. Dabei hält sich der Baba an die Nomenklatur der Odile. Der Egun verlässt den *Igbalé*, das Haus des Geheimnisses, durchschreitet die Nacht und tritt durch eine offene Tür in den Raum, der den Toten vorbehalten ist. Die Art seines Eintritts wechselt je nach dem Egun-Typ, den er vertritt. Einige Egun bitten von weitem um das Recht, in das Kulthaus eintreten zu dürfen, andere wollen erst wissen, bevor sie die Schwelle überqueren, ob sie willkommen sind. Wieder andere tauchen unerwartet an der Tür auf: ungeheure, bunte Erscheinungen, deren plötzliches Auftreten bei den Versammelten Schreckensschreie auslöst. Hochaufgerichtet schlagen die Amuisan stundenlang mit ihren langen biegsamen Stöcken um die Tür herum auf den Boden. Die Ankunft eines Egun wird im Gegensatz zum Eintritt eines Orixa nie von Würdenträgern angekündigt, sie wird auch nicht von Gesängen oder den bittenden Trommeln begleitet. Wie der Tod selbst, dessen sichtbare Verkörperung sie sind, erscheinen die Egun unerwartet, sie tauchen mit der unvorhersehbaren Brutalität derer aus der Nacht auf, die den Lebenden nichts mehr schulden und deshalb ihre Gesetze missachten. Das ist der Grund, warum die Türen, die zu dem Raum führen, der für die Toten reserviert ist, immer dicht verschlossen bleiben. An den Tagen im Jahr, an denen sich die Egun den Menschen zu nähern pflegen, schließt sich die ganze Gemeinde (Frauen, Kinder, Bauern, Fischer, Verwandte, Verbündete aus der Stadt) im Haus der Toten ein.

Selbst die Kranken und sehr alten Personen werden in die Hütte transportiert, wo die sozialisierte und ritualisierte Begegnung stattfinden soll. Zwei Gründe motivieren dieses Verhalten. Bei der Gegenüberstellung von Lebenden und Toten mobilisiert die Gesellschaft ihre letzten Kräfte, dann muss das ganze Volk mit seiner vollen Energie, Kraft und Solidarität versammelt sein. Denn es geht darum, einen schrecklichen, vielleicht zerstörenden Schock aufzufangen, der die menschliche Vernunft ständig bedroht: den Zusammenprall mit den sichtbaren Toten, die nach den Lebenden rufen, sie zu verführen und zu unterwerfen suchen. Und der Kampf erscheint in der Tat ungleich: Eine Art Taumel aus Angst und Erregung bemächtigt sich der Versammlung. Nur die kleinen Kinder, die sich unter den weißen Tüchern verbergen, die ihre Mütter und Tanten über sie geworfen haben, beobachten die Szene mit großen erstaunten Augen. Sie werden nicht von der Angst gepackt, sondern sichern, selbst inmitten des Dramas, die Fortsetzung des alltäglichen Lebens.

Der zweite Grund, der die Bevölkerung nachts in dem riesigen Totenhaus zusammenströmen lässt, offenbart die Unsicherheit der Lebenden gegenüber den unberechenbaren Reaktionen der Egun. Was macht der Egun, wenn er mit seiner gutturalen Stimme den Odile eines Menschen aufruft, und der Mensch ist nicht da? Schlimmer noch: wenn niemand der angesprochenen Familie im Raum der Lebenden zugegen ist? Der Egun ist dann nicht in der Lage, seine Botschaft zu überbringen, die vielleicht von entscheidender Bedeutung für die Familie ist.

In Agboula habe ich eine dramatische Situation erlebt:

Bei einer Versammlung brummte der Baba seine langen und komplizierten Begrüßungsformeln und richtete seine Aufrufe an eine bestimmte Familie. Da die Stimme des Egun eine menschliche, eine aus rauen, gutturalen Lauten gebildete Stimme ist und da der Agba und die anwesenden Greise mehr oder weniger schwerhörig waren, konnte die Kommunikation zwischen ihnen, den Ojé, den obligatorischen Dolmetschern, und dem Egun nicht hergestellt werden. Die Ojé verstanden den Odile nicht, sie konnten die Ältesten der begrüßten Familie nicht aufrufen und zu den Stöcken vortreten lassen, die am Boden liegen und den Raum der Lebenden von dem der Toten trennen (und ihn davor schützen). Der Egun im dunklen Hintergrund gestikulierte gefährlich mit Armen und Beinen, stand von seinem Sitz auf und führte einige recht beunruhigende Tanzschritte aus. Wer einen Egun berührt, muss sterben. Die Ojé wichen eiligst zurück und suchten in der Menge fieberhaft die Leute der genannten Familie. Keuchend berieten sie sich leise. Als sie glaubten, einen Familiennamen, eine Odile, vernommen zu haben, richteten sie sich auf, wandten sich an die Lebenden und fragten, ob der oder jener im Saal sei oder ob jemand ein Mitglied der betreffenden Familie gesehen habe. Niemand war da.

Die dritte Nomenklatur, die der *Abiso*-Namen, bezeichnet die mikro-soziale Eingliederung des Neugeborenen.* Sie umfasst vier Namensklassen. Sie beziehen sich alle auf die Umstände der Geburt, die Reaktion der Familie auf den Neuankömmling und auf die wirtschaftliche, politische und soziale Situation der Familie im Augenblick der Ankunft des Kindes. In der ersten Klasse finden sich sehr schöne Namen:

Ayodele bedeutet »derjenige, durch den die Freude in die Familie tritt«.

Morenike, ein Mädchenname, besagt etwa »ich werde jemanden streicheln«.

Akinyele heißt so viel wie »ein energisches Kind passt zu dem Haus«. [27]

---

* Es sei daran erinnert, dass der *oriki* die persönlichen Eigenschaften des Neugeborenen bezeichnet und der *odile* seine Eingliederung in den Klan.

Auch die zweite Klasse umfasst schöne, ausdrucksvolle Namen, die sich auf die Orixa beziehen. Wichtig ist dabei, dass diese Namen nicht von vornherein auf den Orixa hindeuten, der sich dem Kind eines Tages entdeckt. Niemand weiß im Augenblick der Geburt – mit einigen äußerst seltenen Ausnahmen –, ob ein Orixa eines Tages dieses Kind auserwählt, um zu den Lebenden zu sprechen. Und selbst wenn der Babalão gleich bei der Geburt ein solches Ereignis voraussagen könnte, würde er nicht wissen, um welchen Orixa es sich handeln wird. Im Allgemeinen wird der Orixa einer Person bei einer Krise, einer Krankheit oder nervösen Störungen »aufgespürt«. Der lange Prozess der Einführung, der Einweihung und der Eingliederung des Kindes in die Gemeinschaft, das nun seinen beschützenden Orixa kennt, setzt sich aus einer Reihe komplizierter Ereignisse zusammen, die nur selten bei der Geburt ausgelöst werden. Deshalb bezeichnen die auf einen Orixa deutenden Namen lediglich die Zugehörigkeit des Neugeborenen zu einem bestimmten Kult.

Ganz selbstverständlich nennt eine Familie, die Shango verehrt und deren Oberhaupt den Orixa Shango in Trance empfängt, ihr Kind *Shango-bumi*, »den mir Shango geschenkt hat«. Der Sohn einer dem Ogun geweihten Frau, die regelmäßig von ihm besessen wird, heißt *Ogun-dipe*, »Ogun tröstet mich mit diesem Kind«.

Die beiden letzten Klassen dieser dritten Nomenklatur nehmen eher auf die Familie des Kindes als auf das Kind selbst Bezug. Hier einige Beispiele:

Ogundalenu, »unser vom Krieg verwüstetes Haus«.

Otegbeye, »die Feinde haben uns die Ehre genommen«.

Die Namen der vierten Klasse bezeichnen die machthabenden Familien:

Adebiyii, »derjenige, der unter der Krone geboren ist«. [28]

Ich wiederhole: Jedes neugeborene Kind wird unmittelbar mit den drei Nomenklaturen bedacht, die jeweils mehrere Namensklassen umfassen. Jeder Mensch trägt also sein Leben lang eine Reihe von Namen, mindestens aber drei. Diese Namen bestimmen oder offenbaren vielmehr seine eigene Identität und seinen Platz in der einheitlichen Struktur des Universums. Eine letzte Unterscheidung wird noch hinsichtlich der gelegentlichen Namen gemacht, die nur einige Individuen haben. Sie trägt unter anderem den außergewöhnlichen Umständen bei der Geburt eines Kindes Rechnung:

Ige ist das Kind, das mit den Füßen zuerst auf die Welt kommt.

Ojo für einen Jungen und *Aina* für ein Mädchen bezeichnen Kinder, die mit der Nabelschnur um den Hals geboren sind.

Ibeji, ein wichtiger Name in den Gemeinschaften der Diaspora im Norden und Nordosten Brasiliens, bedeutet *Zwillinge*. Das Fest des Cosmé und des Damien, zwei Namen mit starkem synkretischen Anklang, ist den Ibeji geweiht. [29]

Diese auf eine ungewöhliche Geburt deutenden Namen haben nichts mit denen missgebildeter Kinder zu tun, von denen bereits die Rede war. Diese Kinder sind *Orisanla* geweiht. Sie sind stumm, verstümmelt, geistesgestört oder Albinos und genießen deshalb einen privilegierten Status. Sie werden von ihrer Geburt an ihr ganzes Leben lang verehrt. Sie gehören zum Haus des Aborixa. Sie dienen ausschließlich dem Kult des Ersten unter den Orixa, dem *Orisanla*. So ehren die Yoruba das Leiden.

Nun, der Mensch ist nicht allein das Produkt seines eigenen Tuns, die existenzielle Konkretisierung seiner sichtbaren Individuation. Er ist auch der endlose Erbe all derer, die vor ihm auf Erden gelebt haben. Genau an diesem Schnittpunkt tritt der Begriff des Ahnen auf.

Der schöpferische Akt der Orixa beschränkt sich nicht auf die Materie, aus der der Ipori einer bestimmten Person gemacht ist. Der Orun ist durch den Schöpfungsakt selbst geteilt. Von dem Augenblick an, in dem der Orixa in die Lebenssubstanz greift, wird die von ihm berührte Masse, das heißt die Portion individualisierten Lebens, für immer gekennzeichnet. Jedes Stück des Orun und nicht nur die Parzelle, aus der ein menschlicher Körper wird, erhält von dieser Sekunde an ihre eigene Identität. An diesem Punkt entsteht im Denken der Nago der Begriff des Ahnen. Der Vorfahr ist nicht allein der physiologische Körper, der durch seinen sexuellen Akt einen neuen Körper zeugt. Im Nago-System ist der Ahne unendlich mehr als dieses banale Kettenglied in einer biologischen und sozialen Abstammungslinie. Er ist das prägende Element des kollektiven Lebens, die ständige Gegenwart und, da er zum Wesen der Dinge gehört und nicht nur zu ihrer vorübergehenden Existenz, eine stets gefürchtete, verehrte und befragte Autorität. Anders ausgedrückt: Das Stück Lebenssubstanz, das durch den Schöpfungsakt des Orixa identifiziert ist, trägt in sich sein eigenes Geschick. Einige dieser Elemente sind in dem Ipori verkörpert, also auf eine menschliche Person übertragen. Andere dagegen bleiben kollektive Elemente, Eigenschaften einer Gruppe von Menschen, einer größeren Familie, eines Klans, einer Sprachgemeinschaft, eines Volkes. Hier kommt die Erfahrung auf ihre Kosten. Die kollektiven Eigenheiten im Charakter der Yoruba, Kétu, Fon, Êwè, Ga erklären sich aus den dem Orun inhärenten Eigentümlichkeiten eines jeden Volkes. Die Eigenschaften, Fehler, Temperamente und geistigen Fähigkeiten hingegen, die dieser kollektive Orun, der Orun der Ahnen, dem Orixa überlässt, damit er sie einem bestimmten Ipori verkörpert, bilden das genetische Rüstzeug des Menschen auf Erden.

Von den Zufälligkeiten des irdischen Lebens verstümmelt, zerstört oder, im Gegenteil, gesteigert und angeregt, haben diese dem Ipori eigenen Eigenschaften ein Schicksal, das offenbar für jedermann unvorhersehbar bleibt. Niemand, weder die Ahnen noch die Orixa und vor allem nicht die Menschen selbst können den konkreten Ablauf eines irdischen Daseins vorhersehen.

Das System der Nago lehrt uns, dass der Mensch für ein nicht abbrechendes endloses, unendliches Leben geschaffen ist. Es auf Erden zu erhalten und in der anderen Welt fortzusetzen, sind seine bevorzugten Funktionen.

Als Garanten dieser exklusiven Berufung haben die Orixa und kraft ihres Willens die Stammväter eines bestimmten Volkes jeden Tag die konkreten Maßnahmen zur Fortführung des Lebens festgelegt und legen sie noch fest. Der Mensch kann, wie wir gesehen haben, mit der gleichen Beständigkeit und mit der gleichen Wirkungskraft diese Mission verweigern.

Zum Schluss fasse ich die grundlegenden Schritte der Theorie über den Tod bei den Nago-Yoruba und der Thanatopraxis, die sie beherrscht, noch einmal zusammen. Ist der Schöpfungsakt des Orixa vollzogen, ist der Kopf des Menschen im Himmel »hinterlegt«, kann nichts und niemand ihn mehr zerstören.* Der Tod ist der Übergang von einem Gesicht zum andern, ein Tausch von zwei Köpfen ungleicher Wahrheit. Wenn das menschliche Gesicht »zu Sand verfällt« [30], hat der Mensch bereits einige Tage zuvor sein Antlitz im Himmel angenommen. Er trifft dort die Gesellschaft der Ipori, der vielen Familien, der Verwandten, der Klans und freier Gruppen, die das Leben im Orun bestimmen. Mit anderen Worten: Der Tod ist der einmalige Akt, durch den der Mensch seinen *Apo-iye* verlässt, den »Sack seines individuellen Gedächtnisses«. Gleichzeitig gibt er seinen *Bara-Ayié* auf, seinen menschlichen Charakter, das Ergebnis von Veränderungen, die er während seines Erdendaseins erlitten hat.

Als Greis begegnet er im Ipori seiner unversehrten Jugend. Bewegungsunfähig, stirbt er für das Leben. Für ein Leben, das nicht vergeht und nicht altert. Andere Menschen werden nach ihm geboren; auch bei denen geht der gleiche Schöpfungsakt voraus, bevor sie auf die Welt kommen: Ein Orixa greift in die nicht individualisierte Materie des Lebens, in den Lehm, die Substanz des Orun. Dabei individualisiert er eine Portion dieser Substanz; er formt daraus einen Körper, ein Gesicht, einen ewigen Ipori, der im Himmel verbleibt. Der Mensch ist geboren. Dieser Mensch unternimmt dann selbst den Schritt zu Ajala, dem Töpfer des Orixa; er wählt sich einen Ori, einen Kopf, aus, den er während seines Lebens auf Erden trägt.**

Jeder Mensch geht aus der Lebenssubstanz, einem einmaligen und nie wiederholten Schöpfungsakt hervor. Einmal geboren, lebt er für immer. Da stets neue Menschen geschaffen werden, auf die Erde kommen, leben, sterben und in den Gesellschaften des Orun fortleben, nimmt die Menschheit ständig an Leben, Macht und Zahl zu. Mit der Zeit wird die ganze Welt von Menschen bevölkert sein, und da das Universum der Nago unendlich ist, wird auch diese

* Dieser ewige Kopf ist der Ipori.
** Das Nago-System übergeht ein besonders wichtiges Problem mit Schweigen, und zwar die Frage, ob alle geschaffenen Personen zu ihrem irdischen Leben kommen, also ein zweites Mal unter den Menschen auf Erden geboren werden. Anders ausgedrückt: Wir wissen nicht, ob sich alle Gesellschaften im Orun aus Menschen zusammensetzen, die geboren sind, um zu sterben, und sterben, um geboren zu werden, oder ob einige unter ihnen leben, die kein irdisches Leben und keinen menschlichen Tod kennen gelernt haben.

Vermenschlichung der Welt ohne vorhersehbares Ende sein. *Der Mensch wird geboren, um das Leben auf der Erde zu vermehren.* In dem Nago-System gibt es keine anderen Werte außer dem Leben, der unvergänglichen Substanz, des Orun. Kein Leben außerhalb der strengen Beachtung der vom Leben vorgegebenen Bedingungen ist zu dulden. Diese Bedingungen sind selbst in den Odun von der Halskette des Ifa, in den rituellen Figuren und in den Weissagungsfiguren festgehalten. Bei den Yoruba sind der Lebensbegriff, seine Existenzbedingungen, sein Verlauf äußerst genau definiert. *Es gibt kein Leben außerhalb der Liebe zum Leben.* Einen Menschen zu verletzen, ein Kind zu schlagen, die ungeheuerlichen Gewalten anzuwenden, die von den Orixa verliehen werden, um das Böse zu tun, sind im Candomblé unfassbare Dinge. Oder genauer noch: Wer die Grundgesetze des Lebens nicht respektiert, lebt nicht; ein einsames Dasein, die Ausgeschlossenheit, gleicht in Afrika wie in der Diaspora dem Wahnsinn oder dem physiologischen Verfall. Eine ähnliche Diskriminierung besteht im Orun: Wer nicht so lebt, wie es auf Erden vorgeschrieben ist, kann nicht in die Familie zurückkehren oder in seinen Klan oder in sein Dorf. Er wird nie ein Egun werden können. Wer sich freiwillig von der menschlichen Gruppe ausschließt und stirbt, wird nie den anderen erscheinen. Er wird andere Menschen nicht das Leben lehren. Die Kette ist gerissen, die Einsamkeit ist nun endgültig.

Die Toten sind die Wahrer des Lebens, die Toten sind die Lehrer der Lebenden. Tot oder lebendig, ist der Mensch der Diener des Lebens. Mithilfe der Trance ist er auch sein Meister. Und dieses Leben währt ewig. Ein Gedicht von Senghor drückt die afrikanische Überzeugung von der Einzigartigkeit des Lebens und dem vorübergehenden Charakter jedes menschlichen Todes aus:

»Dass ich den Geruch unserer Toten einatme!
Dass ich ihre lebendigen Stimmen höre und weitergebe!
Dass ich lerne, zu leben!
Derselbe Himmel, den die verborgene Gegenwart belebt,
Derselbe Himmel, von denen gefürchtet, die Streit mit den Toten haben,
Sehet! Meine Toten kommen mir entgegen!« [31]

Der Mensch ist die Arznei des Menschen

»*Nit nit ay garabam* – der Mensch ist die Arznei des Menschen.«
Die Volksweisheit der Woloff fasst meine Darlegung zusammen [1].
Der Mensch existiert, konstituiert und reproduziert sich nur mithilfe anderer Menschen. Es gibt keinen Menschen ohne Gesellschaft und ohne Geschichte. Es gibt keine Gesellschaft ohne ein kollektives System der Selbstinterpretation. Ein von den anderen getrennter Mensch ist nur ein Schrei. Der Aufbau des Menschen durch den Menschen schließt das klare Bewusstsein von der existenziellen Notwendigkeit des Todes von jedem der einbezogenen Menschen ein.

Ich bin Natur, ich bin einzig, das Produkt einer komplizierten Dialektik der Gemeinschaft und des Einzelnen. Ich bin Sinnträger, aber ich kann die Gesamtheit der Bedeutungen, die ich transportiere, nur verwirklichen, wenn ich die Zerstörung meiner Existenz als Trägerin des Sinns akzeptiere. Georges Bataille: »Der Tod des einen steht in Wechselbeziehung zur Geburt des anderen, die er ankündigt und deren Bedingung er ist. Das Leben geht immer aus der Zersetzung des Lebens hervor. Es ist in erster Linie dem Tod verpflichtet, der ihm Platz macht; dann der Verwesung, die auf den Tod folgt und die für das ununterbrochene Auf-die-Welt-Kommen neuer Wesen die notwendigen Substanzen in Umlauf setzt.« [2] Und weiter: »Dass der Tod für die Welt auch die Jugend bedeutet, das verkennt übereinstimmend die ganze Menschheit. Mit einer Binde über den Augen, weigern wir uns, zu erkennen, dass der Tod allein ein Wiederaufsteigen sichert, ohne welches das Leben ein Ende nähme. Wir weigern uns, zu sehen, dass das Leben eine dem Gleichgewicht gelegte Fußangel ist, dass es ganz und gar in Unbeständigkeit, Labilität besteht und in ihr sich überstürzt. Es ist eine stürmische Bewegung, die ununterbrochen zur Explosion kommt. Aber die dauernde Explosion erschöpft es unaufhörlich, sie kann nur unter einer Bedingung weitergehen: nämlich dass die Wesen, die es erzeugte und deren Explosionskraft erschöpft ist, ihren Platz neuen Wesen abtreten, die mit frischer Kraft in den Reigen eintreten.« [3]

Der Biologe Maurice Marois, der Präsident der französischen thanatologischen Gesellschaft und zugleich Gründer des Institut de la vie ist, schreibt in den Heften des Instituts: »Mit dem Alphabet der Aminosäuren baut das Leben bis in alle Ewigkeit diese Welt der Formen von unerschöpflichem Reichtum auf, zerstört sie und baut sie von neuem auf... Der Tod gibt dem Leben neue Chancen für erneute Versuche. Mit jeder neuen Geburt beginnt das Leben von vorn... Jedes Wesen, das geboren wird, ist der Morgen der Welt.« [4] Der Biologe wundert sich über diese Verschwendung des Lebens: »Ein einziger Samenerguss des männlichen Gliedes enthält 300 Millionen Spermatozoen, also die Bevölkerungsziffer des westlichen Europa. Zwanzig Samenergüsse stellen die Gesamtbevölkerung der Welt dar. Die Eierstöcke einer Frau enthalten bei der Geburt 700 000 Eizellen; nur 400 davon werden aufgrund des achtundzwanzigtägigen Zyklus im Verlauf von einem dreißigjährigen Geschlechtsleben ausgestoßen.« [5]

Doch Marois fügt auch hinzu: »Der Tod der Menschen ist die unerlässliche Bedingung für das Fortleben der Art, die Fortsetzung des menschlichen Abenteuers auf Erden. Eine Menschheit, deren Menschen plötzlich unsterblich würden, hätte in wenigen Jahren nicht mehr genug Luft, Energie, Nahrung und Raum, um ihre Existenz zu sichern. Die Gattung Mensch würde von diesem Planeten verschwinden. Anders ausgedrückt: Ohne den Tod des Menschen gäbe es weder Gesellschaft noch Geschichte, noch Zukunft oder Hoffnung.« [6]

Wir erteilen noch einmal Bataille das Wort, der angesichts dieser Orgie von Paarung, Leben, Vernichtung und Wiederbeginn frohlockt und zittert: »Die Sexualität und der Tod sind nur die Zuspitzungen eines Festes, das die Natur mit der unerschöpflichen Masse feiert: Beide bedeuten eine grenzenlose Vergeudung, die die Natur vornimmt, im Widerspruch zu dem tiefen Wunsch jedes Wesens nach eigener Fortdauer.« [7]

Dieser Luxus, dieser Überschwang, diese Woge kribbelnder Energie, die in dem Übergang vom Tod zum Leben bei Jung und Alt auftritt, wird von den afrikanischen Interpretationssystemen gefürchtet, weil sie den Tod bedeuten, aber sie feiern sie mit der Natur, weil sie das Leben sind. [8] Sie belegen die Gestalt des Todes mit Fluch, aber sie zähmen sie. Sie besprechen die Angst des Menschen, aber sie dämpfen sie, nehmen sie auf in die Trauer- und Festtagsriten der Egun.

Für den abendländischen Menschen, der dem sterilen Prinzip des Warenkapitalismus, dem Verwalter der Wirtschaftsgesellschaft, dem keimfreien Technokraten unterworfen ist, gibt es weder Feste verschwenderischer Natur noch Jubel, schöpferischen Tod, Schrecken, Leichname, oder vielmehr ist der fehlende Leichnam nicht einmal mehr, wie Bataille sagt, vom Zeichen des Nichts geprägt. Selbst der Abscheu ist verboten, damit wird die Macht der Verbote noch verstärkt. [9]

»Der Mensch ist die Arznei des Menschen« bedeutet aber auch: Der Mensch konstituiert sich mithilfe einer unvollkommenen Subjektivität. In seinem praktischen Leben verhaftet, jedoch mit einem ungeheuren Lebenspotenzial ausgestattet, braucht er sehr viel mehr Leben, um der totale Mensch zu werden, der er zu sein träumt. Seine volle Entfaltung setzt die Akzeptanz der organischen Ergänzung aller Menschen voraus. Diese Ergänzung, die begrifflich nicht zu erfassen ist, da sie mit der Einmaligkeit jeder Begegnung unlösbar verbunden ist, wird von der generativen Soziologie mit der Gleichheit gleichgesetzt. Das klare Bewusstsein von der Notwendigkeit des Todes wandelt das existenzielle Unwissen des Menschen in ein sinnvolles Schicksal, indem es sich in das Fortleben der Menschheit einschreibt. Wenn also der Tod nicht in die Notwendigkeit des Bewusstseins einbezogen ist, das stets damit rechnet, noch zu sein, erscheint er dem Bewusstsein als eine Notwendigkeit existenzieller Art. [10] Unsere eigene Endlichkeit ist eine Chance, die uns das Leben oder, wenn man so will, der Tod bietet. Es ist die Chance der schicksalhaften Existenz des Individuums. Der Tod, der unserem Dasein eine Grenze setzt, führt eine Diskontinuität ein, setzt die Zeit ein. Er weist jedem Lebensaugenblick einen Platz und einen Sinn zu, von daher vereinzelt er jedes Leben und verleiht ihm seine Bedeutung. Der Tod begründet die Freiheit.

Für das Bewusstsein ist der Tod ein absolutes Hindernis, eine letzte festgesetzte Grenze. Aber innerhalb dieser Grenze vermag der Mensch fast alles oder genauer, wegen dieser Grenze »versucht der Mensch fast alles«: [11] um ein Maximum an überquellendem Lebensverlangen zu verwirklichen, die Angst vor dem Ende zu verdrängen, die davoneilende Zeit zu täuschen, mit anderen Worten, die »verbleibende Zeit«, wie Jean Daniel sagt, aufzustauen. [12] Unsere zeitliche Substanz ist unsere Waffe gegen die Zeit. [13]

Die Schöpfungsmacht des Menschen ist nur wirkungsvoll, weil sie begrenzt ist. Ohne diese Begrenzung durch den Tod würde sie sich in Gleichgültigkeit auflösen. Zitieren wir noch einmal Jankélévitch: »Wie sich der Hebelarm auf einen festen Punkt stützt, um das, was etwas wiegt und widersteht, emporzuheben, so stützt sich die gestaute Macht auf ein unveränderbares Geschick, um unser Leben zu verlängern und unseren Freiheitsraum zu strecken. Es sind also die Negativität und die Unsichtbarkeit des Todes selbst, die unserer umformenden und fortschrittlichen Aktivität einen Sinn, eine Berufung und eine bestimmte Richtung geben.« [14]

Das Bewusstsein vom Tod ist somit von dem Lebenswillen nicht zu trennen, der in die wesenhafte Subjektivität eines jeden Menschen eingeschrieben ist. Wenn die Subjektivität des afrikanischen Menschen in dessen System der Selbstinterpretation glänzend auf ihre Rechnung kommt, so wird der Mensch der kapitalistischen Warengesellschaft, der seinen Tod ignoriert, von einem Willen zu verfälschtem Leben gelenkt.

Die afrikanische Kosmogonie zeigt, dass die Bewahrung, die Ewigkeit des Lebens alles bedeuten. Alle großen Systeme der Selbstinterpretation in der Diaspora, vor allem die Kosmogonie der Nago, sind in ihrem innersten Kern nichts als eine erarbeitete, starke und komplizierte Rechtfertigung der Aufeinanderfolge der Menschen auf Erden. Der Tod bedeutet in diesem Zusammenhang das Angebot der Lebensmöglichkeit für diejenigen, »die nachher kommen«. Für die Sterbenden ist er eine Wiedereinfügung in Gestalt eines Egun in das strukturierte Universum mit den zwei umkehrbaren Hälften. Der lebende Mensch hält sich mithilfe der Toten am Leben. Die Erhaltung des Lebens auf der Erde, seine Verwirklichung und Ausbreitung durch die Liebe sind die einzigen großen und ständigen Funktionen des Menschen.

Nichts davon in den westlichen Gesellschaften.

Das Aufkommen der kapitalistischen Warengesellschaft bedeutet mehr und etwas anderes als eine neue Etappe in der Folge von Gesellschaftsformen im Verlauf der Zeit. *Es markiert einen Bruch in der Zivilisation.* Indem es das thanatische Ereignis in Schweigen hüllt, dem Menschen die Wahl seines Sterbeaugenblicks nimmt, seine Agonie verschleiert und ihm seinen Status als Sterbender verweigert, zerstört das kapitalistische System den Menschen in seinem Wesen. Es beraubt ihn der rückbezogenen Erfahrung von der wichtigsten Phase seines Lebens und hindert ihn daran, seinerseits seine Existenz zu ermessen. Mehr noch: Indem es den Tod seiner existenziellen Bedeutung, die er mitbringt, entleert, entzieht das kapitalistische System der menschlichen Existenz ihre Freiheit, ihre eschatologische Bedeutung und damit die Qualität eines Schicksals. Der Mensch ist sich selbst verborgen.

Die dem wirtschaftlichen, politischen, sozialen und kulturellen System des derzeitigen Kapitalismus entsprechende Strategie besteht darin, den Menschen auf seine einfache Warenfunktion zu reduzieren. Oder, um einen Ausdruck von Horkheimer zu gebrauchen, diese Strategie »entmenschlicht« das menschliche Wesen. Der Aufbau der Gesellschaft orientiert sich nicht am Menschen, seiner freien Entwicklung und der fortschreitenden Entfaltung seiner schöpferischen Kräfte. Es hat eine Verschiebung stattgefunden. Die Wertmaßstäbe der sozialen Entwicklung, die von herrschenden wie den abhängigen Klassen verinnerlicht werden, heißen heutzutage technologischer Fortschritt, Wirtschaftlichkeit, Funktionieren, Anpassung, Profitmaximierung.

Der Tod macht aus dem Menschen einen »Entschwundenen«, einen Produktionsabfall, der aus dem System »verschwindet« und zu funktionieren aufhört. Keinerlei Identitätsbewusstsein bestimmt die Beziehungen zwischen den Menschen. Die Umkehrbarkeit von Leben und Tod ist abgeschafft. Das Leben zirkuliert nicht mehr. Weder von einem lebenden Menschen zum anderen. Noch von einem lebenden Menschen zu den Toten. Noch von einem toten Menschen zu den Lebenden. Die symbolische Gewalt raubt dem Menschen das Bewusstsein des thanatischen Ereignisses, indem sie ihm verbietet, sich seiner zu bedienen, um sein Schicksal zu ermessen und sein Leben zu überdenken: Der Mensch ist als Objekt dieser Gewalt nicht in der Lage, seinen Tod in einen anderen Zusammenhang zu stellen als den der Warenfunktion.

Die herrschende Denkweise »bürgert« den Tod »aus«. So reduziert die kaptalistische Gesellschaft den Tod nicht nur auf ein »natürliches«, armseliges, sinnloses, angstgebietendes, tabuisiertes Ereignis, sondern bedient sich auch noch des Schweigens, das ihn begleitet, um die grundsätzliche Ungleichheit der Menschen vor ihrem Tod und in ihrem Leben zu verschleiern. Die symbolische Gewalt der kapitalistischen Gesellschaft macht aus dem Tod ein absurdes Ereignis, das einer Existenz ein Ende setzt, die sie nach ihren eigenen Warenmaßstäben aufgebaut und beurteilt hat. Der so »neu« geschaffene Mensch ist nicht mehr die Arznei des Menschen.

Der Widerspruch zwischen dem autonomen Bedürfnis des europäischen Menschen und der konkreten Praxis der Gesellschaft erreicht heute seinen Gipfel. Der Augenblick der Revolte ist gekommen. Die Behandlung des Todes, seine Verdunkelung, die Unterdrückung der Sterbenden, die Verdrängung von Angst und Trauer und schließlich die Verneinung jedes von den Toten beanspruchten Status erreichen ein unerträgliches Maß.

Das Vorbildliche an der afrikanischen Thanatopraxis ist, dass sie die Angst des Menschen vor seinem Tod in ein Mittel verwandelt, die Menschen glücklicher zu machen. Doch diese Gemeinschaften als Modell für die westliche Gesellschaft anzusehen, ohne die beiden Kulturen in ihren entsprechenden historischen Rahmen zu stellen, hieße, sich der Nostalgie hingeben, dem Mythos von der Rückkehr in ein magisches goldenes Zeitalter. Wir im Abendland kommen woanders her. Und wir kommen von weit her. Die Menschen, die heute die Freiheit zu sterben fordern, sind unter der Bedingung Revolutionäre, dass sie ihren Aufstand dem Klassenkampf verschreiben; denn der Sturz der machthabenden kapitalistischen Klasse, ihrer Rationalität und ihrer Praxis ist die Voraussetzung dafür, dass nach einem Sinn des Lebens und damit des Todes gesucht werden kann. Allein eine Gesellschaft, die endlich konkret den Menschen als ihr kostbarstes Gut anerkennt, kann eine solche Erforschung in die Wege leiten.

Die neue soziale Praxis des Menschen, der durch das klare Bewusstsein von seinem notwendigen Tod von der Fremdbestimmung befreit ist, führt vom Einzelbewusstsein seiner Endlichkeit zum Universalbewusstsein des eschatologischen Schicksals aller Menschen. Wir müssen den Tod als absolutes Hindernis, als Bewusstsein der Endlichkeit, also der Einmaligkeit unserer Existenz wieder in unser Denken integrieren, um daraus die Waffe für unseren Kampf für die Gleichheit und Gerechtigkeit zu machen.

Jedes wirksame Wissen ist ein initiatorisches Wissen, ein Wissen der Praxis. Die kapitalistische Warengesellschaft, die Massengräber auf der ganzen Welt, die sie täglich mit ihren Opfern füllt, die symbolische Gewalt, mit der sie uns unterdrückt, werden nicht zerstört, wenn man lediglich zum Wort greift. Nur das verkörperte Wort, die Revolution, der gemeinsame Aufstand von Frauen und Männern, die entschlossen sind, das klare Bewusstsein von der existenziellen Notwendigkeit ihres Todes, und damit ihre Freiheit und ihre Gleichheit zu erkämpfen, wird dem Tod und also dem Leben sein eschatologisches Schicksal und seinen Sinn wiedergeben.

Die wichtigsten verwendeten Nago-Begriffe*

Abataque	Trommeln der Orixa
Abiku	Tot geborenes Kind, »das geboren wird, um zu sterben«
Agba	Familienoberhaupt oder ältere Person
Agba-Egun	Egun eines Mannes, der in voller Reife gestorben ist
Ajala	Töpfer des Orun
Alagba	Trommler
Alapani	Oberhaupt aller Candomblé Eguns
Agogo	Musikinstrument aus Metallglocken, an die man mit einem Metallstab schlägt
Amuisan	Mit Stöcken ausgerüstete Person, die die Egun verjagt
Axe	Heilige Gegenstände, die eine spezifische Kraft haben
Axexe	Frieden, Frieden spenden
Babalão	Priester des Ifa-Kultes, Seher
Babalorixa	Oberster Priester eines Candomblé, »Vater der Orixa«
Babaogé	Oberster Priester des Totenkultes
Bara-Orun	Materielle Elemente des Ipori einer Person
Bairro	Stadtviertel
Candomblé	Theokratie, Ort, an dem die Feste der Orixa gefeiert werden
Cauris	Muschelschalen, die zur Weissagung verwendet werden
Despacho	Gattungsbegriff für einen rituellen Schritt
Ebomé	Tochter der Götter, die mindestens seit 7 Jahren eingeweiht ist
Egbe	Abiku, tot geborenes Kind
Egun	Totengeist
Emi	Atem
Ese	»Bein«, physiologischer Organismus
Exu	Bote der Orixa, Orixa-Bote
Iansan	Orixa der Gewitter

* In phonetischer Umschrift.

Ijoye	Ehrenmitglied eines Candomblé
Ikun	Ort, wo die Egun wohnen
Ilu-Aye	Afrikanisches Land, Mutterboden, Land des Lebens
Ipori	Kopf, Gesicht einer Person, der unvergänglich »im Orun ruht«
Iya-Egbe	Führerin der Frauen bei einem Fest der Egun
Iya-Monde	Frau, die die Gesänge bei einem Fest der Egun anstimmt
Kraal	Einfriedung
Noxe	Priesterkönigin des Candomblé des Fon-Ritus
Oba	König
Ojé	Babaojé – Priester des Totenkults
Olodumare	Türhüter des Orun
Olorun	Oberster Orixa, Lebensschöpfer
Ogan	Laienschirmherr eines Candomblé
Omo-Egun	Egun eines jung verstorbenen Menschen
Omulu	Orixa der Krankheit (Pocken, Pest)
Opa-Ikun	Stock zum Verjagen der Egun
Ori	Der Kopf, der Geist
Orisanla	Oberster der Orixa, Schöpfer der Menschen
Orixa	Gattungsbezeichnung der Yoruba-Gottheiten
Orun	Himmel
Osi	»Mann zu meiner Linken«
Otun	»Mann zu meiner Rechten«
Oxala	Orinsala, Oberster der Orixa
Oxunmare	Orixa des Regenbogens
Pégi	Heiligtum, Allerheiligstes eines Candomblé
Quilombo	Gesellschaft aufständischer Sklaven
Sekere	Eiseninstrumente
Terreiro	Sitz einer Nago-Yoruba-Gemeinschaft
Xango	Orixa des Blitzes, auch Shango geschrieben
Yawalorixa	Priesterkönigin
Yawo	In die Trance durch einen Orixa eingeweihte Frau
Yemanja	Orixa der Wasser

Bibliografie

Das Grundwissen dieses Buches ist im Wesentlichen ein »initiatorisches Wissen« (bei Lévi-Strauss ein »savoir savoureux«), das ich bei meinen Besuchen in einer Gesellschaft gewonnen habe, deren Tradition in der mündlichen Überlieferung, in der Trance, im Mythos verankert ist und zu der ich ursprünglich nicht gehöre. Ich wiederhole, was ich in der Einleitung gesagt habe: die Yawalorixa sind meine Lehrerinnen gewesen. Dennoch waren mir Ausschnitte des abendländischen Denkens zur Durchdringung der thanatischen Problematik von Nutzen. Die wichtigsten davon sind die hier aufgeführten Bücher.

I. Begriffliches Handwerkszeug

Die begrifflichen Waffen, deren ich mich bedient habe, um gegen das Warendenken anzugehen, stammen aus zwei unterschiedlichen Arsenalen. Das erste liefern die Autoren des dialektischen Materialismus; das zweite stützt sich auf die französischen Soziologen, die heute bemüht sind, eine generative Soziologie zu formulieren.

1. Lektüren im Umkreis des dialektischen Materialismus
Bloch, E., Das Prinzip Hoffnung, 2 Bde., Frankfurt am Main 1959.
–, Geist der Utopie, Berlin 1923, Frankfurt 1964, 1973.
Feuerbach, L., Manuscrits philosophiques, 1960.
Fromm, E., Das Menschenbild bei Marx, *Stuttgart* 1969.
Gonseth, F., Morale et méthode. In: *Revue des sciences morales,* Nr. 12–13, S. 57; vgl. auch seine regelmäßigen Beiträge in der Zeitschrift »Dialectica«.
Horkheimer, M., Kritische Theorie, 2 Bde., Frankfurt am Main 1968.
–, Die Sehnsucht nach dem ganz Anderen; Hamburg 1970.
Marx, K., Das Kapital; Frankfurt am Main/Berlin 1969.
Sartre, J.-P., Critique de la raison dialectique; Paris 1960.

Unter derselben Rubrik, jedoch am Rande, da ihre methodologische Absicht mit der der zitierten Materialisten nicht völlig identisch ist, sind drei Autoren zu erwähnen, von denen ich viel über die Entstehung der symbolischen Systeme in der Warengesellschaft gelernt habe:

Bourdieu, P./Passeron, J.-C., La Réproduction, Paris 1970.
Touraine, A., Production de la société, Paris 1974.

2. Generative Soziologie
Balandier, G., Sens et Puissance; Paris 1971.
–, Anthropo-Logiques; Paris 1974.
Bastide, R., Le Rêve, la Folie, la Trance; Paris 1972.
–, Anthropologie appliquée; Paris 1971.
Duvignaud, J., Le Langage perdu; Paris 1973.
Morin, E., Le Paradigme perdu; Paris 1973.

*II. Bücher über die afrikanische Diaspora**

Bastide, R., Le Candomblé de Bahia; Paris 1958.
–, Les Religions africaines au Brésil; Paris 1960.
Binon-Cossard, G., Contribution à l'étude des candomblés au Brésil, le candomblé Angola; unveröffentlichte Dissertation, Paris 1970.
Carneiro, E., Candomblé da Bahia; Ed. de Ouro, 1961.
Costa-Lima, V., Organização socio-cultural de candomblé; unveröffentlichte Dissertation, Bundesuniversität Bahia, Salvador 1972.

Dos Santos, J. und *D.*, Ancestor worship in Bahia, the Egun cult; Sondernummer des Journal de la société des Americanistes, Bd. 58, 1971.
Pereira de Queiroz, M. I., Le Brésilien traditionnel et la perception des étendues. In: Perspectives de la sociologie contemporaine; Paris 1968.
Ribeiro, R., Significado socio-cultural das ceremonias de Ibeji; Recife 1958.
Verger, P., Flux et Reflux de la traite des nègres entre le golfe de Bénin et Bahia de todos os santos; Paris 1968.

* Wichtige Arbeiten sind über den Tod auf dem afrikanischen Kontinent erschienen; vgl. *R. Jaulin*, La Mort sara, Paris 1967. Beiträge von *Bastide, Thomas, Verger, Dos Santos* im Kolloquium über »La notion de personne en Afrique noire«, CNRS, 1972.

1. Monografien

Ariès, Ph., La Mort inversée, le changement devant la mort dans les sociétés occidentales; in: Archives européennes de sociologie, Bd. VIII, 1967.

Foucault, M., Naissance de la clinique; Paris 1972.

Hertz, R., Sociologie religieuse et Folklore; Paris 1970. Vgl. auch Matarasso, H./Hertz, R., Notre prochain; in: Année sociologique, Bd. 24, 1973.

Jankélévitch, V., La Mort; Paris 1970.

Landsberg, G., Essai sur l'expérience de la mort; Paris 1960.

L. V. Thomas, Anthropologie de la mort; Paris 1975.

Vovelle, M., Mourir autrefois; Paris 1973.

Drei Autoren, deren Werke sich in keine der üblichen universitären Disziplinen einordnen lassen, haben mir geholfen, die Phänomenologie des Todes im Abendland zu verstehen:

Bataille, G., L'Erotisme; Paris 1957 (dt. Der heilige Eros; Neuwied/Berlin 1963).

Daniel, J., Le Temps qui reste; Paris 1973.

Domenach, J.-M., Le Retour du tragique, Paris 1967.

2. Medizinische Technik*

Assel, R., An Existential Approach to Death; in: *Nursing Forum*, Bd. VII, 1968.

Batzell, W. H., The Dying Patient; in: *Archives of Internal Medicine*, Bd. 127, 1971.

Harvard Medical School, Ad hoc commitee, Definition of Brain Death; in: *Journal of the American Medical Association*, Nr. 6, 1968.

Kübler-Ross, E., On Death and Dying; Tavistock publication, 1969.

Mahlum-Sarosi, G., The Nurse as a Fully Human Person; in: *Nursing Forum*, Bd. VII, 1968.

Marois, M., La Politique de la vie; in: *Revue des sciences morales et politiques*, 1. Semester 1970.

Quint Benoliel, J., Talking to Patients about Death; in: *Nursing Forum*, Bd. IX, 1970.

---

* Ich gebe hier nur einige Hinweise, die mir besonders bemerkenswert erscheinen. Die komplette Bibliografie, die auf dem neuesten Stand ist, befindet sich in der Zentralbibliothek der Weltgesundheitsorganisation in Genf.

Sudnow, D., Passing on, the Social Organization of Dying; Prentice Hall 1967.

Thurston, G., The Point of Death; in: *The Practitioner*, Juli-Dezember 1970.

ANMERKUNGEN

Einleitung

1 *André Breton*, zitiert nach *Gaetan Picon* in: André Breton, *Le Monde*, 3. November 1966.

2 *Roger Bastide* ist in dem Augenblick in einer Pariser Klinik gestorben, als ich dieses Buch abschloss, am Vorabend von Ostern 1974.

3 *R. Bastide*, Religions africaines et structures de civilisation. In: *Présence africaine*, Nr. 66, 1968, S. 98 f.

4 *C. Lévi-Strauss*, J.-J. Rousseau, fondateur des Sciences de l'homme. In: Jean-Jacques Rousseau, Neuchâtel 1962, S. 245.

5 *V. Jankélévitch*, La Mort, Flammarion, Paris 1970.

6 *J.-M. Domenach*, Le retour du tragique, Editions du Seuil, Paris 1973.

7 *P.-L. Landsberg*, Essai sur l'expérience de la mort, Editions du Seuil, Paris 1960.

8 *E. Morin*, L'Homme et la Mort, Editions du Seuil, Paris 1970.

9 Siehe hierzu den Abschnitt *Die symbolische Gewalt*, S. 44.

10 E. Bloch, Geist der Utopie, Berlin 1923, Nachdruck, Frankfurt a. M. 1964, stw 35, 1973, S. 338.

Drei Thesen

1 Hinsichtlich der Bestattungen im Paläolithikum vgl. *E. Morin*, Le Paradigme perdu. Ed. du Seuil, Paris 1973, S. 109.

2 *Ibid.*, S. 111–112.

3 *Ibid.*, S. 112.

4 Die politische Bedeutung, die die herrschende Klasse dieser Behandlung der Toten selbst beimisst, wird durch folgende Tatsache bezeugt: uns sind 18 Grabreden auf Heinrich IV., 53 auf Ludwig XIV., 21 auf Anna von Österreich, 9 auf den Grand Dauphin, 21 auf den Herzog von Burgund überliefert; die Zusammenstellung stammt von *Doumic*.

5 Reproduziert in: *Bossuet*, Oraisons funèbres. Ediert und kommentiert von *Jacques Truchet*, Garnier-Flammarion, Paris 1961.

6 *Bossuet*, Oraisons funèbres. Hrsg. von *René Doumic*, Quillet, Straßburg 1928, S. 6.

7 *Voltaire*, Éloge funéraire à Louis XV du 25 mai 1774. In: Commentaire historique sur les œuvres de'l auteur de la Henriade, avec les pièces originales et les preuves. Neuchâtel 1776.

8 *Voltaire*, Dictionnaire philosophique. Edition Kehl, Bd. XXXXI, S. 100.

9 *Voltaire*, Éloge funéraire à Louis XI, op. cit.

10 *Voltaire*, Dictionnaire philosophique, op. cit., S. 74. In diesem Band findet sich auch die überraschende Berechnung Voltaires, in der er die Lebenserwartung der Franzosen auf 22 Jahre bestimmt.

11 *Voltaire*, Dictionnaire philosophique. Bd. XXXX, S. 18 f.

12 Zahlen zitiert nach: *Le Nouvel Observateur*, 23. Dezember 1974, S. 51.

13 Vgl. S. 57 ff.

14 *P. Bourdieu, J.-Cl. Passeron*, La Réproduction, op. cit., S. 18.

15 Siehe die Schlussbetrachtung *Der Mensch ist die Arznei des Menschen.*

16 *P. Bourdieu*, Le marché des biens symboliques. In: *L'Année sociologique*, 1972, S. 49.

17 Ibid.

18 Ibid.

19 Zitiert nach *Erwin Panofsky*, L'Œuvre d'art et sa signification, Gallimard, Paris 1971.

20 Der Begriff stammt von *Léon Bloy.*

21 *R. Bastide*, La parole obscure et confuse. In: *Revue du monde non chrétien*, Nr. 75, Paris 1965, S. 156 f.

22 Vgl. die Anzeigenseiten der amerikanischen Zeitschrift *Hospital Management*, New York, in den Jahren 1971, 1972.

23 *R. Bastide*, Approche des causes sociales et mentales de la maladie mentale. In *Informations sociales.* Sondernummer: Environnement et santé mentale. Nr. 5, Paris 1972, S. 45 f.

24 Vgl. *Newsweek*, 29. Mai 1972, S. 44.

25 Der Tod als Ware wird in zwei neueren Abhandlungen untersucht: *Jessica Mitford* zeigt, wie die Toten, der Sarg und die Beerdigungen der Einsatz eines erbitterten Wirtschaftskampfes zwischen spezialisierten Lebenden sind. In: The American Way of Death, Simon & Schuster, New York 1963. *Julien Potel* analysiert die Stellung des Todes in Frankreich in der Verbraucherwerbung: *J. Potel*, Mort à voir, Mort à vendre. Desclée, Paris 1970.

26 *Ph. Ariès,* La mort inversée, le changement des attitudes devant la

mort dans les sociétés occidentales. In: *Archives européennes de sociologie*, Bd. VII, Nr. 2, 1967.

27 Op. cit., S. 189f.

28 Siehe den zweiten Teil dieses Buches: *Der afrikanische Tod.*

29 G. *Balandier*, Réflexions sur une anthropologie de la modernité. In: *Cahiers internationaux de sociologie*, Bd. LI, 1971, S. 203.

30 *Ibid.*

31 R. *Hertz*, Contribution à une étude sur la représentation collective de la mort. In: Sociologie religieuse et Folklore, PUF, 1970, S. 1f., Vorworte von *Marcel Mauss, Georges Balandier* und *Alice Robert Hertz.* Vgl. auch M. *Matarasso, Robert Hertz.* In: *Année sociologique*, Bd. XXIV, 1973.

32 R. *Glaser* und A. *Strauss*, Temporal aspects of dying as a non-scheduled status passage. In: *American Journal of Sociology*, Nr. 81, 1965. Von denselben Autoren: Awareness of dying, Aldine, Chicago 1965.

33 Ich komme auf das Problem der Dialyse und die nötige Auswahl auf S. 123ff. zurück.

34 Die Mangelausstattung an Apparaten ist nur ein Aspekt. Es kommt der Mangel an Personal und Raum hinzu.

35 Entretien avec Pierre Chaunu. In: La Suisse, 11. Nov. 1972, S. 41.

36 *La Monde*, 28–29. Januar 1973, S. 9.

37 E. *Morin*, Journal de Californie. Ed. du Seuil, Paris 1970.

38 M. *Dansel*, Au Père-Lachaise. Ed. Fayard, Paris 1973.

39 W. *Gombrowicz*, La Pornographie. Ed. Plon, coll. 10/18, Paris 1969, S. 10.

40 Die Antinomie von »Vernunft« und »Wahnsinn« wird von Foucault behandelt. Vgl. M. *Foucault*, Histoire de la folie à l'âge classique. Ed. Plon. *Ders.*, Naissance de la clinique, une archéologie du regard médical. PUF.

41 Vgl. R. Ribeiro, Analisis socio-psichologico de la posesion en los cultos afro-brasileiros. Acta neuropsiquiat. Arg., Buenos Aires 1959. *Ders.*, Religiao e relaçôes racias. Vorw. *Gilberto Freyre*, Rio de Janeiro 1956; O episodo da Serra do Rodeado (1817–1820): Un movimento milenario sebastianista, in: *Revue d'anthropologie universitaire de São Paulo*, Bd. VII, Nr. 2, Dez. 1960. Significado socio-cultural das ceremonias de Ibaji, in: *Revue d'anthropologie de São Paulo*, Bd. V, Nr. 2, Dez. 1957; Problematica pessoal e interpretaçao divinatoria nos cultos afro-brasileiros do Recife, Separata da Revista do Museo Paulista, Neue Folge, Bd. X, 1956/1958; *Hubert Fichte*, Xango, S. Fischer, Frankfurt/Main 1977.

42 R. *Bastide*, Sociologie des maladies mentales. Op. cit., S. 255.

43 Caboclo: Mischling von Indianern und Europäern.

44 Teile einer ersten Untersuchung von *Hamilton de Almeida* in: *Veja*, Nr. 153, São Paulo 1971, S. 51 f.

45 *G. Freyre*, Maîtres et Esclaves. Ed. Gallimard, Paris 1952.

46 *J. Michelet*, La Sorcière. Ed. Rencontres, Lausanne 1969 (Gesamtausgabe, hrsg. von *Claude Mettra*).

47 *F. Brito Figuerôa*, Los insurrectiones de las esclavos negros en la sociedad colonial venezolana. Ed. Cantaclaro, Caracas 1961. – *M. Agosta Saignes*, Vida de los esclavos negros en Venezuela. Ed. Aespérides, Caracas 1967.

48 Die samba-enredo der Samba-Schule von Portela, 1970, nimmt diese alte afrikanische Legende auf: Dizem que os astros se amaram/E nao puderam se casar/A lua apaixonada chorou tanto/Que do seu pranto/Nasceu o Riomar... (Es wird erzählt, dass sich zwei Gestirne leidenschaftlich liebten/aber nicht zueinander finden konnten/Der verliebte Mond hat so geweint/dass er den Meeresstrom geschaffen hat...)

49 *V. Salles*, O Negro no Pará. Ed. Fundacao Gentullio Vargas, 1971.

50 *E. Carneiro*, O quilombo dos Palmarès. Ed. Civiliacao Brasileira, 2. Aufl. 1958.

51 Ich danke Mario Ipiranga Monteiro, dem Leiter des soziologischen Instituts in Manaus, für die freundlichen Hinweise.

52 *A. C. Ferreira Reis*, Brasileiros e estrangeiros na ocupaçao da Amazonia: In: A Amazonia brasileira en foco, Bd. V, 1971.

53 *J. Duvignanud*, La môrt, et après? In: *Cahiers internationaux de sociologie*, PUF, BD. LI, 1971, S. 293.

54 Biochemie des troubles mentaux. Fachbericht, hrsg. von der *Weltgesundheitsorganisation*, Genf 1971.

55 Akten des Kolloquiums UNICEF, Genf, Dez. 1974.

56 *Ph. Ariès*, Le culte moderne des morts. Akten des Kolloquiums »Présence de la mort«, 1963. In: *Foi et Vie*, Nr. 2, 1964, S. 95/96.

57 *C. Valadarès*, Artes crimenterais. Ed. Conseil fédéral de culture, MEC, Rio de Janeiro 1971 (2 Bde. mit zahlreichen Abbildungen).

58 *M. Horkheimer*, Kritische Theorie. Bd. II, S. Fischer, Frankfurt/M. 1968, S. 310 f.

59 Ibid.

60 *M. Horkheimer*, Die Sehnsucht nach dem ganz Anderen. Furche-Verlag, Hamburg 1970.

61 *M. Horkheimer*, op. cit., S. 71.

62 Beispiel: die halbjährlichen Schlussverkäufe der großen Warenhäuser.

63 *M. Horkheimer*, Zur Kritik der instrumentellen Vernunft. S. Fischer, Frankfurt am Main 1967. Originaltitel: Eclipse of Reason. Oxford University Press, Inc., New York 1947. Zit. nach: *M. Horkheimer*, Zur Kritik der instrumentellen Vernunft. Fischer Athenäum Taschenbücher, Bd. 4031, Frankfurt am Main 1974, S. 124 (dt. von Alfred Schmidt).

64 Ibid., S. 125.

65 Ibid., S. 146.

66 Ibid., S. 150.

67 Ibid., S. 136.

68 Ibid., S. 142f.

69 *J. Duvignaud*, Qui veut la révolution? In: Cause commune, Nr. 6, Paris 1973, S. 1–2.

70 Zur Definition der Apokalypse vgl. S. 196ff.

71 *M. Horkheimer*, Zur Kritik der instrumentellen Vernunft. Op. cit. S. 137.

72 Ibid., S. 151–152

73 *P. L. Landsberg*, Essai sur l'expérience de la mort. Ed. du Seuil, Reihe Esprit, Paris 1951.

74 *P. L. Landsberg*, Einführung in die philosophische Anthropologie. Frankfurt am Main 1934.

75 Wieder abgedruckt in *Kritische Theorie*. Op. cit., Bd. I, S. 200ff.

76 *P. L. Landsberg*, Einführung in die philosophische Anthropologie. Frankfurt am Main 1934, S. 29f.

Die Herren des Todes

1 Die angelsächsische thanatische Terminologie verwendet einen räumlichen und nicht den zeitlichen Bezug wie das französische Vokabular. Der Augenblick des Sterbens ist für die Angelsachsen *the point of death*. Vgl. *J. Thurston*, The point of death. In: *The Practitioner* Bd. CCV, London 1970.

2 *Hippokrates*, De morbis. Zit. in: *Bulletin de la société française de thanatologie*.

3 *Dictionnaire français de médecine et de biologie*. Masson, Paris 1970, Bd. 2, S. 862–863.

4 Die treffendste Kritik wurde meiner Meinung nach von *M. Foucault* in Naissance de la clinique, PUF 1972, geübt; *Foucault* stützt sich dabei auf die Forschungen von Bichat und seine Chronologie der Existenz: »Die einzelnen Hüllen des Lebens lösen sich auf natürliche

Weise und erweisen ihre Autonomie und ihre Wahrheit selbst dort, wo sie vereint werden. Das System der funktionellen Abhängigkeiten und normalen oder pathologischen Interaktionen erklärt sich aus der Detailanalyse dieser Toten.« Für Bichat stirbt der Mensch »an der Lunge, am Herzen oder am Gehirn«; *X. Bichat*, Recherches physiologiques. Wegen weiterer Kritiken, die sich an bestimmten Elementen der hippokratischen Definition orientieren, vgl. *R. Fesneau*, La sexualité et la mort. In: *Bulletin de la société française de thanatologie*, 5. Jg. und *J. Roger*, Introduction à une étude sur les critères de la mort somatique. In: *Bulletin de la société française de thanatologie*, Nr. 3, Dez. 1967. *P. Chaudard*, La Mort, PUF 1960. *H. Bon*, La mort et ses problèmes, PUF 1947.

5 *G. Thurston*, The point of death. In: *The Practitioner*, Bd. CCV, London 1970, S. 189. Das erstaunliche Weiterleben der hippokratischen Auffassung ist nicht allein auf England beschränkt. Es kann in den USA und in Frankreich beobachtet werden. In Bezug auf die Vereinigten Staaten vgl. zum Beispiel das Urteil von 1967 in Sachen United Trust gegen Pyke: Der Appellationsgerichtshof von Kansas gebraucht die Definition vom Augenblick des Sterbens, wie sie in einer medizinischen Abhandlung des 16. Jahrhunderts geboten wird! Das Urteil wird im *Journal of American Medical Association*, Bd. CXXV, Nr. 2, S. 296 zitiert. In Bezug auf Frankreich vgl. *J. Roger*, Introduction à une étude sur les critères de la mort somatique. In: *Bulletin de la société française de thanatologie*, op. cit.

6 *M. Foucault*, Naissance de la clinique. Op. cit.

7 Ibid.

8 Ibid.

9 Um die wichtigsten Schritte bei der Todesfeststellung kennen zu lernen, die der Arzt in Frankreich unternimmt, vgl. die verschiedenen Arbeiten des *IV. Kongresses der Gesellschaft für Thanatologie am 2. und 3. Juni 1972 in Lyon.* Einige der Mitteilungen, vor allem die von *Müller* und *Guidevaux*, mit dem Titel »Certification des décès et certificats de décès«, sind in dem *Bulletin de la société française de thanatologie*, 6. Jg., Nr. 2, S. 5 ff., abgedruckt. Die Gesamtheit der juristischen Texte, die die thanatischen Handlungen des Arztes festlegen, sind in dem *Guide pratique de la législation funéraire* wiedergegeben. Hinsichtlich einer kritischen Deutung mehrerer dieser Texte vgl. insbesondere den Artikel von *Roger Fesneau*, Les hôpitaux et les services thanatologiques en temps de paix; in: *Bulletin de la société française de thanatologie*, Nr. 2, April 1967.

10 *M. Foucault*, Naissance de la clinique. Op. cit., S. 143.

11 Ibid.

12 *G. Thurston*, The point of death. In: *The Practitioner*, London, Bd. CCV, Juli/Dez. 1970.

13 Vgl. *M. Mauss*, in: Sociologie et Anthropologie, PUF, 1969. Hier sei auf eine interessante, von *Lawrence Casler* entwickelte und geleitete und heute aktuelle Untersuchung hingewiesen, um das Phänomen in den Vereinigten Staaten einzukreisen. Vgl. *L. Casler*, Death as a psychosomatic condition: Prolegoma to a longitudinal study. In: Psychological Reports, Nr. 27, 1970. *Casler* vertritt die Hypothese, dass der Augenblick des Sterbens durch Hypnose verzögert oder beschleunigt werden kann.

Weder die Theorie von *Casler* noch die von *Mauss* entkräftigt meinen gegenwärtigen Schluss; die »Festlegung« des Augenblicks des Todes bleibt auch für die beiden Autoren eine soziale Handlung.

14 Um die äußerst unterschiedlichen Texte kennen zu lernen, die die thanatischen Handlungen der Ärzte in den verschiedenen Staaten der USA kennzeichnen, kann man zu mehreren Handbüchern greifen, von denen das praktischste, trotz seiner zögernden Neuauflagen, das von *Robert P. Morhardt* ist: Handbook of Death, Mechanisms, Causes und Certification, hrsg. von *John Main*, South Pasadena, California, 1946. Hinsichtlich eines Gesamtüberblicks über die juristischen Texte, die in den verschiedenen Ländern die thanatischen Handhabungen der Ärzte vorschreiben, greife man zu den Publikationen der *Weltgesundheitsorganisation* in Genf. Auf dem neuesten Stand ist: Certificat médical de la cause du décès, conforme au modèle international; Genf 1969. Erwähnen will ich auch: Manual of the International Classification of Diseases. Injuries and Causes of Death; verschiedene Ausgaben der *Weltgesundheitsorganisation*, Genf, 1. Aufl. 1948.

15 *L. F. Taylor*, Letter to the Editor. In: *Journal of the American Medical Association*, Bd. CCXV, Nr. 2, 11. Januar 1971, S. 295.

16 *Etudes méthodologiques*, Neue Folge, Vereinte Nationen, New York, S. 64 der am 15. März 1975 gültigen Ausgabe.

17 Statement of the Committee on Morals and Ethics of the International Transplantation Society, zuerst veröffentlicht in: *Annals of Internal Medicine*, Nr. 75, 1971, S. 631–633. Die *Weltgesundheitsorganisation* ratifizierte die Beschlüsse dieser Gesellschaft; *Bulletin der Weltgesundheitsorganisation*, Bd. XXXXVII, Nr. 1, 1972, S. 131 ff.

18 In: *Journal of the American Medical Association*, Bd. CCV, Nr. 6, 5. August 1968.

19 A Definition of Irreversible Coma. In: *Journal of the American Medical Association*, Op. cit., S. 85–86.

20 A Statutory Definition of Death in Kansas. In: *Journal of the American Medical Assocation*, Bd. CCXV, Nr. 2, S. 296.

21 Diese begriffliche Revolution ist von einer Reihe besonders scharfsinniger Forscher angekündigt, begleitet und vertieft worden. Vgl. vor allem: *C. Moses*, Death and the Heart Transplantation: an Ethical Dilemma. In: *Heart Research News Letter*, 1968, col. 3, Nr. 2. – *S. Rhoads*, Medical Ethics and Morals in a new age. In: *Journal of the American Medical Association*, 1968, Bd. CCV. – *Ohne Verf.*, When do we let Patients die? In: *Annals of Internal Medicine*, Bd. LXVIII, S. 695. – *H. R. Beecher*, Ethical Problems created in the Hopelessly Unconscious Patient: In: *New England Journal of Medicine*, Nr. 278, S. 1425. – *J. D. Arnold*, Public Attitudes in the Diagnostic of Death. In: *Journal of the American Medical Association*, Bd. CCVI, S. 1949. – *N. John-Stevas*, Life, Death and Law. Indiana University Press 1961. – *W. H. Batzell*, The Dying Patient. In: *Archives of Internal Medicine*, Bd. CXXVII, 1971, S. 106 ff.

22 A Definition of Irreversible Coma. Op. cit., S. 339.

23 Ibid., S. 338.

24 Vgl. vor allem die Analyse der Beziehung zwischen der Krankenschwester und dem »staff patient« von *Malhum Sarosi Grace*, A Critical Theory: the Nurse as a Fully Human Person. In: *Nursing Forum*, Bd. VII, Nr. 4, 1968, S. 349f. Desgleichen *Suroyak Shirley*, Cultural Incongruence: the Effect on Nurses Perception. In: *Nursing Forum*, Bd. VII, Nr. 3, 1968, S. 235. – *Assel Ruth*, An Existential Approach to Death. In: *Nursing Forum*, Bd. VIII, Nr. 2, S. 200f.

25 *David Sudnow*, Schüler von Erving Goffmann und Harold Garfinkel, legte der Universität von Kalifornien, in Berkeley, eine Doktorarbeit vor, die von der »Ethnomethodologie« dieser beiden Professoren geprägt ist. Seine empirische Grundlage: zwei Krankenhäuser, die er mit den Pseudonymen »County« und »Cohen« bezeichnet. County ist ein großes öffentliches Krankenhaus in der Gegend von Los Angeles, Cohen eine Privatklinik im Mittleren Westen. Neun Monate hat er in dem ersten, sieben Monate im zweiten gearbeitet und, als Arzt verkleidet, den meisten der ärztlichen Schritte an 250 im Sterben liegenden Patienten beigewohnt. Seine Dissertation umfasst zwei getrennte Darstellungen, die eine ist der Thanatopraxis von County gewidmet, die andere der von Cohen. Ein dritter Teil seines Werkes beschäftigt sich mit der vergleichenden Analyse dieser zwei Thanatopraxen und versucht eine Behandlungstheorie bei Sterbenden in der amerikanischen Krankenhauswelt zu formulie-

ren. Vgl. *David Sudnow*, Passing on, The Social Organization of Dying, Prentice-Hall, Englewood Cliffs, New Jersey, 1967.

26 *Alexander Mitscherlich*, Heilung und Vernichtung des Todestriebes. In: Freiheit und Unfreiheit in der Krankheit, das Bild des Menschen in der Psychotherapie. Claassen und Goverts, Hamburg 1948, S. 122f.

27 *K. R. Eissler*, The Psychiatrist and the Dying Patient. International University Press, New York 1955.

28 Die Analyse der Träume bestätigt diese Tatsache auf unbestreitbare Weise. Vgl. insbesondere *H. R. Greenberg* und *R. H. Blank*, Dreams of a Dying Patient. In: *British Journal of Medical Psychology*, Cambridge University Press, 1970, S. 335 ff.

29 Man muss die Studie von *Jordan M. Scher* lesen, der eine Zeit lang Psychiater der zum Tode Verurteilten im Gefängnis von Cook County war; ich denke vor allem an die Behandlungsberichte über die Verurteilten John Carpenter und James Duke, die später auf dem elektrischen Stuhl hingerichtet wurden. Ein dritter Mann, dessen Behandlungsbericht die ständige und unbewusste Ablehnung des Todes belegt, ist Paul Crump. Er wurde begnadigt und verbüßt jetzt eine lebenslange Gefängnisstrafe. Vgl. *J. M. Scher*, Death, the Giver of Life. In: Death Interpretations, Delta-Books, New York 1969, S. 96f.

30 *G. Thurston*, The Point of Death. Op. cit., S. 190.

31 *J. Roger*, Introduction à une étude de la mort somatique. In: Bulletin de la société française de thanatologie, op. cit.

32 *Manchester Guardian*, 20. Februar 1970.

33 *L. V. Thomas*, Cinq essais sur la mort en Afrique. Op. cit.

34 Die Befragung des Leichnams des Papstes wird durch das »Register der päpstlichen Zeremonien« des Vatikans geregelt; hier zitiert die Ausgabe von 1903.

35 *L. M. Payne*, The Moment of Death, a Historical Commentary. In: Medical and Biological Illustration, veröffentlicht von der British Medical Association, London, Bd. XXI, S. 49.

36 Der Bericht der beiden norwegischen Ärzte ist abgedruckt in: *The Practitioner*, Bd. CCV, 1970, S. 188.

37 *Malhum Sarosi*, The Nurse as a Fully Humane Person. In: Nursing Forum, Bd. VII, 1968, S. 351f.

38 *J. Quint Benoliel*, Talking to Patients about Death. In: Nursing Forum, Bd. IX, Nr. 3, 1970, S. 267.

39 *C. Kurtagh*, Nursing in the Life Span of People. In: Nursing Forum, Bd. VII, Nr. 3, 1968, S. 304.

40 *R. Assel*, An Existential Approach to Death. In: Nursing Forum, Bd. VII, Nr. 2, 1969.

41 Es gibt Ausnahmen: es existieren Texte von Autoren des *Hospital Management*, die ein kritisches Bewusstsein der Verwaltung gegenüber der Ärzteschicht bezeugen. Vgl. z. B.: *Hospital Management, the Journal for Hospital Administrators and Department Heads*, Januar 1970, insbesondere die Mitteilung des Assistant-Commissionner der Stadt New York, Department of Hospitals, *M. Freilich*, sowie die Kritik von *M. Letourneau* an der allgemeinen Organisation des Notdienstes.

42 *M. J. Crant*, in: Prism, 1972, hrsg. von der American Medical Association.

43 Vgl. z. B. die Rolle, die *R. Wolff* den Elektroschocks zuweist: The Treatment of the Depression and Suicidal Geriatric Patient. In: *Geriatrics*, Juli 1971.

44 *Anonym*, Le droit de mourir en paix. In: *Le Monde*, 6. Juni 1973.

45 *B. Martinson*, Must it be? In: American Journal of Nursing, Bd. CXX, Nr. 9, 1970. – Vgl. auch *L. Blewett*, To die at home. In: American Journal of Nursing, Bd. CXX, Nr. 12, 1970, wo die Gegenseite zu dem Bericht von Martinson dargestellt wird.

46 *Anonym*, Death in the First Person. In: *American Journal of Nursing*, Bd. CXX, Juni 1970.

47 *Pilowsky, Manzop, Bond*, Pain and its Management in Malignant Disease. Flucidation of Staff-Patient Transactions. In: *Psychosomatic Medicine, Journal of the American Psychosomatic Medical Society*, Harper and Row, New York, S. 400 ff.

48 Ibid.

49 *Bulletin der WHO*, Bd. XLVII, Nr. 1.

50 Die Fristen sind angegeben in: *The Practitioner*, op. cit., Bd. CCV, 1979, S. 187.

51 Der Fall ist abgedruckt in der Zeitschrift: *Nova et Vetera*, op. cit., S. 260.

52 J. F. Toole, The Neurologist and the Concept auf Brain Death. In: *Perspectives in Biology and Medicine*, University of Chicago Press, Bd. XIV, 1971, S. 599 ff.

53 Abgedruckt in der Zeitschrift: *Nova et Vetera*, op. cit., S. 264.

54 *Zander* zeigt hier ein Problem auf, das wir vorher behandelt haben: Der Opferer bedient sich offenbar einer Verbindung variabler qualitativer und quantitativer Merkmale, um den Tod des Spenders festzustellen.

55 Gavin Thurston fasst eine reiche klinische Erfahrung, besonders in Großbritannien, in dem Satz zusammen: »Barbiturate Poisening is the Arch-Simulator of Death«, op. cit., S. 188.

56 *Actualités néphrologiques de l'hôpital Necker*, Flammarion, Paris 1969, S. 269.

57 Ibid.

58 *J. F. Toole*, The Neurologist and the Concept of Brain Death. In: *Perspective in Biology and Medicine*, University of Chicago Press, Bd. XIV, 1971, S. 599f.

59 Ibid., S. 605f.

60 Dieser Bruch in der Zivilisation wird klar von *Alexander* und *Margarete Mitscherlich* analysiert. Vgl. insbesondere: Die Unfähigkeit zu trauern, München 1970; Freiheit und Unfreiheit in der Krankheit, Hamburg 1946; Krankheit als Konflikt, Frankfurt/M. 1966.

61 *G. Cant*, Deciding when Death is better than Life. In: *Time*, New York, 6. Juli 1973, S. 35.

62 *Time*, New York, 16. Juli 1973, S. 34.

63 Montemarano ist der zweite amerikanische Arzt, der der euthanatischen Tötung angeklagt ist. Der erste war *Herman N. Sander*, praktischer Arzt in New Hampshire. Er ist 1950 freigesprochen worden. Vgl. Newsweek, 28. Januar 1974, S. 35.

64 *J. Choron*, La Mort et la Poésie occidentale, Payot, Paris 1969.

65 *Cicero*, De senectute.

66 *G. Cant*, Deciding when Death is better than Life, op. cit.

67 *V. Jankélévitch*, La Mort. Op. cit.

68 2. Brief des *Paulus* an die Korinther, V, 4.

69 *J. Maritain*, A propos de l'église du ciel. In: Carnet de notes, Desclée de Brouwer, Paris 1965, S. 359.

70 Ibid.

71 Die Einstellung von *Horkheimer, Adorno* und *Bloch* wird auf S. 193ff. analysiert.

72 Das erstaunt und beunruhigt selbst die Christen. Vgl. *K. Barth*, Die Auferstehung der Toten, Kaiser, München 1935; *J. Daniélou*, Les Evangiles de l'enfance, Paris 1967; Le Mystère de l'histoire, Paris 1967; *Ph.-H. Menoud*, Le sort des trépassés, Neuchâtel, 2. Aufl. 1966.

73 *Sokrates* beklagt die Menschen, die vor dem Sterben Angst haben und sich an ihre Reichtümer anstatt an ihre Weisheit halten. Maritain ist kategorischer: Die Angst vor dem Tod verdanken wir unserer »Dummheit« und unserer »Abneigung«, uns an das Unsichtbare zu halten und das zu unserem täglichen Brot zu machen. (*Maritain*, op. cit., S. 357.)

74 Der Vatikan merkte sehr bald die Veränderung in der thanatischen Problematik. Seit der allgemeinen Inbetriebnahme von Geräten, die die Funktion von ausfallenden menschlichen Organen übernehmen, und zehn Jahre vor der ersten Herzverpflanzung, bestimmte Papst Pius XII. die neue Haltung der Kirche in Bezug auf das Problem vom Augenblick des Sterbens. Vgl. *Pius XII.*, La prolongation de la vie. In: Discours du pape, Heiliger Stuhl, 1957.

75 *M. Oraison*, La Mort, et après?, Fayard, Paris 1967, S. 76.

76 *Jean de la Croix Käelin*, La Réanimation, réflexions philosophiques et éthiques. In: *Nova et Vetera*, op. cit., S. 264f.

77 Ibid.

78 Ibid.

79 Ibid., S. 271.

80 Ibid.

81 Andersons Ansicht ist abgedruckt in: *G. Cant*, Deciding when Death is better than Life, op. cit., S. 34.

82 *Walter W. Sackett*, Vorschläge, die dem Joint Meeting der pathologischen und allgemeinmedizinischen Abteilung auf ihrem 36. Jahreskongress der Southern Medical Association in Atlanta, Ga., vom 10. bis 13. November 1969, unterbreitet wurden. Diese Vorschläge wurden in einem Text wieder aufgenommen, den Sackett im *Southern Medical Journal*, Bd. CXIV, März 1971, S. 330ff. unter dem Titel »Death with Dignity« veröffentlicht hat.

83 *British Medical Journal*, London, 5. April 1969.

84 Die angelsächsische Terminologie ist hier eindeutiger als die französische. *Sterben lassen* gibt nur unvollkommen den englischen Satz wieder *to hasten the patients' course towards death* (den Schritt des Patienten auf den Tod zu beschleunigen). *British Medical Journal*, op. cit.

85 *British Medical Journal*, op. cit.

86 *C. U. Letourneau*, Dying with Dignity: In: Hospital Management, Juni 1970, S. 31.

87 Vgl. *A. C. Barnes*, The missing evidence. In: *Perspectives in Biology and Medicine*, University of Chicago Press, Bd. XIV, 1970, S. 58.

88 *J. Bernard*, Grandeurs et Tentations de la médecine, Paris 1973.

89 »Die Ärzte werden vielleicht ewig mit diesem grauen Bereich leben müssen.« *G. Cant*, Deciding when Death is better than Life, op. cit., S. 35.

90 *C. Letourneau*, Dying with Dignity. In: Hospital Management, Juni 1970.

91 Vgl. S. 125.

92 *Krant*, op. cit.
93 *Lettre de l'amiral de Joybert.* In: *Le Monde*, 15./16. Juli 1973; Antwort auf die Erklärung von Monsignore Riobé vom 1. Juli 1973.
94 *Friedrich Marx*, Medical Euthanasia. Übers. in: *Journal for the History of Medicine*, Nr. 7, 1952.
95 *A. Verwoerdt*, Communication with the Fatally Ill, Springfield 1966.
96 *Russel Noyes* jr., The Art of Dying. In: *Perspectives in Biology and Medicine*, Januar–Juni 1971, S. 445.

Die Agonie

1 *M. Foucault*, Naissance de la clinique, op. cit.
2 Noyes sagt dazu: »In ihren letzten Augenblicken erheben sich einige Menschen zu einem höheren Bewusstseinsgrad und gelangen zu einem Stadium, das sie während ihres Lebens nie erreicht haben. Sie werden sich selbst gegenüber toleranter, kommen zu einem Grad der Harmonie, die sie nie vorher kennen gelernt hatten. [...] Das Bewusstsein des nahen Todes erlaubt einigen von ihnen einen abgeklärten Blick, eine demütigere Betrachtung ihres Lebens und ihrer selbst sowie die Erfassung der Nichtigkeit dessen, was sie einst für sehr wichtig gehalten haben. Der Augenblick des Endes bestimmt den Wert und die Bedeutung eines ganzen Lebens; er ist von zentraler Bedeutung.« *Russel Noyes, jr.*, The Art of Dying, op. cit. S. 442–443.
3 *E. Kübler-Ross*, On Death and Dying, London 1970, S. 23.
4 *F. Lebrun*, Les Hommes et la Mort en Anjou, Ed. Mouton, 1971. Vgl. auch M. Vovelle, Mourir autrefois, attitudes collectives devant la mort aux XVIIe et XVIIIe siècles, Gallimard, Paris 1974; Vision de la mort et de l'au-delà en Provence d'après les autels des âmes du purgatoire, Colin, Paris 1970; Piété baroque et Déchristianisation, Plon, Paris 1973.
5 Die Braudelsche Schule liefert einen wesentlichen Beitrag zum Thema Sterbeprozess in der neueren Geschichte unserer Gesellschaft. Neben *Lebrun, Vovelle, Ariès* vgl. auch *F. Braudel*, Civilisation matérielle et capitalisme, A. Colin, Paris, insbes. Bd. I.
6 *E. Kübler-Ross*, What is it like to be dying? In: *American Journal of Nursing*, Bd. LXXI, Januar, S. 54f.
7 *D. Sudnow*, Passing on, The social Organisation of Dying, in: The Occurance and Visibility of Death, Prentice Hall Inc., New Jersey 1967, S. 33f.

7 Ibid.

8 Ibid.

9 Ibid.

10 *R. H. Blum*, The Management of the Doctor-Patient Relationship, New York 1960, S. 215.

11 *G. Orwell*, How the Poor die. In: Shooting an Elephant, New York 1950, S. 25.

12 *W. H. Batzell*, The dying Patient. In: *Archives of Internal Medicine*, Bd. CXXVII, Januar 1971, S. 106 f.

13 *D. Kyle*, Terminal Care. In: *The Journal of the Royal College of General Practitioners*, London 1971, Bd. XXI, S. 382 f.

14 *J. R. Caldwell*, One hundred Deaths in Practice. In: *The Journal of the Royal College of General Practitioners*, London 1971, Bd. XXI, S. 460 f.

15 Bericht des *Dan Mason Research Committee*. In: *Nursing Times*, Bd. LVI, Nr. 27, S. 833.

16 Vgl. *W. T. Keenan*, Beitrag zum Kolloquium Management of Patients with terminal Cancer. Veröffentlicht in: *Postgraduate Medicine*, Bd. ILVII, Nr. 1, Januar 1970.

17 *H. E. Williams*, Dying – Children and Adults. In: *The Medical Journal of Australia*, Bd. I, 1971, S. 1141.

18 Vgl. *R. Wolff*, The Treatment of the Depression and Suicidal Geriatric Patient. In: *Geriatrics*, Juli 1971.

19 *P. Kastenbaum* und *B. Mishara*, Premature Death and Self-Injurious Behaviour in Old Age. In: *Geriatrics*, Juli 1971.

20 *Ph. Ariès*, La Mort inversée. Op. cit.

21 *Kübler-Ross*, On Death and Dying, London 1970, S. 237. Zum gleichen System vgl. *H. Fischer* und *B. Dlin*, Man's Determination of his Time of Illness or Death. Anniversary Reaction and Emotional Deadlines. In: *Geriatrics*, Juli 1971.

22 *J. M. Hinton*, Facing Death. In: *Journal of Psychosomatic Research*, Nr. 10, 1966.

23 *A. N. Exton-Smith*, Terminal Illness in the Aged. In: *Lancet*, Nr. 16, 1961.

24 *W. M. Swenson*, Attitudes towards Death in the aged Population. In: *Journal of Gerontology*, Nr. 16, 1961.

25 *R. Kastenbaum*, The Mental Life of Dying Geriatric Patients. In: *Gerontologist*, Nr. 7, 1967.

26 *S. D. Shrut*, Attitudes towards Old Age and Death. In: *Mental Hygiene*, Bd. ILII, 1958.

27 Tafel: Kübler-Ross, op. cit.

28 S. *Arieti*, The Process of Expectation and Anticipation. Zit. nach *Klopfer*, Attitudes towards Death in the Aged, Dissertation, City-College, New York 1947.

29 *R. F. Morgan*, Senescent Defense against Threat of Death. In: *Psychol. Reprint* Nr. 16, 1965.

30 *F. C. Jeffers*, Attitudes of Older Persons towards Death. In: *Journal of Gerontology*, Nr. 16, 1961.

31 *J. Lewenberg*, The Coping Behaviour of Fatally Ill Adolescents and their Parents. In: *Nursing Forum*, Bd. IX, Nr. 3, 1970.

32 *R. J. Lifton*, Death in Life: Survivors of Hiroshima. In: *Time*, Nr. 15, Januar 1973.

33 Ibid.

34 *Murray Parkes*, in dem Vorwort zu der englischen Ausgabe des Buches von *Elisabeth Kübler-Ross*, op. cit.

35 *Clarival Valadarés*, Ex-Votos do Sertão, Rio de Janeiro, 1970.

36 *R. Kisonak*, Tagebuch. Auszüge in: *International Herald Tribune*, 1973.

37 *H. Greenberg* und *R. Blank*, Dreams of a Dying Patient: In: *Journal of Medical Psychology*, London 1970.

38 Veröffentlicht in: *Journal of the American Medical Association*, Bd. CCXVII, Chicago, Juli–September 1971. Um die Kraft dieser Hoffnung einzuschätzen, erinnern wir uns an die Studie von *Jordan M. Scher*, der eine Zeit lang Psychiater für die zum Tode Verurteilten im Gefängnis von Cook County war: Death, the Giver of Life, erschienen in dem von *Hendrik M. Ruitenbeek* herausgegebenen Werk: Death Interpretations, New York 1969, S. 96 f.

39 *R. L. Palmer* im Kolloquium »Management of Patients with Terminal Cancer«. In: *Geriatrics*, Dezember 1969.

40 *W. Lirette*, ibid.

41 *A. J. Solnit* und *M. Green*, Psychologic Considerations in the Management of Death on Pediatric Hospital Service. In: *Pediatrics*, Juli 1959. Vgl. auch *J. F. Schowalter*, in: Death and the Pediatric House Officer; in: *The Journal of Pediatrics*, Bd. LXXVI, Saint Louis 1970, Nr. 5, S. 708 f.

42 *E. Kübler-Ross*, On Death and Dying, op. cit., S. 246.

43 Ibid.

1 *Tolstoi, Leo*, Der Tod des Iwan Illitsch, dt. 1913.

2 Auszug aus der Grabrede vom 17. März 1883. Zitiert nach *E. Fromm*, Das Menschenbild bei Marx, Stuttgart 1969, S. 222–224.

3 *M. Merleau-Ponty*, Les Aventures de la dialectique, Paris 1955, S. 295 f.

4 Der Tod bei den Bambara ist sehr komplex, ich zeige hier nur eine Dimension auf. Vgl. *G. Dieterlen*, Essai sur la religion bambara, Paris 1950, S. 188 ff.

5 Gesang wiedergegeben bei: *Zahan, D.*, Religion, Spiritualité et Pensée africaine. Paris 1970.

5 *L. V. Thomas*, Cinq essais sur la mort africaine. Dakar 1969.

7 Über die Unwiederbringlichkeit unserer Handlungen als ›schicksalhafte Objektivität‹ vgl. *V. Jankélévitch*, La Mort, op. cit.

3 *Ibid.*

9 *V. Jankélévitch*, Vorlesung an der Sorbonne, im Winter 1971/72.

10 *V. Jankélévitch*, La Mort, op. cit., S. 141.

11 In Bezug auf die Bewusstseinstheorie von *Gurvitch* vgl. *G. Balandier.* Gurvitch, Paris 1972; und *J. Duvignaud*, Gurvitch, Paris 1969.

12 Ein Brief von *Marx* an Ruge (1843) macht das deutlich: »Der Kritiker kann aus den eigenen Formen der existierenden Wirklichkeit die wahre Wirklichkeit als ihr Sollen und ihren Endzweck entwickeln.« Vgl. *E. Bloch*, Über Karl Marx, Frankfurt/M. 1968. S. 12.

13 *E. Fromm*, Das Menschenbild bei Marx, Stuttgart 1969. *L. Althusser*, Lire Le Capital, Paris 1967, *K. Mannheim*, Ideology and Utopy, London 1968.

14 Sie wird in diesem Buch ebenfalls erst begonnen (vgl. S. 243 ff., 270 ff.).

15 *K. Marx*, Das Kapital, Dietz-Verlag, Berlin DDR, Bd. 1, S. 85.

16 *L. Feuerbach*, Kleine philosophische Schriften (1842–1845), Meiner, Leipzig 1950. (Der Autor zitiert nach: Manifestes philosophiques, Paris 1960, S. 57 f. Anm. d. Übers.)

17 *E. Bloch*, Der Geist der Utopie, Berlin 1923, S. 358 f.

18 *Ibid.*, S. 314 f.

19 *Ibid.*, S. 315 f.

20 *Ibid.*, S. 316.

21 *Ibid.*, S. 317.

22 *Ibid.*, S. 310.

23 *Ibid.*, S. 313.

24 Das Prinzip Hoffnung wurde 1938 im amerikanischen Exil geschrieben, 1955 in Berlin/DDR und 1959 in Frankfurt am Main veröffentlicht.

25 *M. Horkheimer*, Die Sehnsucht nach dem ganz Anderen, Furche Verlag, 1970.

26 *E. Bloch*, Das Prinzip Hoffnung, op. cit.

27 *Th. W. Adorno*, Drei Studien zu Hegel, Suhrkamp, Frankfurt am Main 1957.

28 *E. Bloch*, Geist der Utopie, op. cit., S. 343, 345.

29 *René Char*, Le Nu perdu, Gallimard, Paris 1969.

30 *M. Horkheimer*, Zeitschrift für Sozialforschung, Bd. II, 1937, S. 630.

31 *M. Horkheimer*, Die Sehnsucht nach dem ganz Anderen, op. cit., S. 69.

32 *E. Bloch*, Geist der Utopie, op. cit., S. 343.

33 *Ibid.*, S. 310.

34 *Ibid.*, S. 313.

35 *Ibid.*, S. 345.

36 Vgl. *E. Kübler-Ross*, On Death and Dying, op. cit.; D. Sudnow, Passing on, the Social Organization of Dying, op. cit.

Der Tambor de Choro –
Die »Trommel der Tränen«

1 Vgl. das Vorwort von *Georges Balandier* zur Neuausgabe des Werkes von *R. Hertz*, Sociologie religieuse et Folklore, Ed. PUF, 1970; insbesondere »Contribution à une étude sur la représentation collective de la mort«. Auch *J. Duvignaud*, La mort – et après? In: *Cahiers internationaux de sociologie*, Bd. I, 1971, S. 293

2 Zur sozialen Entwicklung von Maranhão vgl.: *Mario M. Meireles*, Historia do Maranhão, São Luis, Ed. Serviço, documentação DASP, 1960; zur Verfassung der Diaspora der Schwarzen vgl. S. 181 ff.; *Jeronimo De Vireiros*, Historia do comercio do Maranhão, 1612–1895, São Luis. Ed. Associação comercial do Maranhão, 1954. Bd. II; zum Sklavenhandel vge. Bd. I, Kap IX, S. 81 ff.; *Cesar Augusto Marques*, Dicionario historico-geographico do Maranhão, Rio de Janeiro, Ed. Cia editora Fon-fon et seleta, 1970; *Felipe Conduru Pacheco*, Historia Eclesiastica do Maranhão, São Luis, Ed. Departemento de cultura do estado, 1968; *Domingos Vieira Filho*, Breve historia das ruas et praças de São Luis, vom Autor verlegt, 1966.

3 Nur ausnahmsweise sind einige rituelle Figuren und einige kosmogonische Ideen, die fremden Symbolsystemen, insbesondere dem System des lusitanischen Katholizismus angehören, in das afrikanische System integriert. Das trifft zum Beispiel für das Fest des Heiligen Geistes zu, mit dem sich *R. Bastide* besonders beschäftigt hat; vgl. auch *Carlos De Lima*, Festa do divino espirito santo em Alcantara, São Luis, Ed. Departemento de cultura do Estado Maranhão, 1972.

4 Über die afrikanische Bevölkerung Brasiliens, ihre ethnische Herkunft, Schichtung und die Deportationswege der wichtigsten Völker der Diaspora vgl. *Verger P.*, Flux et reflux de la traite des nègres entre le Golf de Bénin et Bahia de todos os santos du XVIIe au XIXe siècle, Ed. Mouton, 1968.

5 *R. Bastide*, Les Religions africaines au Brésil, Ed. PUF, Paris 1960.

6 *N. Pereira*, A. Casa de Mina, contribução ao estudo das sobrevivencias daomeanas no Brasil, mit einer Einführung von Arthur Ramos, Rio de Janeiro 1947.

7 Gespräch mit dem Autor.

Die Totengeister von Itaparica

1 Gesammelt von *W. R. Bascom;* vgl. *W. R. Bascom*, The Sociological Role of the Yoruba Cult-group. In: *American Anthropologist*, Bd. XXXX, Nr. 1, 1944.

2 *P. A. Talbot*, The People of Southern Nigeria, London 1921, Bd. III, S. 476.

3 Ibid.

4 *W. R. Bascom*, op. cit., S. 57.

5 Ibid., S. 50.

6 Die Funktionshierarchie des ›Candomblé‹ der Insel Agboula ist sehr genau von *Juana* und *Deoscoredes dos Santos* aufgestellt worden, und zwar in: Ancestor Worship in Bahia, the Eguncult; *Journal de la Société des Americanistes*, Bd. LVIII, 1971, S.96ff.

7 *V. Costa-Lima*, Les Organ. In: *Afro-Asia, Revue du Centre d'études afroorientales*, Salvador, Nr. 2

8 *R. Bastide*, Réincarnation et Vie mystique en Afrique noire, PUF, 1965, S. 141.

9 *J. Ziegler*, Le pouvoir africaine, Ed. du Seuil, Paris 1971, S. 98ff.

10 Der Freundschaft mit dem Ojé Deoscoredes und seiner Frau Juana verdanke ich meine ersten Kontakte mit der Insel Agboula, und

zahllosen Gesprächen mit ihnen verdanke ich meine erste Einsicht in den Kult von Itaparica.

11 Zur Analyse dieser erstaunlichen Antwort vgl. S. 243.

12 *R. Bastide*, Diskussion des Vortrags von *G. Parrinder* beim Kolloquium in Straßburg über »Réincarnation et Vie mystique en Afrique noir«, veröffentlicht von PUF, 1965, S. 141.

13 *Vgl. P. Verger*, La société egbe orun des Abiku, les enfants qui naissent pour mourir maintes fois. In: Bulletin de l'IFAN, Bd. XXX, Nr. 4, 1968, S. 1449 ff.

14 Die empirischen Untersuchungen, vor allem in Kuba und Guayana, sind noch nicht weit genug gediehen, um über diesen Punkt Genaueres zu sagen.

15 *Deoscoredes* und *Juana Elbein Dos Santos*, Ancestor Worship in Bahia, The Egun-cult, op. cit.

16 *Nina Rodriguez*, in Salvador tätiger Gerichtsmediziner, erwähnt sie am Ende des 19. Jahrhunderts in seinen Beobachtungen: Os Africanos no Brasil, São Paulo, 1935.

17 Die Theorie über den Axexe hat *Roger Bastide* einleuchtend aufgezeigt in seinem Werk »Les Afro-Américains«, in: *Bulletin spécial de l'IFAN*, Dakar 1953.

18 Rekonstruiert nach mündlichen Berichten mehrerer Teilnehmer, vor allem von dem Ogan Vivaldo Costa-Lima, von *Juana Dos Santos*, der Gattin des Sohnes der Senhora, von *Dom Timoteo*, Abt des Klosters São Bento in Salvador, und von *Valdir de Oliveira*.

19 Ein Teil dieses Axexe ist von uns beobachtet worden, ein anderer von *Zaidé Machado* von der Bundesuniversität Bahia.

20 Leider ist es nicht möglich, den Vorgang der Heilung zu rekonstruieren und die Identität des heilenden Egun festzustellen.

21 *Deoscordes Dos Santos*, Cantos de nagô, Ed. GRD, Rio de Janeiro 1963; Ioruba tal qual se fala, Ed. Tipografia moderna, Salvador 1950; Cantos negros de Bahia, Ed. GRD, Rio de Janeiro 1961: Axe Opo Afonja, Ed. Instituto brasileiro de estudos afro-asiaticos, Rio de Janeiro 1962.

22 *Opo Afonja* liefert dafür ein fast vollendetes Beispiel, da von 1967 bis heute die Machtkrise, die Nachfolge der Yawalorixa, noch nicht endgültig und unangefochten geregelt ist.

23 Dieses Phänomen ist übrigens in der afrikanischen Soziologie wohl bekannt. *Mauss* hat ihm als Erster einer Studie gewidmet. In der Überzeugung, eine grundlegende Norm der Gemeinschaft verletzt zu haben, lassen sich die Zuwiderhandelnden in des Wortes wahrer

Bedeutung sterben. Vgl. *M. Mauss*, La thanatomanie; in: *Sociologie et Anthropologie*, Ed. PUF, 1966, S. 313 ff.

24 Vg. *W.R. Bascom*, op. cit.

Die Unsterblichkeit bei den Yoruba

1 Ich persönlich bin ein Anhänger der zweiten These; vgl. S. 298 ff.

2 Hinsichtlich der Vielfalt der Namen, die jedem Wesen zugeschrieben wurden, vgl. z. B. S. 287 ff.

3 *Deoscoredes* und *Juana Elbein Dos Santos*, Esu Bara, Principle of Individual Life. In: *The Nago-System*, Kolloquium CNRS über den Personenbegriff im schwarzen Afrika, vervielfältigter Bericht, S. 19 ff.

4 *Deoscoredes* und *Juana Elbein Dos Santos*, op. cit., S. 20.

5 *P. Verger*, Notion de personne et lignée familiale chez les Yoruba, Kolloquium über den Personenbegriff im schwarzen Afrika, CNRS, 1971, vervielfältigter Bericht, S. 2.

6 Die von *E.* und *D. Dos Santos* gesammelten Odun sind von ihnen für das Kolloquium CNRS, La notion de la personne en Afrique, ins Englische übersetzt worden.

7 *J.* und *D. Dos Santos*, Bericht des Kolloquiums, op. cit., S. 9.

8 *Ibid.*, S. 11.

9 *Ibid.*, S. 14.

10 *Ibid.*, S. 14.

11 *P. Verger*, op. cit., S. 3 ff.

12 Vgl. *Michel de Certeau*, La Possession de Loudun, Juillard, Paris 1970, insbesondere die in dem Kapitel »Le jugement du sorcier, 8 juillet – 18 août 1634« zusammengefassten Dokumente, wo die Richter des Priesters Garnier ein Ausschlussverfahren praktizieren, das dem von den Yoruba formulierten erstaunlich ähnelt. Über den kirchlichen Machtanspruch hinaus äußert sich im Kolonialdenken der willkürliche Ausschluss von Menschen, die als Hexen angesehen werden, noch viel deutlicher: geht man durch den Inquisitionspalast in Cartagena de las Indias, einem alten, bedeutenden Sklavenmarkt und Ausfuhrhafen von Mineralien des ehemaligen Vize-Königtums von Nueva-Granada (dessen Reste heute Kolumbien heißen), gewahrt man im Hof ein Massengrab und ein Krematorium. Diejenigen unter den Opfern, die bei der Folter ihren »Irrglauben« gestanden haben, wurden in diese Gemeinschaftsgrube geworfen. Ihre Körper konnten somit am Tage des Jüngsten Gerichts auferstehen.

Die anderen, die Besessenen, die Schweigenden, die nicht geredet haben, wurden als Hexer bezeichnet. Ihre Körper wurden verbrannt, ihre Asche wurde verstreut, sodass sie nicht auferstehen und in die Gemeinschaft der Heiligen eintreten konnten.

13 Unter den Kunsthandwerkern der brasilianischen Diaspora zeigen viele eine besondere Vorliebe für diese ledernen Kegel, die mit Muschelschalen geschmückt sind. Vor allem die Schöpfungen von *Deoscoredes Dos Santos* erscheinen mir ungewöhnlich reizvoll.

14 Vgl. die Antworten, die *Bascom* von seinen Informanten erhalten hat: *William Bascom*, The Sociological Role of the Yoruba Cult-Group, *American Anthropological Association*, Bd. XXXX, insbesondere S. 21 ff.

15 *R. Bastide*, Le Candomblé de Bahia, Ed. Mouton, 1958, Glossar S. 252.

16 *L.-V. Thomas* bezeichnet diese Situation mit dem Begriff »kohärenter Pluralismus«; vgl. *L.-V. Thomas*, Le pluralisme cohérent de la notion de personne en Afrique noire traditionelle. In: Kolloquium CNRS, op. cit., S. 1.

17 *D.* und *J. Dos Santos*, Esu-Bara Principle of Individual Life. In: *Nago-System*, op. cit., S. 3.

18 *J. Ziegler*, Le Pouvoir africain, op. cit., S. 115 ff.

19 *Edson Carneiro* teilt meine Ansicht; vgl. *E. Carneiro*, Candomblé de Bahia, Ed. Ouro, Rio de Janeiro, 1961.

20 Gesammelt und ins Englische übersetzt von *D.* und *J. Dos Santos*, op. cit., S. 3.

21 Berichtet von *J.* und *D. Dos Santos*, op. cit.

22 *Ibid.*

23 Von einer Gruppe des CNRS (centre national de la recherche scientifique) ist ein interessanter Versuch unternommen worden, eine gemeinsame Struktur für alle Seherinstitutionen herauszufinden, die in den verschiedenen Hochkulturen (afrikanischen, ozeanischen, präkolumbischen usw.) bekannt sind. Meine eigene Interpretation der Funktion der Weissagung im Nago-System weicht von den Schlussfolgerungen dieser Gemeinschaftsarbeit kaum ab; vgl. La Divination, hrsg. von *André Caquot* und *Marcel Leibovici*, Ed. PUF 1968, insbesondere die Untersuchung von *Roger Bastide*, die die gesamte afrikanische Diaspora Latein- und Zentralamerikas umfasst, S. 392 ff.

24 Zwei Autoren haben sich insbesondere der Sammlung und klugen Interpretation der *Odun* in der Diaspora und bei den kontinentalen Gesellschaften angenommen. Hinsichtlich der Diaspora vgl. *P. Ver-*

ger, Contribução ao estudo da adivinhação no Salvador/Bahia, zusammen mit *Roger Bastide* in: Revista do Museo Paulista, São Paulo 1953; in Bezug auf die Kontinentalgesellschaften vgl. *W. Bascom*, Ifa diavination, Indiana University Press, Bloomington 1969; die Odun werden auf den Seiten 120 bis 563 abgehandelt.

25 *R. Bastide*, Le Principe d'individuation, Kolloquium CNRS, la notion de personne en Afrique noire, Paris 1972. – *Deoscoredes/Juana Elbein Dos Santos*, Esu Bara, Principle of Individual Life in the Nago-System, op. cit., Kolloquium CNRS, Paris 1972. – *L.V. Thomas*, Le pluralisme cohérent de la notion de personne en Afrique noire traditionelle, Kolloquium CNRS, Paris 1972. – *V. Costa-Lima*, Organicação do grupo de candomblé, unveröffentlichte Dissertation, Bundesuniversität Bahia, Salvador 1972. – *W. Bascom*, The Sociological Role of the Yoruba Cult-Group, op. cit. – *Walter B. Cannon*, Voodoo-Death, in: *Revue American Anthropologist*, Bd. XXXXIV, 1942, Nr. 2.

26 *P. Verger*, Notion de personne et lignée familiale chez les Yoruba, Kolloquium CNRS, Paris 1972, S. 11.

27 *P. Verger*, op. cit., S. 12.

28 Bei *P. Verger*, op. cit., zitierte Beispiele.

29 *R. Ribeiro*, Significado socio-cultural das ceremonias de Ibeji. In: *Boletim Instituto Joaquim Nabuco*, Nr. 7, Recife 1958, S. 17 ff.

30 *Verger* zitiert einen Odun von allgemeiner Bedeutung, in dem es heißt, dass der Körper, der der Erde zurückgegeben wird, nach neun Tagen zu Sand verfällt. In diesem Augenblick verlässt der Emi den verstorbenen Körper und steigt zum Himmel empor, um dort sein neues Schicksal auf sich zu nehmen, das wir bereits beschrieben haben.

31 Zitiert von *L.-V. Thomas*, La mort et la sagesse africaine. In: *Revue de psychopathologie africaine*, Bd. III, Nr. 1, Dakar 1967, S. 28.

Schlussbetrachtung

1 *A. Diop*, in: Actes du IIe Concrès mondial des africanistes. Verlag Présence africaine, 1972, S. 16.

2 *G. Bataille*, Der heilige Eros, dt. von Max Hölzer, Neuwied 1963, S. 68.

3 Ibid., S. 73 f.

4 *M. Marois*, Passé et avenir de la vie, science et responsabilité. In: *Cahiers de l'Institut de la vie*, Juni 1964, S. 14.

5 *M. Marois*, La politique de la vie. In: *Revue de l'Académie des sciences morales et politiques*, 1970, 1. Semester, S. 148.

6 *M. Marois*, Passé et avenir de la vie, science et responsabilité, in: op. cit.

7 *G. Bataille*, Der heilige Eros, op. cit., S. 76.

8 Ibid., S. 68

9 Ibid., S. 69.

10 *V. Jankélévitch*, La Mort, op. cit., S. 141.

11 Ibid.

12 *J. Daniel*, Le temps qui reste, Stock, Paris 1973.

13 *V. Jankélévitch*, La Mort, op. cit., S. 141.

14 Ibid.

GOLDMANN

Jean Ziegler

Die Schweiz, Das Gold
und die Toten   12783

Wie herrlich, Schweizer
zu sein   15003

Die Barbaren kommen   15029

Goldmann • Der Taschenbuch-Verlag

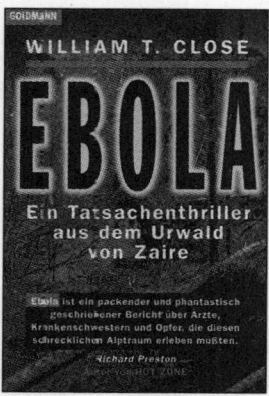

GOLDMANN